古代世界における
モーセ五書の伝承

秦　剛平／守屋彰夫 編

京都大学学術出版会

10世紀前半のアレッポ写本．旧約聖書全体を含む写本であるが，1947年の反ユダヤ暴動の際に4分の1が失われた．現在はエルサレムにあり，ヘブライ大学のヘブライ語聖書批評版の底本となっている．写真は現存写本の最初の頁（申命記28章17節途中）．

研究発表者（2007年東京の国際文化会館中庭にて）

前列左から4番目，守屋彰夫，1人おいて，T・レイジャク，A・Y・コリンズ，秦剛平，2人おいて，E・ウーリック，津村俊夫，津村の右斜め後ろがJ・C・ヴァンダーカム，その左へ，大住雄一，山我哲雄，大住の後ろがG・E・スターリング，秦の右後ろがH・W・アトリッジ，秦の左後ろがJ・J・コリンズ，左へ2人おいて，S・メイソン，守屋の後ろが，E・トーヴ，トーヴの左斜め後ろが，佐藤研，左が池田裕．

目　次

はじめに

主催者挨拶　　守屋　彰夫　3

基調講演　　秦　剛平
　レオントーン・ポリス神殿址
　　——ブーバスティス・アグリアともうひとつのユダヤ神殿　7

第Ⅰ部　モーセ五書の本文伝承について

1章　「無からの創造」の教理とトーフー・ワ・ボーフー　33
　　　津村　俊夫

2章　一つの十戒，複数のテキスト　61
　　　大住　雄一

3章　第二神殿時代におけるモーセ五書の発展的展開　81
　　　ユージーン・ウーリック

4章　聖性という観点から分析したモーセ五書の筆写・本文伝達　107
　　　エマニュエル・トーヴ

第Ⅱ部　ヘレニズム的ユダヤ教とモーセ五書

5章　はじめに創世記と出エジプト記のギリシア語訳がつくられた　127
　　　秦　剛平

6章　ヘレニズム的ユダヤ教と七十人訳聖書　143
　　　テッサ・レイジャック

7章　フィロンはどのギリシア語訳聖書を読んでいたのか？　161
　　　グレゴリー・E・スターリング

● 目次 ●

8章 ヨセフス『ユダヤ古代誌』の後半部
　── ローマの聴衆にとってのその重要性　197
　　スティーブ・メイソン

第Ⅲ部　死海文書とモーセ五書

9章 死海文書における創世記解釈　235
　　ジョン・J・コリンズ

10章 ヨベル書とクムラン出土の関連文書におけるモーセ五書の律法の釈義　259
　　ジェイムズ・C・ヴァンダーカム

11章 アラム語死海文書『外典創世記』の構造とそこに投影されているモーセ五書本文の特徴について　287
　　守屋　彰夫

第Ⅳ部　新約聖書とモーセ五書

12章 福音書伝承の変遷と七十人訳聖書　303
　　佐藤　研

13章 マルコにおけるトーラーの受容 ── 最大の戒めに関する問い　319
　　アデラ・ヤーブロ・コリンズ

14章 創造と聖なる空間
　── フィロン，第四福音書，ヘブライ人への手紙によるモーセ五書の重要主題の再使用　339
　　ハロルド・W・アトリッジ

● 目 次 ●

特別寄稿

15章　地理学的視点から見たモーセ五書の本文伝承
　　　── 東西文化のさらなる接点を求めて　　359
　　　　池田　裕

16章　パウロとパロディ
　　　── アブラハム物語再話(ガラテヤ3～4章)に見るパウロの意図　　373
　　　　浅野　淳博

編者あとがき　　399

索引　　405

はじめに

主催者挨拶

国際研究集会の日本での開催意義について

国際研究集会開催委員会代表　守屋　彰夫

　「ヘレニズム時代とローマ時代におけるモーセ五書本文伝承史」国際研究集会の開催委員会を代表して，ご出席の皆様に歓迎のご挨拶を申し述べます．この国際研究集会の開催委員会の代表として，その名誉と特権を与えられた私はここに国際研究集会の開会を宣言致します．

　この国際研究集会はその名称に正確に反映されておりますように，2つの目的があります．最初の目的は，死海写本とは異なる読み方の伝承へ特別の注意を払いながら，ヘブライ語とギリシア語のモーセ五書の伝承史を解明することです．2番目の目的は，最初の目的と密接に関係し，最初のものと恐らく不可分の関係にありますが，ヘレニズム時代およびローマ時代におけるモーセ五書の特別の使用をより広い大局的見地から検討することです．

　これらの2つの目的を成功裡に遂行するために，海外から9人の著名な研究者が，また，7人の日本人研究者が，主賓講演者として招聘されており，この学際的研究の相互理解を深めることになっております．今日この時，皆様方に主賓講演者を紹介することができることは誠に私の名誉です．

　この研究集会がどのように提案されたのか，現実になったのかを簡潔に説明させて戴きます．2005年に私たち，すなわち，秦教授，関根教授，佐藤教授，山我教授および私自身は，死海文書と七十人訳ギリシア語聖書（セプトゥアギンタ）に関する研究のための科学研究費（政府補助金）を受け取りました．我々が置かれている日本の文化的，歴史的な状況においては，聖書学はさほど重要な分野とはみなされていませんので，非常に競争率が高いこの科学研究費（政府補助金）を受領するのは極めて困難です．しかし幸運にも受領という結果を聞いた際には，あたかも宝くじで一等賞を受賞したかのように私たちは喜びました．その翌年の2006年に，私たちは，この研究集会を開催するためのもう1つの科学研究費の申請書を提出しました．幸いにも，再び，私たちは科学研究費の受領に与ることが出来ました．私たちの研究集会計画

● はじめに ●

に対する政府補助金が承認された後，これらの分野で世界的に著名な研究者の許へ招待状が送られました．それに応答して今日ご出席の方々から積極的な賛同が寄せられたことを感謝しております．私たちはここで再び，研究発表を行うために私たちの招待を快く受理し，研究集会への熱心な参加を表明した方々に対する心よりの謝意を表したいと思います．

既に言及しましたように，この研究集会は，日本学術振興会（JSPS）（日本政府の文部科学省の下部機関）から主として財政的援助を頂いております．しかし，この研究集会に対して，賛同し積極的後援を惜しまれなかった以下の機関に言及して謝意を表しておきたいと思います．

日本聖書学研究所
日本旧約聖書学会
新約聖書学会
日本聖書協会

この研究集会はトーラー（モーセ五書）研究に専念します．この研究集会が成功することはその数日の期間のうちに証明されることを私は確信しておりますが，私たちはマソラ本文の第二部分，すなわち，ネヴィーイーム（預言者），更には第三部分であるケトゥヴィーム（諸書）にも研究の視野を広げ，将来的にはもう1つ別の研究集会を組織したいと考えております．私たちは，そのための提案を準備し，私たちの政府への申請書を提出するという長い過程を経験しなければなりませんが，私はこれが日本の聖書学者だけでなく国際的学問世界に対しても大きな意義を持っていることに，ここにいるすべての参加者が賛同されることを望みます．是非私たちの成功のために幸運を願ってください．

最後に，もう1つの朗報を皆様と共有したいと思います．それは，この研究集会で読まれる研究発表の出版についてです．オランダのブリル学術出版社（Brill，ライデン市）が，この研究論文集を公刊することに親切にも合意してくれました．これはジョン・コリンズ教授のお骨折りにより可能なりました．日本語版は，秦剛平教授のご尽力のお陰で京都大学学術出版会から出版されることになりました．

この開会の辞の終わりに，この国際研究集会の事務局長である浅野淳博氏を紹介します．私たち国際研究集会開催委員会のメンバーである秦教授，佐藤教授，山我教授および私は，研究組織の構成や開催に至るまでの諸々の段

| 主催者挨拶 |

階で多大の時間を費やし，熱心に働いてきましたが，事務局の仕事を私たちが独力で取り仕切ることはほとんど不可能であるということが判明しました．そこで当該研究集会の事務局長の任務を今年の5月になって急遽，浅野氏に依頼しました．彼は私たちの提案を受け入れ，短期間で私たちの計画が順調に行くよう手筈を整え，最後の準備の段階で実によい仕事をしてくれました．さらに，彼は研究集会全体の進行係と記録係として奉仕することになっています．

　ご清聴有難うございました．

基調講演

レオントーン・ポリス神殿址 ——
ブーバスティス・アグリアともうひとつのユダヤ神殿

秦　　剛平

　基調講演をはじめる前に，主催者のひとりとして，ひとことご挨拶申し上げます．

　旧約学や新約学，死海文書，ヨセフス，フィロンなど，ヘレニズム・ローマ時代のユダヤ教やその歴史を横断する領域の専門家，しかも，そのそれぞれの分野で大きな活躍をされておられる研究者を東京にお招きしてシンポジウムを開催することはわたしの長年の夢でしたが，それが今回，多くの人びとの協力や文科省の賛同で，このような形で実現されることになりました．心から嬉しく思っております．

　海外からの参加者はすべてわたしの親しい友人・知己です．

　ヘブライ大学のエマニュエル・トーヴ教授は，わたしがエルサレムで学んでいたとき，死海文書のイザヤ書の巻物とギリシア語訳のイザヤ書の比較研究の仕方を教えて下さった恩師であり，昨年は東京女子大学と同志社大学に滞在されました．ご承知の方もおられると思いますが，トーヴ教授は死海文書の編纂にユダヤ人学者としてはじめて参加され，今日ではそのリーダ格の方です．イェール大学のハリー・アトリッジ教授はハーバード大学でヨセフスの『ユダヤ古代誌』の物語研究で学位を取り，その後新約学に進み，さらには死海文書や教会教父たちの文書にも多大の関心を示し，わたしのエウセビオス論集編纂に大きな力を貸して下さった方です．ヨーク大学のスティーヴ・メイソン教授は現在オランダのブリル社から刊行中の『ヨセフス全集』の編集の総責任者です．この全集の一部にはわたしもアウトサイド・リーダーのひとりとして参加しておりますが，この全集はこれからのヨセフス学の方向を決定付けるものとなるはずです．メイソン教授とわたしは毎夏オックスフォードで過ごし，そのときにはヨセフスの諸問題について際限なく議

• はじめに •

論します。必要とあればケンブリッジ大学の図書館にも一緒に出かけます。

　ウーリック教授や，ヴァンダーカム教授，それにスターリング教授は，アメリカの中西部にあるカトリックの名門大学，ノートルダム大学で教鞭を取っておられる方がたです。主催者のひとり守屋彰夫教授は何年か前にこの大学で研究休暇を過ごされたと伺っております。ウーリック教授とヴァンダーカム教授は死海文書研究の第一人者ですが，ウーリック教授のハーバード大学での出発は「ヨセフスとサムエル記の比較研究」です。サムエル記ほど複雑なテクストはありません。ヨセフスの『ユダヤ古代誌』との比較は当然必要とされます。ヴァンダーカム教授は死海文書の第2世代の研究者です。わたしは彼の著作『死海文書のすべて』（青土社）を訳出して出版いたしました。1万部以上は売れました。彼はビックリ，出版社とわたしはニッコリでした。スターリング教授はヨセフスとフィロンを得意とする学者です。フィロンの著作の精緻な研究では世界のトップクラスの方です。ジョン・コリンズと奥さんのアデラ・コリンズはノートルダム大学からシカゴ大学に移り，現在はイェール大学で教えておられます。ジョンは旧約と新約の分野でおびただしい数の学術書を公けにしておりますが，日本ではまだ十分には紹介されておりません。このシンポジウムが彼を知る機会となることを願っております。彼はアトリッジにつづいて聖書文学協会（SBL）の会長をつとめられました。確かその時期はイラク戦争のときで，難しい舵取りがもとめられた時期だったと記憶しております。アデラの専門領域は新約学です。最近マルコ福音書の注解書を公刊されました。

　イギリスのレディング大学の教授テッサ・レイジャックは毎年ヨーロッパのどこかの国で開催されるヨセフスの研究集会に欠かさず出席される方で，オックスフォード大学出版局の学術雑誌「ジューイッシュ・スタディーズ」の編集長です。会議の総括が非常に巧みな方なので，この会議の総括をもお願いしたいと思います。

　わたしはこれらの方がたが多忙の中の時間を割いて，この熱暑の東京に飛んで来て，これから四日間にわたるシンポジウムに参加してくださる好意と善意と熱意を心から嬉しく思っております。

　日本の参加者でペーパーを読まれる方やフロアーとして参加される方がたにも，わたしは心から感謝したいと思います。国際研究集会で大切なことは議論に参加することであり，相手の研究者と丁々発止とやり合うことです。

|基調講演|

このシンポジウムでは遠慮は無用です．ペーパーが読まれた後の質疑応答や，その他の場所での議論にはどうか積極的に参加してください．

1

　ヘレニズム・ローマ時代のユダヤ教やその歴史を学んでいる者にとってもっとも重要な遺跡のひとつはエジプトのデルタ地帯につくられたオニアス4世の神殿ではないでしょうか？

　これに異議申し立てをする学者はいないと思われます．この神殿は，紀元前2世紀の半ばころに建てられ，対ローマのユダヤ戦争が終結した紀元後70年にローマ皇帝ウェスパシアノスの命により破壊されるまで，実に，220年近くか，それ以上にわたって存続したのです．ユダヤ教には「神はひとつ，神殿はひとつ」とする神学ないしはイデオロギーがあります．もしこの神学ないしはイデオロギーが普遍妥当的なものだと見なされるのであれば，エルサレム以外の場所に神殿をもつことはおかしなことになります．「神はひとつ，神殿は2つでも3つでも」では，ユダヤ教の神学ないしはイデオロギーの破綻です．これは自明のことです．

　わたしはヘレニズム・ローマ時代のユダヤ教は，その歴史において，4度か5度破綻の崖っぷちにまで追い詰められた宗教だと申し立てる者です．わたしはまた崖っぷちに追いやられたことに聖書的一神教の脆弱さを，そしてそこに踏みとどまることが出来たことにこの一神教の強靱さを見る者でもあります．去年の7月ハイファで開催されたヨセフスの研究集会で，エルサレム以外の土地につくられたこの神殿の存在を取り上げ，聖書的一神教の脆弱さと強靱さについて忌憚のない意見をぶつけてみました．そのためもあってか，翌日イスラエルのテレビ局のインタビューを受けましたが，ここではその詳細には立ち入りません．

　さて，このエルサレムの外の神殿の創建者や，その規模，その場所，そしてその存続期間に触れるのは，紀元後1世紀のユダヤ人歴史家ヨセフス[1]

---

(1) ヨセフスについては，拙著『ヨセフス ── イエス時代の歴史家』（ちくま学芸文庫，2000），秦剛平＋大島春子訳，シャイエ・J・D・コーエン著『ヨセフス ── その人と時代（山本書店，1991）参照．なおまた，拙稿「ヨセフスの生涯について（その1）」（『多摩美術大学研

の2つの著作,『ユダヤ戦記』[2]（以下『戦記』と略記）と『ユダヤ古代誌』[3]（以下『古代誌』と略記）ですが，わたしたち研究者を悩ませるのは，この2つの著作の間に認められる記述上の相違や矛盾です．「近代のエジプト考古学の父」と呼ばれるイギリスの考古学者W.M.フリンダーズ・ペトリ[4]はヨセフスの著作を彼なりの仕方で読み，1905年と1906年にナイルの三角州のテル・エル・イェフディエーを発掘し，その場所こそはヨセフスの言及した神殿が建てられた場所であると申し立てました．彼は1906年に発掘報告書を公刊し，それ以来，オニアスの神殿址はテル・エル・イェフディエーであるとされてきました．「エジプト考古学の父」と呼ばれ，カイロ博物館に「ペトリの間」を持ち，その名を冠した「ペトリ博物館」をロンドン大学の付属研究機関として持つこの偉大なエジプト学者の同定に「間違いなし」というわけです．

しかし，本当にペトリの同定は正しかったのでしょうか？

わたしは彼の同定に，無謀にも，しかしそれなりの確信をもって，またヨセフス学者として，楯突いてみようと思います．

わたしはこの基調講演で次の5つ，すなわち

(1) ヨセフスが言及する神殿を建てた祭司のオニアスはエルサレムでの大祭司の正統性をめぐる争いに敗れてそこから追放されるか脱出したオニアス4世であると申し立て，ついで，

(2) ヨセフス自身，紀元後66年のローマ旅行からのエルサレムへの帰途アレクサンドリアに短期間滞在したときにこの場所を訪れた可能性があると申し立て，

(3) ペトリによるテル・エル・イェフディエーを神殿址とするその同定に異議申し立てを行い，神殿址はブーバスティス（現在のテル・バスタ）にあると想像し，

究紀要』第9号［1994］所収），「ヨセフスの生涯について（その2）」（『多摩美術大学研究紀要』第10号［1995］所収）をも参照．
(2) 拙訳『ユダヤ戦記』3分冊（ちくま学芸文庫，2002）．
(3) 拙訳『ユダヤ古代誌』全6分冊（ちくま学芸文庫，1999-2000）．
(4) フリンダーズ・ペトリについては，Margaret S. Drower, Flinders Petrie: *A Life in Archaeology* (2nd edition: Wisconsin and London: The University of Wisconsin Press, 1995) がもっとも信頼のおける読み物である．Drower は最近，*Letters from the Desert: The Correspondence of Flinders and Hilda Petrie* (Exter: The Short Run Press, 2004) を公刊している．これも考古学者ペトリを知る上で貴重であるが，ここでのわれわれの議論に直接関係するものではない．

(4) 過去においてエジプト考古学者のナヴィルやハバチによってなされたブーバスティスの発掘結果に触れ，最後に
(5) 2005 年と 2006 年にわたしたちが行ったデルタ地帯での予備的調査について触れて，

全体を締め括るつもりです．わたしは現在のテル・バスタをヨセフスが言及するブーバスティス・アグリアと想像する者で，この講演の結論部分では，この場所の発掘の重要性をみなさん方に訴えるつもりです．

2

ご承知のように，紀元前 2 世紀の半ばころ，ハスモン一族の大祭司とオニアス 4 世の間で，大祭司職をめぐる深刻な争いがエルサレムで起こりました．このオニアス 4 世は，紀元前 175 年にある謀略で殺害されたエルサレムの大祭司オニアス 3 世の子です．このオニアス 4 世が，自分こそは大祭司の正統性を継承する者であると，氏素性の分からぬ田舎祭司から出発したハスモン一族の立てる大祭司に向かって申し立てるのは当然のことでした[5]．彼の申し立てをもっともだとして，彼のサポーターをつとめる祭司たちも大ぜいおりました．大祭司職は，本来，世襲のものだったからです．バビロン帰還以降の大祭司職の系譜に乱れがあったと思われることや，いったん乱れがあれば，その正統性の系譜が途端に怪し気な胡散臭いものになることは必定ですが —— もっともわたしなどに言わせれば，バビロン捕囚以前から大祭司の系譜などは系譜として機能していなかったのですが ——，ここではそれは問いません．重要なのはオニアス 4 世にとって父のオニアス 3 世がエルサレムで大祭司をつとめていた事実であり，オニアス 4 世がその事実と自分がオニアス 3 世の子であるというもうひとつの事実に大祭司職継承における正統性をもとめたことなのです．ヴァンダーカム教授はすでに大祭司の系譜を問題にした浩瀚な学術書『ヨシュアからカイアファまで』[6] を公刊され

---

[5] マカベア一族による支配の正統性をめぐる争いについては，拙著『旧約聖書続編講義』（リトン，1999）所収の第 1 回講義「マカベア第一書」11-32 頁参照．
[6] James C. VanderKam, *From Joshua to Caiaphas: High Priests after the Exile*, (Minneapolis: Fortress Press, 2004).

● はじめに ●

ておりますので，わたしのこうした系譜理解についてどう思われるか後で伺ってみたいと思いますが，この争いが深刻であったことは，『マカベア第二書（マカバイ記二）』の文脈[7]から読み取るしかありません．その深刻さの程度はともかく，2つのことがここで明らかです．それはオニアス4世が大祭司の正統性をめぐる争いで敗れたということです．そして，オニアスがエルサレムを離れたということです．

エルサレムでの争いに敗れたオニアス4世は，祭司たちの一部や，彼らの下働きであるレビびとたちの一部を連れてエルサレムを離れ，パレスチナとエジプトの間の関所であるペールシオンを経てエジプトへ逃れるのです．この時期は紀元前の160年から150年の間のある時期だと思われます．

エジプトへ入ったオニアス4世とその一行はどこへ向かったのでしょうか？　彼ら一行の足取りを追うことはできません．しかしわたしたちは，彼らが最初にエジプト最大の都アレクサンドリアに逃げ込んだと想像します．そこにはすでにかなりの規模に発展していたユダヤ人共同体があったからです．わたしたちを困らせるのは，史料が彼ら一行の規模について黙していることです．もしそれが小規模であったのであれば，彼らはアレクサンドリアのユダヤ人共同体によって難民と化した同胞として一時的には受け入れられたと想像できますが，もしそれが大規模なものであったのであれば，彼ら一行は最初からアレクサンドリアでそう簡単には受け入れられることはなかったと想像しなければなりません．しかし，たとえその規模が小さなものであったとしても，アレクサンドリアでの彼らの滞在は，彼らの神学やイデオロギーがアレクサンドリアのユダヤ人共同体のそれに反するものであるだけに —— 彼らアレクサンドリアのユダヤ人たちはエルサレムの神殿体制を支持し，エルサレムへの巡礼者を出していたはずです ——，心から歓迎されるものではなかったでしょうし，またたとえ短期間受け入れられたとしても，アレクサンドリアの同胞たちの間での居心地は決してよいものではなかったはずです．

さて，一行を率いたのはオニアスですが，もし彼が，しばらくはそこに落ち着き，その機会が到来すればエルサレムに反攻を仕掛けようとしていたとしても，アレクサンドリアのユダヤ人共同体が自分たちを心から受け入れて

---

[7]　とくに『マカベア第二書』第3章および第6章参照．ヨセフス『古代誌』12・225, 237 以下，13・62 以下をも参照．

|基調講演|

はくれないものであると感じはじめたら，彼はどうしたのでしょうか？　そのとき彼に出来ることはただひとつしかありません．それはアレクサンドリアの町を離れてナイルのデルタ地帯に新天地を見つけることです．彼らはデルタ地帯にある他のユダヤ人共同体に転がり込んだのではないでしょうか？　わたしたちはエジプトのユダヤ人共同体と聞くとすぐにそれをアレクサンドリアのユダヤ人共同体と結び付け，エジプトにはそれ以外のユダヤ人共同体がないかのように想像しがちですが，デルタ地帯のナイル川沿いにはユダヤ人共同体がいくつもつくられていたことは，旧約聖書の偽典文書のひとつ『マカベア第三書』[8]から窺い知ることができます．エジプトでのディアスポラのユダヤ人の歴史を知るには，そこでの史料分析は貴重です．

　わたしたちはここで，オニアスの一行の転がり込んだデルタ地帯のユダヤ人共同体は，アレクサンドリアのそれとは異なり，非常に貧しい共同体であったと想像します．デルタ地帯がいくら豊かな穀倉地帯であったとしても，そこはアレクサンドリアの豊かさとは無縁のものであったはずです．そこはアレクサンドリアの豊かさを支えるための，ローマ時代になればローマの繁栄を支えるためのヒンターランドだったからです．アレクサンドリアには後の時代のシナゴーグへと発展していく「祈りの家」がすでにいくつかあったでしょうが，このデルタ地帯でその存在を想像するのは必ずしも容易なことではありません．

　さて，ここから先が重要です．

　もしオニアスの一行がここでも居心地の悪さを感じたら，どうなるでしょうか？　そのときの選択肢は，自分たち自身の手で新天地を切り開いていくしかありません．その選択肢には，当然ことながら，新しい神殿建設の必要がついております．なぜならば，オニアス4世は，どこにいようと，大祭司の地位を申し立てることができる人物であったからであり，また彼の一行の一部の者たちが，すでに述べたように，エルサレム神殿の祭司たちやレビ人たちだったからです．

　オニアスの一行は，ある時期に，デルタ地帯のユダヤ人共同体から離れました．オニアスが新しい神殿を建てることにしたからです．神殿の規模は祈りの家の比ではありません．その何十倍です．ですから，神殿建設には，そ

---

(8)『マカベア第三書』については，前掲『旧約聖書続編講義』所収の第3回講義「マカベア第三書」，93-103頁参照．

れなりの規模の土地が必要とされます．彼らは神殿建設の適地を探しました．それはエジプトの神殿の廃墟です．それはヘロドトス（前484-425）が，その著作『歴史』2・59で，ブーバスティス・アグリアとして言及している場所で，デルタ地帯でかつてもっとも栄えた町のひとつです．その神殿跡には，倒壊した神殿の大きな石柱が何十本，いやそれ以上の数のものがごろごろと転がっておりました．神殿建設で必要な資材は大量の石材ですが，この廃墟の石材をリサイクル活用すれば，石を石切場から運んでくる必要がなくなります．近くには運河もありました．もしここで見出される石以外の石材が必要でしたら，それを石切場から切り出し，運河を利用してこの場所に運び込むことができます．建築資材の石柱や石がすでにしてごろごろしているこの神殿址こそは，神殿建設のための格好の候補地となります．オニアスはその土地を手に入れようと画策し，実際にそれを獲得するのです．

　ヨセフスによれば，オニアスはプトレマイオス4世（前180-146）に嘆願してその土地を手に入れたことになっております[9]．しかし，どうでしょう，これは歴史的事実なのでしょうか？　もしかしてこれはプトレマイオス4世の死後に，この土地が王と王妃クレオパトラから下賜されたとする物語がオニアスの共同体によってつくられ，それが語り継がれ，後年ヨセフスは，この土地を訪ねたときにそれを聞かされて鵜呑みにし，それを紹介したのかもしれません．もしこれがそこに建てられた神殿を権威付けるための「下賜神話」だとしますと，真実は見えにくくなりますが，ここで重要なのは，その下賜神話ではなくて，ヨセフスが『古代誌』13・66-67で，その土地がエジプトの神殿の跡地だったと述べていることなのです．

　さて，この土地を手に入れたオニアス配下のユダヤ人たちはそこに見出される石材を活用して神殿工事に取りかかります．彼らはピラミッドをつくったエジプトの奴隷たちではありませんから，その技量はなく，結構チンタラと仕事をしていたと想像してみたいものです．暑熱の厳しい日中は働けませんから，午前中の数時間しかエンヤコラとかけ声をかけることはできなかったと想像します．

　神殿のモデルはエルサレムの神殿です．

　オニアスも，祭司たちも，レビびとたちもその神殿を熟知しております．

---

(9)　『古代誌』13・62以下参照．

新しい神殿の設計図は簡単につくれたはずです．そこには「祭司たちの庭」ないしは「祭司たちの間」がつくられたはずです．大祭司が一年に一度入れる至聖所も，大祭司オニアスとその後継の者のためにつくられたはずです．エルサレムの神殿には女たちの入場が許された「女たちの庭」がありましたが，それがつくられたかどうかは微妙です．

この神殿の落成時期は不明です．この神殿址が将来発掘の対象となって，礎石でも掘り起こされれば，その竣工時期や落成時期は分かるはずです．

3

ヨセフスの『自伝』[10] 13節以下によれば，彼は紀元後の64年に知り合いの祭司釈放の請願のためにローマに向かっております．これはヨセフス研究者であれば，だれでもが知っている事柄です．わたしたちはここで，ヨセフスがその初期の目的を達すると，釈放された祭司たちと一緒にローマを去ったと想像します．ヨセフスは，自分がユダヤ戦争がパレスチナで勃発する66年の初夏の直前にエルサレムへ戻ったと申し立てておりますが，これが事実だとすれば，64年のローマ出発からエルサレムへの帰着までにはかなりの時間差があったことになります．この時間差は，ヨセフスがアレクサンドリアやその近辺にある期間滞在していたことを示唆するものとなります．

わたしはすでにブリル社から出版された故モートン・スミス教授を記念する論集の中で，ヨセフスは66年の初夏にエルサレムに設置された戦争遂行の臨時政府（ト・コイノン）からガリラヤ方面に派遣されるとただちにガリラヤの若者たちをローマ式に軍事訓練を施したとする『戦記』2・577-82の記事や，同じ『戦記』3・64-106に見られるローマ軍の強さについての詳細な記述から判断すると，ヨセフス自身はアレクサンドリアに滞在中にその郊外のニコポリスで，短期間であれ，軍事訓練を受けていたと想像できると申し立てましたが，わたしはまたそこでヨセフスはアレクサンドリア滞在中にヘーリオポリスやブーバスティス・アグリアを含む，デルタ地帯のユダヤ人共同体のいくつかを訪れたと想像できることをも示唆しました[11]．実

---

(10) 拙訳『自伝』（山本書店，1978）．
(11) Gohei Hata, "Imagining Some Dark Periods in Josephus' Life" in Fausto Parente & Joseph

● はじめに ●

際, ヘーリオポリスについて言えば, ヨセフスがそこを訪れた間接的な証拠は示すことができるのです. それはプトレマイオス1世と同2世に仕えたヘーリオポリスの祭司マネトーンへのヨセフスの個人的な関心の異常なまでの高さです[12]. 彼は多分ヘーリオポリスに滞在しているときに, 後になって『アピオーンへの反論』の中で激しく反駁することになるモーセと出エジプトに関する多くのスキャンダラスな話を聞いたり収集したりしたのです. 彼はヘーリオポリスの町に滞在中に, 後になって『古代誌』の中で再話することになるモーセのエチオピア遠征[13]や, エチオピア王の娘タルビスとの結婚話[14]について聞いたり集めたりしたのです. わたしたちはまた, 彼がブーバスティス・アグリアの町を訪れたことを, その場所への彼の関心やこだわりが尋常ならざるものであることを指摘して, その間接的な証拠とすることができるのです. ヨセフスが『戦記』のはじまり部分で「オニアスの土地」に言及し[15], また同じ『戦記』の最終巻である第7巻をこの神殿の破壊への言及で終えている[16]ことは, ヨセフスの注意深い読者であればだれでもが気づくことです. ヨセフスは『戦記』においてばかりか,『古代誌』の第12巻と第13巻においてもオニアス(4世)とその神殿に言及し, プトレマイオス王とその妃へなしたオニアスの請願と2人の返書を含めているのです[17]. この2つの著作における頻繁な言及こそは, ヨセフス自身がブーバスティス・アグリアを訪れ, オニアスの神殿とその近くにつくられたユダヤ人共同体を目にし, オニアスの請願とプトレマイオスによる返書に関係するかもしれない神殿の起源に関する話を聞いた(か収集した)と想像することではじめて説明し得るものとなるのです. もしわたしたちの想像が歴史の上の事実に近いものであれば, わたしたちは次に, オニアス4世の請願書にはなにがしかの正しい記述が含まれているとか, ヨセフスはその中になにがしかの正しい記述が含まれていると判断したからこそそれを引いたのだ, と議論

Sievers (eds.), *Josephus & the History of the Greco-Roman Period: Essays in Memory of Morton Smith* (Leiden, New York: E.J.Brill, 1994), 309-328.
(12) マネトーンについては, 本論集に収録されている拙稿『はじめに創世記と出エジプト記のギリシア語訳がつくられた』を参照.
(13)『古代誌』2・243 以下参照.
(14)『古代誌』2・252-253 参照.
(15)『戦記』1・33 参照.
(16)『戦記』7・420-436 参照.
(17)『古代誌』12・225, 237 以下, 13・62 以下参照.

することができるようになります．

4

　オニアスの神殿についてのヨセフスの記述への興味から，イギリスの考古学者フリンダーズ・ペトリはその場所を特定しようと試み，その発掘報告書『ヒュクソスとイスラエルびとの町々』[18] を 1906 年に公刊しました．わたしはこの報告書を大英博物館の前にあるオリエント関係の古書店でたまたま手にする幸運に恵まれたのですが，その第 4 章は「オニアスの神殿」と題するもので，それは次の言葉ではじまっております．

> アンティオコス・エピファネスの圧政のため難民となったユダヤ人たちのエジプト入国という興味深い挿話と，彼らがその地に紀元前 154 年ころに新しい礼拝の中心をつくったという話は，ヨセフスによって保存されている記事からよく知られている．この新しい神殿の場所は，テル・エル・イェフディエーの近辺であったと一般には認められてきたが，これまで同定されてはこなかった．「ヨセフスは（いくつかのことを）ない混ぜにし，いくつかのユダヤ人居住区に言及して状況をひとつの居住地区にしている」（ナヴィル『ユダヤ人の丘陵』20 頁）と理解するヨセフスの言葉の扱いは，一般的には，問題解決に寄与しない．この場合や他の場合も，諸事実を確定するときには，史料とするものにどこまでも密接に従うことが最善とされねばならない．ヨセフスの文節の全体は簡単に引くことができるので，ここでそれを要約し，ついでそれが提供するデータについて議論するのが適切である．

　さて，ペトリはこう前置きを振った後で，『戦記』7・426-436 が，デルタ地帯の東側のユダヤ人居住区の全地域をオニアスの名を冠してオネイオンと呼んでいるとし，同時に『古代誌』14・127-139 が，より大きな地域を指していると申し立てます．ペトリはまたそこで，アンティオコス・エピファネスのもとからエジプトへ逃げ込み，プトレマイオス 4 世によって好意的に受け入れられたオニアスを『アピオーンへの反論』第 2 巻の 49 節に登場するプトレマイオス 6 世の軍隊のユダヤ人指揮官オニアスのようだと，少しばかり

---

[18] W.M.Flinders Petrie with chapters by J. Garrow Duncan, *Hyksos and Israelite Cities* (London: Office of School of Archaeology, University College, 1906).

留保をつけて，同定するのです．プトレマイオス6世はこのオニアスにメンフィスから180スタディア離れた所にある土地を与え，そこにオニアスは要塞とエルサレムのそれとは似ていない塔のような神殿を建てたとするのです．ペトリはオニアスが神殿を60キュービットの高さに達する大きな石でつくったとするのです．ペトリはついでヨセフスが記述する祭壇に言及し，彼の言葉「神殿全体は石造りの門をもっていたが，焼き煉瓦の壁で囲まれていた」を引きます．ペトリはさらに，ヨセフスの言葉にもとづいて，エジプトの知事ルプスは，紀元後71年にその神殿を閉鎖し，彼の後継者パウリノスがその場所を徹底的に破壊し，そこを完全に接近不可能な場所にしたとするのです．

ヨセフスの『古代誌』13・65-68と13・70-71に挿入されたオニアスによる請願書とプトレマイオスとその妃からの返書ですが，ペトリは，それが本物であっても，改竄されたものであっても，また創作されたものであっても，それはオニアスの神殿址の同定に影響することはないと主張いたします．そして彼は，オニアスはレオントーン・ポリスにやって来て，「ブーバスティス・アグリア」と呼ばれた要塞の中に神殿建設の適地を見つけたと述べます．そして彼はここで，ヨセフスが述べていること，すなわちオニアスが所有者不明の倒壊した神殿址のこの土地を清め，そこにエルサレムの神殿を模した同じ規模の神殿を建てる許可をプトレマイオス6世が与えたと述べるのです．すなわちプトレマイオス6世はオニアスに，ブーバスティス・アグリアと呼ばれる，ヘーリオポリス州のレオントーン・ポリスにある倒壊した神殿址を下賜し，そこで彼はそこにエルサレムのそれに似た，しかしそれよりも規模の小さな神殿と祭壇を建てたとするのです．そしてペトリは，以上が『戦記』と『古代誌』の中のヨセフスの記述に見られる重要なポイントであると強調するのです．

ペトリは次に挙げる3つの理由から，テル・エル・イェフディエーをオニアスの神殿址とします．

(1) テル・エル・イェフディエーからはバステト（＝猫の姿をした女神）の宮を手にもつホルの神像が見つかったが，バステト礼拝の中心は，テル・エル・イェフディエーを除いては，ベルベイスとメンフィスの間には存在しない．

(2) テル・エル・イェフディエーとメンフィスの北門までの距離は186

スタディオンであるが，それはヨセフスの言う 180 スタディオンに近い．
(3) テル・エル・イェフディエーのマウンドに建てられた諸建造物は，地上から少なくとも 59 キューピッドに達することをわれわれに想像させるが，これはヨセフスの言う 60 キューピッドに近い．

ペトリは以上の 3 点に触れた後，その個々の詳細に入って行くわけですが，ここではその詳細は省略いたします．

わたしたちはテル・エル・イェフディエーをオニアスの神殿址とするペトリの同定に賛成することはできません．

わたしたちはここで，ペトリの同定に反論する前に，彼のオニアス理解についてコメントしておきます．

すでに述べてきたように，ペトリはオニアスを『アピオーンへの反論』2・49 に登場するプトレマイオス 6 世の軍隊のユダヤ人指揮官だったオニアスと同定するばかりか，彼をアンティオコス・エピファネスの迫害を逃れてエジプトへやって来た人物としております．

この同定は正しいのでしょうか？

わたしたちは，プトレマイオスの軍隊の一介のユダヤ人指揮官が同胞のユダヤ人のためにデルタ地帯に神殿を建てることなど思い付くはずがない，という理由からペトリの同定に反対いたします．神殿を建てるという行為，しかもエルサレムの神殿を模したものを建てるという行為は尋常なことではありません．そのような関心を抱き，そのような野心をもつのは特別な人物であるとしなければなりません．その人物は，エルサレムの神殿組織の中で自らをその最高位に置こうと画策したがそれに失敗し，そのためエルサレムから追放された者であるとしなければなりません．その人物は，エルサレムの祭司たちやレビ人の中にサポーターがいる者でなければなりません．新しい神殿組織を立ち上げるのには祭司たちのグループと彼らを下支えするレビ人たちのグループが必要だからです．もしそうであれば，ペトリのオニアスはその候補にすらならないのです．なり得るのはただひとりオニアス 3 世の子オニアス 4 世だけです．オニアス 4 世には，ヨセフスが『古代誌』13・64 で示唆するように，エジプトの地のどこかに神殿を建てるそれなりの十分な理由があり，またその建立はイザヤ書の第 19 章の 18-19 節に見られる「太陽

の町」についての預言[19]によって正当化されるものであり，励まされるものでした．イザヤ書の「太陽の町」は，ギリシア語ではヘーリオポリスです．
　では，ペトリによる神殿址の同定はどうなのでしょうか？
　わたしたちは次に挙げる諸点から，彼の同定に反対いたします．
　ペトリはホルの神像が発見されたと報告しますが，わたしたちは，ホルの神像が一体出てきたからといって，それは十分な証拠とはならない，とします．ペトリは，テル・エル・イェフディエーとメンフィスの北門までの距離が約186スタディアで，それはヨセフスの挙げる180スタディアに近いものであると指摘しますが，わたしたちは，ヨセフスの挙げる180スタディアという数字は信頼出来るものではない，なぜなら彼は本来，2つの地点の間の距離を正確に記そうなどと試みる人間ではないからであると指摘しましょう．わたしたちはヨセフスの挙げる数などを信じて，それをもとに何かを議論することなど到底出来ないのです．同じことはヨセフスが挙げる諸建造物の高さについても言えるのです．
　わたしたちをガックリさせるのは，オニアスの神殿址であることを証拠立てるものが，神殿が立っていたとペトリが想像するテル・エル・イェフディエーの小高いマウンドの上から，何ひとつ発見されていないことです．そこから主として出土したのは，エジプトの第12王朝かそれ以前の時代の瓶形飾り，ヒュクソス時代の短剣，陶器，スカラベ，第12王朝から第17王朝か，第18王朝以降のスカラベ，ヒュクソスの墓や後の時代の墓，第18王朝の棺，第26王朝のトウモロコシを細かに砕くグラインダー，第20王朝の外国製の陶器，第23王朝の護符や，ガラスの目玉，そして第26王朝の緑の上薬を塗った瓶などでしかありません．ペトリ自身が「小高いマウンドの上からはわずかのものしか発見されなかった」と告白しておりますが，彼がそこで見つけたものは，粘土でつくられた壺のシール，銅線に通したガラス玉の耳飾り，雄羊の角笛，そしてその他若干のものです．粘土でつくられた壺ですが，ペトリはそれを犠牲の祭儀で使用されたものだと想像するのですが，わたしたちは祭壇と同定される場所の近くで多数の粘土の壺が発見されてはじ

---

(19) (18章) その日には，エジプトの地に五つの町ができる．そこでは，カナンの言葉が語られ，万軍の主に誓いが立てられる．その町のひとつは『太陽の町』ととなえられる．(19章) その日には，エジプトの地の中心に，主のために祭壇が建てられ，その境には主のために柱が立てられる」(訳文は新共同訳から)．

めてそれらは祭儀用に使用されたと想像できるのであって，たったひとつの壺で何かを云々するのは非常に危険だと指摘しておきます．祭壇の場所も分からないときに粘土の壺が出てきても，それだけでは何も言えないのです．神殿は通常玄関口や，聖なる場所，至聖所などに分かれ，それらから成るものですが，ペトリは，「全体は，現在唯一残されている瓦礫細工のひとつの大きな塊の上に見出されるので，神殿址は残されていない」と申します．

ペトリに反論するさいのわたしたちの前提は，オニアス4世は大祭司職を申し立てることができた祭司だったというものですが，これは当然のことながらわたしたちには，オニアスは至聖所をもつ神殿を建てたと想像させるものとなります．至聖所，つまりもっとも聖なる場所はもっとも目立つ仕方で建てられ，その痕跡は，紀元後70年のウェスパシアノスの命による神殿破壊後でも，どこかに残されてなければおかしなこととなります．至聖所のない神殿は考えられないものであり，想像だにできないものだからです．

もしペトリがマウンドの地層からそれを発見できなかったのであれば，それはわたしたちに，神殿址はテル・エル・イェフディエー以外の場所に探しもとめねばならないことを示唆するものとなります．わたしたちは，ブーバストスとか，ブーバスティス，あるいはヨセフスの表記にしたがえばブーバスティス・アグリアと呼ばれた土地，現在のテル・ブスタを神殿の跡地の有力な候補と想像するのです．

5

ブーバスティスを最初に発掘した人物は，フランスの考古学者A.マリエで，みなさん方の中にはご承知の方もおられるかもしれませんが，彼は後になってカイロ博物館の古代部門の初代部長をつとめております．彼は19世紀の中頃にその場所に注目して発掘したのですが，その発掘は成功を収めるものではなかったと言われておりますので，ここでは彼の発掘結果は無視いたします．

わたしたちが次に取り上げるのはエドワード・ナヴィルとラビブ・ハバチです．

ナヴィルは1887年から89年にかけての2年間，ブーバスティスを発掘い

たします．彼が1891年に公刊した報告書『ブバスティス (1887-1889)』[20] によれば，彼が発掘を開始した1887年には，古物に興味をもつ古物商たちがすでにその場所を発掘していて，フェラヒーンと呼ばれる農奴たちが「セバク」をもとめて掘っていたそうです．ナヴィルによれば，現場の近くでは鉄道の建設作業も進行中で，そのため発掘できる地域は非常に限定されていたそうです．

　ナヴィルは，アメリカの考古学者グリフィスと一緒になって1887年に行った発掘作業で —— このグリフィスはロンドンにあるグリフィス考古学研究所を設立した人物であると想像しておりますが，間違っておりましたら訂正いたします ——，大神殿を掘り当てます．それは玄関ホール，祝祭ホール，そして多柱式ホールから成るものです．祝祭ホールでは，ラムセス2世やオソルコン2世の残した多数の碑文や，第12王朝のもの，ペピ1世のカルトゥーシなどが発見されました．ペピ1世のカルトゥーシはその町が第6王朝にまで遡る古いものであることをナヴィルに示唆するものとなります[21]．

　ナヴィルによる1888年の発掘には牧師のマックグレーガーやダルスト伯爵らが参加し —— このダルスト伯爵についてご存知の方がおられましたら，後でお教え願います ——，ヒュクソス時代の遺物が発見され，その町がヒュクソスにとって重要な住居地であることが判明されます．アメリカからゴダード博士が参加した1889年の発掘では，第4王朝のケオプスとケフレン名が記されたブロックが玄関ホールから見つかります．これは彼らに，この場所が第6王朝よりもさらに古いものであることを示唆するものとなります．ケオプスはヘロドトスがギザの大ピラミッドの建設者と見なすクフのことです．

　ナヴィルの報告書は，「テル・バスタ」，「古王国」，「第12王朝」，「第13王朝」，「ヒュクソス人」，「第18王朝」，「第19王朝」，「第20王朝」，「第22王朝」，「猫の墓」，「第22王朝から第29王朝までの諸王朝」，「第30王朝」，「プトレマイオス王朝とローマ人」，「小神殿」の各章，王名リスト，図版索引，そして事項索引から成るもので，わたしたちがその目的のために読みたいと

---

[20] Edouard Naville, *Bubastis (1887-1889)* (London: Kegan Paul, Trench, Truebner & Co., 1891).

[21] Edouard Naville, *The Festival-Hall of Osorkon II in the Great Temple of Bubasatis (887-1889)* (London: Kegan Paul, Trench, Truebner & Co., Ltd, 1892), 3-9 参照．

願って開くのは,「プトレマイオス王朝とローマ人」を扱った章ですが,そこで報告されているのは,多柱式ホールの入り口付近で見つかった2つの赤色花崗岩の塊に刻まれた2つの碑文と,「ギゼーの博物館にあるローマ人像のそれに非常に似た装飾用の房のついたトーガを着用した」首なしの胴体部分についてでしかないのです.わたしたちの関心や目的に関係する物についての報告はひとつもありません.実際,ブーバスティスについてのナヴィルの報告には,オニアスの神殿址に言及する記述は一行たりともないのです.天を仰いでガックリです.

ラビブ・ハバチは,その報告書『テル・バスタ』[22]の中で,女神バステトに捧げられたペピ1世の神殿の遺物について報告し,さらにはナヴィルが発見した大神殿の異なる場所での発掘調査についても報告しております.この報告はエジプトの歴史に関心を寄せる者にとっては非常に重要ですが,オニアス4世の神殿址を特定しようと試みる者たちにとっては,ナヴィルの報告書と同様に,失望するものです.ハバチがオニアス4世の神殿址にまったく関心を示していないからです.

6

わたしたちはオニアス4世の神殿址を特定するために2005年の9月のはじめにエジプトに滞在し,2日と3日に,中近東文化センターの川床教授や,名古屋大学の周藤芳幸教授,それにエジプト考古局の人たちと一緒に,テル・ムクダムにあるレオントーン・ポリス,アル・ザガズィグのテル・バスタ(あるいはブーバスティス),テル・エル・イェフディエー,そしてテル・ヤフードの4つの場所で予備的調査を行い,ついでその後の3日間をこれらの場所から出土したものを検討するためにカイロ博物館の資料調査室で出土品台帳と格闘しました[23].この調査室は「ペトリの間」の隣にあるもので,そこから入って行くことが出来ます.

テル・ムクダムの場所はすでにカリフォルニア大学の考古学チームによっ

---

[22] Labib Habachi, *Tell Basta* (Cairo: Institute of French Archaeology, 1957).
[23] この調査の詳細は,『多摩美術大学研究紀要』(第21号,2006)所収の拙稿「テル・バスタ」101-115参照.

て発掘されており，その成果はウエブ上で公開されております．わたしたちはエジプトに来る前に，すでに東京で彼らの発掘結果をチェックし議論しておりました．レオントーン・ポリスの名前は，オニアス4世がその請願書の中で「……その後わたしは……ユダヤ人を連れてヘーリオポリス州のレオントーン・ポリスその他，ユダヤ民族の居住する場所を訪れました」(『古代誌』13・65) と述べている限りにおいて，またプトレマイオス6世やその妃クレオパトラがその返書で「われらは，ヘーリオポリス州のレオントーン・ポリスにあるブーバスティス・アグリアと呼ばれる神殿を浄化したいという貴下の請願書を受領した．……」(前掲書13・70) と述べている限りにおいて，ヨセフスの報告と何らかの関係を示唆いたしますが，わたしたちが訪ねたレオントーン・ポリスの実際の場所は，神殿址との関係を何も示唆しません．

テル・エル・イェフディエーは，すでに述べたように，ペトリがそこをオニアスの神殿址と同定した場所なので，わたしたちはそこを注意深く見なければならないと考えました．そこでは彼が言及しているヒュクソスの壁や，また彼によればその上にオニアスの神殿が建てられた小高いマウンドの上に容易に登ることができました．その小高いマウンドの上に立ったときの印象は，その場所は，時の経過とともに拡張されたと想像されるオニアスの神殿の場所にしては小さすぎるというものでした．ヒュクソスの壁と呼ばれる壁の一部は，本来の壁の向こうには大きな陣営跡があったことをわたしたちに予想させるものでした．もし大きな陣営跡があったとすれば，その場所を訪ねたとわたしたちが想像するヨセフスはなぜそれについて言及しなかったのでしょうか？『アピオーンへの反論』によれば，ヨセフスは明らかにヒュクソスのエジプト侵入に興味をもっておりますが[24]，その陣営跡は，ヨセフスがそこを訪ねたときには，すでに跡形もなく消されていたのでしょうか？

ギータのテル・ヤフードは未発掘の場所で，それだけにエジプト考古局の局長はわたしたちの手でそこを発掘するように執拗に勧めてくれました．マウンドの表面に現れ出た毀れた土器のいくつかの破片から判断しますと，それらはヘレニズム・ローマ時代のもののように見えますが，この場所はオニアスの神殿の場所とは何の関係もないようです．だだっ広い小学校や中学校

---

[24] 拙訳『アピオーンへの反論』(山本書店，1997) 83 以下，224 以下参照．

の校庭のようなこの場所のどこもヨセフスの記述には合致しないのです.

　ブーバスティスあるいは現在のテル・バスタはアル・ザガズィク南東に位置しております. ブーバスティスは下エジプトの第18の州 (ノモス) で, 第22王朝と第23王朝の首都でした. そこはまた, その名前ブーバスティスあるいはブバストスの名が由来する女神バステトの礼拝の中心の座でした. 現在のテル・バスタの土地はコンクリート製のフェンスに囲まれております. これは多分エジプト考古庁がこの場所の見学者の安全確保のために講じた措置でしょうが, またひとつにはこの場所の奥に軍隊のバラックがあるからでしょう.

　この場所にゲートから入って南に折れますと, ごろごろと散在している倒壊した石柱や大きな石 ── そのあるものには象形文字が刻まれておりました ── が目に飛び込んできます. その数はあまりにも多くて数え切れません. それらの一部はナヴィルが発掘した大神殿からのもので, また一部はテティやペピ1世が建てた神殿からのものです. ヨセフスの記述に精通している者であれば, とくに「資材」がいっぱいの, しかし顧みられることのなかった場所についての記述を想起するのではないでしょうか？　この場所の形状は長方形で, その横幅は600メートルは優に超えるものだと目測出来ました. この横幅だけは, 遮蔽物がないため, 目で追うことができるのです. この場所の南側からは, エジプトの陸軍がブルドゥザーでそこを掘り起こしていたとき, 運河跡が見つかりました. この運河は, ヘロドトスが述べている2つの運河のひとつであるように思われました[25]. これらの場所の東側にあってエジプト陸軍のバラックの近くには, ナヴィルによってもハバチによっても発掘されなかったいくつかの小さなテルがあります. わたしたちは, こここそはわたしたちの手で発掘してみるべき場所であると想像し, 同行してくれた考古学専門の周藤教授からそこでの試掘の仕方を教えてもらいました.

　わたしたちは翌年の2006年の8月31日と9月1日にも予備的調査を行いました. わたしたちはユニヴァーシティ・コレッジ・ロンドンのペトリ博物館を訪ね, 彼が残した報告書や, 書簡, 手帳, 日記, その他彼が発掘で書き留めたメモ帳などを読み漁り, さらにはそこに展示されているテル・エル・

---

[25] ブーバスティスの運河については, 『歴史』2・60, 138, 158 参照.

イェフディエーからの少数の出土品を精査しましたが，その結果わたしたちは，ペトリの同定は誤ったものだとますます確信するようになりました．そしてこの4つの場所を再訪して注意深く検討した結果，わたしたちはテル・バスタの中のある場所をオニアスの神殿の場所であると確信するに至ったのです．

7

結論に代えて，展望を申し上げます．

わたしたちヘレニズム・ローマ時代のユダヤ教の歴史を専攻する研究者は，オニアス4世の神殿址の正確な場所にもっと注意を払うべきではないでしょうか？ その場所を特定し，その場所を発掘してみる必要があります．もし発掘が成功すれば，その結果は，ヘレニズム・ローマ時代のユダヤ教についてのわたしたちの理解をこれまで以上に深いものにするはずです．

(1) ヘレニズム・ローマ時代のユダヤ教には，「ひとつの神，ひとつの神殿」とする基本的な神学ないしはイデオロギーがありました．これはみなさん方も同意されると思います．もしこのオニアスの神殿址の存在が確認されれば，その存在それ自体がユダヤ教の神学ないしはイデオロギーに反するものとなります．そこでの発掘の結果は，わたしたちのユダヤ教理解に新しい理解をもたらすものとなるかもしれません．

(2) オニアスの神殿の規模です．それを支えるユダヤ人共同体の規模です．紀元前2世紀の中ごろに建てられたこの神殿が，紀元後1世後半のユダヤ戦争までの220年以上にわたって存続したと申し立てるヨセフスの記述が正しければ[26]，ここでの神殿の規模やユダヤ人共同体の規模は段階的な拡大の道を辿ったと想像されます．そこでの発掘の結果は，わたしたちの想像の是非を問うものとなるでしょ

---

(26)『戦記』7・436で，ヨセフスは「この聖所の創建から閉鎖までの期間は343年だった」と述べているが，筆者はそこでの割註で「この神殿が全150年ころに創建されたとすると，ここでの存続期間『343年』は『243年』に訂正される」と，訂正を入れた．ここでのヨセフスの誤りは彼自身の杜撰な計算のためなのか，それとも転写上の誤りなのか．

う．

(3) オニアスの神殿の組織です．もしヨセフスが申し立てるように，オニアスの神殿がエルサレムの神殿を模したものであれば，その組織もまたエルサレムの神殿組織を模したものと想像されます．そこでの発掘結果は，その想像の是非を問うものとなるでしょう．当然のことながら，オニアス4世はここでの神殿の大祭司として出発したでしょうが，彼以降の大祭司たちは，エルサレム神殿のそれにならって，世襲制のものだったと想像されます．そこでの発掘の結果は，その想像の根拠となるものを与えてくれるかもしれません．

(4) オニアスの神殿とエルサレムの神殿との関係です．もしオニアスの神殿の大祭司オニアスの出発がエルサレム神殿の大祭司への激しい敵意からのものであれば，その敵意は，双方の神殿が破壊された紀元後1世紀の後半にまで続いていたと想像されます．そこでの発掘の結果は，その想像の根拠となるものを提供してくれるかもしれません．

(5) 対ローマのユダヤ戦争（66-70年）のときに取ったオニアスの神殿の共同体の態度です．そこでのユダヤ人共同体は，たとえそれまでエルサレムの神殿を敵視してきたとしても，エルサレムの同胞たちにたいしては一般的に同情し，彼らの中からエルサレムに赴きローマ軍を相手に戦う者たちが出たとしてもおかしくないのですが，そこでの発掘の結果は，この想像の根拠となるものを与えてくれるかもしれません．わたしたちがこう想像するのは，ヨセフスによれば，ウェスパシアノスによるオニアスの神殿の閉鎖命令が出されたのは，戦争が終わった後のエジプト在住のユダヤ人たちの決起の拠点になることを恐れたことにあったからです[27]．

(6) オニアスの神殿共同体を構成するユダヤ人とプトレマイオス一族との関係です．ヨセフスによれば，ヘロデなどはプトレマイオス王の軍隊にユダヤ人兵士たちを提供して王の歓心を買っておりますが，

---

[27] 『戦記』7・421に「カイサル（＝ウェスパシアノス）はユダヤ人たちが革命騒ぎの常習犯であると疑っていたので，彼らが再び勢力を結集して第三者を巻き添えにするのを恐れ，オニアスと呼ばれている土地にあるユダヤ人の神殿を破壊するようルポス（＝そのときのエジプト知事）に命じた」とある．

● はじめに ●

この共同体を拡大存続させるためには，プトレマイオス王朝との関係が重要になってきます．ここでのユダヤ人たちの中にはプトレマイオスの軍隊に志願する兵士たちがおり，その者たちがナイル川沿岸の警備にあたったと想像されますが，ここでの発掘の結果は，その想像の根拠を与えてくれるかもしれません．歴史を遡れば，ユダヤ人たちはナイルの上流のエレファンティネ島につくられた要塞で警備兵を務めておりますが[28]，この事実もこのさい，わたしたちの想像の中に入ってこなければなりません．

(7) オニアスの神殿のユダヤ人共同体とアレクサンドリアのユダヤ人共同体の関係です．たとえオニアスと彼にしたがった者たちが，最初アレクサンドリアのユダヤ人たちから冷遇されたとしても，その関係は，彼らとエルサレムの関係ほど悪いものではなかったと想像されますが，そこでの発掘の結果は，その想像の根拠を与えてくれるかもしれません．

(8) オニアスの神殿のユダヤ人共同体とデルタ地帯のその他のユダヤ人共同体との関係です．彼らの間にはどのような日常的な行き来があったのでしょうか？　そこでの発掘の結果は，この議論の手がかりとなるものを与えてくれるかもしれません．

(9) もしエルサレムの神殿が神の宿る場所，神の在所であれば，オニアスの神殿もまた神の宿る場所，神の在所と見なされたと想像しなければなりませんが，もしそうならば，デルタ地帯のユダヤ人たちはオニアスの神殿を巡礼の場所としたとしてもおかしくありません．ここでの発掘の結果は，この神殿が巡礼地となっていたことを示唆するものを与えてくれるかもしれません．

そして次の最後の2つが重要です．それはこの国際研究集会に関わるものです．

(10) オニアスの神殿で使用された聖書のテクストです．エルサレムの神殿の聖櫃には少なくともトーラー（モーセ五書）の巻物が置かれていたはずです．もしエルサレムの神殿に安置されていたトーラーの巻

---

(28) 紀元前8世紀につくられたこの要塞やそこでのユダヤ人傭兵は，Bezalel Porten, *Archives from Elephantine: The Life of an Ancient Jewish Military Colony* (Berkeley: University of California Press, 1968) 参照．

物がシリアのアンティオコス・エピファネスのエルサレム侵入時に散逸したことを暗示する『マカベア第一書』1:56 の記述が正しいものであれば，紀元後 70 年までそこに安置され，ティトゥスにより戦利品として持ち去られたトーラーの巻物は，アンティオコス・エピファネス後のある時期，おそらくはハスモン王朝が登場した以後につくられたものでしょうが，オニアスの神殿のトーラーの巻物は，オニアスがエルサレムから携えたものだと想像されます．その巻物はオニアスがエルサレムから携えたというただそれだけの理由で，権威付けがなされたと想像されますが，そこでの発掘の結果は，この想像の根拠を与えてくれるかもしれません．

(11) アレクサンドリアのユダヤ人共同体はある時期に創世記と出エジプト記のギリシア語訳を，そしてまたそれ以降のある時期までにトーラーの残りの三書，すなわちレビ記，民数記，申命記のギリシア語訳を，そしてさらにそれ以降のある時期までに残りの諸書のギリシア語訳をもちましたが，オニアスの神殿のユダヤ人共同体はトーラーのギリシア語訳を生み出したのでしょうか？ もし生み出していたとしますと，アレクサンドリアのユダヤ人共同体が所有したトーラーとの関係はどうなったのでしょうか？ その間の微妙な関係は『アリステアスの手紙』の中に反映されていないでしょうか？

わたしたちはこの手紙を複雑な合成作品と見なしますが，その合成作品をつくりだした人物のひとりは，アレクサンドリアのユダヤ人共同体が生み出したギリシア語訳が完全完璧なものであることを強調しております．なぜそのような強調がその人物には必要だったのでしょうか？ もしかしてその強調は，オニアスの神殿がライヴァル訳を生み出したからではないでしょうか？ オニアスの神殿のエジプトでの存在理由はイザヤの預言にもとめられましたが，そのイザヤ書はオニアスの神殿の祭司たちの手によってギリシア語に翻訳されたとしてもおかしくありませんが，そこでの発掘の結果は，このあたりことを裏付ける何かを与えてくれるかもしれません．

もしオニアスの神殿址が正しく同定されてそこが発掘されれば，そこからの出土物はこれらの問いのすべてに，あるいは部分的に答えるものになると思われますが，いかがでしょうか？ ここでは，その発掘の成果が何であれ，

● はじめに ●

わたしたちヘレニズム・ローマ時代のユダヤ史に関心を寄せる歴史家や考古学者は，オニアスの神殿址を同定し，その場所を発掘すべきことを提案したいと思います．わたしたちが想像する神殿址のテル・バスタは乳と蜜は流れておりませんが，さまざまな考古学的成果が期待できる「約束の地」なのです[29]．

ご静聴ありがとうございました．

---

(29) Livia Capponi, *Il tempio di Leontopoli in Egitto: Identita politica e religiosa dei Giudei di Onia (c.150a,C-73d.C)* (Pisa: Edizioni ETS, 2007) が最近筆者の目にとまった．

第Ⅰ部

モーセ五書の本文伝承について

Chapter 1

「無からの創造」の教理と
トーフー・ワ・ボーフー

津村　俊夫

A．「無からの創造」は聖書的概念か

1．「無からの創造」の教理

　キリスト教会の歴史において，「無からの創造」の教理は，聖書自体にそのような表現はないが，久しく保持されてきたものの一つである．例えば，ウェストミンスター信仰告白 (1646) は

> 父・子・聖霊なる神は，その永遠の力と知恵と慈しみの栄光を現すため，初めに，世界とその中の万物を，目に見えるものも見えないものも，六日間で，創造すること，すなわち，無から造ること，をよしとされた．── そして，すべては極めて良かった．(第4章，一．松谷好明訳)[1]

と述べ，アウグスティヌスは『告白』12.7 において，神が「無から (de nihilo) 天地を造られた」[2]と語っている．

　この「無からの創造」の教理が暗示していることは：

　（1）全てのものはその存在を神に依存していること

　（2）宇宙には始まりがあること

で，これらは，キリスト教神学のユニークな点である[3]．C. Gunton のこ

---

(1) 松谷好明訳『ウェストミンスター信仰基準』(一麦出版社，2002年) 27頁．

(2) C. E. Gunton, *The Triune Creator: A Historical and Systematic Study* (Edinburgh Studies in Constructive Theology; Edinburgh: Edinburgh Univ. Press, 1998), 73-86 を参照．

(3) G. May によれば，この教理は「創造が完全に無制約であること」を主張しており，神の全能をその唯一の根拠としているのである．G. May, *Creatio ex Nihilo: The Doctrine of 'Creation out of Nothing' in Early Christian Thought* (Edinburgh: T. & T. Clark, 1994), xi を見よ．

とばを借りるなら,
  (1) 神は神以外の何ものにもよらないで世界を創造した.
  (2) 世界には時間の始めがあり,世界は空間的に制限されている.
  (3) 世界は永遠でもなく無限でもない.
と言うことになる[4]. 換言すれば,「無からの創造」の教理は,神が,以前から存在していた素材によらないでこの宇宙を創造したのだ(God created the universe without preexisting materials)と主張する. それは物質が永遠であると暗示する汎神論とか,神に対立する別の種類の力が永遠に存在すると暗示する二元論を打ち消すものである[5].

しかし, このキリスト教会に伝統的な「無からの創造」(creatio ex nihilo)の教理は, 初代教会のプラトニズムとその極端な形態であるグノーシス主義との戦いの結果として初めて生まれたものであると言われる[6]. こうした反グノーシス論争は, 紀元2世紀にそのピークに達した. その時代はイレナエウスがグノーシス的哲学の教えを論駁していて,「無からの創造」の教理は彼の時代にはすでに確立していたようである[7].

2.「無からの創造」の聖書的基盤

「無からの創造」の教理には果たして聖書的な裏づけがあるのであろうか. 確かに, 神が全てのものを創造したという教えは, 旧約・新約聖書に見られる. 例えば, 次のような新約聖書の箇所が挙げられよう[8].

> 万物を創造した神 (エフェソ 3:9),
> 神よ. ……あなたは万物を創造し, あなたのみこころゆえに,
> 万物は存在し, また創造されたのですから. (黙 4:11),
> 万物は, 御子によって造られ, 御子のために造られたのです. (コロサイ 1:16b).

このような考えは, 旧約聖書の中に, 特にイザヤ書40章以降に現れている. 例えば, イザヤ 44:24 の「わたしは万物を造った主だ.」(אנכי יהוה עשה כל)

---

(4) Gunton, *The Triune Creator*, 9.
(5) T. C. Oden, *Systematic Theology*. Volume One: *The Living God* (San Francisco: Harper & Row, 1987), 227 を参照.
(6) May, *Creatio ex Nihilo*, 164–78 及び Gunton, *The Triune Creator*, 15, n. 2 を見よ.
(7) イレナエウス, *Adversus Haereses* 3.10.3 を参照.
(8) 聖書の邦訳は, 特に断りがない限り「新改訳」による.

や，エレミヤ 10:16（= 51:19）の「主は万物を作る方」(כל־יוצר הכל הוא)，(REB: "the creator of the universe")などが注目されよう．しかしながら，「神が全てを創造した」ということ自体は，神が「無から」すべてを造ったことを支持するものではない．

では，つぎのような聖書箇所はどうか．

> ヘブル 11:3
> 信仰によって，私たちは，この世界が神のことばで造られたことを悟り，したがって，見えるものが目に見えるものからできたのではないことを悟るのです．(Πίστει νοοῦμεν κατηρτίσθαι τοὺς αἰῶνας ῥήματι θεοῦ, εἰς τὸ μὴ ἐκ φαινομένων τὸ βλεπόμενον γεγονέναι)
>
> ローマ 4:17
> 「死者を生かし，無いもの (τὰ μὴ ὄντα) を有るもののようにお呼びになる方」(新改訳)，「無から有を呼び出される神」(口語訳)，「存在していないものを呼び出して存在させる神」(新共同訳) (καθὼς γέγραπται ὅτι πατέρα πολλῶν ἐθνῶν τέθεικά σε, κατέναντι οὗ ἐπίστευσεν θεοῦ τοῦ ζωοποιοῦντος τοὺς νεκροὺς καὶ καλοῦντος τὰ μὴ ὄντα ὡς ὄντα).

確かに，これらの箇所は，「神がすべてを創造した」ということ以上のことを表明している．しかしながら，厳密に言えば「無からの創造」の教理はヘブル書 11:3 やローマ書 4:17 によっても支持されるものではない，と言わなければならないのであろうか[9]．

3. ヘレニズム時代のユダヤ教

最近，J. C. O'Neill は，「『無からの創造』の教理が，新約聖書の時代までに，すでに信条的な言明 (a credal statement) として定式化されていた，という証拠がある．もしそうならば，そのことは，なぜ新約聖書の中に『無からの創造』と矛盾する教えが何もないかということを説明することになろう」と主張している[10]．

O'Neill によれば，第二マカバイ記 7:28 は，七人の息子の母親がある信条的な表明 (定式化) credal formulation をなしている[11]．

---

(9) May, *Creatio ex Nihilo*, 27.
(10) J. C. O'Neill, "How Early is the Doctrine of *creatio ex nihilo*?" *JTS* 53 (2002), 462.
(11) O'Neill, "How Early is the Doctrine of *creatio ex nihilo*?" 463.

子よ，天と地に目を向け，そこにある万物を見て，神がこれらのものを既に在ったものから造られたのではないこと，そして人間も例外ではないということを知っておくれ．(新共同訳，旧約聖書続編) (ἀξιῶ σε τέκνον ἀναβλέψαντα εἰς τὸν οὐρανὸν καὶ τὴν γῆν καὶ τὰ ἐν αὐτοῖς πάντα ἰδόντα γνῶναι ὅτι οὐκ ἐξ ὄντων ἐποίησεν αὐτὰ ὁ θεός καὶ τὸ τῶν ἀνθρώπων γένος οὕτω γίνεται)

ここには「無から」(ex nihilo) という表現そのものはないが，創造が「すでに存在しているものからではない」(οὐκ ἐξ ὄντων) ことを意味していることは「無からの創造」を主張していることと同じであると言うことが出来るかも知れない．

同じくヘレニズム時代のユダヤ教文書の一つである死海写本に含まれている『共同体の規則』(1QS) III, 15-16 によれば，

> すべての存在するもの，すべての存在するようになるものは，知識の神から発する．それらすべてが存在する前に，神はそれらすべてを計画された．……
>
> 15) ... From the God of knowledge (מאל הדעות) stems all there is and all there shall be. Before they existed he established their entire design. 16) And when they have come into being, at their appointed time, they will execute all their works according to his glorious design, without altering anything....[12]

ということである．ここで「知識の神」という表現は，一見，グノーシス(知識)主義に通じるかのような印象を与えるが，ここには，ギリシア哲学にあるような，二元論も物質の永遠性の教理も見出せない．「知識の神」は旧約聖書の第一サムエル記2章3節に出てくる表現であって，1QS III 15で言われていることは「無からの創造」の教えと本質的に同じであると言えるのではないか．

4. 聖書的概念ではないのか

しかし，近代，特に過去100年間，「無からの創造」は聖書的概念ではないと，しばしば主張されてきた[13]．例えば，プロセス神学者たちは，神が

---

(12) F. G. Martínez & E. J. C. Tigchelaar (eds.), *The Dead Sea Scrolls: Study Edition*. Volume One: 1Q1-4Q273 (Grand Rapids: Eerdmans, 1997), 74-75.

(13) I. Barbour, *Religion in an Age of Science* (The Gifford Lectures 1989/1991, vol. 1; San

「絶対的な無から」創造したことを否定し，その代わり「永遠の混沌から」の創造こそが聖書的教理であると主張する．彼らは，「無からの創造」の教理が創世記の創造物語と相容れないと主張し，この教理を支持するためにしばしば引用されるローマ 4:17，ヘブル 11:3，二マカ 7:28 などは，当初の混沌からの (from initial chaos) 創造の教理にも同様に当てはまるので，「無からの創造」の教理に対する明確な証拠とはなりえない，と主張する[14]．

争点は，果たして創世記の創造物語が「無からの創造」の教理と相容れないのかどうかということであろう．この問題を，次の二つの問いに答える形で論じたい．(1) 創世記 1 章 2 節のヘブル語の *təhôm*「大水」は混沌の水を意味しているのか．(2) 創世記 1 章 2 節の *tōhû wābōhû* は地の混沌とした状態を描写しているのか．この二つだけが「無からの創造」の教理に関わる重要な問題であると言うわけではないが，この教理を否定する立場がこれら二つの問いに対する肯定的な答えを拠り所としているので，それらをその文脈に則して再検討する必要があろう[15]．

B．「無からの創造」か「混沌から秩序」か

1．「混沌から秩序」

現代の標準的なヘブル語辞書である L. Koehler & W. Baumgartner 編の『旧約聖書のヘブル語・アラム語辞典』(英語版：1994-2000)[16] は，創世記 1 章 2 節の *təhôm* "ocean" が「創造における顕著な要素の一つ」である原初の大水に言及していて，それは「無からの創造」のことを言っているのではないと明言する．

K. バルトのような教義学者も「無からの創造」の教理が創世記に見出されることを否定し，その代わり，創造は「混沌から」であったと主張する．彼

Francisco: Harper & Row, 1990), 144.
[14] S. L. Bonting, "Chaos Theology: A New Approach to the Science-Theology Dialogue," *Zygon* 34 (1999), 324. しかしながら，Bonting の Westermann 説の引用は不正確で，誤りを含んでいる．
[15] この問題に関しては，拙論「『混沌』か『茫漠』か ── 創世記 1 章 2 節の意味と目的 ──」『創造と洪水』(聖書セミナー 13；日本聖書協会，2006)，41-75 頁をも参照．
[16] L. Koehler & W. Baumgartner, *The Hebrew and Aramaic Lexicon of the Old Testament*, Leiden: Brill, 1994-2000.

は『教会教義学』の中で「無」("das Nichtige", i.e. "Nothingness") というトピックの下にこの問題を扱っている．バルトによれば，「創世記1章2節には，創造者が，最初の創造的なことばを発する前にも，すでに拒絶し，否定し，廃棄した混沌への言及がある．……混沌は，意図されなく創造されなかった現実 (the unwilled and uncreated reality) ……である．」[17] 彼の弟子である B. S. Childs は，創世記1:2 が「創造されたものではなく，形なくむなしい，原初において創造を脅かし，しかも神が克服しようとして戦ったもの」[18] に言及していると説明する．さらに，1960年の本の中で，「旧約の著者は創造を，空虚な中立状態という背景とではなく，神の意志に対立する積極的な混沌と対比させようとしている．……混沌は神によって否定された現実 (a reality rejected by God) である」と書いている[19]．

さらに，旧約神学者 G. von Rad によれば，「創世記1章で，創造は，水を追い返すことによって，カオスからコスモスへ進んで行くのである．」[20] 同様に，『創造対混沌 —— 聖書における神話的象徴の再解釈』(1967, 1987)[21] を書いた B. W. アンダーソンは，『新しい創造の神学 —— 創造信仰の再発見』(2001. 1994 [原書]) の中で次のように言う．

> おそらく原初の混沌でさえ神によって創造されたことを意味する『無からの創造』を信じることは，イスラエルの信仰にとってはあまりにも洗練され過ぎたことであった．なぜならこの章の基本的な関心は，混沌の素材の起源を問う問いに答えることよりも，すべてのものが神の秩序づける意志に完全に依存していることを示すことにあったからである[22]．

さらに，別の所で，

> 神が（『無から』ex nihilo ではなく）混沌から創造したことは，地をかつて混沌とした廃墟，即ち，真っ暗闇で，荒れ狂う水，全くの無秩序であった所と

---

(17) K. Barth, *Church Dogmatics*. Vol. III: *The Doctrine of Creation*, Part 3 (Edinburgh: T. & T. Clark, 1960), 289-368 (§50), esp. 352; also Vol. II, 134-47.
(18) B. S. Childs, *Old Testament Theology in a Canonical Context* (London: SCM, 1985), 223f.
(19) B. S. Childs, *Myth and Reality in the Old Testament* (London: SCM, 1960), 42.
(20) G. von Rad, *Old Testament Theology* vol. I: *The Theology of Israel's Historical Traditions* (New York: Harper & Row, 1962 [orig. 1957]), 148; see also 144.
(21) B. W. Anderson, *Creation versus Chaos: The Reinterpretation of Mythical Symbolism in the Bible* (Philadelphia: Fortress, 1987; repr. of orig. 1967).
(22) B. W. アンダーソン『新しい創造の神学 —— 創造信仰の再発見』(教文館，2001. 1994 [原書])，33頁．

1章　「無からの創造」の教理とトーフー・ワ・ボーフー

して描いている始めの数節において示されている[23].

と Anderson は書いている.

わが国では，関根正雄が約半世紀前の 1956 年に「いわゆる無からの創造 creatio ex nihilo などという問題をここで持ち出すべきではない．祭司資料は無と有の対立としてでなく，混沌と秩序の対立から創造を考えている」[24]と説明し，

> 地は混沌としていた．暗黒が原始の海の表面にあり，
> 神の霊風が大水の表面に吹きまくっていたが．（関根訳［1956］）

と訳出している.

これらの学者の見解は，H. Gunkel の創世記 1:2 の理解に基づいている．彼の『原初の時と終末の時における創造と混沌』(1895) によれば，創世記 1:2 には，バビロニア創造神話「エヌマ・エリシュ」に見られるような，水の混沌 (waterly chaos) という創造以前の状況が描かれている．グンケルは，創世記 1:2 の $təhôm$「大水」は創造者である嵐の神マルドゥクが宇宙の創造の前に戦わなければならなかった，混沌の海の女神ティアマトに由来する神話的名残であると主張した[25].

しかしながら，聖書学者の中で大きな影響を与えてきたグンケルのこの仮説は慎重な検討を加えられ，今や根本的な修正を余儀なくされている．確かにヘブル語 $təhôm$ とアッカド語 Tiamat との間に言語的な関連があることは否めないが，グンケルが言うようにバビロニアの神話がイスラエルに「借入」されて，「完全にユダヤ化された」[26]という考え方は，以下に述べる理由か

---

(23) B. W. Anderson, "Mythopoetic and Theological Dimensions of Biblical Creation Faith," in B. W. Anderson (ed.), *Creation in the Old Testament* (Issues in Religion and Theology 6; Philadelphia: Fortress, 1984), 15. さらに *From Creation to New Creation: Old Testament Perspectives.* (Philadelphia: Fortress, 1994) を参照.
(24) 関根正雄『創世記』(岩波文庫．岩波書店，1956)，157 頁.
(25) H. Gunkel, *Creation and Chaos in the Primeval Era and the Eschaton.* (Grand Rapids: Eerdmans, 2006; Ger. orig. 1895); *Genesis: Translated and Interpreted.* 3rd edition. Macon, GA: Mercer Univ. Press, 1997; orig. 1910^3; 1901).
(26) Gunkel, *Creation and Chaos*, 82 は「宗教史的順序」を以下のように纏めている.

1. Marduk-神話	1. バビロニア神話がイスラエルに移入された.
2. YHWH 神話の詩的改訂	2. その神話的要素の多くと多神教的要素のほとんど全てを失った.
3. 創世記 1 章	3. 創世記 1 章では，それは可能な限り完全にユダヤ化された.

ら，正しくない．

2. H. Gunkel の仮説の評価

現在，学問的状況は約 100 年前のグンケルの時代から大きく変わっている．「エヌマ・エリシュ」はメソポタミアから知られている唯一の創造神話ではなく，今や，数十の創造神話が古代メソポタミアから知られており，比較研究が可能となっている．S. Dalley が述べているように，

> われわれは，もはや「創造に関するメソポタミア的見方」"the Mesopotamian view of creation" という，一つの，特定の伝承が存在していたと言うことはできない．その結果，旧約聖書に描かれている創世記事と創造に関するメソポタミアのある記録との直接の繋がり（a direct connection）というものがあったと主張することは無益である[27]．

筆者は，別のところで[28]このトピックについて詳しく論じたので，ここでは主として結論的な事柄だけを述べることにする．

(a) *təhôm*（大水）は，アッカド語 Tiamat の借用ではない．

ヘブル語 *təhôm*（大水）の子音は t-h-m であり，アッカド語 Tiamat の語末の -at は女性形の語尾であるので，語幹部分の tiam- には t の次の子音 h がないことが分かる．通常の音変化においては，子音 [h] は脱落することはあっても発生することはない．もし神名の Tiamat がヘブル語に借入された後に変化したのであったら，その語形は *tə'ômāh* のようなものであったはずである．したがって，ヘブル語の *təhôm*（大水）がアッカド語 Tiamat からの借用であると考えることは言語学的に無理がある．

(b) *təhôm* もアッカド語 Tiamat も，共に，セム語祖語 *tihām- に遡る．

標準アッカド語の *tiāmtum* または *tâmtum*[29]，マリのアッカド語 *Têmtu*,

---

(27) S. Dalley, *Myths from Mesopotamia: Creation, the Flood, Gilgamesh and Others* (Oxford World's Classics; Oxford: Oxford University Press, 1991), 278.

(28) D. T. Tsumura, *Creation and Destruction: A Reappraisal of the* Chaoskampf *Theory in the Old Testament* (Winona Lake, Ind.: Eisenbrauns, 2005), Chapter 2 ("Waters in Genesis 1").

(29) *tâmtu* についての詳しい情報は，*Chicago Assyrian Dictionary, T* (2006), 150-58 を参照せよ．

アラビア語 *tihāmat*，エブラ語 *ti-'`a-ma-tum* /tihām(a)tum/，そしてウガリト語の *thm*[30] と比較すると，ヘブル語の *təhôm* は，ウガリト語の *thm* のように，「大水」を意味する普通名詞で，セム祖語 *tihām- からの派生形であると結論づけることができる．したがって，*təhôm* と *Tiamat* との類似性が一方から他方への文化的借用を示していると断定することはもはや不可能である．

(c)　エヌマ・エリシュの女神 Tiamat は，普通名詞「海」(tiamatum) の人格化，神格化である．

　カナンにおけるように，メソポタミアにおいて，*tihām- は，バビロニア創造神話「エヌマ・エリシュ」が作られる（おそらく紀元前 2000 年期の後半）はるか以前から普通名詞としてメソポタミアで使用されていた語である．女神 Tiamat は，普通名詞からの人格化，神格化の結果として理解することができる．

(d)　嵐と海の戦いのモチーフは地中海沿岸に起源がある．

　嵐と海の戦いのモチーフは，シュメール学者の T. Jacobsen が指摘しているように[31]メソポタミア固有のものではない．そのような戦いのモチーフは，むしろカナン的，または地中海的であり，そこから東方に移動して行ったと考えられる．マリのアッカド語の海の女神 *Têmtu* の存在はそのような西から東への文化的影響を物語っている．

(e)　原初の海のモチーフは，必ずしも戦いのモチーフと共存しない．

　「エヌマ・エリシュ」は，創造を混沌の神に対する勝利の結果として捉えているユニークな創造神話であるが，注目すべきは，「エヌマ・エリシュ」においてさえ，原初の二つの水，即ち，男神 Apsu と女神 Tiamat との間の最初の状態は「調和」のあるものであった (Ee I:1-9) のであって，B. W. Lambert も指摘しているように，最初から「混沌」としていたのではない．

　さらに，「混沌⇒戦い⇒勝利⇒秩序」という図式はオリエントにおいてさ

---

(30) cf. *ta-a-ma-tu₄* /tahāmatu/ (*Ug* V 137: III: 34"): *thmt*.
(31) T. Jacobsen, "The Battle between Marduk and Tiamat," *Journal of American Oriental Society* 88 (1968), 107.

え「普遍的」とは言えない．例えば，古代メソポタミアからの一例を挙げるならば，「マルドゥクによる世界の創造」(*Creation of the World by Marduk*) という二言語併用碑文は，最初「全地が海であった」"All the lands were sea" と描写し，その後に，戦いのモチーフとは関わりなく，世界の「創造」があったと述べている[32]．

3. 創世記の創造物語がカナンを起源とするという J. Day の仮説[33]

　J. Day は，嵐と海の戦いのモチーフがおそらく地中海沿岸に起源を持つであろうことから，創世記の創造物語が，メソポタミアではなく，カナンを起源としていると主張した．しかし，この主張は，以下に挙げる二つの点で退けられなければならない．

(a)　カナンでは海の神はヤム (Yam) であって，Tehom ではない

　ウガリト神話から明らかであるように，カナンでは海の神はヤム (Yam) であって，Tehom ではないので，もし創世記1章がカナンにおける神々の戦いの神話に起源を持つのであったら，2節には *təhôm* ではなく *yām* が用いられているはずである．しかるに，「海」(*yammîm. yām* の複数形) と言う語は創世記1章では10節になるまで出てこない．

　嵐の神と海の神の戦いと言うモチーフは古代オリエントの各地で確認されているが，通常は「戦いのモチーフ」と「創造のモチーフ」は同一の神話に共存しない．特に，ウガリト神話でそのような共存が一度もないことは注目すべきである．例えば，KTU 1.2：Ⅳ：4-30 は嵐の神バアルと海の神ヤムとの戦いが描写されているが，それは人間の一騎打ち (one-to-one combat) のようなものであって，気象学的な現象として描かれてはいない．バアルはヤムと戦うに際して風も稲光も用いないで，知恵と工芸の神「コシャルとハシス」によって作られた二つの戦棍を用いるのである．そして，この戦いは，創造のモチーフとは全く関係がない．

---

(32) See Tsumura, *Creation and Destruction*, 71-72.
(33) J. Day, *God's Conflict with the Dragon and the Sea: Echoes of a Canaanite Myth in the Old Testament* (Cambridge: Cambridge University Press, 1985).

(b) バアル神は創造とは無関係である

特に重要なことは，バアル神の働きが創造行為とは全く無関係で，ウガリト神話で創造神と呼ばれるに値する神はエルであるということである．エル神こそが「被造物の創造者」，「人類の父」と呼ばれる神である．エルは「良き神々」という豊穣神と「シャハルとシャリム」という天体神をもうけた神である（KTU 1.23 参照）．それとは反対に，バアルは何も創造してはいない．バアルがしたことと言えば，アクハト叙事詩の中で，鷲の翼を修復したことぐらいである[34]．

また，KTU 1.3：III：37-IV：3 は，バアルの連れ合いであるアナト女神が，古えの時代に彼らの敵であるヤムとその仲間と戦ったということに触れているが，この場合も，戦いの神話には創造のモチーフは認められない．

このように，ウガリト神話ではバアルとヤムの戦いは創造とは無関係である．事実，古代オリエントにおいて明らかに戦いのモチーフと創造のモチーフが共存している神話は，バビロニア創造神話のエヌマ・エリシュだけである．この例外的な神話を取りあげて，あたかもそれがメソポタミア全土に，さらには，オリエント全体に流布し，そこにおいて典型的な創造神話であったかのように扱うのは避けるべきである[35]．

4．「混沌との戦い」(Chaoskampf)

創世記1章とバビロニア創造神話「エヌマ・エリシュ」とウガリトのバアル神話とを比較すると，次のような整理ができよう．

　(a)　エヌマエリシュ：戦いのモチーフと創造のモチーフ
　(b)　バアル神話：戦いのモチーフのみ．創造のモチーフなし
　(c)　創世記1章：創造のモチーフのみ．戦いのモチーフなし

最近のモノグラフにおいて，R. A. Watson[36] は，詩編 18，24，29，68，74，77，89，114 やイザヤ書，ヨブ記のいくつかの箇所のような，「混沌」の

---

(34) Tsumura, *Creation and Destruction*, 53-57.
(35) 詳しくは，David Toshio Tsumura, "The ≪Chaoskampf≫ Motif in Ugaritic and Hebrew Literatures", in J.- M. Michaud (ed), *Le Royaume d'Ougarit de la Crète à l'Euphrate. Nouveaux axes de Recherche* (Proche-Orient et Littérature Ougaritique II; Sherbrooke: GGC, 2007), 473-99 を参照．
(36) R. A. Watson, *Chaos Uncreated: A Reassessment of the Theme of "Chaos" in the Hebrew Bible* (BZAW 341; New York/Berlin: Walter de Gruyter, 2005).

モチーフに関わる詩文テキストを詳しく論じている[37]。彼女も，旧約聖書の中には，「混沌との戦い」と創造のモチーフとの間には本質的な繋がりはないと確信している。そして，旧約聖書は，ヤハウェが原初の時に海とか海の竜との戦いに従事したという考えを明確に表明しているとは思えないので，「混沌」('chaos') と言う語の使用も旧約聖書との関わりでは放棄すべきであるとまで結論づけている[38]。

　この結論は，創世記研究における筆者の立場[39]と軌を同じくするものであって，これが正しければグンケル以来の旧約学の定説がここでも崩れ去ったことを意味する。なお，混沌説をわが国にいち早く導入し，ヘブル語の表現 *tōhû wābōhû* を「混沌としている」と訳すことを提唱した関根正雄は，1993年5月号『新預言と福音27』の中で，津村説を「一部」取り入れ，その訳語を「混沌」から「虚しく」へ変更したいと述べている。しかし「関根新訳」（教文館，1993）で「混沌」という訳語がまだ踏襲されているのは，それから間もなくして関根が他界されたからであろう。

C．*tōhû wābōhû* の意味

　これまで創世記1:2の *təhôm* が混沌のモチーフとは本質的には関係がないことを見てきた。では，同じ2節の *tōhû wābōhû* はどうであろうか。まず，今までの諸訳を整理することにしたい。

1．諸々の翻訳

　英訳聖書における訳語としては，

　　"void and empty" (Tyndale); "without form, and void" (KJV); "waste and void" (ASV); "without form and void" (RSV; NEB) or "formless and empty"

---

[37] 旧約聖書の詩文テキストにおける *Chaoskampf* のモチーフは，拙著 *Creation and Destruction*, 143-95 を参照。
[38] Watson, *Chaos Uncreated*, 397.
[39] 拙著David Toshio Tsumura, *The Earth and the Waters in Genesis 1 and 2: A Linguistic Analysis* (Journal for the Study of the Old Testament, Supplement Series 83). Sheffield: Sheffield Academic Press, 1989; *Creation and Destruction*, 2005 及び，拙論「創世記1章2節の所謂「混沌」について」『聖書の使信と伝達 —— 関根正雄先生喜寿記念論文集』（山本書店，1989），9-31を参照。

(NIV); "a formless void" (NRSV) and "a vast waste" (REB).[40]
等があるが，これらの訳は，次のように分類できる．

[A]．"void and empty":⇐ inanis et vacua (Vulg.)
"vain within and void" (Wycliff 1388), "eitel und leere" (Koburger Bible 1483), "void and empty" (Tyndale 1530)

[B]．"formless and empty":⇐ ἀόρατος καὶ ἀκατασκεύαστος "invisible and unformed" (LXX)
"without form and void" (KJV 1611); "without form and void" (RSV 1952, 1971²; NEB 1970; ESV 2001) or "formless and empty" (NIV 1978); "unformed and void" (JPS 1962, 1985), etc., "formless and void" (NASB 1971), "a formless void" (NJB 1985, NRSV 1989)

[C]．"waste and empty" ⇐ Targum Onqelos
"wüst und leer" (Luther 1535, 1957-84), "waste and void" (ASV 1901), "a vast waste" (REB 1989)

邦訳聖書では，英訳［B］"formless and empty"を踏襲する，「定形（かたち）なく曠空（むなし）くして」（文語訳1887），「形なく，むなしく」（口語訳1955）・「形がなく，何もなかった」（新改訳1970）のグループと，［C］"waste and empty"に近い「地は空漠として」（月本訳1997），「地は茫漠として何もなかった」（新改訳・第三版2003）のグループと，上の英訳聖書のどれにも組しない，「地は混沌としていた」（関根訳1956），「地は混沌であって」（新共同訳1987）のグループとがある．

以下において，「混沌」という訳語をここに採用することの問題点と，「形がなく」という訳出の問題点を論じた後に，英訳の"waste and empty"と新改訳（第三版）の「茫漠として何もなかった」がヘブル語 tōhû wābōhû の意味を一番忠実に表わしていることを示したいと思う．

(40) 筆者が知る限り tōhû wābōhû が "chaos"「混沌」と訳されている標準的な翻訳聖書は中国語訳（和合本）と新共同訳だけである．

2. 新共同訳「地は混沌であって，」の問題点

　混沌のモチーフを聖書の中に読み込むことの問題点についてはすでに述べたが，ここでは新共同訳の訳語「混沌であって」が含んでいる諸問題について簡単に整理しておきたい．

　まず，「混沌である」という表現そのものに現代語として違和感があることは否めないが，それ以上に，「混沌」という語の意味をどのレベル，どの時代のものとして理解されるのが良いかが問われよう．

〈意味の変化〉：「未分化」から「混乱／無秩序」へ

　古典ギリシア語の χάος は本来「空虚」"emptiness" (<χαίνειν "gape, yawn") を意味していたが，現代のドイツ語・英語では Chaos/chaos は，意味変化の結果，もはや「空虚」ではなく「無秩序」"disorder" という意味になっている．

　同じように，日本語の「混沌」も時代と共に意味が変化していることに注目しなければならない．

　小学館『国語大辞典』によれば，「混沌」は次のように分類されている．

(1) 大昔，天と地とがまだ分かれていない状態．本朝文粋（ほんちょうもんずい）：11世紀半ば頃の漢詩文集．14巻．藤原明衡撰．「蒙昧混沌之中．……」

(2) 物事の区別がはっきりしないこと．また，そのさま．もやもやしている状態．「混沌たる胸中．」

(3) 事態が流動的でどう決着がつくかわからないさま．「政情は混沌としている．」

ここでは「混沌」という語が次のような意味変化を経て来ていることが認められる．

　　　　「未分化」→「混乱」・「無秩序」

　新共同訳の訳語「混沌であって」がどの意味で用いられているのかは定かではないが，翻訳が翻訳者の同時代語（現代語）に置き換えることを目的とするのであれば，創造者なる神による創造の業が「混乱」または「無秩序」であったことを認めてしまうことになるのではないか．しかし，創世記では古い意味での「未分化」を表す語として用いられていると言うのであれば，以下に述べるような指示対象のすり替えが起こっていることになる．

〈指示対象のすり替え〉:「天と地」から「地」へ
　　本来は，　「天と地」が「混沌」＝宇宙が未分化の状態．
　　新共同訳では，「地」が混沌⇒地が混乱状態．無秩序の状況[41]．

　新共同訳の場合，内容的に「地」が未分化であるということにはならないので，神に「地」の混乱の責任を押し付けてしまうことになりかねない．それを避けるために，2節の直前にサタンの堕落を想定する再創造説とか，「混沌」が神による創造の枠外にあるとする混沌説のような主張をしなければならなくなってしまう．しかし，そのような神学的理解は，ヘブル語 *tōhû wābōhû* の本来的な意味から支持されるのであろうか．

3. 七十人訳ギリシア語聖書 (LXX) の影響

　tōhû wābōhû の意味をヘブル語の用法から検討する前に，その表現が七十人訳ギリシア語聖書で ἀόρατος καὶ ἀκατασκεύαστος "invisible and unformed" と訳されていることの意味について考察しておきたい．LXX は周知のごとく紀元前2世紀のアレキサンドリアで翻訳されたもので，ヘレニズム時代のギリシア哲学の大きな影響下にあったことは自明の事柄である．二つ目の ἀκατασκεύαστος "*unwrought, unformed*" (Liddell & Scott)[42] は，LXX では *hapax legomenon* であるが，一エノク 21:1 に「地の果ての向こうにある混沌」[43] を描写することばとして出てくる．

> 1) I traveled to where it was chaotic (της ἀκατασκευαστου). And there I saw a terrible thing; 2) I saw neither heaven above, nor firmly founded earth, but a chaotic and terrible place[44].

このLXXの訳語は，恐らくプラトンの『ティマイオス』50-51の ἀνόρατον ... ἄμορφον "invisible and unshaped" のような表現に，間接的にではあっても，

---

(41) 独和辞書では，*Tohuwabohu*（独）は「渾沌（創1:2），大混乱」（三省堂）と訳されている．
(42) H. G. Liddell, R. Scott, H. S. Jones, & R. McKenzie, *A Greek-English Lexicon*. "With a revised supplement, 1996." Rev. and augm. throughout (Oxford; New York: Clarendon Press; Oxford University Press, 1996), 48.
(43) G. W. E. Nickelsburg & K. Baltzer, *1 Enoch: A Commentary on the Book of 1 Enoch* (Hermeneia; Minneapolis: Fortress, 2001), 90.
(44) Nickelsburg & Baltzer, *1 Enoch*, on 21: 1. また，R. H. Charles, *Pseudepigrapha of the Old Testament* (Bellingham, WA: Logos Research Systems, 2004; orig. 1913) をも参照．

影響されていると考えられる(45)．

アウグスティヌス

このプラトンの影響は，「無からの創造」の教理を受け入れつつも，LXX を採用していたアウグスティヌスにも認められる．例えば，『告白』第12巻第22章では

> The earth was invisible and unorganized (terra autem invisibilis erat et incomposita), and darkness was over the abyss. Formlessness is suggested by these words, ... (Confessions 12.22.)(46)
> 「創世記」が「見えず形のない地と暗い淵」と呼んでいるかの無形態な質料もまた神によって無から造られ，そのゆえに，もっともそれがいつ造られたかは聖書の記述に見られないが，神と等しく永遠であるのではないと言うこと……(『告白』第12巻，第22章，服部英次郎訳，岩波文庫，1976)

と述べているし，第9章では

> In sum, first of all God creates 'a kind of intellectual creature' and only then the manifestly inferior material world (12.9).

とまで言っている．C. E. Gunton はこのアウグスティヌスのことばのうちに「ティマエウスの真正な名残」(47) を認めて，次のように言う．「アウグスティヌスはマニ教の痕跡を引きずっている」と(48)．LXX の影響は，その後も，特に KJV (1611) 以降の英訳聖書の中に "without form and void" という訳語として留まり続けることになる．

LXX の改訂

ギリシア語旧約聖書のその後の改訂が紀元2世紀に行われるが，Aquila

---

(45) R. G. Bury (Loeb Classical Library 234; Cambridge, Mass.: Harvard University Press, 1929), 119 を見よ．また，フィロンの宇宙論に対するプラトンの影響については，D. Runia, *Philo of Alexandria and the 'Timaeus' of Plato* (Leiden: E. J. Brill, 1986), 524-27 を見よ．M. Endo, *Creation and Christology: A Study on the Johannine Prologue in the Light of Early Jewish Creation Accounts* (Tübingen: Mohr Siebeck, 2002) を参照．

(46) A. Louth (ed.), *Genesis 1-11* (Ancient Christian Commentary on Scripture, Old Testament 1; Downers Grove, Il.: InterVarsity Press, 2001), 4 を参照．

(47) Gunton, *The Triune Creator*, 78.

(48) Gunton, *The Triune Creator*, 79.

と Theodotion は LXX よりもヘブル語本文により近い訳出を行なった．極端なまで字義的に翻訳した Aquila は，ヘブル語の *tōhû wābōhû* を κένωμα καί οὐθέν "an emptiness (or "empty space") and a nothing" と訳した．数十年後に，Theodotion は θὲν καὶ οὐθέν "a nothing and a nothing" と訳す．ここで注目すべきは，これらの翻訳には「形がない」という訳語が採用されていないことである．また，Symmachus は，ギリシア語の文学的価値を強調して，かなり自由に (ἐγένετο) ἀργὸν καὶ ἀδιάκριτον "(became) unworked and indistinguishable"[49] と訳している．

ヒエロニュムス：Vulgata ラテン語訳

アウグスティヌスとは違い，ヒエロニュムスはベツレヘムでユダヤ教のラビの助けを得ながら，直接ヘブル語をラテン語に翻訳してヴルガタ訳を完成させた．上で見た英訳聖書のグループ [A] "void and empty" は，ヴルガタ訳の "inanis et vacua" を踏襲しているようである．

4. *tōhû* の意味と用法

ヘブル語の *tōhû* は一体どういう意味であろうか．1989 年の拙著にて[50]筆者は Westermann の分類[51]に従って，*tōhû* の意味を三つのグループに分けて説明した．

> [I]．荒地 "desert"（4 回）申 32:10，ヨブ 6:18，12:24，詩 107:40

tōhû は，申命記 32:10 において「荒野」(*midbār*) とほとんど同義の「荒地」という意味で出てくる．

> 主は荒野（*midbār*）で，獣のほえる荒地（*tōhû*）で彼を見つけ，これをいだき，世話をして，ご自分のひとみのように，これを守られた．（新改訳）

また，ヨブ記 6:18「隊商はその道を変え，荒地に行って，滅びる」では，

---

(49) J. W. Wevers, *Septuaginta: Genesis* (Göttingen: Vandenhoeck & Ruprecht, 1974), 75.
(50) Tsumura, *The Earth and the Waters in Genesis 1 and 2*, 30–41.
(51) C. Westermann, *Genesis 1–11: A Commentary* (Minneapolis: Augsburg, 1984; orig. 1974), 102–3.

その語は「道のない」(12:24, also 詩 107:40)，迷い込んだら出てくることの出来ない荒野のようなところとしての「荒地」を指している．このように *tōhû* は荒れ果てた「荒地」そのものを指すことばである．この意味はウガリト語 *thw*[(52)] によっても支持されており，共通セム語（祖語）の *tuhw- にまで遡り得る語である．

[Ⅱ]．荒地のような所 "desert-like state"（7 回）of a place
イザ 24:10，ヨブ 26:7，イザ 45:18，45:19，エレ 4:23，イザ 34:11

第二のグループは，*tōhû* が「荒地」そのものではなく，「地」・「土地」・「町」という具体的な場所の状況を「荒地のようである」と描写している場合である．「荒涼とした，何もない所」，「人の住んでいない所」(創 1:2, ヨブ 26:7, イザ 24:10, 34:11, 45:18, 19, エレ 4:23)．

Westermann は，イザヤ 24:10, 34:11, 40:23, エレミヤ 4:23 の *tōhû* を「荒野，又は脅かされた荒廃（状態）」と説明し，創世記 1:2, イザヤ 45:18, ヨブ記 26:7 の *tōhû* を「創造に敵対し，それに先行する状態」と説明する．しかし，後者のクループの説明は，彼の受け入れる「混沌説」に強く影響されている．以下に，いくつかの箇所を重点的に取りあげて，Westermann の説明が改善の余地があることを見てみたいと思う[(53)]．

イザヤ 24:10

イザヤ書 24 章全体は，主が地を荒廃させると言うことを述べている．冒頭の部分 (1–3 節) は地が「（全く）荒れすたれる」ことに言及している．本節では，町の荒廃が *qiryat-tōhû* という連語表現で表されているが，それはしばしば「混乱せる町」(口語)・「混乱の町」(新共同) とか「乱れた都」(新改) と訳されてきた．しかし，ここでの *tōhû* は町が破壊された結果としての「荒地のような」状態であることを示している．
従って，本節は
　　「町は破壊されて荒れ果て，

---

(52) D. Pardee, "The Ba'lu Myth," in W. W. Hallo (ed.), *The Context of Scripture*, Vol. I (Leiden: Brill, 1997), 265.
(53) 詳しい議論は，Tsumura, *Creation and Destruction*, 24–32 を参照．

すべての家は閉ざされて，入れない．」
と訳出すべきであろう(54)．

ヨブ 26:7
　「神は聖なる山を茫漠としたさかいに横たわらせ
　大地を空虚の上につるされた．」(新共同)

　C. Westermann は，この箇所の tōhû が「創造に直接対立するもの，または状況」を指していると考えるが，本節に「秩序」に対立する「混沌」という概念を想定すべき必然性はない．「何もない所」と並行関係にある tōhû は，抽象的な意味ではなく，「荒地のような所」即ち「空虚なところ」・「茫漠としたところ」のような具体的な意味をもつと考えるべきであろう．

イザヤ 45:18
　「これを茫漠としたものに創造せず，
　人の住みかにこれを形造った方，」(新改訳第三版)

　ここでも Westermann は tōhû が「創造に直接対立するもの，または状況」を指していると考え，それを「混沌」(Chaos) と訳している．しかし，本節では，tōhû は並行法において「人が住むために」と対比されており，「人が住んでいない(ような)所，または状況」を指していると考えられる．これは，「荒地」・「荒地のような所」を意味するこの語の本来の意味と合致する．さらに，ここでの tōhû は，動詞 *br' の結果目的語となっており，神による創造の目的が「荒地のような所」としてではなく「人が住めるような所」として地を造ることであったことを示しているのである．したがって，この箇所は，植物が豊かに生えそこに動物がいて人が住んでいる所として神が地を創造された，と記す創世記 1 章の記述と矛盾しない(55)．

---

(54) W. H. Irwin, "The City of Chaos in Isa 24, 10 and the Genitive of Result," *Bib* 75 (1994), 401-3 も参照．
(55) イザヤ 45:19 に関しては，拙著 "*Tōhû* in Isa. XLV 19," *Vetus Testamentum* 38 (1988), 361-364 を参照．

エレミヤ4:23-28

　エレミヤ4:23-26は原初の混沌への回復を描写している箇所であるとしばしば主張される．例えば，J. Brightは，ここで「創世記1章の物語が逆転されている．人・獣・生物がいなくなり，乾いた地そのものが揺らぎ，天が光を放つことを止め，原初の混沌がもどる．それは地があたかも『創造されなかった』かのようである．」と述べている．しかしながら，このような理解は，創世記1:2の *tōhû wābōhû* を「混沌」と解釈する立場によって大きく影響されており，エレミヤ書自体の文脈の分析に基づくものではない．

　M. Fishbane も，創世記1:1-2:4aに見いだされるのと同じ創造の順序をエレミヤ4:23-26にも認めるが，エレミヤ書の記事に出てくるすべての用語が創世記の方に出てくるわけではないし，それらの用語の順序は，Fishbane が主張するように両方のテキストにおいて同じであると言うわけではない．例えば，エレ4:23の「地」は，創1:2のそれに対応しているので，両テキストにおける創造の順序を一致させるためという理由で23節の「地」―「天」という順序を逆転させてはいけない．また，23節bの「光」は「天」にある光のことを意味しているのであるから，むしろ創1:14の「天体」に相当していると考えるべきであろう．従って，エレミヤ書の方の創造の順序を創世記1章のそれに基づいて，「混沌」・光・天・地（山・丘）・鳥・人・神の怒りであると考えることは適切ではない．

　両テキストの類似は，創造の順序における類似ではなく，むしろ *tōhû wābōhû* という共通の慣用句とそれと対になっている表現，即ち「暗闇」（創1:2）とその否定反意語 (negated antonym) である「光がないこと」（エレ4:23b）における類似だけと考えるべきである．なぜなら，これらの類似した対表現である「*tōhû wābōhû*―暗闇」と「*tōhû wābōhû*―光がないこと」の指示対象は，前者が「地―*təhôm*」（創1:2）であるのに対して，後者は「地―天」（エレ4:23）であるからである．別のところで論じたように[(56)]，通常は *təhôm* が「地」に対する下位概念 (hyponymy) であることから，創1:2とエレ4:23の主題が全く同じであると考えることはできない．創1:2の方では「地」が主題であるのに対し，エレミヤ書の方では「地と天」すなわち全宇宙の状況が関心事である．以上のことから，エレミヤ書の箇所が創世記1章に基づいて

---

(56) David T. Tsumura, "A 'hyponymous' word pair, *'rṣ* and *thm(t)*, in Hebrew and Ugaritic," *Biblica* 69 (1988), 258-269.

作られたと想定することにはかなりの無理があると言える．

　さて，エレ 4:23 を 23-28 節全体の中に位置づけるときに，「地と天」が主題となっている 23 節と 28 節が inclusio または枠（frame）になっていることがわかる．28 節では「光がない」(23) という表現の代わりに「暗くなる」(*qdr) が用いられており，「地」の描写のためには tōhû wābōhû の代わりに動詞 *'bl（嘆く・渇く）が用いられ地の不毛さが語られている．この「地の不毛」のテーマは直前の「全地は荒れ果てる（šəmāmāh）」(27 節）によって支持されている．このように，エレ 4:23-28 全体のなかにあって tōhû wābōhû は不毛な地を描写する表現として用いられている．これは，tōhû が本来持っていた「荒地」という意味と調和する．

　もし 23 節を欠くなら，このエレミヤの箇所と創世記 1 章の創造物語とを比べることの根拠が存在しなくなり，エレ 4:23 と創 1:2 との類似性は，単に両者が共通の文体的伝統に基づいて同じ慣用句 tōhû wābōhû と類似した対の表現（tōhû—「光がないこと」，tōhû—ḥōšek [他にヨブ 12:24-25，イザ 45:19]）とを受け継いでいるだけであると説明することができよう．

[Ⅲ]．荒地のような状態であること "emptiness"（8 回）
　　1 サム 12:21，イザ 29:21，40:17, 23，41:29，44:9，49:4，59:4

　第三のグループでは，tōhû は「荒地のようであること」，即ち「何もないこと」または「欠け・乏しさ」（一サム 12:21（二回），イザ 29:21，40:17, 23，41:29，44:9，49:4，59:4）を指している．それは本来そこにあるべき価値・目的・真理・益・誠実さのようなものが欠けている状態であって，tōhû は，通常，別の抽象名詞（句）と並行関係にある．それは「無」"nothingness" という抽象的な概念ではない．重要なことに，この意味での tōhû は「地」('ereṣ) とか「町」('îr) を描写するためには用いられていない．

まとめ
　第一のグループ（Ⅰ）では，tōhû は具体的な場所としての「荒地」を指しているが，第三のグループ（Ⅲ）では，価値・目的・真理・益・誠実さなど，そこに存在すべき何ものかが欠けている「荒地のようであること」を指示している．第二のグループ（Ⅱ）では，tōhû は「地・国・町」のような具体

な場所の「荒地のような」状態を描写するために用いられている．

5. *bōhû* の語源

ヘブル語の *bōhû* の語源に関してはまだ決定的な結論を出し得ないが，現時点においては，アラビア語の *bahiya* "to be empty" およびカナン語形 */bahwu/* と同語源であると提案することができよう．創世記1:2の文脈においては，この語は *tōhû* と共に，地がまだ何もないところであることを説明している．*bōhû* が *tōhû* と共に用いられているところは，他にエレミヤ4:23 とイザヤ34:11 があるが，すべて *tōhû* の意味を補足または強調する働きをしている．

6. LXX とアラム語タルグム (Targumim)

以上，創世記1:2以外の箇所での *tōhû* の意味と用法を整理し，Westermann の説明を改定し再分類してきた．次に，この語がギリシア語訳 (LXX) やアラム語訳 (Targumim) でどのように訳出されているかに注目することは，創世記1:2 の *tōhû* の意味と用法を決定する上で重要であると思われる．

tōhû のギリシア語，アラム語への訳出は，それが第一グループ（荒地）と第三グループ（荒地のような状態であること）に属している箇所では，ほぼ一貫して行われている．第二グループのほとんどのギリシア語，アラム語の訳文では，ヘブル語テキストで確認したのと同じように，具体的な場所が「荒地のよう」であると言われている．

tōhû が *bōhû* と並行関係において用いられているイザヤ34:11 では，LXX ἐρήμου ("desert") とタルグム・ヨナタン *ḥrbn'* "desolation" は，*tōhû* を第二グループに属するものとして理解している．

それでは，創世記1:2 とエレミヤ4:23 の *tōhû wābōhû* の場合はどうであろうか．

    Gen 1:2   ἀόρατος (invisible) καὶ ἀκατασκεύαστος (unformed)
    Gen 1:2   *ṣdy' wrwqny'* "deserted and empty" (Onq);
                 thy' wbhy' "desolate and chaotic" (Neofiti);
                 thyy' wbhy' "desolate and chaotic" (PsJo)
    Jer 4:23 οὐθέν (= *tōhû wābōhû*)

Jer 4:23　ṣdy' wrwqny' (Jo)

　タルグム・オンケロス（Targ Onq）の創世記 1:2 とタルグム・ヨナタン（Targ Jo）のエレミヤ 4:23 は，tōhû wābōhû を ṣdy' wrwqny'（"desolate and empty"）と訳し第二グループに属するものと考えている．しかしタルグム・ネオフィティ（Targ Ne:thy' wbhy'）とタルグム・偽ヨナタン（Targ PsJo）は，創世記 1:2 のそれをアラム語で thy(y)' wbhy' と表記している．

　一方，七十人訳ギリシア語聖書はこれらのテキストにおいて tōhû wābōhû を他の箇所とはかなり違うものとして訳出している．エレ 4:23 の tōhû wābōhû は οὐθέν "nothing" という一語で訳されている．このギリシア語はサムエル記第一 12:21 とイザヤ 40:17 において tōhû の訳語として用いられている．これらの箇所は，ヘブル語テキストでは tōhû が第三グループの意味（「荒地のような状態であること」"emptiness"）で用いられているところとして理解しうる箇所である．

　LXX の創世記 1:2 は tōhû wābōhû を ἀόρατος (invisible) καὶ ἀκατασκεύαστος (unformed) と訳している唯一の例である．このような訳出が可能であったのは，翻訳者たちがプラトンの『ティマイオス』に代表されるギリシアの宇宙論の影響下にあったからであろうと想像される．

　以上のことが事実であるとすれば，ヘレニズム時代のユダヤ人による聖書翻訳には二つの流れがあったと仮定することは理にかなっているだろう．即ち，

1) アレキサンドリアの七十人訳ギリシア語聖書で始まるギリシア的伝統
2) パレスチナに於けるアラム的伝統[57]

この二つの伝統の流れは，その後のキリスト教会における聖書翻訳の歴史において受け継がれている．具体的には，tōhû wābōhû の翻訳において

1) "formless and empty": Augustine と Calvin

---

[57] アラム語「訳」聖書の古さについては，E. Tov, *Textual Criticism of the Hebrew Bible* (Minneapolis: Fortress, 1992), 149-50 を参照．クムラン文書のタルグムとして，4QtgLev, 4QtgJob, 11QtgJob がある．

2) "waste and empty": Luther's "wüste"

という二つの流れがこの2000年間に存在してきたのである．その最新の状況は，1989年に出版された，次の二つの現代英語訳に見られる．

 1) "a formless void" (NRSV．しかしエレ4:23 では "waste and void")
 2) "a vast waste" (REB).

「形がない」"formless" という意味がギリシア的概念であって，ヘブル語 tōhû の本来の意味に基づくものではないことを認めるなら，セム語としての tōhû の一番自然な意味である「荒地のような」，「茫漠とした」"waste" 又は "desolate" が尊重されるべきである．特に，ヘレニズム時代において，ヘブル語 tōhû の訳語としてギリシア語の χάος が用いられていないことは注目に値する(58)．

D. *tōhû wābōhû* の解釈

1. 地と水の関係

創世記1:1-2の解釈のためには，そこにおける「地と水の関係」を理解することが不可欠である．別のところで詳述したように(59)，創世記の著者は，全宇宙を「天と地」という表現を用いて表している．この「天と地」という表現は，両極にある二つの事柄を意味する対立関係にある二つの語を並記することによって，その二つの間にある「すべて」のものを指し示すメリスムス (merismus) の表現である．このように創世記の著者は，この宇宙を三分法ではなく，詩編148や箴言3:19にあるような二分法的表現で説明している．

しかし聖書には，宇宙を三つに区切って表現する〈三分法〉もある．例えば，出20:11，詩編96:11，146:6，ハガイ2:6等では全宇宙が「天―地―海」と表現されている．このような場合，「海」はヘブル語の *yām* (又は，複数形

---

(58) ギリシャ語の χάος は，ヘブル語の גַּיְא「谷」に対応して，七十人訳ギリシア語聖書に二回（ミカ1:6, ゼカ14:4）「口を開いた深淵，裂け目」"gaping abyss, chasm" という意味で用いられている．

(59) Tsumura, *The Earth and the Waters in Genesis 1 and 2*, 72-77 及びその改訂版 *Creation and Destruction* (2005) の第3章 (pp. 63-69) を参照．

yammim）で表されており təhôm は用いられていない．従って，創世記 1:1-2 で神が「天と地」だけを創造し，「海」（10 節に初出）は造らなかったというような解釈は成り立たない．

更に，ヘブル語の təhôm は通常は地下の水を指しているので，意味的には təhôm は「地」'ereṣ に包摂される関係にある．即ち，両者は包摂的な（hyponymous）意味関係にある二つの語である．それゆえ，təhôm が指示する対象は，'ereṣ が指示する対象の中に含まれるのであって，「海」とそれに対比される 'ereṣ「陸」との間の互いに排除する関係にある二語のようなものではない．従って，著者は「地」が神の被造物であることから，その一部である təhôm の水も神によって創造されたものであることを前提にしていると見なしてよいだろう．

しかしながら，創世記 1:2 で描写されている「地と水」の関係はいささか通常ではない．そこでは，通常は地下にあるはずの「水」が地の全面をおおい尽くしていて，いわば洪水状態になっているのである．「地」は神の創造の第三日目になって初めて水の中から現れるのであるから（9-10 節），そのような地は，「地」と呼ばれてはいても「茫漠として空っぽで」"desolate and empty"，植物，動物，それに人もいない，まだ正常ではない地のことを意味している．

2．1 節―3 節の談話構造

以上のような理解は，創世記 1 章の始めの数節のヘブル語談話構造（discourse structure）によって支持される．

まず 1 節は，神がはじめにすべてを創造したという先取り要約文（summary statement）であり，「天と地」，即ち神以外の存在するすべてのものがその存在を神に負っていることを示している．しかし，1 節は後で付けられたタイトルではない．関根は「一節は表題的意味のもので，二節で創造の仕事が始ま（る）」[60]とするが，もし 2 節が創造の始まりであり，創造物語の始まりであるとするなら，ヘブル語の語りとしては大変奇妙な語順（and +「地」+ was）であると言わなければならない．しかし 2 節は，その時に何が起こったかを説明するものではなく，むしろ，3 節から始まる最初の出来事（EVENT）

---

[60] 関根正雄『創世記』（岩波文庫．1956），157 頁．

に対する状況説明（SETTING）である．その最初の出来事は，ヘブル語の語りの談話文法に従って，「ワウ・コンセキュティヴ（waw consecutive）＋未完了動詞」によって表されている[61]．この「語りのテンス」（narrative tense）が最初に用いられる前の，2節における状況は，まだ登場人物も舞台にいなく，まだ何の行為も始まっていないような状況である．神の最初の創造行為が3節で始まるのであるから，「水」が2節に言及されていても，最初の被造物は「光」であって，「水」ではない．言語表現としての「語り」の順序は，必ずしも出来事の順序と一致する必要はないのである．

　1節から2節に移行するに際して，語り手の視点は「天と地」という被造物全体から「地」に焦点が絞り込まれている．「天」のことはさておいて，やがて人が置かれることになる「地」はどうであるかと言えば，それは $tōhû\ wābōhû$ であり，「非生産的で人の住んでいない」（unproductive and uninhabited）状態であったと述べる．

　ここでの語り手の意図は，その時「地」がどういう状態であったかを積極的に説明することにあったのではなく，むしろ聴衆（読者）が知っている正常な「地」，すなわち通常はそこに植物が生じ，動物がいて，人間が住んでいるような地では「まだない」（not yet）ことを消極的に（文法的には，2章5節とは違い，肯定文ではあるが），しかし破壊的にではなく，伝えようとしている．語り手は聴衆（読者）に対して「地」が彼らが経験的に知っているような正常な「地」では「まだない」ことを予備的な情報として伝えているだけである．

　3節以降において，やがて，このまだ「地」とは呼べない状況がいかにして（神のことばによって）「生産的で人が住む」ようになったのかが語られるようになる．すなわち，まだ植物・動物・人間がいない「空っぽの」地が，神の発話行為によって，3日目に植物を生じ（11節—12節），6日目に動物を生じた（24節—25節）後に，神自らが「さあ人を造ろう」（26節）と言って，人間を造ったのである．ここにこそ，創造者なる神の創造の業のクライマックスとしての人間の創造がある．

---

(61) J. C. L. Gibson, *Davidson's Introductory Hebrew Grammar: Syntax.* 4th edition (Edinburgh: T&T Clark, 1994), §80 を見よ．また，David Toshio Tsumura, "Discourse Analysis" in *The First Book of Samuel* (New International Commentary on the Old Testament; Grand Rapids: Eerdmans, 2007), 49–55 を参照．

| 1章 「無からの創造」の教理とトーフー・ワ・ボーフー |

　それゆえ，2節の「神の息（霊）」[62]が「水の上を震え動いていた」という状況は，恐らく「光があれ！」という最初の創造のことばを発する準備が出来ていることを示しているのであろう．これはヘブル書11章3節（新改訳）

　　信仰によって，私たちは，この世界が神のことばで造られたことを悟り

の「ことば」がギリシア語のロゴス（λόγος）ではなく，ῥήματι θεοῦ（神の発話行為．"God's command" [NIV, REB]）であることからも示唆されている．創造における神の「霊」と「息」の関係は，詩編104：30

　　あなたが御霊を送られると，彼らは造られます．
　　また，あなたは地の面を新しくされます．（新改訳）

　　あなたは御自分の息を送って彼らを創造し
　　地の面を新たにされる．（新共同訳）

や，33篇6節

　　主のことばによって，天は造られた．
　　天の万象もすべて，御口のいぶきによって．（新改訳）

においても述べられており，神の「息」としての「神の霊」の創造における働きは，創世記2章7節における，人を生かす「いのちの息」とも深く関っている．

　以上のように，創世記1:2は神の発話行為が「まだ行われていない」こと，換言すれば，神の「息」がまだ「声」として発されていない状況を述べているのではないかと考えられる[63]．

　2節は全体として，3節から始まる出来事（EVENT）への状況設定（SETTING）であって，出来事そのものの叙述ではない．したがって，「光」が造られる前に「地」や「水」が造られていた（または造られていなかった）のかということは物語の語り手の関心事ではない．著者または語り手の意図は，初めに「荒地のような所」があったということを積極的に言おうとして

---

(62) 拙著「創造における『神の息』（創世記1:2c）」*Exegetica* 9 (1998), 21-30 を参照．Cf.「霊風」（関根）；"a wind from God" (NRSV)．
(63) 2節の「闇」も，光が「まだない」（not yet）ことを言っているだけで，闇と言うものがあったことを積極的に表明しているわけではない．

59

いるのではなく，むしろ「地」が「まだ」われわれが知っているような地ではない ── まだ植物・動物・人間がいない ── こと，すなわち「まだ何もない状態の地」であったことを経験的な普通のことばを用いて読者または聴き手に予備知識として提供しているだけなのである．

E．終わりに：教義と聖書テキストとの関係

　いかなる教義であれ，それが聖書に基づくためには，関連の聖書テキストに外から意味を「読み込む」(eisgesis) のではなく，そのテキストが表れる直接の文脈と聖書全体のコンテキストから意味を「読み出す」(exegesis) 必要がある．ヘレニズム時代には，アレキサンドリアのユダヤ人達は，ギリシア哲学の概念をヘブル語本文に読み込み，一方で，近代において，グンケルと彼の賛同者達は，バビロニアの混沌神話を創世記 1:2 の背後に読んだ．21 世紀においては，われわれは，プロセス神学者たちが行なうように，現代の「カオスの理論」を創世記の創造物語の中に読み込むことによって同じ間違いを犯すことになるであろう．

　「無からの創造」の教義の場合も，もしわれわれがその教義がどういう具体的な状況で生み出されたのかという歴史的脈絡を無視して，単に「無」(nihilo) そのものの抽象的な意味を追求するだけであるとすれば，そのような営みはわれわれにとって危険なものとさえなり得るであろう．それゆえ，*tōhû wābōhû* を現代語（日本語であれ，英語であれ，中国語であれ）に訳そうとする時，「混沌」"chaos" のような非聖書的な概念を聖書の中に導入しないように心すべきである．

Chapter 2

一つの十戒，複数のテキスト

大住　雄一

一つなる十戒の二つの版

　「十戒とは何か」を問うならば，ただ，出エジプト記20：2-17と申命記5：2-21という二つのテキストを示して答えるほかはない．両者の間には，「少数の些細な」とは決して言えない違いがあるけれども，同じ戒めのシリーズと考えられる．つまり，正典の中に一つの十戒の二つの版が存在するのである．

　十戒研究は，20世紀，とくに1930年代から1970年代にかけて，これら二つのテキストの伝承史に焦点を合わせてきた[1]．研究者は，それらのテキストを口頭伝承まで遡り，両者に共通の起源を求めようと試みた．この接近法は，現在ある正典のテキストにではなく，再構成された「本来の」テキストのほうに決定的な意味を認める．しかしながら，本来，ただ一つの十戒テキストがあって，そこから正典の二つのテキストが引き出されたのだと仮定する必要はない[2]．聖書の十戒の二つのテキスト以外の，いわゆる「標

---

[1] 1930年代から1970年代までの十戒研究について要領を得た概観が，シュタム／アンドリュウ（左近淑・大野恵正訳）『十戒』新教出版社（Stamm, Johann J.. Translated with Additions by Andrew, Maurice E., *The Ten Commandments in Recent Research*. Studies in Biblical Theology, Second Series 2. London: SCM Press, 1967），とくに53頁以下にある．アンドリュウの補遺はすでに1965年に書き終えたものである．

[2] 原十戒なるものを再構成する試みは，いずれも成功していない．クリュゼマン，フランク（大住雄一訳）『自由の擁護　社会史の視点から見た十戒の主題』新教出版社（Crüsemann, Frank. *Bewahrung der Freiheit. Das Thema des Dekalogs in sozialgeschichtlicher Perspektive*, Kaiser Traktate 78, München: Chr. Kaiser, 1983），22-29頁．Stamm, Johann J., "Dreißig Jahre Dekalogforschung," *ThR NF* 27 (1961), 189-239, 281-305, とくに200-203.

準版」とか「原型」は知られておらず，私は，そういうものはそもそも存在しなかったのではないかと考えている.

　最近30年，十戒が全体として文学的文脈の中で理解されるようになり，十戒は申命記的な環境で形成されたと考える研究者が多数派になったと思われる．しかし，二つの正典的テキストのうちの一つが「原型」で，もう一方が改訂版であるかどうかは，言うことができない[3]．ただ，申命記5:12-15における安息日命令の言葉遣いは明らかに申命記的であり，他方出エジプト記20:8-11は，祭司的である[4]．むしろ多分十戒は初めから，戒めの言葉遣いや順序の完全な一致なしに唱えられ，あるいは書かれたのである．タンナイームの文章に「覚えることと守ること（出20:8と申5:12）は，一回の発音の中でともに言われている」（すなわち同時に神によって語られた：Sefire Deuteronomy Pisqa 233）とされているが，これは，安息日命令の言葉遣いが出20:8と申5:12とで異なるという事実の神学的解釈である．主の言葉は，御自らの声で語られたとき，多声的であったために，人々は二つあるいはそれ以上の言葉によってしか理解できなかったというのである[5]．言うまでもなく，本文批判あるいは伝承史の観点からすれば，このタンナイームの解釈は，どのように十戒の二つの版が存在するに至ったのかという過程を説明しようとしているわけではない．しかし我々の討論にとって重要なのは，この解釈によれば，両方の言葉遣いの起源が人間の言語の中にではなく，神の発音の中に見いだされるということである．すなわち，これらの言葉遣いは，同じ命令の両面であり，どちらの言葉遣いが原型であり，どちらが二次的な

---

(3) Frank-Lothar Hossfeld は，十戒が初めから書かれたものであり，申命記十戒が出エジプト記十戒より古いと想定した．見よ，Hossfeld, Frank-Lothar. *Der Dekalog: Seine späten Fassungen, die originale Komposition und seine Vorstufen.* OBO 45. Fribourg: Uni. Verlag/ Göttingen: Vandenhoeck&Ruprecht, 1982.

(4) 注目すべきは，「守ること (שמר)」と「行うこと (עשׂה)」という申命記特有の結びつき（申5:12, 15. 見よ，Lohfink, Norbert. "Zur Dekalogfassung von Dt 5." *BZ. NF* 9 (1965), 17-32, とくに21-27）と，出20:11の言葉遣いと創2:2-3における祭司的ナラティヴの言葉遣いの一致である．

(5) 出エジプト記に関する Midrash ha-Gadol は言う．「『思い出すこと』と『守ること』とは，一つの同じ目的，[人間の]口で言い，耳で聞くことのできないことにむけて言われている．こういうわけで，聖書は言う．『神はこれら全ての言葉を言われた．』またこのように書かれている．『神は一つの発音で言われ，それを我々は二つのこととして聞いた．』」見よ，Melammed, Ezra Zion., "'Observe' and 'Remember' Spoken in One Utterance" (trans. Gershon Levi). Pages 191-217 in *The Ten Commandments in History and Tradition.* Edited byBen-Zion Segal (Eng. Version ed. Gershon Levi). Jerusalem: The Magnes Press, The Hebrew Univ., 1990, 196.

2章　一つの十戒，複数のテキスト

のかは，言うことができないのである(6).

　十戒は，正典のほかにも見いだすことができる．たとえばナッシュ・パピルス（エジプトで1902年に発見され，紀元前2世紀あるいは紀元後1世紀のものとされている），またユダヤ荒野，とくにクムランで発見され，紀元前2ないし1世紀に由来する「フィラクテリー（特定の聖句を記して祈りの時に額に付けあるいは腕に結びつける札）」や「メズザー（同様に聖句を記して玄関に付ける札）」に十戒が記されたものがある(7). ユダヤ荒野で発見されたフィラクテリーとメズザーには，出12-13章，申5:1-6:5（ないしは-6:9），10:12-11:21，また32章のテキストが，出13:8-10, 16，申6:6-9；11:18-21，そしておそらく31:19. の命令に添って記されている．

　申6:6-9は，次のように言う．「これら，私がきょうお前に命じている言葉をお前の心にとどめよ．それらをお前の子らに朗唱し，それらについて語れ，お前が家にいるときも出かけているときも．寝ているときも立ち上がっているときも．それらをしるしとして (לאות) お前の手に結び，徽章として (לטטפת, 出13:9ではזכרון=「覚えとして」である) 額に付け，そしてそれらをお前の家とお前の門の門柱に (על-מזוזת) 書き記せ．」

　「それらを結びつけよ」という命令が，「それらを朗唱せよ」という命令と一つにつながっているとしても，フィラクテリーは，読むために書かれたのではなく，ただ，しるしとしてあるいは徽章として身に帯びるために書かれたのである．זכרוןの語は，たいてい「覚え」とか「記念」と訳されるが（出13:9），言葉の暗記の助けを意味せず，むしろ，イスラエル人のしるしを意味するのである(8).

---

(6) 出34:28に「十の言葉」が指し示されているとしても，いわゆる「祭儀的十戒」（出34:10-26）は，ここでは問題にならない．どの言葉を数えて十になるのかが，ついに明らかにならなかったからである．David H. Aaronが最近，「祭儀的十戒」について，物語文脈の中で契約の基礎としての機能を持っているという点で，申5章と出20章の二つの十戒に比べうるものとしているが，我々の議論においては，申5章と出20章の間にある相違の詳細に注目するのであって，この関連で出34:10-26は，やはり十戒と比較しうるものではないのである．見よ，Aaron, David H., *Etched in Stone: The Emergence of the Decalogue* (New York/London: T&T Clark, 2006), とくに312-320.

(7) ナッシュ・パピルスの写真と書写したテキストを見ることができるのは，ヴュルトヴァイン，エルンスト（鍋谷堯爾／本間敏雄訳）『旧約聖書の本文研究「ビブリア・ヘブライカ」入門』日本キリスト教団出版局，写真ページ．フィラクテリーやメズザーのテキストについては，DJD I(1Q13), II(Mur 4, Mur 5), III(5Q8, 8Q3), とくに VI(4Q128-155) を見よ．

(8) Schottroff, Willi. *'Gedenken' im Alten Orient und im Alten Testament. Die Wurzel Zākar im semitischen Sprachkreis*, WMANT, Neukirchen-Vluyn: Neukirchner, 1964, 299ff. 参照．

申 6:6 に言うところの「これらの言葉」が十戒を含むものであるかどうかは，決して明らかではない[9]．しかしクムランから発掘されたフィラクテリーやメズザーは，「シェマア」の言葉 (6:4-5) だけでなく，十戒をも引用している．出 20 章には，「朗唱せよ」という命令がないので，（出エジプト記版の）十戒を朗唱する必要はないようにも見える．いずれにせよ，しかし，ナッシュ・パピルスは申 5 章の形と出エジプト記型の混合した十戒と「シェマア」を含んでいる．

　ナッシュ・パピルスは，祈祷の，あるいは信仰問答に用いられるような形を示しており，「主の祈り」が特定の典礼的表現をとっているのと似ている．これに対してフィラクテリーは，「その本質そのものからの要請で，トーラーの連続した句の写しなのである」[10]．この点でまことに興味深いのは，4Q134-136 Phyl G-I が，申 5:1-6:5 を引用するものでありながら，十戒については申 5:6-21 の本文ではなく出 20:2-17 の本文を用いているということである (4Q 149 MezA を参照せよ)．

　大ざっぱに言うと，これらの聖書外のテキストは，聖書にある二つのテキストの引用あるいは混合に他ならない．さらに，エマヌエル・トーヴが言うように，フィラクテリーとメズザーが記憶に頼って書かれていることは，b. Meg. 18b に次のように述べられているとおりである．すなわちそれらは「書かれた資料なしに書かれうる」[11]．

---

[9] Sefire Deuteronomy pisqa 34 (trans. Reuven Hammer)は言う．"The answer is that Speak [Num 15: 38] proves the contrary, that even though the Ten Commandments are not contained in the phylacteries, they must be recited, hence Scripture says, And thou shalt teach them diligently unto thy children, meaning that these must be recited, but the Ten Commandments need not be recited." しかしこの文章の結論はいずれにしろはっきりしない．英訳者が註 (6) で次のように指摘しているとおりである．"Logic might lead us to an incorrect conclusion, hence the verse specifies them, not others." 見よ，*Sifre: A Tannaitic Commentary on the Book of Deuteronomy*, translated by Reuven Hammer. Yale Judaica Series XXIV, New Haven/London: Yale Univ. Press, 1986. こちらも参照せよ，Urbach, Ephraim E. "The Role of the Ten Commandments in Jewish Worship" (trans. Gershon Levi). Pages 161-189 in *The Ten Commandments in History and Tradition*. Edited by Ben-Zion Segal (Eng. Version ed. Gershon Levi). Jerusalem: The Magnes Press, The Hebrew Univ., 1990, 164-166.

[10] Rofé, P, Alexander, "Deuteronomy 5.28-6.1: Composition and Text in the Light of Deuteronomic Style and Three Tefillin from Qumran (4Q 128, 129, 137), 25-36 in ibid. *Deuteronomy: Issues and Interpretation*. New York /London: T&T Clark, 2002, 36 からの引用．

[11] Tov, Emanuel, *Textual Criticism of the Hebrew Bible*, Second Revised Edition, Minneapolis: Fortress Press/Assen: Royal Van Gorcum, 1992, 119. Johann J. Stamm, "Dreißig Jahre Dekalogforschung", 200f..

フィラクテリーやメズザーは，ナッシュ・パピルスも含めて，それゆえ，正典的十戒の本文批判の資料としては，限られた意味しか持たない．それらは十戒の伝承史とか編集史に属するものではなく，むしろ影響史ないしは受容史を示すものである．しかしこの影響史また受容史は，正典化以前の伝承史ないしは編集史を反映していることがありうる．十戒の典礼テキストあるいはフィラクテリーとしての用法は，多分，後になって付け加わった用法ではなく，もともとあったものである．十戒の正典化は，それぞれの正典的物語（申5:1以下，出19-24章）への文脈化である．そこでわれわれは，議論を二つの正典的十戒の比較から始め，そののち，複数のテキストが伝えられ，また混合された過程を跡付ける．とくに両方の十戒それぞれの構造とシャッバート（いわゆる「安息日」）の命令に焦点を合せる．

出20:2-17と申5:6-21の違い

ほとんどの学者は，何らかのいわゆる「原」十戒を再構成しようとする場合，出20:2-17と申5:6-21両者に共通の要素から，それを抽出することを試みる．彼らによれば，原十戒は動機付け節を含まず，ただ命令文だけでできていたはずである．再構成の例として，ヨハン・J・シュタムは，ルードルフ・キッテルによる「原十戒」を挙げている．以下の通りである[12]．

Ⅰ 私ヤーウェは，あなたの神である．あなたは，私のほかにいかなる神ももってはならない．
Ⅱ あなた自身のために，神の像をつくってはならない．
Ⅲ むなしいことのために，あなたの神ヤーウェの名を，となえてはならない．
Ⅳ 安息日を憶えて，これを聖とせよ．
Ⅴ 父と母を敬え．
Ⅵ 殺すな．
Ⅶ 姦淫するな．

---

[12] シュタム／アンドリュウ『十戒』，24-25頁．

Ⅷ　盗むな．
Ⅸ　あなたの隣人に，いつわりの証言をするな．
Ⅹ　あなたの隣人の家を，むさぼってはならない．

　他方，十戒の二つの聖書テキストの間で，動機付け節は異なっており，その異なりが，十戒を伝え，伝える間に動機付け節を付加した担い手の思想の違いであるのかもしれない．しかしながら，よく知られているように，違いは動機付け節においてのみならず，命令それ自体にも見られる．

　出 20:17 と申 5:21 にある文の順序の入れ替わりは，思想の発展の結果であるかもしれない．また多くの学者にとって，シャッバートの命令と偽りの証人の禁令における言葉の違いは，むしろ，担い手の語法や語彙の違いに帰せられる．上に挙げたルードルフ・キッテルによる「原十戒」は，Ⅳ，ⅨそしてⅩの戒めにおいて出エジプト記タイプの言い回しを原初的なものと見ている．しかしわれわれの議論にとって重要なのは，申 5 章と出 20 章の共通性ではなく，違いなのである．

　出 20:2-6 における句読法の異読や，いくつかの正書法の異読を除くと，出エジプト記と申命記の二つのテキストの間には，約 20 の異なりがある．以下に整理するとおりである．（以下，本論文の聖書ヘブライ語本文は，Libronix のデジタル版 BHS 当該箇所を写している．）

1)　接続詞ワウが 7 回，申 5 章にあって出 20 章の対応する箇所に欠けている．
　　また出 20 章にあって申 5 章にない場合が 2 回ある．

出 20:4	וכל־תמונה	申 5:8	כל־תמונה
5	על־שלשים	9	ועל־שלשים
10	עבדך	14	ועבדך
14	לא תנאף	18	ולא תנאף
15	לא תגנב	19	ולא תגנב
16	לא־תענה	20	ולא־תענה
17a	לא	21a	ולא
17b	לא	21b	ולא
17b	ושורו	21b	שורו

2) 申5章にしか現れない句あるいは語が5箇所.
    申 5:12　כאשר צוך יהוה אלהיך
         14　ושורך וחמרך וכל־
         16　כאשר צוך יהוה אלהיך
         16　ולמען ייטב לך
         21　שדהו

3) 3箇所の用語法の違い. ケティーヴにおいてしか違わない箇所も含む.
    出 20:6　מצותי　　申 5:10　Kᵉtîb = מצותו　Qᵉrê' = מצותי
         8　זכור　　　　　 12　שמור
        16　עד שקר　　　　20　עד שוא

4) 出 20:17 と申 5:21 における文の順序の入れ替わりおよび用語法の違い.
    出 20:17a　לא תחמד בית רעך　　申 5:21a　ולא תחמד אשת רעך
         17b　לא־תחמד אשת רעך　　　　21b　ולא תתאוה בית רעך

5) シャッバートの命令のための動機付け節の違い.
    出 20:11　... כי ששת־ימים עשה יהוה את־השמים ואת־הארץ
    申　5:14　למען ינוח עבדך ואמתך כמוך
         15　... וזכרת כי־עבד היית בארץ מצרים

十戒の構造

　上の1) と4) に挙げられた異なりのなかに, 十戒の構造に関する担い手の理解を見ることができる. 接続詞ワウが「あらゆる形 כל־תמונה」に付いているか否かは, 何が第一戒であり, どれが第二戒であるかを決定するかもしれない[13].

---

(13) Frank-Lothar Hossfeld, *Der Dekalog*, 21-26, とくに, 24. これに対して Johann J. Stamm ("Dreißig Jahre Dekalogforschung" p. 198) は接続詞ワウ使用の異読は重要なことではないと考えている. またさらに見よ, Graupner, Axel, "Zum Verhältnis der beiden Dekalogfassungen Ex 20 und Dtn 5: Ein Gespräch mit Frank-Lothar Hossfeld," *ZAW* 99 (1987), 308-329, とくに 312-314.

出 20:4 では，「形」の語の前に接続詞ワウが置かれているが，それは「お前はお前のために彫像を造ってはならない，またいかなる形も……」と訳すことができ，そうであるなら，5節の第三人称複数男性目的格代名詞（「お前は『それらに』ひれ伏してはならない．『それらを』礼拝してはならない」）は，彫像と形にかかることになる．そうであるならさらに，5-6節は，必ずしも3節の「他の神々」という複数名詞につながる必要はない．出 20章の十戒において3節（「お前はわたしの前に他の神々を持ってはならない」）は，多分，第一戒をなし，4節が第二戒である．これに対して，申 5:8 が「お前はお前のためにあらゆる形の彫像を造ってはならない」（תמונהを "nomen rectum" すなわち先行する合成形名詞に「支配される名詞」として所有格ないしは同格の意味にとる）と読まれるなら，「彫像」（単数）は9節aの第三人称複数男性代名詞に対応しない．9節aの，それらにひれ伏してはならない，それらを礼拝してはならないという付加的戒めは，7節から9節aの全体を閉じるものとなる．

申 5章の十戒における第一戒は，7節から9節aの禁令のひとまとまり，すなわち偶像崇拝の禁止であって，それが6節および9節b-10節の顕現定式「わたしは主，お前の神……」の間に置かれているのである．そして第二戒は，神の名を濫用しないようにという戒めである（11節）．そうして第九戒は，隣人の妻を貪るな（21節 a）であり，第十戒は隣人の家をほしがるな（21節 b, תחמדではなくתתאוה）である．BHS では申 5:21 が小さい区切り Sᵉtûmah によって二つの戒め 21節 a と 21節 b に分けられている．十の言葉を数えるこの申命記的なやり方は[14]ローマ・カトリック教会とルター派における十戒の形に一致すると思われる．

他方，申 5:18-21 にある後ろの5つの戒めの各々が，前の戒めに接続詞でつながっているので，申 5:17-21 の6つの禁令は，ひとまとまりのように見える．これに対して出 20:13-17 の戒めは接続詞なしで置かれている．ノルベルト・ローフィンクはこの事実に着目し，申 5:6-21 を，偶像崇拝の禁止（6-10節　長い戒め），神名濫用（11節　短い），シャッバートの命令（12-15節　長い），父母を敬うこと（16節　短い），社会関係の主題（17-21節　長い）という5つの「内容の塊」と見ている．シャッバートを守れという戒めは，この長短長短長という，対称形の中心に位置し，「奴隷」の主題

---

(14) Frank-Lothar Hossfeld, *Der Dekalog*, 143f.

を通して序文（6節）および第十戒（21節 b　21節 b とは「牛，驢馬」という鍵語によっても）と結びついている．こうしてローフィンクは申5章の十戒を「シャッバート十戒」と呼ぶ[15]．

　もう一方でフランク・ローター・ホスフェルトは，申命記十戒が，十戒は二枚の石の板に書かれたという申命記史家の考え（申4:13, 5:22, 10:1, 3）に合わせて，二つの部分に分けられると見る．すなわち，4つの接続詞なしで置かれた戒めと，6つの接続詞でつながれた小さい戒めである．ホスフェルトによれば，出エジプト記十戒は，この二分割構造をやめて，接続詞なしで置かれた十の戒めになったのである[16]．

　しかし二枚の石の板に書かれた申5:6-21の戒めを「十の言葉」と呼ぶのは，まさに申命記史家なのである（עשרת הדברים ויכתבם על־שני לחות אבנים 申4:13, 10:4）．出エジプト記において出20:1-17の戒めは二枚の石の板との明示的な関係はないし，עשרת הדבריםと呼ばれてもいない．出エジプト記にはעשרת הדבריםへの言及が唯一34:28bに現れる（「そして彼は板の上に契約の言葉を書いた，すなわち十の言葉」）．この言葉は，一般に言われているように，申命記史家的編集者による付加であるに違いなく，すなわち，契約の言葉と「十の言葉」を同一視しようとしているのである．出34:1, 28-29において二枚の石の板に何が書かれたのかは明らかでない[17]．いずれにせよ，申5:17-21の6つの戒めの接続詞によるつながりが二枚の石の板の物語に一致するように意図されたのかどうかは，確かではない．

　申5:17-21の戒めが接続詞でつながれてひとまとまりをなし，この形で正典化されているのだとすれば，何ゆえ七十人訳申命記のテキストは，これらの戒めを接続詞なしで，しかも異なる順序で置いたのであろうか．七十人訳テキスト（Septuaginta Gottingensis）は，申5:17-21を次のように読んでいる．

οὐ μοιχεύσεις. οὐ φονεύσεις. οὐ κλέψεις. οὐ ψευδομαρτυρήσεις... οὐκ ἐπιθυμήσεις τὴν γυναῖκα... οὐκ ἐπιθυμήσεις τὴν οἰκίαν...

　第二の板の戒めがこの形になっているのは，七十人訳の出20:13-17も共

---

(15) Norbert Lohfink, "Dekalogfassung", 21-27.
(16) Frank-Lothar Hossfeld, *Der Dekalog*, 143f.
(17) 註（6）を見よ．

通している．ただし 13-15 節は戒めを次のように並べている．
οὐ μοιχεύσεις. οὐ κλέψεις. οὐ φονεύσεις.

　七十人訳十戒のこの部分は，申 5:17-21 も出 20:13-17 も戒めがマソラテキストの出 20 章におけると同様，接続詞なしで置かれているが，隣人の妻を貪るな，隣人の家をほしがるなという戒めについては，二つの戒めが異なる動詞を使っていないほかはマソラテキストの申 5:21 の形である．ヘブライ語十戒の第三のテキストがあったのだろうか．
　3 つの短い，目的語のない禁令のヘブライ語の言い回し「お前は殺してはならない לא תרצח」，「お前は姦淫してはならない לא תנאף」，「お前は盗んではならない לא תגנב」は，ほかにはあまり用いられない用語で，しかも固定した言い方である．しかし上述のように，これらの命令の順序はいろいろである．
　ギリシア語テキスト（バチカン写本七十人訳申命記，ルカ 18:20，ローマ 13:9．またヤコブ 2:11 も参照）だけでなくナッシュ・パピルスのヘブライ語テキストも，これらの順序を姦淫するな，殺すな，盗むなとしている[18]．

出 20:	申 5:	七十人訳 出 20	七十人訳 申 5
לא תרצח	לא תרצח	οὐ μοιχεύσεις	οὐ μοιχεύσεις
לא תנאף	ולא תנאף	οὐ κλέψεις	οὐ φονεύσεις
לא תגנב	ולא תגנב	οὐ φονεύσεις	οὐ κλέψεις
ולא־תענה...עד שקר	לא־תענה...עד שוא	οὐ ψευδομαρτυρήσεις	οὐ ψευδομαρτυρήσεις
		... μαρτυρίαν ψευδῆ	... μαρτυρίαν ψευδῆ
ולא תחמד אשת רעך	לא תחמד בית רעך	οὐκ ἐπιθυμήσεις	οὐκ ἐπιθυμήσεις
		τὴν γυναῖκα...	τὴν γυναῖκα...
לא־תחמד אשת רעך	ולא תתאוה בית רעך	οὐκ ἐπιθυμήσεις	οὐκ ἐπιθυμήσεις
		τὴν οἰκίαν...	τὴν οἰκίαν...

ナッシュ・パピルス　　　ローマ 13:9　　　ルカ 18:20

---

(18) 見よ．シュタム／アンドリュウ『十戒』，31 頁．

לוא תנאף	οὐ μοιχεύσεις	μὴ μοιχεύσῃς
לוא תרצח	οὐ φονεύσεις	μὴ φονεύσῃς
לו[א] [תג]נב	οὐ κλέψεις	μὴ κλέψῃς,
לוא ת[ענה] ... עד שוא		μὴ ψευδομαρτυρήσῃς
לוא תחמוד [את] [אשת רעך]	οὐκ ἐπιθυμήσεις	
לו[א תתאוה את ב]י[ת רעך]		
		τίμα τὸν πατέρα σου
		καὶ τὴν μητέρα

他の聖書文書における十戒の言葉

　イスラエルの人々に対する主からの告発がホセア4:2にあるが，あの3つの目的語なしの主題が殺し，盗み，姦淫の順で置かれている．ホセア4:2は第一の板の内容，つまり，主への関係についての戒めについては何も言わない（ただ神の知識דעת אלהיםについてのみ　4:1）．しかしながら，3:1（そして彼らは他の神々にむかったוהם פנים אל־אלהים אחרים）をも見るならば，十戒の第一の板との対応はあると言える．

　もう一方，エレミヤ7:9は，3つの主題を盗み，殺し，姦淫というように置き（七十人訳は O-233，L-198-407を例外として，「殺し，姦淫，盗み」というマソラテキストの十戒と同じ順序），第一の板の戒めを次のように批判の形で要約する．「お前たちは……バアルに献げ物をし，お前たちの知らなかった他の神々について行った（וקטר לבעל והלך אחרי אלהים אחרים אשר לא־ידעתם：）」．

出20:	申5:	ホセア4:2	エレミヤ7:9
לא תרצח	לא תרצח	ורצח	הגנב
לא תנאף	ולא תנאף	וגנב	רצח
לא תגנב	ולא תגנב	ונאף	ונאף

七十人訳 出20	七十人訳 申5	七十人訳 ホセア4:2	七十人訳 エレミヤ7:9
οὐ μοιχεύσεις	οὐ μοιχεύσεις	καὶ φόνος	καὶ φονεύετε
οὐ κλέψεις	οὐ φονεύσεις	καὶ κλοπὴ	καὶ μοιχᾶσθε
οὐ φονεύσεις	οὐ κλέψεις	καὶ μοιχεία	καὶ κλέπτετε

このふたつの預言者テキストは、しばしば十戒形成の早い段階のテキストから導き出されたものとして言及される。それらは第一の板についてはその要旨を含んではいるが、固定した文章ではない。他方、3つの用語「殺しרצח」、「姦淫נאף」、「盗みגנב」は、十戒の第二の板の3つの禁令に対応している。もちろん、順序はいろいろなのであるが、フランク・クリュゼマンによれば、預言者の3つの告発は、十戒の今日の文体での3つの小さな禁令の存在を前提としており、これに対して第一の板の戒めについては、預言者はイスラエルの信仰的不服従を非難していながら、十戒の言葉を引用していない。そういうわけでクリュゼマンがゲオルグ・フォーラーを引きながら言うのには、預言者はまだ十戒を知らず、ただ3つの小さい禁令のひとつらなりだけがあったのである[19]。しかし、上述の預言者の文章が十戒の第一の板の戒めを知っており、それらを彼らの事例に適用したのだという見方は、なお不可能ではない[20]。あるいは新約聖書における引用の例（マタイ 19:18、マルコ 10:19、ルカ 18:20、ローマ 13:9）から見れば、十戒全体が第二の板の戒めによって、とくに3つの小さな禁令によって代表され得るのである。「お前は姦淫してはならない、お前は殺してはならない、お前は盗んではならない、お前は貪ってはならないという戒め、そしてほかのいかなる戒めも、このことばに要約される。お前の隣人をお前自身のように愛せよ」（ローマ 13:9）。マタイ 19:18、マルコ 10:19、ルカ 18:20、ローマ 13:9 では、終りのふたつないし3つの戒めに異なりがある。マタイ 19:18、マルコ 10:19、ルカ 18:20 は、偽証してはならないという戒めと（マルコだけは、「だまし取るなμὴ ἀποστερήσῃς」という禁令を、貪るなという戒めの代わりに加える）お前の父母を敬えという命令を引用するが、ローマ 13:9 は、貪るなという戒めを引用する。しかしいずれの文章も3つの小さい禁令は含んでいる。

---

(19) クリュゼマン『自由の擁護』、23, 31-32 頁、Fohrer, Georg, "Das sogenannte apodiktisch formulierte Recht und der Dekalog." In: idem, *Studien zur alttestamentlichen Theologie und Geschichte*; BZAW 115; Berlin: de Gruyter, 1969, 141.

(20) Weiss, Meir. "The Decalogue in Prophetic Literature" (trans. Adina Ben-Chorin). Pages 67-81 in *The Ten Commandments in History and Tradition*. Edited by Ben-Zion Segal (Eng. Version ed. Gershon Levi). Jerusalem: The Magnes Press, The Hebrew Univ., 1990, esp. 68. ヴァイスは預言者の文章と第一の板の戒めの間の一致を一句一句確かめようとしている。しかし私は、3つの小さな禁令の対応に見られるほどの厳密な一致があるとは思わない。

マタイ 19:18-19	マルコ 10:19	ルカ 18:20	ローマ 13:9
οὐ φονεύσεις	μὴ φονεύσῃς	μὴ μοιχεύσῃς	οὐ μοιχεύσεις
οὐ μοιχεύσεις	μὴ μοιχεύσῃς	μὴ φονεύσῃς	οὐ φονεύσεις
οὐ κλέψεις	μὴ κλέψῃς	μὴ κλέψῃς	οὐ κλέψεις
οὐ ψευδομαρτυρήσεις	μὴ ψευδομαρτυρήσῃς	μὴ ψευδομαρτυρήσῃς	
	μὴ ἀποστερήσῃς		
			οὐκ ἐπιθυμήσεις
τίμα τὸν πατέρα	τίμα τὸν πατέρα σου	τίμα τὸν πατέρα σου	
καὶ τὴν μητέρα	καὶ τὴν μητέρα	καὶ τὴν μητέρα	
ἀγαπήσεις τὸν πλησίον...			

十戒の第一の板にある戒めを別の文脈に適用することについて，レビ19章は，重要な例を示している．レビ19:3-4は，第一の板の戒めを逆順で並べる．すなわち母，父，シャッバート，偶像である．また，母と父の戒めとシャッバートの戒めの中では，目的語—動詞の順も逆になっている[21]．これらの，逆順の文章は，この19章の法集の最後部とたすき掛け（キアスム）の関係で対応している．

   3　おのおのその母を
　　そしてその父を
　　お前たちは畏れねばならない (תיראו)
　　そしてわたしのシャッバートを (ואת־שבתתי)
　　お前たちは守らねばならない (תשמרו).
　　わたしは主，お前たちの神
   4　お前たちは向いてはならない (אל־תפנו) 偶像どもに (האלילים),
　　鋳た神々をお前たちはお前たちのために造ってはならない
　　わたしは主，お前たちの神

   30　わたしのシャッバートを (את־שבתתי)
　　お前たちは守らねばならない (תשמרו).
　　そしてわたしの聖所を
　　お前たちは畏れねばならない (תיראו)

---

(21) Milgrom, Jacob. *Leviticus 17-22*, Anchor Bible 3A, New York: Doubleday, 2000, 1608-1612.

わたしは主
31　お前たちは向いてはならない (אל-תפנו) 占い師や魔術師に
お前たちは彼らを求めて汚されてはならない
わたしは主，お前たちの神
32　年寄りの前でお前は起立しなければならない
またお前は老人を敬わなければならない
そしてお前は畏れねばならない (ויראת) お前の神を
わたしは主

　この構造の中で，父母を畏れること（3節）は老人を敬うこと（32節）と結びついている．老人を敬うという戒めは，さらに神を畏れるという戒めと並立する（32）．そして神を畏れることは，鍵語「ירא」を通して，その聖所を聖とすること（30節）と対応している．聖所を畏れることは，同時に，シャッバートを守ることに呼応している（30節において並行して置かれている）．聖所を聖とすることとシャッバートを聖とすることとは，いわゆる神聖法典の二つの焦点をなす[22]．

　また注目する価値があるのは，レビ19章の構造の中心に，ローマ13:9においてパウロがそれによって十戒の二枚目の板を要約した戒めがある．「お前はお前自身のようにお前の隣人を愛せよ．わたしは主」（レビ19:18b）．

　レビ19章のこの構造は，それゆえ，十戒，とくに申命記十戒（「シャッバートを守れ」という語法に注目せよ）の第一の板にある戒めの言葉遣いや順序に依存している．十戒は，その物語の文脈から切り離されて，別の法集の中で用いられたのである．

シャッバートの戒めとその正典的文脈

出 20:8-11　　　　　　　　　　　　　　申 5:12-15
זכור את־יום השבת לקדשו　　　　　　שמור את־יום השבת לקדשו
　　　　　　　　　　　　　　　　　　　כאשר צוך יהוה אלהיך

---

[22] Ruwe, Andreas. *"Heiligkeitsgesetz" und "Priesterschrift": Literaturgeschichtliche und rechtssystematische Untersuchungen zu Leviticus 17, 1-26, 2*. Tübingen: Mohr Siebeck, 1999, passim.

2章 一つの十戒，複数のテキスト

ששת ימים תעבד	ששת ימים תעבד
ועשית כל־מלאכתך	ועשית כל־מלאכתך:
ויום השביעי שבת ליהוה אלהיך	ויום השביעי שבת ליהוה אלהיך
לא־תעשה כל־מלאכה	לא־תעשה כל־מלאכה
אתה ובנך־ובתך עבדך ואמתך	אתה ובנך־ובתך ועבדך־ואמתך
ובהמתך	ושורך וחמרך וכל־בהמתך
וגרך אשר בשעריך	וגרך אשר בשעריך
	למען ינוח עבדך ואמתך כמוך:
	וזכרת
	כי־עבד היית בארץ מצרים
	ויצאך יהוה אלהיך משם
	ביד חזקה ובזרע נטויה
כי ששת־ימים עשה יהוה	
את־השמים	
ואת־הארץ	
את־הים ואת־כל־אשר־בם	
וינח בים השביעי	
על־כן ברך יהוה את־יום השבת	על־כן צוך יהוה אלהיך
ויקדשהו:	לעשות את־יום השבת:
Nash Papyrus l. 9–16	4Q134 Phylactéres G Recto l. 18–23
...זכור את יום השבת [לקדשו]	[...את יום השב]ת ל[ק]דש[ו]
[ששת ימי]ם תעבוד	ששת ימים תעבוד
ועשית כל מלאכתך	וע{וש}ה כול מלאכתך
וביום [השביעי] [שבת ליהוה] אלהיך	ובניום השביעי שבת ליהוֺה אלהיך
	{השביעי ליהוה אלהיכה}
לוא תעשה בה כל מלאכה	לוא תנ{ע}שה כו{ל} מלאכה
[אתה] [ובנך ובתך] עבדך ואמתך	[את]ה ובנך ובתך עבד בתך [ואמ]תך
שורך וחמרך וכל ב[התמתך]	ושורך וחמרך וכול בה{נ}מתך
[וגרך אשר] בשעריך	וגרך א[ו]שר בשעריך
כי ששת ימים עשה י[הוה]	כי ששת [ימים עשה] יהוה
[את השמי]ם ואת הארץ	את ה[נש]מים ואת ה[אר]ץ
את הים ואת כל א[שר בם]	[את הי{ם} ואת כול אשר בם

ויניח ביום השביעי   ויניח בן ביום השביעי
עלכן ברך יהוה את [יום] השביעי   על כן בר[ך] יהוה את [יום הש]בת
ויקדשיו...   וי[ןקדשהו...

　出エジプト記十戒のシャッバート命令と，申命記十戒のそれとは，互いに，語の用法と動機付け節の主題において異なっている．動機付け節の申命記的付加すなわち申 5:12 (כאשר צוך יהוה אלהיך) および 14 節 (ושורך וחמרך וכל) については，ここでは触れないでおく．もっと重要なのは，戒めそのものの用語法における違いである．出 20:8 においては「思い出すこと זכור」，そして申 5:12 は「守ること שמור」である．

　「思い出すこと」が，この制度のすでに長い間存在したことを前提とし，二次的に「守ること」になったのかどうかは定かではないにしても[23]，その物語文脈においては，「思い出すこと」は，出 15:25 の法の授与と，それに従ってイスラエルが，マナを集めるに際してシャッバートを行なったことを指しているかもしれない[24]．ホスフェルトの考えでは，申命記十戒は上述のように，出エジプト記十戒よりも元の形に近く，「זכור」は，出エジプト記十戒の形成された捕囚後時代には，「שמור」を言い換える一般的な語であった[25]．これはしかし，特別に選ばれた用語を置き換える理由として十分であろうか．他方，ラインハルト・G．クラッツは，出エジプト記十戒の言葉が出 34:10-26 の法およびいわゆる契約の書（出 20:22-23:33）から引き出された可能性があり，「思い出す」という言い回しは，出 20:24 の「わたしがわたしの名を思い出させる（NRSV の訳し方　むしろ「呼ばれる」と訳すべきであろう　זכר hip'il)」あるいは 23:13「他の神々の名を唱えてはならない　זכר hip'il) に従っていると見る[26]．

---

(23) Koehler, Ludwig. "Der Dekalog." *ThR NF* 1 (1929), 161-184, とくに 180. 次も参照せよ, Johann J. Stamm, "Dreiβig Jahre Dekalogforschung", 199.

(24) 中世のユダヤ教の学者によって示されているとおり．Ezra Zion Melammed, "'Observe' and 'Remember'" p. 202 は，ヒズキア・ベン・マノア（Hizkiah ben Manoah）の註解を引用する．「出エジプト記の戒めにおいては，シャッバートについて，すでにマラにおいて与えられていたことをイスラエルに思い出させようとする．ゆえに適切な言葉は『思い出すこと』である．しかし，ここ申命記では，戒めは，40 年後に，最初のときそれを聞かなかった者たちのために繰り返されているのだから，適切な言葉は『守る』である．事柄は彼らにとって新しいものではないからである．」

(25) Frank-Lothar Hossfeld, *Der Dekalog*, 40-42.

(26) Kratz, Reinhard G. "Der Dekalog im Exodusbuch." *VT* 44 (1994), 205-238, とくに 216ff.

そうだとすると，しかしながら，問わなければならない．なぜ出 20:7 は「לא תזכיר את־שם־יהוה אלהיך לשוא」と言わなかったのだろうか．わたしの意見では，「思い出す」という言葉づかいは，出エジプト記全体の文脈に依存している．エジプトからの解放の初めに，「神は彼のアブラハム，イサク，ヤコブとの契約を思い出され」(2:24)，また言われた，「わたしはわたしの契約を思い出した」(6:5)．このように主によって「思い出されること」は，主の現臨の再建を表す．それゆえ主の現臨が危うくなったときに (33:3)，モーセは主に嘆願して言う．「思い出してください，アブラハム，イサク，ヤコブ，あなたのしもべたちを」(32:13) 主がその僕たちを思い出すだけでなく，イスラエルが主の名を思い出すことによって，主の現臨の中に立つということが起こる．主の名は「zekœr」(3:15 文字通り訳せば「記憶」) である[27]．

ヘブライ語では，同じ語根でも語幹が異なれば，全く違う単語として理解されるべきだとされるのであり，それゆえ「思い出すこと (זכר qal inf.)」(出 20:8) と「呼ばれる」(זכר hip'il)」(20:24) あるいは「唱えてはならない (זכר hip'il)」(23:13) の連合は，疑いもなくというわけではない．しかし「זכר」という語根は qal-語幹におけるのみならず，hip'il-語幹においても，主の現臨と結びつけられているのである．

他方，出エジプト記の今ある形は，創世記の続きであり，その到達すべきところは，創造秩序の再建である．この秩序は，人間の暴力によって破壊されていたのである．テレンス・E・フレットハイム[28]によれば，イスラエルの現在の状態は (出 1:7) 創造者の祝福 (創 1:28) を前提としている．ファラオの暴力は水の深淵と結びついており (出 1:22)，ノアのようにモーセも水から救い出された (出 2:1-10)．神の贖いの業は，全宇宙を含んでおり (出 19:4-6) 宇宙論的な効果を持っている (出 15:18；7:8-11:10)．幕屋の建設は，宇宙の創造と対応しており (出 25-40)，物語の終わりに，主の栄光が幕屋に満ち (出 40:34)，イスラエルの礼拝が再建されている．この正典の文脈においてこそ，「シャッバートを思い出すこと」ということの意味が理解される．空間の次元においては幕屋が，民と共に主が同行されることを示すのに対し

---

(27) Willi Schottroff, 'Gedenken' 202-217. は，zekærを主のヒュポスタシスと見る．
(28) フレットハイム，テレンス・E (小友聡訳)，『現代聖書注解　出エジプト記』日本基督教団出版局，随所に．また同 (大住雄一訳)「全地はわたしのものなのだから―出エジプト記における主題と語り―」，『日本版インタープリテーション第41号』所収．

て，時間の次元ではシャッバートが民を主の現臨のなかに置くのであり，主はそこで創造の秩序を再建されるのである．これが，出エジプト記十戒の「思い出すこと」という言葉を用いる理由であり，また同時に，シャッバートの根拠として創造に言及される理由である．イスラエルがシャッバートを「思い出す」とき，創造における神の御わざを体験するのである．

　シャッバートを思い出せという戒めと創造物語の間のこの一致は出エジプト記十戒のシャッバート規定の構造にも反映している．以下の通りである．

A　　　　　　　זכור את־יום השבת לקדשו׃

B　　　　　　ששת ימים תעבד ועשית כל־מלאכתך׃
　　　　　　ויום השביעי שבת ליהוה אלהיך

B'　　　　　כי ששת־ימים עשה יהוה ...
　　　　　　וינח ביום השביעי

A'　　　　על־כן ברך יהוה את־יום השבת ויקדשהו׃

　さらに，シャッバートの戒めと「זכר」の概念は，出エジプト記の全体構造に，以下の通り組み込まれている．

出エジプト物語　1:1-15:21
　　　主はその契約を「思い出した」(2:24 ; 6:5)
　　　　　　主の名の「覚え」(3:15)
　　　出エジプトの日を「思い出すこと」(13:3 ; cf. 12:14 ; 13:9)
荒野で　15:22-18:27
　　　七日目に休むこと (16:30)
主の顕現とその契約　19:1-24:18
　　　シャッバートを「思い出すこと」(20:8)
　　　　　主の名の「思い出されること」(20:23)
　　　七日目に休むこと (23:12)
　　　　　[他の神々の名の「思い出され」てはならないこと (23:13)]
幕屋建設の指示　25:1-31:18
　　　　　シャッバートを守ること (שמר) (31:13, 14, 16)
契約の破棄と再契約　32:1-34:35

七日目に休むこと (34:21)
幕屋建設　35:1-40:38
　　　　シャッバートを行うこと (עשׂה) (35:1)

　シャッバートの戒めの正典的文脈ないしは物語文脈へのこのような関係は基本的に七十人訳テキストにも保存されている．しかしサマリア五書出エジプト記テキストには，もはや受け入れられていない．あるいは出エジプト記タイプと思われるナッシュ・パピルスや 4Q134-136 Phyl G-I に見られるテキストにもない．出 20:8 のサマリア五書テキストは，すでに「思い出すこと」の代わりに「守ること」と読んでいる．この異読は，出エジプト記と申命記両方のテキストの調和を取った結果だと考えられる．この調整によって，サマリア五書の出 20:8 のシャッバート規定は，創造者の礼拝を再建しようとするシナイ物語の中に置かれる必然性を失っている．もう一方でフィラクテリー 4Q134-136 Phyl G-I は，出 20 章の十戒をシナイ物語の文脈からはずし，ホレブ物語の文脈に導き入れている．こちらの文脈では，十戒はそのまま二枚の石の板に書かれ，箱の中に置かれた契約の宣言なのである．このフィラクテリーテキストの背後には，十戒を，異なる物語文脈を離れて，ただ神のことばとして暗誦されるべきものとする書字生の理解があるかもしれない．こうして十戒の二つのテキストだけでなく，それらの文脈も互いに混合されることとなった．

　ナッシュ・パピルスにおける十戒テキストについて言えば，出 20 章から切り取られ，エジプトからの脱出を語るものとしては，わずかに顕現定式にいくつかの従属節を付した短い序文があるのみである．しかも，「奴隷の家から מבית עבדים」という句は省かれている．ウィリアム・F・オールブライトによれば，ナッシュ・パピルスが出 20:11 をシャッバートの戒めの動機付け節に採用したのは，このパピルスのテキストがエジプト起源だという事実に帰せられるに違いない．そのようにして申 5:15 から読み取りうるような，エジプト人をそしることを避けようとしたというのである[29]．同じ理由で，このテキストは，エジプトを「奴隷の家」と呼ぼうとしない．それゆえナッシュ・パピルスは，祈祷の，あるいは信仰問答に用いられるようなものとし

---

(29) Albright, William F. "A Biblical Fragment from the Maccabaean Age: the Nash Papyrus" *JBL* 56 (1937), 145-176, とくに 176.

てイスラエルの神，主への個人的礼拝の場面のみを前提としている．そこでは主は，イスラエルをエジプトの地から導きのぼり，シャッバートの日に創造を完成した神なのである．

Chapter 3

第二神殿時代における
モーセ五書の発展的展開

ユージーン・ウーリック

　モーセ五書は第二神殿時代にどのような状態にあったのであろうか．エズラの時代には基本的に完全で安定していたのであろうか，それとも，実質的にまだ発展途上にあったのであろうか．その問いに答えるのに必要な多くの証拠資料が歴史の中で失われてしまっているので，本章では，残されている証拠資料から相応に確実なものだと認められるいくつかの主要な問題点を概観する．以下の論点が本章の表題に論理的根拠を与える．すなわち，モーセ五書の本文は次第にその形態を変更しながら —— 萌芽的に関連があり，新しい宗教的，政治的，ないし社会的思考や環境に適応することにより惹き起こされた新しい形態を伴って —— 継続的に発展し，今日の聖書として出遭う形態にまで至ったのである．

　紀元前3世紀の中葉までヘブライ語聖書の本文の証拠資料は実在しないということを最初に強調しておくことが大切である．しかし今日，クムランの聖書写本が，紀元後2世紀以降，ほとんど闇の中に眠っていた聖書本文の歴史の時代を知る機会を与えることとなった．紀元後132-135年の第二次ユダヤ反乱以降，単一のヘブライ語本文形態だけが後代に伝承されることとなった．他の一切の証拠資料が欠如していたので，これがマソラ本文としてこの上なく忠実に伝承されてきた唯一の原本という見解が導き出され，サマリア五書，七十人訳ギリシア語聖書，その他の聖書はより劣る伝承ということになった．

　しかしながら，啓蒙運動以降の本文批評研究者は，聖書の各書は口伝の物語，法律集などから始まり，独創的な伝承者や編集者の手による合成的作品

へと発展的諸段階を経て成長し，最終的に聖書の各書として知られるようになる最初期の書物として認識される諸形態を取るようになったのだという理論を構築した．

クムラン写本は今日，これらの文学理論を基礎付ける文書的証拠資料 —— ユダヤ反乱に先立つ時代に聖書本文は複数形態であり，啓蒙運動後の研究者たちにより構想されたものと同じ創造的な拡張技術によって依然として発展し続けていたという証拠資料 —— を提供している．本稿はクムランの巻物，マソラ本文，サマリア五書，七十人訳ギリシア語聖書によって証言されているモーセ五書の発展諸段階を跡づけようとするものであり，写本による証拠資料が利用できる以前の時代における聖書本文の初期の伝承を理解するための一つの基礎を築こうとするものである．

I．クムランの証拠

証拠資料の検証から始めることが重要であり，クムランの証拠資料が最古でもっとも明瞭であるので，そこから始める．聖書本文が複数形態であることをより一層際立たせる2例が，4QpaleoExod^m と 4QNum^b である．

参照資料1：出 7:17-19

    4QpaleoExod^m

3 בֹ[יְדִי]עֹל הֹמַיִם אֹ[שר ביאר ונהפכו לדם^{18}והדגה אשר]
4 בת[וך ה]יֹאר תמות[ובאש היאר ונלאו מצריים לשתות]
5 מֹיִם מן היאֹר^{18b}va]cat וילך משה ואהרון אל פרעה]
6 וי[א]ֹמר אליו יה[וה אלהי העברים שלחנו אליך לאמור]
7 שלח את עמי ויעבד[ני במדבר והנה לא שמעת עד כה]
8 כה אמר יהוה בז[את תדע כי אני יהוה הנה אנכ]י
9 מֹ[כ]ֹה במטה אשר[בידי על המים ונהפכו לדם]
10 ו[הד]ֹגה אשר בת[וך היאר תמות ובאש היאר ונלאו]
11 מֹ[צ]ֹריים לש[תות מים מן היאר^{19} [
12 יֹ[או]ֹמר יהוה ...   [

17 ［主はこう言われた．『このことによって，あなたは，わたしが主であ

ることを知る』と，見よ，³わたしの手]にある[杖でナイル川]の水を[わたしが打つと，水は血に変わる。]18⁴ナイル川の只[中]の[魚は]死に，[ナイル川は悪臭を放つ。エジプト人は]⁵ナイル川の水を⁴[飲むのを嫌がるようになる。]]⁵（空白）[18bそこでモーセとアロンはファラオの許に参内し,]⁶彼に言[っ]た。[「ヘブライ人の神,]主が[わたしたちをあなたの許に遣わして,]⁷『わたしの民を去らせ，[荒れ野でわたしに]仕えさせよ][と命じられたのに，見よ，あなたは今に至るまで聞き入れない。]⁸主はこう言われた，『このこ[とによって，あなたは，わたしが主であることを知る』と。見よ，⁹わたしの手にある]杖で[水をわたしが]打つと，[水は血に変わる。¹⁰ナイル川の]只中の魚は[死に，ナイル川は悪臭を放つ。]¹¹エジプト人はナイル川の水を飲むのを¹⁰嫌がるようになる。」¹²19主は更に[モーセに]言われた。

サマリア五書

3　בידי על המים אשר ביאר ונהפכו לדם¹⁸והדגה אשר
4　ביאר תמות ובאש היאר ונלאו מצרים לשתות
5　מים מן היאר¹⁸ᵇוילך משה ואהרן אל פרעה
6　ויאמרו אליו יהוה אלהי העברים שלחנו אליך לאמר
7　שלח את עמי ויעבדני במדבר והנה לא שמעת עד כה
8　כה אמר יהוה בזאת תדע כי אני יהוה הנה אנכי
9　מכה במטה אשר בידי על המים אשר ביאר ונהפכו לדם
10　והדגה אשר ביאר תמות ובאש היאר ונלאו
11　מצרים לשתות מים מן היאר
12　ויאמר יהוה¹⁹...

17[主はこう言われた，『このことによって，あなたは，わたしが主であることを知る』と。見よ，]³わたしの手にある[杖で]ナイル川の水を[わたしが打つと，]水は血に変わる。18⁴ナイル川の魚は死に，ナイル川は悪臭を放つ。エジプト人は⁵ナイル川の水を⁴飲むのを嫌がるようになる。」⁵18bそこでモーセとアロンはファラオの許に参内し，⁶彼に言った。「ヘブライ人の神，主がわたしたちをあなたの許に遣わして，⁷『わたしの民を去らせ，荒れ野でわたしに仕えさせよ』と命じられたのに，見よ，あなたは今に至るまで聞き入れない。⁸主はこう言われた，『このことによって，あなた

は，わたしが主であることを知る』と．見よ，⁹わたしの手にある杖で<u>ナイル川の水をわたしが打つと，水は血に変わる．</u>¹⁰<u>ナイル川の魚は死に，川は悪臭を放つ．</u>¹¹エジプト人はナイル川の水を飲むのを¹⁰嫌がるようになる．」¹²19 主は更に［モーセに］<u>言われた．</u>

マソラ本文

3　בידי על המים אשר ביאר ונהפכו לדם¹⁸ והדגה אשר
4　ביאר תמות ובאש היאר ונלאו מצרים לשתות
5　מים מן היאר ס

¹⁹12 ויאמר יהוה ...

17［<u>主はこう言われた．『このことによって，あなたは，わたしが主であることを知る</u>』と．見よ，］³わたしの手にある［杖で］ナイル川の水を［<u>打つと，</u>］<u>水は血に変わる．</u>¹⁸⁴<u>ナイル川の魚は死に，ナイル川は悪臭を放つ．エジプト人は</u>⁵ナイル川の水を飲むのを⁴嫌がるようになる．」¹²19 主は更にモーセに<u>言われた．</u>

参照資料2：出 32:10-11

4QpaleoExodᵐ

1　או[תך]לגוי גדול [ובאהרון התאנף יה]וה מאד להשמידו[ן]
2　ו[י]תפלל משה בעד א[הרון]　[　]¹¹[　] ך
3　י[ח]ל משה את [פנ]י [יהוה אלהיו ויא]ו[מר למ]ה [יהוה יחר א]פ[ך]
4　בעמך אשר הוצא[ת] מארץ מצרים בכח גדול ו[בזרוע חזק]ה

¹10［［<u>わたしはあなた</u>］を大いなる民と［する．］］しかしアロンに対しては，<u>主は激しく怒って，彼を滅ぼそうとされた．</u>　［　］²しかしモーセはア［<u>ロン</u>］のために祈った．³11 そしてモーセは［彼の神なる主］をな［だめ］て<u>言った</u>，「主よ，どうして，⁴あなたが大いなる御力と力強い御腕をもって<u>エジプトの国から導き出された</u>御自分の民に向かって³<u>怒りを燃やされる</u>のですか．」

サマリア五書

1　אתך לגוי גדול ובאהרן התאנף יהוה מאד להשמידו

84

3章　第二神殿時代におけるモーセ五書の発展的展開

2　ויתפלל משה בעד אהרן
3 ¹¹ויחל משה את פני יהוה אלהיו ויאמר למה יהוה יחר אפך
4　בעמך אשר הוצאת ממצרים בכח גדול ובזרוע נטויה

¹10 [「わたしは] あなたを大いなる民と [する.」] しかしアロンに対しては，主は激しく怒って，彼を滅ぼそうとされた．²しかしモーセはアロンのために祈った．³11 そしてモーセは彼の神なる主をなだめて言った，「主よ，どうして，⁴あなたが大いなる御力と伸ばされた御腕をもってエジプトから導き出された御自分の民に向かって³怒りを燃やされるのですか．」

マソラ本文

1　אותך לגוי גדול:
2
3 ¹¹ויחל משה את פני יהוה אלהיו ויאמר למה יהוה יחרה אפך
4　בעמך אשר הוצאת מארץ מצרים בכח גדול וביד חזקה:

¹10 [「わたしは] あなたを大いなる民と [する.」] ²(空白) ³11 そこでモーセは彼の神なる主をなだめて言った，「主よ，どうして，⁴あなたが大いなる御力と強い御手をもってエジプトの国から導き出された御自分の民に向かって³怒りを燃やされるのですか．」

参照資料3：出 39:21

4QExod-Levᶠ

1 ²¹וי[רכסו את החשן] [..] כ[אש]ר צוה יהו[ה] את מש[ה ...
2　ולא יזח החשן [מעל האפוד כאשר צוה יהוה את משה]
3　ויעש את האורים ו[את התמים כאשר צוה יהוה את] משה

¹21 そして [彼らは胸当てを……] ……主がモーセに命じられたように，[結んだ．] ²そして，[主がモーセに命じられたように，] 胸当てが [エフォドから] はずれないようにした．³そして彼は，主がモーセに命じられたように，ウリムとトンミムを作った．

サマリア五書

1 ²¹וירכסו את החשן ...

85

2 ולא יזח החשן מעל האפוד כאשר צוה יהוה את משה

3 ויעשו את האורים ואת התמים כאשר צוה יהוה את משה

¹21 そして彼らは胸当てを結んだ……．²そして，主がモーセに命じられたように，胸当てがエフォドからはずれないようにした．³そして彼らは，主がモーセに命じられたように，ウリムとトンミムを作った．

マソラ本文

1 ²¹וירכסו את החשן ...

2 ולא יזח החשן מעל האפד כאשר צוה יהוה את משה:

¹21 彼らは胸当てを結んだ……．²そして主がモーセに命じられ［たよ］うに，胸当てがエフォドからはずれないようにした．

参照資料4：民 27:23ᵃ–28:1

4QNumᵇ

30 [ויסמו]ך את ידיו עליו ויצוהו כאשר דבר יהוה ביד מושה[²³ᵇויאמר]

31 [מוש]ה אליו עיניכה הרואות את אשר עשה יהוה לשני המ[לכים האלה כן יעשה]

1 [יהוה לכול הממלכות אשר אתה עובר שמה ...

2 וידבר²⁸:¹[

³⁰[²³ᵃ 彼は]彼の手を彼の上に［置い］て，主がモーセを通して命じられたとおりに，彼を職に任じた．［そして ³¹ モーセは］彼に向かって ³⁰［言った，］³¹「あなたの目は，主が［これらの］二人の王［に］対してなさったことを見た．［¹ 主はあなたが渡って行く全ての王国に対して ³¹ そのようになさるであろう．」

²28:1［主はモーセに］仰せになった．

サマリア五書

30 ויסמך²³ᵃ את ידו עליו ויצוהו כאשר דבר יהוה ביד משה ²³ᵇויאמר

31 אליו עיניך הראות את אשר עשה יהוה לשני המלכים האלה כן יעשה

1 יהוה לכל הממלכות אשר אתה עבר שמה ...

2 וידבר²⁸:¹...

³⁰²³ᵃ 彼は彼の手を彼の上に置いて，主がモーセを通して命じられたとおり

に，彼を職に任じた．そして³¹＿＿＿＿＿彼は彼に向かって³⁰言った．³¹「あなたの目は，主がこれらの二人の王に対してなさったことを見た．¹主はあなたが渡って行く全ての王国に対して³¹そのようになさるであろう．」
²28:1 ［主はモーセに］仰せになった．

マソラ本文

30^{23a}ויסמך את ידיו עליו ויצוהו כאשר דבר יהוה ביד משה: פ
2 וידבר^{28:1}...
³⁰23^a 彼は彼の手を彼の上に置いて，主がモーセを通して命じられたとおりに，彼を職に任じた．
²28:1 ［主はモーセに］仰せになった．

下線＝正書法
二重下線＝個別の本文異読
破線＝新しい素材による定型化された一連の比較的大きな挿入部分

典雅で周到に書き記された写本である4QpaleoExod^mは，紀元前1世紀半ばごろに筆写された巻物であるが，聖書本文の発展を極めて良好な光と焦点の中で初めて見ることができるレンズの役割を果たしている[1]．

4QpaleoExod^mに保存されている最初の断片は，出7:18（参照資料1を見よ）での特徴的な性格を示す明確な例示の一つとなっている．5-11行はこの巻物に挿入されているやや冗長な付加で，マソラには欠落している．この異読に基づいて，4QpaleoExod^mが原本であり，マソラは誤謬視により当該文節を喪失したと議論することが可能だろう．というのは，書記の眼が18節末（5行目）の מים מן היאר（「ナイル川の水」）から18b節末（11行目）の同一句へと読み飛ばしてしまったということがあり得るからである．この仮説は，サマリア五書もまた同じ文節を有していることに着目する時，強固になる．しかしながら，もう一方の説明では，18b節はモーセとアロンが実際に主の命令を

---

[1] この版に関してはPatrick W. Skehan, Eugene Ulrich, and Judith E. Sanderson, *Qumran Cave 4. IV: Palaeo-Hebrew and Greek Biblical Manuscripts* (DJD 9; Oxford: Clarendon, 1992), 53-130を見よ．また，Judith Sanderson, *An Exodus Scroll from Qumran: 4QpaleoExodm and the Samaritan Tradition* (HSS 30; Atlanta: Scholars Press, 1986) の分析をも参照．

実行したということを明瞭に記録するために付加されたのだということになる．マソラは（神が）命令を与え，その命令を彼らが執行したことを前提にするが，それを物語っていないのである．この巻物とサマリア五書はモーセとアロンが実際に主の命令を実行したことを明瞭に語っている．事実，それが4QpaleoExod^{m}とサマリア五書の本文類型への二次的挿入であることが明らかなのは，そのような挿入がこの書の中にしばしば繰り返される様式であることが判明するからである．

　4QpaleoExod^{m}の本文への意図的付加の第二の類型は出32：10-11に見ることができる（参照資料2を見よ）．4QpaleoExod^{m}とサマリア五書はマソラにはない比較的長い異読を含んでいる．マソラがその異読を偶然に読み飛ばしたと仮定するに足る理由は少しもない．むしろ，それは申9：20の1節の逐語的挿入なのである．申命記はその名が示すとおり，出エジプト記の多くを繰り返している書物なのである．だから，書記たちはこの出エジプト記に元来の出エジプトの物語には言及されていなかったが，申命記の中で物語られている並行する詳細な伝承を挿入したのである．これに関しても4QpaleoExod^{m}とサマリア五書本文に挿入された調和化の記事の類例が他にも存在する．

　断片的にしか残されていない出エジプト記の二番目の写本も似たような様式を示す．4QExod-Lev^{f}は，4QSam^{b}と共に紀元前3世紀後半のクムラン出土の最古の写本である．これは「原サマリア五書の本文系列への間接的証言」[2]であり，出39：21（参照資料3を見よ）に関する興味深い異読を示す．

　この4QExod-Lev^{f}では2つの付加を含む異読が存在する．クロスは最初の方に関しては単に「この部分にありふれた決まり文句を繰り返していて……本文に無造作に紛れ込んだ」だけだと記述している．第二の方がここでの我々の関心事である．クロスは「4QExod-Lev^{f}とサマリア五書におけるこの第二の異読は出8：30を反映している」ことに言及し，それは「ヘブライ語本文では元来のものと取るのが最良で，他の諸伝承の中では誤謬視（同末誤写と同頭誤写）によって喪失してしまった」[3]のだと判断する．それもまった

---

[2] Frank Moore Cross, "17. 4QExod-Lev^f," DJD 12: 136. 2007年5月29日に開催された the Canadian Society of Biblical Studies の会合で Chelica Hiltunen が彼女の論文の中でこの読み方に対して私の注意を喚起してくれたことに感謝する．

[3] Cross, "17. 4QExod-Lev^f," 139.

く可能だが，しかし，もう一方の可能性は更なる検証に値する．マソラにおける出エジプト記39章は28章の命令の執行を語っている．出28:2, 4においてモーセは祭司の祭服を作るよう命じられており，その詳細な命令の順序は次の通りである．

28: 6　エフォド
　　15　胸当て
　　30　「裁きの胸当てにお前はウリムとトンミムを入れる．」
　　31　上着，長い服，ターバン，飾り帯
マソラの出エジプト記39章は祭服の作成の報告となっている．
39: 2　エフォド
　　 8　胸当て　　［4QExod-Lev^{f}とサマリア五書は出39:21で「ウリムとトンミム」を付加］
　　22　上着，長い服，ターバン，飾り帯

執行の順序は，マソラにはウリムとトンミムへの言及がないという例外を除いて，命令の順序と一致している．このように，「ウリムとトンミム」に言及する出39:21のより長い本文が元来のもので，誤謬視により失われたに過ぎないと見るよりも，私は4QpaleoExod^m，サマリア五書，また4QExod-Lev^{f}に見られるような，拡張版の一般的類型に沿っていると考える．そこでは書記が，主がモーセにウリムとトンミムを胸当てに入れるよう命じたことを覚えていて，初期の本文に言及されないままになっていた細部を適切な順序で書き加えたのである．命令の実行が他にも明示的に書き加えられているのと同じような手法で，彼は命令の実行を明示的に書き加えたのである．

出エジプト記はモーセ五書の巻物の中で決して唯一の例外的な書物ではなかった．紀元前1世紀後半に由来し，クムランの民数記の中で最大の写本である4QNum^{b}は，民数記27章23節（参照資料4を見よ）[4]の例に見ることができるように，4QpaleoExod^{m}に類似する証拠を提供した．民27:23の後に，4QNum^{b}とサマリア五書は，申3:21-22の並行記事に記述されているモーセの発言を挿入している．4QNum^{b}に保持されている二次的調和化の記

---

(4) この版に関しては Nathan Jastram, "27. 4QNum^b," DJD 12: 205-67 を見よ．

事5例を列挙すると次の通りである(5).

 民20:13b（=申3:24-28） モーセが約束の地へ入れるように嘆願する．
 民21:11b（=申2:9）   モアブと戦ってはならないという命令
 民21:12b（=申2:18-19） アンモンと戦ってはならないという命令
 民21:20b（=申2:24-25） アモリ人打破の約束
 民27:23b（=申3:21-22） モーセがヨシュアに神の加護を約束する．

　ここでは2つの論点に着目すべきだろう．最初に，出エジプト記と民数記からの上記の例文の分析は，本文に関する諸々の証拠の間で異なる類型の異読を示している．すなわち，正書法（下線），個々の本文の異読（二重下線），類型化された一連の比較的長い新しい素材の挿入（破線）のレヴェルであり，それらが共に新しい版の書物の構成要素となっている．

　しかし正書法の違い，個々の異読，主要な付加部分は整合的に関係しているのでもなく，相互に影響しあっているわけでもなく，関連のないレヴェルで機能しているように見える．私は他の論文で，写本内でのこれらの異なる類型の異読は相互に無関係であること，1つの写本の正書法の様相は異なる段階で起こるものであり，個々の本文異読とは関係していないこと，それは筆写されている版とは無関係に異なる段階で起こるものであることを議論したことがある(6)．

　第二に，4QpaleoExod^m と 4QNum^b における大きな挿入は，聖書本文への「聖書本文」の付加であるという点では類似している．すなわち，出7:18bにおける挿入は7:15-18の神の命令の内容の単なる繰り返しであり，その命令の遂行の過去時制での報告に過ぎない．出32:10bでの挿入は出エジプト記32章の物語に関連すると見られる申9:20における注釈の繰り返しである．民27:23bは同様に民数記に関連する並行箇所の申3:21-22の繰り返しである．

---

(5) サマリア五書の民数記には13箇所の主要な拡張がある．上記に掲げた5例に関しては，4QNum^b に現存しており，部分的に保存されている．3例に関しては，巻物を注意深く再構成してみると，それらの箇所が含まれていることが判明する．残りの5例に関しては証拠を提出するに足る周辺箇所の断片が保存されていないが，4QNum^b にこれらの拡張部分が存在しなかったと推測する理由はない．

(6) Eugene Ulrich, *The Dead Sea Scrolls and the Origins of the Bible* (Studies in the Dead Sea Scrolls and Related Literature; Grand Rapids: Eerdmans; Leiden: Brill, 1999), 121-62.

3章　第二神殿時代におけるモーセ五書の発展的展開

　モーセ五書における本文の複数性のより劇的な効果を示す例は出エジプト記と民数記に見出されたが，より小さな例は創世記，レビ記，申命記にも現れる．一つの興味深い異読が，レビ記の2つのクムラン写本の異読に見られる．一方はサマリア五書と七十人訳ギリシア語聖書により，他方はマソラ（参照資料5を見よ）により支持される[(7)]．

参照資料5：レビ17:4

4QLev^d

3　　　　　[ו]א[ל פת]ח אוהל מועד לוא הביאו] ⁴[

4　　　　[לעשות אתו על]ה או שלמים ליהוה לרצו]נכ[ם ל]ריח ניחח וישחטהו]

5　[בחוץ ואל פתח אוהל מו]עד לוא יביאנו להקריבו ק]רבן ליהוה לפני משכן]

6　　　　[יהוה דם יחשב לאיש ה]הו[א] [דם שפך ונכרת]האיש ההוא מקרב עמו]

⁴⁴[あなたたちが受け容れられるために，宥めの香りとして，それを焼き尽くす献げ物，あるいは主への和解の献げ物をささげるために，³ 臨在の幕屋の入] り口へ [彼がそれを携えて来ずに，⁵ 外で⁴ それを屠るならば，⁵ すなわち，⁶ 主の⁵ 在所の前へ献げ物として主にそれをささげるために，⁵ 臨在の幕屋の入り口へ彼がそれを携えて来なければ，⁶] その [人には流血の罪が課せられる．] 彼は血を流した．[その人は彼の民の中から] 断たれる．

サマリア五書

3　　　　　　　　　⁴ואל פתח אהל מועד לא הביאו

4　　　לעשות אתו עלה או שלמים ליהוה לרצונכם לריח ניחח וישחטהו

5　בחוץ ואל פתח אהל מועד לא הביאו להקריבו קרבן ליהוה לפני משכן

6　　　יהוה דם יחשב לאיש ההוא דם שפך ונכרת האיש ההוא מקרב עמו

⁴⁴ あなたたちが受け容れられるために，宥めの香りとして，それを焼き尽くす献げ物，あるいは主への和解の献げ物をささげるために，³ 臨在の幕屋の入り口へ彼がそれを携えて来ずに，⁵ 外で⁴ それを屠るならば，⁵ すなわち，⁶ 主の⁵ 在所の前へ献げ物として主にそれをささげるために，⁵ 臨在の幕屋の入り口へ彼がそれを携えて来なければ，6 その人には流血の罪が課せられる．彼は血を流した．その人は彼の民の中から断たれる．

---

(7) 4QLev^d の版に関しては，Emanuel Tov, "26. 4QLev^d," DJD 12: 193-5 を見よ．

● 第Ⅰ部　モーセ五書の本文伝承について ●

マソラ本文

　　　　　　　　　　　　⁴ואל פתח אהל מועד לא הביאו　　　　　3
　　　　　　　　　　　　　　　　　　　　　　　　　　　　　4
　　　　　　　　להקריב קרבן ליהוה לפני משכן　　　　　5
　　　יהוה דם יחשב לאיש ההוא דם שפך ונכרת האיש ההוא מקרב עמו　　6

4⁶ 主の ⁵ 在所の前へ献げ物として主にささげるために，³ 臨在の幕屋の入り口へ彼がそれを携えて来なければ，⁶ その人には流血の罪が課せられる．彼は血を流した．その人は彼の民の中から断たれる．

11QpaleoLevᵃ

　3+5　⁴ואל פתח אהל מוע[ד]ל[א הביאו ל]הקריב קרבן ליהוה לפני מש[כן]
　　6　יהוה דם יחשב לאי[ש ההוא דם שפך]ונכרת האיש ההוא מק[רב]עמו

4⁶ 主の ³⁺⁵ 在 [所の] 前へ献げ物として主にささげるために，³ 臨在の幕屋の入り口へ [彼がそれを携えて来な] ければ，⁶ [その] 人には流血の罪が課せられる．[彼は血を流した．] その人は彼の民の [中] から断たれる．

このレビ 17:4 の読み方は多義的である．すなわち，形式論的な視点から，4QLevᵈ―サマリア五書―七十人訳ギリシア語聖書の読み方が元来のもので，誤謬視（יביאנו / הביאוהביאו）により 11QpaleoLevᵃ―マソラ本文の伝承からは失われてしまったように見える．しかしながら，もう一つの選択肢として，そのままでは多義的な律法上の指示を明確化するために，元来の短いマソラ本文に意図的に付加部分が挿入されたものとした方がより妥当な解釈ができるように考えられる⁽⁸⁾．もし 4QLevᵈ―サマリア五書 ―― 七十人訳ギリシア語聖書の読み方が元来のものならば，11QpaleoLevᵃ ―― マソラ本文の読み方は「単純な誤り」の範疇に分類されることになる．しかし実際の事情がどうであろうとも，ここでは意図的で補完的な付加と見ることが事実を見極

---

(8) 私は Andrew Teeter が，第二神殿時代の聖書律法の伝承における解釈学的変化に関するノートルダム大学への学位論文の中で，この読み方を判断する際の犠牲に関する文脈の重要性に対して注意を払うように促してくれたことに感謝する．付加部分の従属的，言語学的，概念的，かつ文学的特徴に着目しながら，これは 3-7 節の律法を 8-9 節の律法に同化させる試みであり，それによって，レビ記 17 章の要求と申命記 12 章を調和させようとするものだとする A. Geiger ("Neuere Mittheilungen über die Samaritaner IV," *ZDMG* 19 [1864]: 601-15, esp. 606-7) に同意する立場を彼は採用している．Jacob Milgrom, *Leviticus 17-22* (Anchor Bible; New York: Doubleday, 2000), 1456 をも参照せよ．

92

める上で有効である．というのは，このような事例は，他の聖書本文，ことに預言者の本文では頻繁に起こっているからである．そのように見なされるべき相互に孤立した補完的な付加のある少なくとも 10 例が（古ギリシア語翻訳者によって使用されたヘブライ語底本に対するマソラによる一般的な二次的拡張は別にして）イザヤ書やエレミヤ書に認められている[9]．

レビ 17:4 からのこの例は，もし付加と判断されるならば，もう一つの異なる類型が提示されることになる．すなわち，これはどちらかと言えば大きな挿入であるが，それ以上に相互に孤立した補完，ないし，相互に孤立した明確化のための註解の性格を持ち，新しい版の構成要素ではないということである．そうすると，一方に個々のクムラン写本，他方に，別のクムラン写本や，マソラ本文，サマリア五書，古ギリシア語版という伝統的な証拠資料との間に見出せる 4 つの異なる類型をわれわれは列挙できることになる．

1. 新しい版を構成する一連の類型化された実質的調和化，改訂，挿入
2. 相互に孤立した補完，註解，など
3. 個々の本文の異読
4. 正書法

伝統的な本文がいつでも様々な長さの付加によって補完される多種多様な本文類型が存在している．時にそれらの付加はせいぜい単なる文学的な問題として記述できる程度のものである．第一マカバイ記は，第二神殿時代の後期に聖なる伝承が単に文学的な引用としてどのように使用されたかを説明する数多くの例証を提供している．一マカ 7:37 では，神殿祭司が神殿を炎上させると脅しをかけてきたニカノルに対する弁護の嘆願の際に王上 8:29, 43（神殿奉献の際のソロモンの祈り）に暗に言及している．一マカ 7:17 では，和平派の代表の 60 人がアルキモスの裏切りにより殺戮されたことに対する悲歌として詩 79:2-3 からの引用が使用されている．しかし，それが定型句 κατὰ τὸν λόγον ὃν ἔγραψεν αὐτόν（「書き記されている通り」）で導入されているにしても，それは宗教的な文脈の中で聖書として使われているのではな

---

[9] Eugene Ulrich, "The Developmental Composition of the Book of Isaiah: Light from 1QIsaᵃ on Additions in the MT," *DSD* 8/3 (2001): 288-305，および "Deuteronomistically Inspired Scribal Insertions into the Developing Biblical Texts: 4QJudgᵃ and 4QJerᵃ"（近刊）を見よ．

く，器用な文学的な引用として使われているに過ぎない．同様に，一マカ 9:21 は戦場で斃れた勇士，サウルとヨナタンへの哀悼の歌をサム下 1:19 (πῶς ἔπεσαν δυνατοί,「ああ，勇士らは倒れた．」) から引用しているが，ここでも聖書としてではなく，撃ち殺されたユダに対する適切で称賛する文学的弔辞としてである．

この最後の例に類似しているマソラにおける文学的付加は，出 10:21 (暗闇の災い) に関する 4QpaleoExod^m で圧巻となる．神はモーセに命じる，「手を天に向かった差し伸べ，エジプトの地に闇を臨ませ，……」．4QpaleoExod^m と 1 つのギリシア語写本では，この節はこの本文の初期の版の終わりであろうと考えられるמצרים [מצ]「エジプト」の箇所で終わっている．しかし，マソラ本文，サマリア五書，七十人訳ギリシア語聖書の背後にある伝承は，וימש חשך (「人が闇を手探りする」．稀にしか使われない動詞מוש/משש は，「感じる」，「触る」，「指で探る」，「手探りする」を意味する．) を付加した．マソラにおける節の後半のこの句は，エジプト人が経験した闇の感覚を際立たせるために付加されたものであり，ヨブ 12:25 のימששו חשך (「彼らは闇に手探りし」) への純粋に文学的な引喩であることは極めて確からしい[10]．

II．ギリシア語とサマリア語本文の証拠

クムランの聖書写本は，写本に基づく証拠により 4 つの異読類型が至る所に頻繁に現れることを明確に照らし出すが，それらが発見される以前に研究者たちは実見することも，明瞭に判断することもできなかったけれども，実際にはかなりの分量の証拠が既に存在していた．先に見たように巻物によって提供された多くの証拠は，サマリア五書によって古くから提供されていたことを見逃すわけには行かない．同様に，古ギリシア語本文はエレミヤ書や他のいくつかの書物において，本文の発展と組織的に異なる本文伝承に対する優れた証拠を提供していた．

これまでの周知の事実を簡潔に述べることはできるけれど，サマリア五書と古ギリシア語本文は前掲の 4 つの全ての類型の本文異読を随所に実証して

---

(10) Judith Sanderson と私が共同で 4QpaleoExod^m の出版のために研究を行なった際に，これを二人で発見した．Sanderson, *An Exodus Scroll from Qumran*, 147-48 を見よ．

いるので，満遍なく解説するには時間の制約がある．それでも，ギリシア語版とサマリア語版により明示された改訂版のいくつかの主要な例を抽出して言及すべきだろう．

創世記 5 章と 11 章

　洪水前と洪水後の始祖たちの生涯年に関する創世記 5 章と 11 章の系図表をマソラ本文，サマリア五書，七十人訳ギリシア語聖書で考察してみると，個々の人物の生涯年に関する 3 つの証言の間に途方もない異読があることが顕著になる．創 5:3-32 をより詳細に調べてみると，次のことが明らかとなる．すなわち，サマリア五書では，イエレド，メトシェラ，レメクは洪水が起こった年にまだ生きている．マソラ本文では，メトシェラがまだ生きている．七十人訳ギリシア語聖書では，メトシェラは洪水の始まりを過ぎて何と 14 年も生き延びている（創 7:23 はそのようなことを排除している）．更に，創 11:10-32 をより詳細に調べてみると，ノアと洪水後の始祖たちはアブラハムの生存時代にまだ生きており，何人かはアブラハムの死後もなお余命を保っていたということが明らかとなる．

　この問題は，この問題と格闘したヨセフス，ヒエロニムス，アウグスティヌス，エウセビオスなど古代の聖書解釈者たちに，また Dillmann のような近代の研究者にも夙に知れ渡っていた[11]．Ronald Hendel は最近この問題に関する明確で説得的な説明を提示した[12]．主として Ralph Klein の研究[13]に賛同しつつ，彼は次のように結論づける．生涯年数に関する途方もない変動にも拘らず，「［マソラ本文，サマリア五書，七十人訳ギリシア語聖書］の様々な系図表は，創世記 5 章と 11 章の意識的，組織的な校訂の結果であり，個々人の生涯年に含まれる暗黙の意味に動機付けられている．……最も顕著なことは，これらの諸問題は［マソラ本文，サマリア五書，七十人訳ギリシア語聖書に］先行する本文伝承の過程でそれぞれ独立に解決されていたのである．」[14]

---

(11) A. Dillmann, Genesis（2巻，W. B. Stevenson訳；Edinburgh: T&T Clark, 1987）．第1巻，399. 原著は *Die Genesis*（第 6 版，1892）．Ronald S. Hendel, *The Text of Genesis 1 — 11: Textual Studies and Critical Edition*（New York: Oxford University Press, 1998），62 に引用．

(12) Hendel, *The Text of Genesis 1-11*, 61-80.

(13) Ralph W. Klein, "Archaic Chronologies and the Textual History of the Old Testament," HTR 67 (1974) 255-63.

(14) Hendel, 61.

問題の根源は元来独立していた二つの資料，すなわち，創世記の物語伝承と ספר תולדת אדם （アダムの）「系図の書」の結合にあった．物語伝承は一続きの生没年表を持っていた．一方，「系図の書」は，異なる，（通常，祭司資料版に帰せられる）遥かに発展した一続きの生没年表を持っていたのである．二つの資料の結合の際に，生没年表の図式の間の不一致は着目されることがなった．しかし，一度不一致の含意する意味が気づかれると，様々な書記伝承の中で問題の解決が図られるようになった．マソラ本文，サマリア五書，七十人訳ギリシア語聖書における異読のそれなりに明確な様式は，次の2点を明らかにした．すなわち，生没年表の変更はそれぞれの証言におけるこの問題の思慮に富んだ意図的な解決であること，3つの証言の背後にある共通の「祖型」は，（いくつかの例外は残るが）合理的な確信を持って再構成が可能なこと，である．

このように，創世記のこれらの箇所の発展における5つの異なる段階を以下のように想定することができる．

1. イスラエルの始祖たちに関する「起源」の物語（伝承上のJ）
2. 始祖たちに関する丹念な生没年表の図式を持っていた一資料 ספר תולדת אדם （「アダムの系図の書」）（祭司資料）
3. 上記の2つを含む結合された創世記物語で，相反する生没年表を持つ（これが今日我々が創世記として認識している本文の初期の版でn版）
4. 生没年表の図式の問題を解決するための3つの独立した意図的な校訂版（マソラ本文 [n版 + *1a*]，サマリア五書 [n版 + *1b*]，七十人訳ギリシア語聖書 [n版 + *1c*] 各書の原型）
5. 創世記の初期の本文伝承で，各々多少の本文上の誤りを内包する（今日，マソラ本文，サマリア五書，七十人訳ギリシア語聖書に見出される問題のある異読）

Hendel は，3つの証言の中の3つの系図表の図式をこれらの箇所の「校訂版」，すなわち，意図的，組織的改訂版として認識したことにおいて正しい[15]．更に，私が上記の4と5として挙げた2つの段階を区別したことに

---

[15] Hendel, 79.

おいて正しい.

　周知のように，これらの校訂本文は，創世記の本文伝承が始まった後のどこかの時点で作成された．すなわち，創世記の著作者や編集者によって「原本」が作成された後で，しかも現存の創世記本文の全ての祖形となる本文の原型の時代の後に作成されたのである．……これらは，一つないし複数の書記伝承の中へと次々に編入された三つの文学書ではなく，……この本(16)の三つの校訂版なのであり，あたかも三つの異なる本文伝承の流れの中で共時的に創作されたのである……．これらの三つの本文そのもののどれも決して校訂版の原型の下位に位置するものではなく，むしろ，各々の版にある書記の誤写の例によって明らかなように，各々が後代の本文なのである(17).

　本稿のために引き出される主要な結論は，第二神殿時代における創世記の本文が，個々の版の段階と，それとは区別される書き誤りの形態に見られる個々の異読の段階の両方で，発展途上にあったという本文上の証拠である.

出 20 章

　出 20:17［SP 14］において，同様に並行記事の申 5:21［SP 18］において十戒を定めた後に，サマリア五書は，民が約束の地に入ったならば，ゲリジム山に祭壇を築くようにという長々しい戒律を付加する．しかしながら，この戒律は，サマリアの信奉者により挿入されたことは確実だけれど，全面的にサマリア教徒の創作物なのではない．この戒律の大部分は，マソラ本文とサマリア五書の両方の申 27:2-7 と申 18:18-22 において，モーセに与えられた戒めと約束から成っている．唯一の重要な異読は，サマリア五書が祭壇をゲリジム山に配置するのに対し，マソラの申 27:4 ではエバル山に置くことである．サマリア五書の読みは明らかにサマリア教徒（あるいは，少なくとも北のサマリア人）の関心事に感化された異読である.

　しかし，現存する最古のヨシュア記の写本である 4QJosh[a] は，ヨセフスによって支持されている（『古代誌』5.20）が，初期の伝承は新たに侵入した土地での最初の祭壇は，ゲリジム山でもエバル山でもないことを強力に示唆している．むしろ，ヨルダン川を渡った直後の侵入箇所であるギルガルが，民が

---
(16)「本」という語の代わりに私は「文節」という語に代替する.
(17) Hendel, 79-80.

渡河した後の最初の祭壇の場所と想定するのが自然である．このように，最初期の段階での申 27:4 の本文は，申 27:2-3 のように地名への言及はなく，祭壇は侵入地点に立てられるべきものと想定されていたと考えることが可能である．第二段階で「ゲリジム山」が北の要求で挿入され，第三段階ではその挿入は除かれなかったけれど，反対にユダ人によって「エバル山」という尋常ではない代替地に変更されたのである[18]．

このように，巻物の発見に先立って，サマリア五書が既に，出 20:17 と申 5:21 における長々しい調和化本文を挿入していたのだという情報を提供していたのである．ヨシュア記のクムラン巻物は，それ自体，純正であることを示す一方，個々の異読に関する 3 段階を明示している．概して，クムラン巻物は聖書の本文の中に宗派的な異読を持ち込む事に積極的ではないし，そのことはここでも当てはまる．しかしここでは —— 論争上，最初のものに取って代わる為に，最初にサマリア人により，そして続いてユダ人により，—— 二重の異読が実際に行なわれたのである．

出 35-39 章

古ギリシア語聖書の出エジプト記 35-39 章がマソラやサマリア五書によって伝えられた伝承と大幅に異なることはよく知られている．David Gooding の簡潔だが周到な研究は，古ギリシア語本文はマソラやサマリア五書に類似したヘブライ語底本に基づいているが，その底本が損壊していたのだという結論に到達した[19]．彼は古い時代の学術上の業績の内で十分な基礎づけのない結論を退けたが，それにもかかわらず，章節の中に見出される多くの遺漏を古ギリシア語翻訳者の不注意に原因があるとした．彼の評価には，彼が他の論文でも開陳している「ギリシア語の（原）マソラ本文伝承失敗」症候群と同じ前提が見て取れる[20]．Anneli Aejmelaeus は死海巻物に照らして，もっ

---

[18] 4QJosh[a] 本文の決定版と詳細な議論に関しては，*Qumran Cave 4. IX: Deuteronomy, Joshua, Judges, Kings* (DJD 14; ed. E. Ulrich, F. M. Cross, et al.; Oxford: Clarendon Press, 1995) に収載の E. Ulrich, "47. 4QJosha," 143-52 を見よ．また *New Qumran Texts and Studies: Proceedings of the First Meeting of the International Organization for Qumran Studies, Paris 1992* (STDJ 15; ed. G. J. Brooke; Leiden: Brill, 1994) に収載されている同じ著者の "4QJoshua[a] and Joshua's First Altar in the Promised Land," 89-104 と図版 IV-VI を見よ．

[19] David W. Gooding, *The Account of the Tabernacle* (Cambridge: Cambridge University Press, 1959).

[20] Dominique Barthélemy, David W. Gooding, Johan Lust, and Emanuel Tov, *The Story of David and Goliath: Textual and Literary Criticism: Papers of a Joint Research Venture* (OBO 73;

と厳格な方法論とより明瞭な展望をもって,「七十人訳ギリシア語聖書のヘ
ブライ語底本について我々は何を知りうるのか」という問題を最初に検証し
ている.

> 概して，意図的変更，調和化，枝葉末節的な記述を完全化すること，新た
> な強調語句などの原因を翻訳者に帰したい研究者は，それが積極的な論拠
> を持った理論であることを証明し，また，その相違が底本には基づかないこ
> とを提示する義務がある．翻訳者が彼の使用した原文に手を加えたかもしれ
> ないということは，彼（翻訳者）が必然性があってそうしたのだということ
> を意味しない．七十人訳ギリシア語聖書に採用されている全ての翻訳技術に
> 関して判っていることは，その正反対のことを余すところなく指し示してい
> る(21)．

次いで彼女は，幕屋記事の問題に取り組む(22)．出エジプト記の古ギリシ
ア語翻訳者の翻訳技術，二つのヘブライ語本文（マソラ本文と古ギリシア語本
文の底本）の関係，及び，「P（祭司）資料の異なる諸層と P（祭司）資料より後
代の諸層」(p. 121) を注意深く検証した後，彼女は多少のニュアンスを含ん
だものと説得力を持ったものとの以下のような一連の結論に到達する．す
なわち，古ギリシア語の出エジプト記 35-39 章のヘブライ語底本は，マソ
ラのヘブライ本文とは異なること (p. 126)；七十人訳ギリシア語聖書はマ

Fribourg, Suisse: Éditions Universitaires; Göttingen: Vandenhoeck und Ruprecht, 1986) を見よ．そこでは Gooding は Barthélemy と共に Lust と Tov に反対して，サムエル記上 16-17 章のより長い方のマソラ本文がより古く，ギリシア語七十人訳聖書の短い本文が後代の，縮約された版であると見ている．

(21) Anneli Aejmelaeus, *On the Trail of Septuagint Translators: Collected Essays* (Kampen: Kok Pharos, 1993) 所収，"What Can We Know about the Hebrew *Vorlage* of the Septuagint?" 77-115, 殊に 92-93 [= *ZAW* 99 (1987): 58-89, 殊に 71].

(22) Anneli Aejmelaeus, *On the Trail of Septuagint Translators*所収, "Septuagintal Translation Techniques—A Solution to the Problem of the Tabernacle Account," 116-30. Martha Lynn Wadeは*Consistency of Translation Techniques in the Tabernacle Accounts of Exodus in the Old Greek* (SBLSCS 49; Atlanta: Society of Biblical Literature, 2003) の中で,「本文の発展よりもむしろ翻訳技術に焦点を当てた」(237). すなわち，底本の問題よりもむしろギリシア語翻訳技術により多くの焦点をあてたのである．彼女は「この研究は究極的に，ギリシア語出エジプト記の幕屋記事を産み出した翻訳者の数に関する特定の理論の証明ないし反証に対してはいかなる要求をもしていない．」と結論として述べている (244-45). しかし彼女の底本に関する議論において，私の判断では，彼女は Aejmelaus の結論を「仮定」に帰することによってあまりに性急に退けている (241). 事実，Aejmelaus は彼女の見解を仮定にではなく，古ギリシア語訳は底本としてのヘブライ語本文が何であれ，大抵の場合，忠実な翻訳であることを明示している死海巻物にある膨大な量のヘブライ語の証拠に基礎づけているのである．Aejmelaus, "What Can We Know," と "Septuagintal Translation Techniques," 116, 121-22 を見よ．

ソラ本文よりもより古い発展の局面を示していること (p. 129), 七十人訳ギリシア語聖書の「本文の発展において異なる段階」が既に存在していたこと (p. 128), そして,「このように, 幕屋記事全体を, ある程度の期間にわたって継続した漸次的成長, 本文上及び編集上の成長の結果と見なければならない」(p. 121) というものである.

この上記の例でも次のことに着目することが重要である. すなわち, 創世記5章と11章, 出20：17// 申5：21と申27：4の異読の諸例におけると同じように, 微視的なレヴェルでの個々の異読に加えて, 巨視的なレヴェルでの広範囲にわたる聖書の章節の継続的な諸版の証拠があることであり, それらはそれぞれの版で関係がないということである.

III. 4Q364-367: 4QReworked Pentateuch (加筆改訂五書)

最後に, 私は4Q364-367という番号が付され, 4QReworked Pentateuch (4Q加筆改訂五書) という表題で出版された一群の写本を扱いたい[23]. この資料群の厳密な性格は依然として quaestio disputata (論争継続中の問題) であることを最初に述べておく. しかしながら, 1993年のノートルダム・シンポジウム以来, 研究者がひとたび古代における聖書本文の性格に関して死海巻物が提供した新しい視野を吸収し, この問題を適切で優位な視点から判断するように研究者たちの注意深い探求を私は唱道している[24]. Michael Segal もこの主張をしている[25]. しかし, 私が見たこと全てが示唆することを, また私が見た一切を除外せずに正直に申し上げると, この資料は, マ

---

[23] Harold Attridge et al. (eds.), in consultation with James VanderKam, *Qumran Cave 4. VIII: Parabiblical Texts, Part 1* (DJD 13; Oxford: Clarendon, 1994) 所収 Emanuel Tov and Sidnie White, "364-367. 4QReworked Pentateuch^{b-e}," 187-351. 5番目の写本4Q158もまたこの作品の写本として分類されている. *Qumrân Cave 4. I (4Q158-4Q186)* (DJD 5; Oxford: Clarendon, 1968), 1-6 + pl. I 所収の John M. Allegro, "158. Biblical Paraphrase: Genesis, Exodus" を参照.

[24] *The Community of the Renewed Covenant: The Notre Dame Symposium on the Dead Sea Scrolls* (ed. E. Ulrich and J. VanderKam; Notre Dame, Ind.: University of Notre Dame Press, 1994) 所収の Eugene Ulrich, "The Bible in the Making: The Scriptures at Qumran," 77-93, 殊に 92, n. 51 [repr., Ulrich, *Scrolls and the Origins*, 32].

[25] *The Dead Sea Scrolls: Fifty Years after Their Discovery* (ed. L. H. Schiffman, E. Tov, and J. C. VanderKam, with G. Marquis; Jerusalem: Israel Exploration Society/The Shrine of the Book, Israel Museum, 2000) 所収の Michael Segal, "4QReworked Pentateuch or 4QPentateuch?", 391-99.

ソラ本文によって証言されている諸版やサマリア五書の基礎文書と同じように，トーラー（モーセ五書）の異読版の文書を構成していると判断せざるを得ない[26]．

マソラ本文とサマリア五書の諸形態との間に存在した上述の異読が，本文における付加，削除，変更，順番の入れ替え[27]と記述できたように，マソラ本文と「4QRP」との間の異読はまさに同じように記述できる．

> ここに提示されている本文は，4QRPの著者によって加筆改訂された，恐らく完全なモーセ五書である．……この作品は釈義上の付加や削除が散在するモーセ五書の本文を内容としている．残存している断片の大部分は聖書本文に忠実に従っているが，多くの小さな構成要素が付加される一方，他の構成要素が削除されたり，場合によっては順番が入れ替わっている[28]．

これらの異読類型は，真正性を否定する理由であるよりも，むしろ古代における聖書本文の特徴なのであるということが明確になったと私は考えている．これまで扱ってきたすべての付加は典型的に聖書的であり，それらは，出エジプト記と申命記との間，あるいは，マソラ本文とサマリア五書との間にある異読と同じ範疇に分類できるように思われる．クムランからの聖書巻物の膨大な集成によって提供された証拠は，付加，削除，および順番の入れ替えはこの作成途上期の聖書本文の特徴なのであるということ，また，それらは聖書本文に予想されうることであり，聖書としての地位を奪う性格のものではないということを教えている．更に，2つの版が異なっている多くの異読に関して言えば，4QRPの読みはマソラ本文ではなく，サマリア五書と一致している[29]．

もし，「モーセ五書」や「聖書本文」の形態を，必然的にマソラ的形態ない

---

(26) *The Dead Sea Scrolls after Fifty Years: A Comprehensive Assessment* (vol. 1, ed. P. W. Flint and J. C. VanderKam; Leiden: Brill, 1998) 所収の Eugene Ulrich, "The Dead Sea Scrolls and the Biblical Text," 79-100, esp. 88-89. Emanuel Tov は最近，4QRP は「聖書本文「4QPentateuch」として再分類されるべき」であり，「ヘブライ語聖書として研究されるべき」だと彼も判断しているということを小生に連絡してきた．Tov 教授がウィーン会議の論文集に収載されることになっている彼の原稿段階での論文コピーを小生に提示してくれたことに感謝する．

(27) マソラ本文―七十人訳ギリシア語聖書版では出 30:1-10 にある香をたく祭壇に関する文節は，4QpaleoExod^m―サマリア五書版では出 26:35 の後に置かれていることをこれまで言及して来なかった．

(28) Tov and White, "364-367. 4QReworked Pentateuch^{b-e}," 187, 191.

(29) Tov and White, "364-367. 4QReworked Pentateuch^{b-e}," 187, 191.

しマソラ本文 —— 七十人訳ギリシア語聖書 —— サマリア五書の形態と理解するならば，4QRP は「聖書的」とは分類されないだろう．しかし，この作成途上期の聖書本文の特徴を我々の視点から見れば，私は 4QRP にモーセ五書の第三の異読版としての聖書の地位を奪われるような要素は何も見出せないのである．

結論

これまで提示してきたいくつかの例証の結果，および紙幅の都合で提示できなかったけれど検証が待たれているさらに多くの例証から，モーセ五書は第二神殿時代に多種多様な類型で発展してきたことを確信を持って主張することができる．大部分の証拠が喪失されてしまったとしても，その発展について更に詳細に記述できるだけのものは十分に残されているのである．

1. 版

本文が発展した主要な道程は，個々の書物の継続的な校訂と拡張された諸版を通してであった．古い王国伝承を崩壊と捕囚の光に照らして再神学化する（祭司伝承）ような資料批判の例は，この現象を例証する助けとなる．その新しい版は古い版の排除によってではなく，古い版との組み合わせによって成立する．われわれが分析した一例は，出エジプト記の四つないし五つの継続的校定本である．出エジプト記 35-39 章は，古ギリシア語本文がより古い版（n+1 版）を持っていて，マソラ本文が古ギリシア語本文の底本から発展したより遅い版（n+2 版）を持っていたか，あるいはその反対であろうとなかろうと，二つの継続する版によって保存された．次いで，4QpaleoExod^m はっマソラ本文と同じ版に基づく拡張された版（n+3 版）を表示し，他方，サマリア五書は 4QpaleoExod^m と同じ共通の版を提示するが，第四の版（n+4 版）とも言うべき（量的には顕著な変化ではない）重要な神学的変更を伴っている．4QRP を考察する限り，われわれは今や第五の版 4QPentatuech（n+5 版）すら手にしている．民数記に関しては，同様の一組の継続的版を 4QNum^b に見ることができる．他方，創世記に関しては，5 章と 11 章は拡張された文節を伴う明確な校訂版を示す．さらに，主題ないし

その他の目的のための文節の入れ替えは，より大きな校訂版を構成する一部となっている(30).

　われわれにわずかに残されている証拠は明瞭に継続的校訂版という現象を示す．そしてその証拠から，絶滅した動物の顎骨，頭蓋骨，骨格の断片が，粗削りだが理に適った原姿を再構成するには十分であるのと同じように，われわれは本文の初期の歴史のある局面を理に適った形で再構成することができるのである．それらの最初期の茫漠とした始まりから，書かれた本文が展開し，忠実に書き継がれることによって，しかしまた時には創造的に更新されることによって，版が固定化して，やがて書物を構成する．われわれが写本の証拠を利用できるようになって検証し始めた通りである．

2. 孤立した註解

　レビ 17:4 からの例は，既に説明したように，孤立した，適度の大きな挿入の一例と成り得ることを例証した．いくつかの預言書はこのような大きな挿入を多数内包しているし，時に，多数の節に拡張されている．そして，このレビ 17:4 からの例は，他の律法に適合した，あるいは，明瞭化するための，釈義上の挿入がモーセ五書のより古い時代の形態の中に付加されていたということを示唆する．しかしながら，われわれが今日，受容された原典 textus receptus を読むとき，われわれはそれらを単に「聖書本文」の埋め込まれた部分と見ることになる．その他の可能性としては，関連する詳細記事の挿入（例えば，出 39:21 のウリムとトンミム [訳注．サマリア五書では 21 節の後ろに「そこで彼らは，主がモーセに命じられたとおり，ウリムとトンミムを作った．」が挿入されている]），詩，典礼式文の詩句の挿入，宗教が発展した際の新しい祝祭についての注意事項（例えば，ネヘ 10:34 [= LXX. MT では 35 節]，4QRP^c (4Q365 断片 23，5–11 行)，神殿の巻物（11QT^a 23:3–25:1）における薪の奉納）を挙げることができる．

3. 個々の本文異読

　われわれはこれまで提示した実例の中で，数例の個々の本文異読に着目し

---

(30) 上記注 (27) で言及した香をたく祭壇に関する文節の移動に類似しているのは，4QRP^c (4Q365 断片 36，これは民 27:11 に直接 36:1–2 が継続している．4QNum^b col. XXXII も関連する事例として参照せよ．) におけるツェロフハドの娘たちに関する文節の移動である．

てきたが，そのような例は古い本文批評の研究方法ではどこにでもあり，常套的なものなので，ほとんど言及するに値しないように思われる．複雑で大量にある本文を人間が正確に筆写することに伴う困難さのゆえに，明確にするための僅かな語を，文法的な訂正を，時には（出 10:21 のヨブ 12:25 に見る文学的な引喩のような）文学的な装飾を付け加えようとする人間に備わる自然な性癖のゆえに，どんな写本もこのような異読を免れない．これまで論じた古ギリシア語本文 ── サマリア五書の例と同様，上掲のクムランの本文の実例でも，個々の本文異読は随所にあり，当該書物の主要な校訂とは無関係であることが判明している．

4. 正書法

　第二神殿が存在した 6 世紀の間に，言語，殊に綴り字の慣行は眼を見張るほどの展開を遂げた．マソラ学者をして最終的に母音符号の作成に駆り立てたのと同じ衝動は，時に曖昧な本文を正確に読み，正確な理解を保存伝承するために有益であると古くから認識されていた．その性向はより完全な綴り字へと向かった．Matres lectionis ［訳注．原義は「母音の母」で子音字を母音字として使用すること］が，時にはうっかりと，時には意図的に挿入された．典拠となる本文が同一の綴り字であっても，書記はうっかりとあるいは意図的に，典拠となる本文に関係なく，その語を彼が普段書いている通りに書き綴った．個々の本文異読と同じように，正書法の慣行は当該本文類型とは関係していないことは，どの写本でも明瞭である．

　残されている証拠に基づいて実証することがより困難な多くの追加的要素がモーセ五書本文の発展過程で作用している．第二神殿時代の初期の頃には，書かれた本文が既に存在したとしても，伝承は主として口頭の記憶に担われていたので，口頭伝承は依然として重要な要素の一つであった．この状況は一つ一つの言葉遣いの伝承にも影響を及ぼし続けた．その結果，宗教文学から国民文学へ，そして聖なる書物へと伝承の神聖化が増大していくような要素もまた存在したのである[31]．

---

(31) Eugene Ulrich, "From Literature to Scripture: The Growth of a Text's Authoritativeness," *DSD* 10 (2003) 3-25 を見よ．第二神殿時代末期にトーラー（律法）が聖書的地位を持っていたことを明確に表示しているのは，ギリシア語七十人訳聖書ですら神の霊感によっているとするフィロンの確信である．

上述の主要な四つの段階は，上から順に，第二神殿時代に発展したモーセ五書の本文の中心的道筋を形成している．Urtext（原テクスト）の問題に関しては，状況は複雑でもあり，明快でもある．多数の本文形態が広範に存在することは，唯一の原本という主張を支持できない．他方，あらゆる本文伝承が直接，発生論的に関係している．すなわち，すべての本文は図表の上に単に点として描き入れることができるが，各々の本文は直線的に先行する本文から由来している．そしてあらゆる本文が遡るにつれて結局は相互に絡み合っていることが示される(32)．このように，各々の本文にとっては，その完全な図表は，その本文の最初期の形態が幹で一連の枝分かれをしていく原本を示す一本の木のように見える．初期伝承は一つの「原型の」本文形態（口頭ないし記述された原本）であり，それは一定の期間継続したものである（n版）．その幹から，ユダヤ民族の生活に歴史的，社会的，宗教的な何らかの変化が起こったゆえに，その本文の新しい校訂版（n+1版）が新たに作り出された．しばらくの間は古い方と新しい方の両方の版が一緒に流通していた．その後，遂に一つの版（通常は新しい方だが必ずしも常にではない）が他方に取って代わり，新しい原本になった．この過程は各々の本文で異なるが，その本文の全発展行程を通して，何度も繰り返された（n+2版, n+3版, 等々）．出エジプト記に関しても，4つないし5つの異なる行程段階が保存されている．

　これらの主要な発展が進行する間ずっと，個々の行き当たりばったりの本文異読がその木のあらゆる部分で起こり，しばしばそれぞれの相互間の影響も生じた．同様に，第二神殿時代の最後の数世紀間に，正書法の慣行として原本の正書法を反映させることが引き続き起こったし，時には解釈を支持し決定するためにより完全な綴り字法に正書法が改められた．

　残存している各々の諸写本――マソラの諸冊子本，サマリア五書とギリシア語訳の諸写本，クムランの巻物――に関して，われわれはその版の原型版でなく，むしろ単にその版の何らかの変種の写本を扱っているのだと仮定している．偶然保存されたこれらの写本を同定する図表上の点線は終局のところでは連結されている一方，新しい版そのものを代表している太い枝からは常に幾分か取り払われている．

（守屋彰夫訳）

---

(32) 本稿の強固な論拠に依拠して，原初の本文が異なるものであるという考えは支持されえない．

Chapter 4

聖性という観点から分析した
モーセ五書の筆写・本文伝達

エマニュエル・トーヴ

　この研究は，モーセ五書の筆写・本文伝達が，その編集と文献的発展の最終段階にあたる比較的初期の時代に，ユダヤ教においてこれらの書物が占めた特別な地位によって影響を受けたかどうかという問題を扱う．私の知る限り，この問題は，クムランにおけるモーセ五書の写本を概観する場合でさえも，文献研究で一切議論されてこなかった[1].

　モーセ五書は聖書中のその他の書物より常に神聖な地位を享受してきたが，この神聖性はその本文伝達と編集の最終段階に影響を与えたのだろうか．私たちはヘブライ語と翻訳という多様な形態のモーセ五書と出会うが，モーセ五書は聖書中のその他の書物の如何なる本文伝承よりも細心の注意を払って伝達されてきたと言える．われわれの研究は正典やモーセ五書の受容に関するものではなく ── 後者は近年の研究においては普及している術語だが ── 聖書本文の歴史についての研究である．ラビ・ユダヤ教のある時期以降，モーセ五書は聖書中のその他の書物よりもより厳密に筆写された．すなわち，筆写のための特別な書記規則が制度化された．われわれはこの増大した厳密さというものをどれだけ時代を遡って追跡できるかを調べることにする．われわれの事実究明は，タルムード時代や中世におけるモーセ五書の筆写から始めて，時代を遡って比較的初期の時代で終わる．調査すべき領域

---

[1] G. J. Brooke, "Torah in the Qumran Scrolls," in *Bibel in jüdischer und christlicher Tradition – Festschrift für Johann Maier* (ed. H. Melklein et al.; BBB 88; Frankfurt: Anton Hain, 1993), 97-120; H.-J. Fabry, "Der Umgang mit der kanonisierten Tora in Qumran," in *Die Tora als Kanon für Juden und Christen* (ed. E. Zenger; Freiburg/Basel/ Vienna/Barcelona/Rome/New York: Herder, 1996), 293-327.

は，モーセ五書の巻物の筆写に適用された書記の慣行，彼らの正書法と本文の特徴，筆写に使用された書体，異なる本文間の相違の程度にわたる．われわれの作業仮説は，時間的に遡れば遡るほど，モーセ五書の神聖性は，本文伝達とそれより以前の段階の編集に対する影響がより少なかったというものである．同時に，比較的初期の時代ですら，モーセ五書の神聖性はその筆写伝達のある局面に影響を及ぼしていたのである．逆説的だがモーセ五書への関心の高まりが紀元前最後の数世紀間に多種多様な本文形式の創出に寄与したのである．

モーセ五書の歴史における異なる時代に対して，われわれは異なる本文に焦点を当てる．紀元後1世紀以降には，単独の本文伝承，すなわち，原・マソラ伝承に焦点が絞られる．他方，それ以前については多種多様な本文形態と直面するのである．これらの諸資料を再検討する際には，上述した異なる諸要因を考慮する必要がある．

マソラ伝承における聖書の厳密な書写

ユダヤの荒野で発見された文書資料全体の中で，モーセ五書は紛れもなく中心的位置を占めている．930ほどのクムラン文書資料全体の中で，200の聖書本文は（テフィッリンとメズーザーは数えないで）22パーセントを占めており，マサダからの文書資料全体における聖書本文［7本］はより高い割合で，マサダの文献を15本と数えるか16本と数えるかによるのだが，46.6パーセントないし43.75パーセントになる．聖書文書全体の中でも，モーセ五書に対する特別なる関心は，ユダヤの荒野の至る所から出土した文書資料全体において明らかである．すなわち，クムランの聖書文書全体のうち87本の本文，すなわち，43.5パーセントがモーセ五書である．クムラン以外の場所では，この割合はもっと高い．すなわち，25本の聖書本文のうち15本，すなわち，62.5パーセントがモーセ五書の断片である．クムラン教団の日常生活においてモーセ五書が中心的であることは，その宗派の規則において一層強調されている．例えば，10人の宗団員が集会を持つ時には，その中にモーセ五書を解釈できる者が必ずいなくてはならず（1QS「共同体の規則」Ⅵ6），宗団員たちはその夜の3分の1を費やして律法を研究すると定められて

いた（同 7）．ステーゲマンは，モーセ五書がクムラン教団にとって聖書的関心の中心的な対象であり，さらに彼らは CD「ダマスコ文書」XX10, 13 の中で「モーセ五書の家」と自称していたということを指摘している[2]．

ユダヤの荒野の文書資料全体において最大の本文群は，原・マソラ本文，すなわち F. M. クロスの学術用語[3]によれば原・ラビ本文である．クムランからの（合計で 51 本ある本文のうち）46 本のモーセ五書本文は分析には十分過ぎるほど多量であるが，そのうちの 24 本の本文（52％）がマソラ本文（あるいはマソラ本文とサマリア五書に等しく近い）を反映しており，17 本の本文（37％）がいずれにも属さないものであり，3 本の本文（6.5％）がサマリア五書のみを反映しており，2 本の本文（4.5％）が七十人訳ギリシア語聖書を反映している．モーセ五書以外のヘブライ語聖書で，（合計で 76 本ある本文のうちの）75 本は分析には十分過ぎるほど多量であるが，そのうちの 33 の本文（44％）がマソラ本文（あるいはマソラ本文と七十人訳ギリシア語聖書に等しく近い）を反映し，40 本の本文（53％）がいずれにも属さないものであり，2 本の本文（3％）が七十人訳ギリシア語聖書を反映している．クムラン文書資料全体においてマソラ本文が全体的に圧倒的多数であることはこのように明らかであるが，モーセ五書においてモーセ五書以外の書物より一層はっきりしており，多量のいずれにも属さない本文がそれに続いている．

クムラン以外のユダヤの荒野（マサダ，ワディ・スデイル，ナハル・ツェエリム，ナハル・ヘヴェル，ムラバアト）においてはすべての聖書断片がマソラ本文を反映している[4]．

われわれの事実究明は，利用可能な情報によれば，原・マソラ本文が最も頻繁に使われた本文であった時代（クムランの証拠は紀元前 250 年から紀元後 70 年の間に筆写された写本である），あるいはそれが唯一の本文であった時代

---

[2] H. Stegemann, "Die 'Mitte der Schrift' aus der Sicht der Gemeinde von Qumran," in *Mitte der Schrift? Ein jüdisch-christliches Gespräch. Teste des Berner Symposions vom 6.12. Januar 1985* (ed. M. Klopfenstein et al.; Bern: Peter Lang, 1987), 149–184 (151–152, 159 その他).

[3] F. M. Cross, "The History of the Biblical Text in the Light of the Discoveries in the Judaean Desert,"*HTR* 57 (1964): 281–299, 特に287–292; "Some Notes on a Generation of Qumran Studies," in *The Madrid Qumran Congress-Proceedings of the International Congress on the Dead Sea Scrolls—Madrid, 18–21 March, 1991* (STDJ 11; ed. J. Trebolle Barrera and L. Vegas Montaner; Leiden/Madrid: E. J. Brill, 1992), 1–14, 特に 9.

[4] 詳細な統計や分析については I. Young, "The Stabilization of the Biblical Text in the Light of Qumran and Masada: A Challenge for Conventional Qumran Chronology?" *DSD* 9 (2002): 364–390 を参照.

(ユダヤの荒野におけるクムラン以外の場所に関する証拠は，紀元前100年から紀元後135年の間の写本である)よりもっと後の時代から始まる．

原・マソラ本文はその内容が等質であり，またそれらは中世のマソラ本文と一致している．クムラン以外のユダヤの荒野の様々な場所で見つかった本文は細心の注意を払って筆写された．これらは中世の写本と同等と見なすべきである．というのは，それらの相互の相違は中世の写本間の相違と同じくらいわずかだからである．クムラン出土の原・マソラ写本は中世の写本とはわずかばかり相違がある．この本文の同一性はユダヤの荒野のすべての写本が，唯一つの原資料から筆写された場合にのみ起こりうるだろうと考えられる．(a)原写本(群)は紀元後70年まではおそらく神殿がその中心地であり，その後は他の中心地(ヤムニアか？)に置かれていたのだろう[5]．この原写本はラビ文献から，多分モーセ五書だけを指しているセーフェル・ハ・アザーラー［「神域の書」］として知られている．しかしモーセ五書以外の聖書も神殿にあったのは当然である[6]．ラビ文献において，この原写本から筆写された巻物は「真正文書」セーフェル・ムッガーと呼ばれた．このために，神殿は専門職のマッギーヒーム「真正者」あるいは「改訂者」を雇った．彼らの仕事は本文筆写において正確さを保証することであった．例えば，「エルサレムにおける写本のマッギーヒームは神殿基金から彼らの賃金を受け取る」(バビロニア・タルムード・ケトゥボート106a)．これらの「真正とされた写本」の一部(第一円環)はクムラン以外のユダヤの荒野で見つかったこと，クムランで発見された原・マソラ写本(第二円環)はマソラ本文との相違がより大きいのだが，それらは前者から筆写されたということを示唆している[7]．

中世のマソラ系統の写本には，第二神殿時代に遡る書記法に関する多数の特徴が内包されている．それらを例示すると，抹消するための点，段落指示(文節が継続しているか終結しているか)，元々は補正箇所を意味した行の上方

---

(5) 拙稿 "The Text of the Hebrew/Aramaic and Greek Bible Used in the Ancient Synagogues," in *The Ancient Synagogue: From Its Origins until 200 C. E. —Papers Presented at an International Conference at Lund University October 14-17, 2001* (ConBNT 39; ed. B. Olsson and M. Zetterholm; Stockholm: Almqvist & Wiksell International, 2003), 237-259 参照.

(6) このことはバビロニア・タルムード・バヴァ・バトラ14bやモーセ五書の文節に言及している神殿の中庭で発見された3つの巻物の名前から明らかである．ミシュナー・ケリーム15.6; ミシュナー・モエード・カタン3.4; バビロニア・タルムード・バヴァ・バトラ14b; バビロニア・タルムード・ヨーマ69a-b; エルサレム・タルムード・サンヘドリン2.20c 参照.

(7) 註(5)に引用した拙稿を参照.

4章 聖性という観点から分析したモーセ五書の筆写・本文伝達

に書かれた小さな文字，欠損箇所を示す変形文字，本来の写本に存在した異なる大きさの文字を示す大文字と小文字，挿入の印である一組のシグマと反転シグマである(8)．これらすべての特徴は，ユダヤの荒野の文書を含む「真正写本」の元になっている底本に存在したにちがいない．

マソラ本文の注意深い伝達の伝承の中で，モーセ五書に特別な注意を払われたであろうことが次の二つの点によって示唆される．

(a)「削除点の不均衡な分布」．マソラ本文の伝承における本文伝達の正確さは周知のことであり，その伝統の中でモーセ五書はおそらく格別な注意を払われただろう．削除点 (puncta extraordinaria)(9) がモーセ五書において比較的多数（全聖書で15箇所あるうちの10箇所）であることは，重要であろう．ヘブライ語聖書のこれらの削除点の不均衡な分布は，五書より後の書において削除点によって言葉があまり修正されなかったということではなく，モーセ五書のマソラ本文の原型においてそれらの書写に際してより注意が払われたことを意味する(10)．

(b)「ケレ［読み方］の注の不均衡な分布」．モーセ五書におけるケレが比較的少数であることは，他の書に比べてモーセ五書には本文異同が少ないということを想定させる(11)．ケティーブ［書かれた］・本文は十中八九

---

(8) 民数記 10:35-36 にあるように，これらの印は，マソラの伝統において反転ヌンに変わったのだが，これらの節が間違った位置にある，ということを示す．これら全ての特徴についての詳細は，拙著 *Textual Criticism of the Hebrew Bible* (2d rev. ed.; Minneapolis and Assen: Fortress Press/Royal Van Gorcum, 2001), 59-87 （以下では *TCHB* と表示）参照．

(9) これらの用例の最初期の一覧表は，民数記 9:10 についての民数記スィフレイ §69（モーセ五書の10の用例）にあり，民数記 3:39 の大マソラにはすべての用例が挙げられている．これらの用例すべてにおいて，元来の写本 ── 後にマソラ本文になる ── の書記たちは，クムラン写本に見られるように，これらの［点のある］文字を削除しようと意図していた．

(10) これらの書記による点は文字を抹消するためだったので，後の写本にそれを書き写す必要はなかった．拙著 *Scribal Practices and Approaches Reflected in the Texts Found in the Judean Desert* (STDJ 54; Leiden/Boston: E. J. Brill, 2004), 187-218 における議論を参照せよ．

(11) 拙稿 "The *Ketiv-Qere* Variations in Light of the Manuscript Finds in the Judean Desert," in *Text, Theology & Translation, Essays in Honour of Jan de Waard* (ed. S. Crisp and M. Jinbachian; United Bible Societies, 2004), 199-207 参照．J. Barr, "A New Look at Kethibh-Qere," *OTS* 21 (1981): 19-37 (32) は codex L (Tel Aviv: ADI, 1976) の Dothan 版によるケティーブ / ケレの差し替えの頻度についての統計的観点に最初に着目したものである．

　少数：創世記 (15)，出エジプト (10)，レビ記 (5)，民数記 (9)，小預言書 (29)
　中位の数：イザヤ書 (53)，詩編 (68)，ヨブ記 (52)
　多数：サムエル記 (155)，列王記 (118)，エレミヤ書 (142)，エゼキエル書 (123)．
Barr によるとダニエル書はケティーヴ / ケレの用例が 140 もある特別な場合だが，それはそのほとんどがアラム語で書かれた箇所にあるからである．

神殿にあった古代の写本を代表するものであり，古代人は異読が利用可能な場合にはそれらを古代の写本に合成させることを好んだという説明がなされている．しかしその元の写本を変更することは明らかにもはや不可能だった(12)．なぜなら変更が可能ならば，ケレが本文に組み込まれただろうし，あるいは文書全体がケレに取って代わられたであろう．ケレの文書が好まれるのはおそらくそれがより新しい版であり(13)，古文体のケティーブのいくつかの箇所に取って代わることとなった．例えば [2 人称単数代名詞] 女性形のケレ '*atti* アッティを '*at* アットに修正したり，古文体の三人称複数女性形動詞の *qatlah* カーテラーを *qatlu* カーテルーに修正したりするというような具合である(14)．ケレ本文の性質は，異なる巻物から構成される文書群の場合に予想されるように，文書ごとに異なっていた．また，モーセ五書に含まれる異読の数はその他の書よりも恐らく少なかっただろう．

　マソラの伝統である正確さは，以降何世代にもわたる書写に影響を及ぼす性格を創り出した．聖書の中のどの書も全て神聖なのだが，モーセ五書は伝統的に最上級の神聖さを持つと認められており，それ故に他の本文の書記規則以上に厳格な一連の規則で統制されている(15)．これらの規則はタルムー

---

(12) この状況は後にマソラ学者が行ったやり方を思い起こさせる．本文に母音を付ける際，マソラ学者たちは子音構成を変えるなどということはできなかった．それは不可侵であり，文字に反する発音を文字に押し付けるようなことにもなりかねないからである．例えば Tov, *TCHB*, 43 を参照．

(13) R. Gordis, *The Biblical Text in the Making—A Study of the Kethib—Qere* (Philadelphia: Dropsie College, 1937; repr. New York: Ktav, 1971) xxviii も同意見．Gordis の見解によると，原本写本が神殿に保管された後で，その巻物に時折間違いが存在すると認識された場合，余白に他の写本による訂正が書き加えられた．このような修正の付加のやり方は，神殿の中庭で見つかった三つの巻物についてのエルサレム・タルムード・タアニート 4.68a のバライタに記されている (Gordis, xli)．しかしそのようなやり方はこのバライタには記されていない．

(14) 例えば前者については士師記 17:2 を，後者については列王記上 22:49 ケティーヴ *nshbrh*/ケレ *nshbrw* を参照．典拠全体については Gordis, *Biblical Text*, lists 13–25 を参照．また以下も参照せよ．M. Cohen, *The Kethib and the Qeri System in the Biblical Text — A Linguistic Study of the Various Traditions* (Jerusalem: Magnes, 2007); S. E. Fassberg, "The Origin of the Ketib/Qere in the Aramaic Portions of Ezra and Daniel," *VT* 29 (1989): 1–12.

(15) その後の数世紀には，この神聖性は厳格な規則集へと翻訳された．このことは *Ozar Yisrael, An Encyclopedia of All Matters Concerning Jews and Judaism, in Hebrew* vol. 4 (ed. J. D. Eisenstein, [1906–1913], repr. Jerusalem n.d.) s. v. "Sepher Torah," 251, 253 によって，モーセ五書文書の書記は「神を恐れる者」でなくてはならず，書写する前や聖なる名を書く時には祝祷を唱えなくてはならず，さらにインクを祝福しなくてはならない，と記されている．S. Ganzfried, *Keset Ha-sofer* (Bnei-Brak: Lion, 1961) 10.18 によると，書記は聖なる名やそれに関する名前を書く前にはミクヴェー［儀礼用水槽］に身を浸さなくてはならない．J. T. Friedman の英訳ではこのこ

4章 聖性という観点から分析したモーセ五書の筆写・本文伝達

ド後の時代にソーフェリームの書[16]とそれ以降の資料において最終的に承認されたが、モーセ五書とその他の聖書の書写との相違はすでにタルムードに記録されていた。モーセ五書とその他の書の書写を区別するタルムードの指示は、上下の余白の広さ[17]、巻物に手繰紙を付けること[18]、木製巻軸の使用[19]、書と書の間に残すべき余白の大きさ[20]に関するものである。これらすべての指示は礼拝での読誦用のモーセ五書の巻物、すなわち、マソラ本文だけ[21]に関係する。ソーフェリームの書がモーセ五書の書写の際に配慮すべきことを述べる場合、たいていの場合、典礼用の対象物であるテ

とについて、「浄くなければ御名を書かない熱心な書記がいるがこれは良いことである。このためにミクヴェーに行った後で御名を書こうとして、御名のためにスペースを空けておくことがある。これもよいことである。」(http://www.geniza.net/ritual/keset/kesetindex.shtml).

(16) この書は以下の版から引用した。M. Higger, *Mskt swprym wnlww 'lyh mdrmskt swprym b* (New York 1937; repr. Jerusalem 1970). 翻訳は A. Cohen, *The Minor Tractates of the Talmud, Massekhoth Ketannoth* I (London: Soncine Press, 1965) から引用.

(17) 下部の余白が大きいと巻物が扱いやすかった。そのようにラビ文献によって聖典について規定されていた。バビロニア・タルムード・メナホート 30a (cf. *Massekhet Sefer Torah* 2.4) 参照。(すべての聖典において) 下部の余白の幅は掌の幅〈7.62cm〉にする。上部の余白は指三つ分〈4.56cm〉、そして欄と欄の間の余白は指二つ分〈3.04cm〉にする。モーセ五書の文書では下部の余白は指三つ分〈4.56cm〉、上部の余白は指二つ分〈3.04cm〉、欄と欄の間の余白は親指の幅〈2.0cm〉とする。この算定は Y. Yadin, *The Temple Scroll* (Jerusalem: Israel Exploration Society, Institute of Archaeology of the Hebrew University of Jerusalem and the Shrine of the Book, 1983) I. 16 から引用。またエルサレム・タルムード・メギッラー 1.71d とソーフェリーム 2.5 がモーセ五書を除く全ての聖典について、本文の上部に指二つ分〈3.04cm〉、下部には三つ分〈4.56cm〉と規定している。これらの位置についての議論はラビの見解についても言及している。それにはモーセ五書について、本文上部は指三つ分、下部は掌の幅と定められている。

(18) ソーフェリーム 1.8 によると、手繰紙はモーセ五書巻物の両端と預言者文書の最初だけに付けなくてはならない (1QIsa^a「イザヤ書写本」はその最後にそのような手繰紙がついてなかったことに注意).

(19) ソーフェリーム 2.5 によると、一本の巻軸を普通の巻物の最後につける必要があるが、モーセ五書については二本必要であり、それぞれ両端につけなくてはならない。(エルサレム・タルムード・メギッラー 1.71d).

(20) エルサレム・タルムード・メギッラー 1.71d によると、「(モーセ五書では) 頁の真ん中で終わり、(同じ) 頁の真ん中から始めなければならない。「預言者」では頁の終わりで終わり、頁の初めから始める。しかし、十二小預言書ではこれは禁じられている。」

(21) 例えばソーフェリーム 3.8 には「(不鮮明になった文字がある) 巻物は聖句朗読に使ってはならない。……(9) 一行全てが不鮮明になったモーセ五書の巻物は聖句朗読に使ってはならない。一行の大部分が不鮮明になり、残りが損なわれてなければ、その巻物の使用は許される。あるモーセ五書の巻物にひとつの間違いがある時は、聖句朗読に使ってはならない。どのくらいにひとつということか? ひとつの欄にひとつ、というのが R. Judah の見解である。R. Simeon b. Gamaliel が言うには、三つの欄の中にひとつの間違いがあったとしても、その巻物は聖句朗読に使ってはならない。」3.14「書記は (モーセ五書の巻物の) 文字の書いてある部分の上にインクのついた葦のペンを置いてはならない……。」3.17「美しいツィツィート [房]、美しいメズーザーを作る義務がある。上等なインクでモーセ五書の美しい巻物を書く義務がある……。」ソーフェリームの 4、5 章は神名の書き方と消し方を扱っている。

113

フィッリンとメズーザーへの配慮との関連で言及している．時に，モーセ五書の巻物の筆写について言及がなされる場合には，預言者や諸書の筆写と対比していることもあり，一般的な本文と対比していることもある．

ユダヤの荒野の本文における聖書の筆写の精密性

　モーセ五書文書を筆写することに関するラビ文献の精密な指示は，中世のマソラ本文巻物のみならず，それより1000年も古いユダヤの荒野から出た多くの巻物にも反映している．この精密さは，古代イスラエルのある一時期にあったすべての本文ではなく，マソラ本文を創出し採用した宗団に由来する本文だけの特徴となっている．中世やラビ時代からユダヤの荒野の本文の時代にまで時間を遡ると，原・マソラ本文は中世の本文の先駆だということが容易にわかるのだが，原・マソラ本文は他の多くの本文とも共存していたということに気づく．中世においてマソラ本文は使用された唯一の本文だったのだが，紀元前最後の数世紀間には原・マソラ本文は多くの他の本文と共存していたのだ．これらの本文のすべてが原・マソラ本文が持つ精密さの極致を共有していたわけではなかったが，中にはマソラ本文と比肩すべき精密なものもあっただろう．例えば七十人訳ギリシア語聖書に近いいくつかのクムラン本文が精密な本文伝達史の一端を担っていないとする理由はない．これらの見解は，4QDeut^a「申命記写本」，4QJer^{b,d}「エレミヤ書写本」，4QSam^a「サムエル記写本」に当てはまり，4Qsam^{a}は殊に細心の注意を払って書かれている．

　さらに注目すべきなのは，サマリア五書（SP）は非常に不正確で，「低俗だ」とさえ見なされているが，クムラン時代後はマソラ本文と同等の正確さをもって書写されたのである．サマリア五書には，マソラ本文のマソラ［本文継承のための記号や注記など］に似ているマソラ（*tashqil*［奥付ないし刊記］）があり，本文筆写や割付についての微細にわたる規則があるのである[22]．

　マソラ本文とサマリア五書におけるモーセ五書は細心の正確さをもって伝達されたが，マソラ本文ではモーセ五書以外の聖書も同じく正確に伝達され

---

(22) A. D. Crown, *Samaritan Scribes and Manuscripts* (TSAJ 80; Tübingen: Mohr Siebeck, 2001), 43 参照．

た．サマリア人はモーセ五書のみを受け容れただけなので，彼らの取り組み方をモーセ五書以外の聖書と比べることはできない．さらに後1世紀以降のマソラ本文とサマリア五書の伝達はその他の伝達と比べることができない．というのは，第二神殿の崩壊後ラビ・ユダヤ教以外には組織化されたユダヤ人の団体は存在しなかったからである．そこでわれわれは，ユダヤの荒野の本文全てにおいてモーセ五書は正確に書写されたという仮説に賛成か反対かという議論を吟味しよう．

モーセ五書に対する書記の特別な接近法：積極的証拠

　ユダヤの荒野の本文に用いられた書写慣習を調べてみると，gross modo［概ね］，聖書本文か非聖書本文か，あるいは聖なる書か俗なる書かでの違いがないのである．しかしユダヤの荒野で発見された聖書と非聖書の本文の書写に際して，二，三の限定された地域における相違に関しては若干の例外がある．まずモーセ五書巻物について見てみよう．
- 「豪華なモーセ五書巻物」．豪華な版型は特に聖書巻物に，その中でも特にモーセ五書巻物に使われた．前50年以降，大型の豪華な巻物版が，マソラ本文の聖書巻物のために[23]，そしてその中でも主としてモーセ五書用に別格に用意された[24]．そのような豪華版の独占使用は以下のような基準に基づいている．(1) 大きな余白はたいてい大きな版型の本文につきものである．(2) 豪華な版型で書写された大多数の巻物は中世のマソラ本文を反映している．豪華な版型は主にマソラ系統の巻物に使われたので，これらの巻物はエルサレムにおけるユダヤ教の精神的中枢の規則に準拠していると考えられる．その同じ中枢が後にタルムードやマッセヘト・ソーフェリーム［聖書書写上の規則集］に伝承された書写

---

[23] 広い上下の余白がある30のユダヤの荒野の巻物の中で，22（すなわち73.3％）が聖書である．
[24] 一覧表については *Scribal Practices*, 125–129 を参照．モーセ五書の巻物は次のとおりである．2QNum^a, 4QGen^b, 4QExod^c, 4QpaleoGen-Exod^l, 4QpaleoExod^m, 4QDeut^g 11, 4QDeut^{kl}, MurGen 1, MurNum 6, XHev/SeNum^b, 34SeNum, MasDeut. 30のユダヤの荒野の豪華版文書の中で，12 (40%) がモーセ五書である．この比率は全てのユダヤの荒野の巻物文献におけるモーセ五書の巻物の比率よりもずっと大きい．すなわち，1068 (930 + 138) の文献巻物のうち101 (87 + 14)，すなわち9.5%がモーセ五書の巻物である．上記の括弧内の数字の中で，最初の方がクムランの巻物で，その次がユダヤの荒野の他の場所から発見された巻物の数字である．

上の指示体系を作成したのである．(3) 概して豪華な巻物は，書記による介入が少ないという特徴があり，従って修正が必要な誤りはより少なかった．しかし書記による介入の典型的事例は誤りの修正だけではなく本文の変更の挿入にも関係するものなのである[25]．

- 「古ヘブル文字モーセ五書文書」．古ヘブル文字で書かれた現存する聖書本文にはモーセ五書とヨブ記の本文しかない —— ヨブ記は伝統的にモーセに帰せられていることに注意（バビロニア・タルムード・バヴァ・バトラ 14b-15a 参照．またヨブ記がモーセ五書に後続しているペシッタ［シリア語訳聖書］の写本や諸版をも参照）．これらの古代の書は古代の文字で書写するために選び出された．古ヘブル文字で書かれた本文は方形文字（註 33 参照）で書かれた大部分の本文以上の注意を払って書写されたのである．これらの古ヘブル文字による本文のほとんどは原・マソラ本文を反映しているが，4QpaleoExod^m（サマリア五書に近い）は他の伝統から影響を受けているので，最小限の書記による介入はこれらの巻物の原・マソラ的特徴と関連させるべきではない[26]．そうではなく，書記がこの特別な文字で書いた環境（サドカイ派？）に関係しているとすべきである[27]．

以下の実例はモーセ五書巻物だけではなく，すべての聖書巻物に関係している．

- ユダヤの荒野から出土した聖書本文はほとんどすべて羊皮紙に書かれていた（ミシュナ・メギッラー 2:2, エルサレム・タルムード・メギッラー 1.71d にある聖書本文書写についてのラビによる規定もまたそうなっている）[28]．
- 聖書本文は羊皮紙の片面にのみ書かれたのであり，ユダヤの荒野から出土した数は不明ではあるが（わずかばかりの）非聖書文書を書きつけた

---

(25) 事実，ナハル・ヘヴェルとムラバアトとマサダから出た全ての巻物で余白の大きさがわかっているのがこの類型である．一方，MasLev^a (2.8cm)，MasLev^b (2.7cm)，や 5/6HevPs (2.5-2.7cm) は非常に近似している（これらの場所で発見された全ての聖書巻物は中世のマソラ本文の本文について証言するものである）．

(26) 註 (33) 参照．

(27) *Scribal Practices*, 248 参照．

(28) 聖書本文の比較的少数のパピルスの断片の（全部で 200 の聖書写本のうち 4-6 の写本；*Scribal Practices*, 51 を参照）はおそらく私的な写本として使われたものであろう．他方，パピルスはユダヤの荒野から出たほとんどすべての記録文書とクムランからのいくつかの文学作品のために使われていた．

4章 聖性という観点から分析したモーセ五書の筆写・本文伝達

両面書き文書(オピストグラフ)とは異なる[29]。
- 特別な行分けの割付けが，多くの聖書巻物の中のいくつかの詩の部分の筆写のために考案されたが，一つの非聖書巻物にも利用されている[30]。

要するに，いくつかの書記特有の伝統は全ての聖書巻物に見られるが，モーセ五書巻物だけに適用されたものが二つだけある．すなわち古ヘブル文字による筆写と豪華版の使用である．

モーセ五書に対する書記の特別な接近法：消極的証拠

技術的領域おいては大抵，書記は聖書巻物と非聖書巻物との間の区別をしなかった[31]。この結論は以下の諸要素に妥当する．すなわち，筆記材料，巻物・枚葉紙・欄の長さ，枚葉紙毎の欄数，欄・余白・縦と横の罫線の長さ，修繕縫い，継ぎ接ぎ，［モーセ五書の巻物の］最初と最後に付ける手繰紙，指標用の点・画の使用のような筆写における技術的諸問題と，筆写の実践としての，語・(行や節)のような小さな意味単位・より大きな意味単位の区切り，詩の部分特有の版型，書記上の符号，修正の手順，文字などである[32]。更なる研究が必要だが，見掛け上は聖書本文に使われた皮革は非聖書的文学作品に使われたものと比べて優れた品質であったわけではないようである．これら全ての分野については，拙著 *Scribal Practice* に詳細に記述

---

(29) *Scribal Practices*, 68-74 と Appendix 3 を参照.
(30) 詳細は *Scribal Practices*, 166-78 と Table 8 を参照.
(31) このような状況ではモーセ五書の巻物と他の巻物の両方を筆写した書記がいるというのは珍しいことではなかっただろう．しかしながら，これまでそのような書記は一人しか特定されていない．すなわち，非聖書本文 1QS, 1QSa, 1QSb と聖書本文 4QSam^c を筆写した書記である．彼の手によるいくつかの修正が 1QIsa^a に見られる．さらに複数の写本を書いたクムランの書記についての詳細については，拙著 *Scribal Practices*, 23-24 を参照.
(32) マッセヘト・ソーフェリームやそれより前のラビ文献に記された聖書本文の筆記規則を見ると，これらの規則は特に聖書の筆記のために案出されたとの感を禁じえない．しかしそこに詳細に記されているのはほとんど第二神殿時代の非聖書本文と同様な筆記の実践に関するものである．例えば，ソーフェリーム 1.15 は，文節が終わっているかいないかを示す基準から逸れた本文は聖書としては用いることができない，と述べている．しかし基本的には段落分けであるこのやり方は，それが聖書であろうと非聖書であろうとクムラン時代に書かれたほとんどの作品に使われている．このように方法自体が神聖ではなくても，所与の例における段落分けの特別な類型を示すような伝統は聖なるものと見なされた．

されている．このような技術面だけでなく，書記の接近法の以下に付加する3点においても聖書巻物は特別な扱いをされているわけではなかった．

(a)「書記による介入」．それぞれの巻物[33]における修正箇所の平均数を数えると，非聖書本文に対してと同様に聖書本文への接近方法は必ずしも入念でなかったことがわかる．書記による介入の程度は，書記による介入の実例（行内や行の上方での修正，削除，消去，文字の書き直し）の数によって（全部にせよ一部にせよ）保存された行の数を分類することによって計測できる．書記による介入の程度が高い（10行未満で平均で一つ以上の修正がある）例は，1QIsa^a「イザヤ書写本」および二つのモーセ五書巻物をも含めたいくつかの他の聖書巻物に見ることができる[34]．同時に，多くの聖書巻物は書記による介入程度は低く，特に古ヘブル文字で書かれた本文[35]は他のいくつかの本文[36]同様に介入の程度が低いことが分かる．他のモーセ五書本文の大部分は，書記による介入の量は中位である．

(b)「調和化」．モーセ五書写本には微細にわたって調和化のための付加や変更が多数含まれている[37]．大多数の見解に反して，この現象は実際にはサマリア五書におけるよりも七十人訳ギリシア語聖書の方で優勢なのである[38]．様々な聖書文書における調和化の程度がどのくらいなのかという比較統計はないが，他の文書よりもモーセ五書にこのような現象が多いという印象を持たざるをえない．これまで見過ごされてきたが，ヨシュア記から列王記下までと歴代誌の散文の文書には調和化を図るべき多くの根拠がある．モーセ五書に続く文書には重要な調和化が欠落し

---

(33) *Scribal Practices*, 279–5, 332–5 の表を参照．

(34) 4QDeut^m (Qumran scribal practice), 5QDeut, 4QJosh^b, 4QJudg^b, 4QIsa^a, 4QJer^a, 4QXII^c, 4QXII^e, 11QPs^a, 4QCant^b, 4QQoh^a.

(35) 4QpaleoGen-Exod^l（マソラ本文），4QpaleoExod^m（サマリア五書），4QpaleoDeut^r（マソラ本文），11QpaleoLev^a（独自）．

(36) 1QDeut^b（マソラ本文とサマリア五書），4QLev^e（マソラ本文とサマリア五書），4QSam^a, 4QPs^a, MurXII, 5/6HevPs.

(37) この分析は拙論 "The Nature and Background of Harmonizations in Biblical MSS," *JSOT* 31 (1985): 3–29; Kyung-Rae Kim, *Studies in the Relationship between the Samaritan Pentateuch and the Septuagint*, unpubl. Ph. D. diss., Hebrew University, Jerusalem, 1994 を参照．

(38) R. S. Hendel;, *The Text of Genesis 1–11—Textual Studies and Critical Edition* (New York/Oxford: Oxford University Press, 1998), 81–92; E. Tov, "Textual Harmonizations in the Ancient Texts of Deuteronomy," *Mishneh Todah: Studies in Deuteronomy and Ancient Israelite Religion Presented to Jeffrey H. Tigay* (ed. N. Fox et al.; Winona Lake, Ind: Eisenbrauns, 2008)（近日刊行）を参照．

ているのは，これらの文書の細部にわたる相互の整合性を図ることに対する関心がなかったからにちがいない．多分モーセ五書の神聖なる使信を改良しようということについては常に関心があった．本文の観点からすると，これらの改良には保守主義とは逆に本文の大いなる自由性が関係していた．

(c)「正書法と語形論」．多数のクムラン巻物に対して，特殊な完全［母音表記用子音を一貫して使用する］書法による正書法あるいは特別な語形論的体系を適用する書記の慣行は，モーセ五書巻物にも使用された．この異常な正書法と語形論は1QIsa^a「イザヤ書写本」でよく知られているが，1Qdeut^a, 2QExod^b？, 2QNum^b？, 2QDeut^c？, 4Q[Gen]Exod^b, 4QExod^j, 4QNum^b, 4QDeut^j V-XII, 4QDeut^{kl}, 4QDeut^{k2}, 4QDeut^{m}にも見られる．

要するに，本節で詳述された内容では，モーセ五書に対する書記の接近法は，書記による介入や調和化のための付加，正書法と語形論などの事柄におけるように，一種の自由さである．クムラン文書資料全体の中で，モーセ五書を選び出して細心なる取り扱いをするというような特徴はわずかしかない．すなわち，古ヘブル文字の使用と豪華な巻物の採用であり，おそらくそれはある宗教宗団内だけでのことである．

モーセ五書の異なる本文様式の発達

時間的に遡れば遡るほど，本文伝承や比較的初期の段階である編集の最終段階に影響を及ぼしたモーセ五書の神聖性はより影を潜める．紀元前の最後の数世紀において，ユダヤの荒野の文書に反映されているモーセ五書写本伝承は，他の文書の伝承と同じように，正確ではなかった．ただ二つの特徴（モーセ五書の豪華な巻物と古ヘブル文字の使用）が認められるだけである．そしてそれらはユダヤ教内のある宗団だけに関係していたのであろう．この研究方法はマソラ系統を除くあらゆる本文の多様性の発達において見られるものである[39]．モーセ五書への巨大なる関心のために，かなりの数の写本と

---

[39] マソラ本文系統の中では本文の異読は極めて限定的にしか生み出されなかった．

新しい複合作品が流布していた．この事情は他の文書以上にモーセ五書においてより多くの変化に富んだ本文を作り出すことになった．逆説的だが，聖なるモーセ五書は人口に膾炙していたが故に他の聖書文書以上に大規模に編集され書き直されることとなった．

　これらの多様な写本や新しい複合作品はそれ以前の本文や本文系統に基づいており，われわれの知っている限りでは，それらは主に原・マソラ本文や前サマリア五書本文であった．これらの新しい実在物の本質を簡単に定義することはできないので，4QRPと前サマリア五書本文などの写本と，書き直された聖書本文のような新しい複合作品の両方について述べることにする．これらすべての資料に共通しているのは，解釈的文書層でモーセ五書文献を内容豊かにしようという試みがなされているということである．モーセ五書写本が五書の後に来る文書よりも，わずかな部分を調和化した異読が多くあるように，モーセ五書は基層にある本文とは多かれ少なかれ異なる多くの新しい諸作品の霊的な資料であった．これらのモーセ五書を基礎にした本文のすべてが宗教共同体において権威を持っていたわけではないが，中には権威を持った本文もあった．新しい本文の中には，時の経過と共に権威的なものとして受容されたものもあるし，一方そのように受容されなかったものもある．解釈的本文を権威的なものと非権威的なものへと細分する場合には，何の確実性もない主観的な評価の領域へとわれわれは踏み込むことになる．例えば「神殿の巻物」がクムラン共同体や他のところで権威を持っていたかどうかはわれわれには判らない．非権威的文書形式は文献上，解釈上そして典礼上の要求をある程度満たしていた．これらすべての本文はモーセ五書の新しい形を作り出す自由を示している．それは他の書以上にモーセ五書において本文の多様性が大きくなるという結果に繋がった．

　以下の写本（群）は権威ある聖書本文として知られている．

(a) サマリア五書群（サマリア五書と 4Qpaleo-Exod^m, 4QNum^b, 4QExod-Lev^f のような前サマリア五書本文，次に 4QDeut^n や多分 4QLev^d も含める）には数多くの詳細部分を編集した痕跡が反映している．その編集自体は本文に対してより完全かつ内容的に首尾一貫した構造を与えることを意図している．その編集は一貫していない．すなわち，ある部分は変更したが，本質的にそれと同様なものであっても手をつけないまま残されることがあった．編集者は単元内であるいは単元間で不完全に思われるようなと

ころに関しては特に丁寧に気をつかった．この不完全とは聖典の形式主義的観点に従って，ある特定の物語の内部や物語間での細部における不一致ということに関係している．この点に関して，発語表現，特に神が言ったことについて格別なる注意が払われた．神の言葉は改訂者が同じような文脈から細部を付け加えることができる場合には本文に付加された．出エジプト記7-11章の10の災禍の物語，申命記1-3章のモーセが総括している演説，また十戒には特別に注意が払われた[40]．さらにマソラ本文の系図における時系列的資料，特に創世記5，8，11章における資料は，サマリア五書や七十人訳ギリシア語聖書では（それらの間に違いがあるにも拘らず）大規模に書き直された．どれが元来の原本であったかについては解明されていない[41]．最終的には原・マソラ本文系統を基層にしている前サマリア五書本文が古代イスラエルにおいて周知のものとなり，聖書を書き直した諸作品の出典となった（ヨベル書と4QTestimonia「証言集」）．

(b) 4QReworked Pentateuch（4QRP=4Q158, 4Q364-367）は権威的だろうとされている諸々の本文の中でも特別な位置を占めている．他のクムラン・本文以上にマソラ本文とはそれは大幅に違うからである．E. TovとS. Whiteによって非聖書文書として出版されたが[42]，私自身がこの作品を聖書文書に再分類した[43]．マソラ本文ないしサマリア五書群[44]に見られるような聖典として分類されることも可能な連続した長い一続きの本文である他に，4QRPはモーセ五書のいくつかのペリコーペを並べ直し，少数ではあるが広範囲な解釈上の付加部分を収めているからである．

---

(40) 詳細については拙論 "Rewritten Bible Compositions and Biblical Manuscripts, with Special Attention to the Samaritan Pentateuch," *DSD* 5 (1998): 334-354 を参照．

(41) 拙著 *The Text-Critical Use of the Septuagint in Biblical Research* (Second Edition, Revised and Enlarged; Jerusalem Biblical Studies 8; Jerusalem: Simor, 1997), 253（以下では *TCU*）を参照．

(42) E. Tov and S. White in H. Attridge et al., in consultation with J. VanderKam, *Qumran Cave 4. VIII: Parabiblical Texts, Part 1* (DJD XIII; Oxford: Clarendon, 1994), 187-351.

(43) 拙稿 "The Many Forms of Scripture: Reflections in Light of the LXX and 4QReworked Pentateuch," *volume Vienna*, 2007 を参照．

(44) 前サマリア五書本文は明らかに4Q158と4Q364の基層原本であり，おそらく4Q365についてもそうであろう（*DJD* XIII, 192-196参照）．ただし，A. Kim, "The Textual Alignment of the Taber-nacle Sections of 4Q365 (Fragments 8a-b, 9a-b i, 9b ii, 12a i, 12b iii)," *Textus* 21 (2002): 45-69によると4Q365はサマリア五書と類似していないという．

(c) モーセ五書のほかに，サムエル記上，エステル記，ダニエル書の七十人訳ギリシア語聖書版の原本であるヘブル語文書は，原・マソラ本文を短縮したり拡張したりして大幅に手を加えたものである[45]．

　モーセ五書のしばしば大きく異なった本文形式はそれ以前の本文形式の様々な型に基づいている．このような展開を，モーセ五書の内部の文献的発展過程において起きたそれ以前の展開と混同してはならない．七十人訳ギリシア語聖書に組み込まれている断片は，エレミヤ書の場合のように，現在のマソラ本文へとさらに展開したのである[46]．

　より古い本文に基づいた以下の非権威的なモーセ五書本文は，モーセ五書の本文の多様性を増加させた．

(a) 「礼典用本文」．クムラン本文の中に，聖書箇所や聖書と非聖書の箇所の組み合わせから出来ているかなりの量の礼典用本文群がある．最もよく知られたモーセ五書本文はテフィッリンとメズーザーの他には 4QDeut^n と 4QDeut^j である．

(b) 短縮したり抜粋した聖書本文が特定の目的のために用意されたが，その用途はわれわれには必ずしも明瞭ではない[47]．これらの本文の共通の要素は，聖書本文の大小の断片が本文への注釈や考察を伴わずに提示されることである．しかしながら，抜粋の方法はその目的に応じて本文によって違っている．これらの集成のいくつかは，おそらく 4QExod^d も含めてよいであろうが先に言及した文書群のように典礼用であった[48]．他のものはモーセの歌（申命記32章）だけを含む 4QDeut^q のように，文学上の目的のためであったろう．

(c) 書き改められた聖書本文は，聖書写本とかなりの程度重複する新しく生み出された文芸作品である．書き直された聖書本文を構成する要素を定

---

[45] これらの作品における自由なやり方についての要約は，拙稿 "Many Forms of Scripture" を参照．

[46] 拙稿 "The Nature of the Large-Scale Differences between the LXX and MT S T V, Compared with Similar Evidence in Other Sources," in *The Earliest Text of the Hebrew Bible. The Relationship between the Masoretic Text and the Hebrew Base of the Septuaginta Reconsidered* (ed. A. Schenker; SCS 52; Atlanta, Ga.: Scholars Press, 2003), 121–144 を参照．

[47] 拙論 "Excerpted and Abbreviated Biblical Texts from Qumran," *RevQ* 16 (1995): 581–600 を参照．

[48] 出 13:16 で終わっている除酵祭の規定の後で，この文書は出 13:17-22 と 14 章全体の物語箇所を除いており，すぐに海の歌が始まっている．*DJD* XII の本文編纂において J. Sanderson がこの本文は典礼用巻物の断片の一部であると示唆している．

4章 聖性という観点から分析したモーセ五書の筆写・本文伝達

義することは，現在は数年前よりも明瞭ではなくなった[49]．いくつかの作品は聖書をある意味で書き直したのだが，その聖書本文との近似性にはばらつきがある．マソラ本文から本文が離れていればいるほどその解釈上の特徴ははっきりわかる．本文がマソラ本文に近ければ，その特徴を明確にするのが難しい[50]．クムランには書き直された聖書本文断片群があるが，それは聖書本文を最小限変更したものから，本文を完全に書き直したために基層をなす聖書本文がほとんどわからないほどのものまで様々である．それぞれの作品は，聖書に対する扱い方や書き直しという行為に関しては独特である．「神殿の巻物」(11QT^a LI-LXVI) の後半は，本文の順番は全く違ったものになっているが，聖書本文を僅かばかり変更しただけである．一方，第4洞窟からのヨベル書，4QExposition on the Patriarchs（「族長論」）や4QParaGen-Exod（「創一出・釈義」）に見られる変更の度合いははるかにもっと大きい．題名の一部に「外典」や「偽典」がついている様々な文書でもそうである (DJD XIII, XIX, XXII 参照)．

すべてこれらの本文は互いに影響を与え合ったので，これら全ての本文を生み出すことによって，モーセ五書の本文異読が増えることとなった．

要約．われわれの出発点はモーセ五書の筆写・本文伝達やそれ以前における編集や文献的発展の最後の段階に，ユダヤ教においてこれらの書物が持つ特別な地位が影響したか否かであった．前1世紀以降，原・マソラ本文は細心の注意をもって書写され，伝達された．モーセ五書についても同断である．ラビ文献や中世のユダヤの伝統では，マソラ伝統におけるモーセ五書の書写はいくつかの点で特別な取り扱いをしていた．しかしながら，時代をさらに遡るとモーセ五書の神聖性が，本文伝承やそれ以前の編集に影響を与えた度合いはより少なくなった．クムラン写本ではモーセ五書を特別扱いしていた点は二つだけであり（豪華版モーセ五書巻物と古ヘブル文字の使用），それらはユダヤ教内の特定の宗派内だけのことであった．その他の全ての細部におい

---

[49] M. J. Bernstein, "'Rewritten Bible': A Generic Category Which Has Outlived its Usefulness?," *Textus* 22 (2005): 169-196 (181: "One person's reworked Bible is another's Bible") を参照．

[50] クムラン・本文が発見される以前に学者たちは極めて性格の異なる一連の書き直された聖書本文の存在に気づいていた．それらの中の筆頭に挙げられるのは，クムランにおける多くの写本があるヨベル書である．偽フィロンはヨセフスが『ユダヤ古代誌』においてヘブル語聖書の物語を書き直したのと同じようにもうひとつの書き直し本文を作成した．

て，モーセ五書に対する書記のやり方は自由なものであり，それは数多の書記の介入や多くの調和化のための付加，一般的ではない正書法や語形論などに見られる．このやり方は，マソラ系統を除いた全ての本文伝統における多様な本文の創出にも見られる[51]．モーセ五書への多大なる関心のゆえに，多くの新しい本文や文書が生み出され，それは最終的には他の書以上にモーセ五書における本文の異読を増やすこととなった．その普及と神聖性のゆえに，逆説的にモーセ五書は他の聖書以上に編集，書き直し，変更を加えられたのである．

(田中健三訳，守屋彰夫校閲)

---

(51) このことは他の聖典に本文の多様性がないというわけではない．ただモーセ五書よりもそれらの書における異読の量が少ないという印象を記しておきたいというだけである．またマソラ本文からの相違の程度がどれくらいかについては言及しなかった．例えば七十人訳の出エジプト記35-40章を七十人訳のサムエル記上，エステル記，ダニエル書の相違の程度と比べるなどというのは至難の業であろう．しかし私の全体的な印象としては，後者は前者よりもマソラ本文からの相違の程度が大きい．さらに私見では，これらの如何なる場合でも，本文操作によって相違が生み出されたのではなく，当該論文では触れなかったが，むしろ文献的な発展によってなされたのである．概して次のように言える．本文操作の頻度は他の書よりもモーセ五書の方が大きく，マソラ本文からの本文資料の多様性については他の書はモーセ五書と等しいか時にモーセ五書以上かである．

第Ⅱ部

ヘレニズム的ユダヤ教とモーセ五書

Chapter 5

はじめに創世記と出エジプト記の
ギリシア語訳がつくられた

秦　剛平

「アリステアスの手紙」[1]は，アレクサンドリアでのトーラー（モーセ五書）のギリシア語訳の起源について論じるとき，七十人訳の研究者がほとんど例外なく引くヘレニズム・ローマ時代の文書である[2]．

この手紙は奇妙な合成文書である．

それは，当時流布していた理想的な王についての主題に関わるストア的な文書を含み（パラグラフ189-294），またギリシア世界の耳目を集めるためにユダヤ民族の優秀性を申し立てるひとりのユダヤ人知識人によって書かれた文書を含むものである．このユダヤ人知識人は理想的な王についての文書に

---

(1) 「アリステアスの手紙」のギリシア語テクストは，Henry Barclay Swete, *An Introduction to the Old Testament in Greek*, 2nd ed. (Cambridge: Cambridge University Press, 1914; repr.: Peabody, Mass.: Hendrickson, 1989), 533-606, Moses Hadas, *Aristeas to Philocrates* (Dropsie College Edition: Jewish Apocryphal Literature; New York: Harper, 1941). 英訳は R. J. H. Shutt, "Letter of Aristeas," in *The Old Testament Pseudepigrapha*, 2 vols. (James H. Charlesworth ed.; New York: Doubleday, 1985), 217-34. この手紙についての詳細な議論は，S. Jellicoe, *The Septuagint and Modern Study* (Oxford: Clarendon, 1968; repr. WinoaLake, Ind., 1993), 229-258. 邦訳および概説は，『聖書外典偽典3 —— 旧約偽典Ⅰ』（教文館，1975）所収の左近淑訳「アリステアスの手紙」参照．

(2) たとえば，John R. Bartlett, *Jews in the Hellenistic World* (Cambridge: Cambridge University Press, 1985), 11-34; Norman K. Gottwald, *The Hebrew Bible* (Philadelphia: Fortress Press, 1985), 122; Karen H. Jobes and Moises Silva, *Invitation to the Septuagint* (Grand Rapids, Michigan: Baker Acadmic, 2000), 33-37; Natalio Fernandez Marcos, *The Septuagint in Context — Introduction to the Greek Version of the Bible* (translated by Wilfred G. E. Watson; Leiden: Brill, 2000), 35-51; Martin Hengel, *The Septuagint as Christian Scripture* (Introduction by Robert Hanhart; Translated by Mark E. Biddle: Grand Rapids, Michigan: Baker Academic, 2002), 252-226; Jennifer M. Dines, *The Septuagint* (London, New York: T & T Clark, 2004), 28-33; Philip A. Noss (ed.), *A History of Bible Translation* (Rome: American Bible Society, 2007), 282-282 参照．

精通しており,「アリステアスの手紙」を書くにあたってはそれを用い,ユダヤ人の優秀性についての文書と合成した.そのさい,この合成作品の編者は,本来名前を与えられずに特定されていなかった王にプトレマイオス2世の名前を与えたばかりか,その場面の登場人物の性格や彼らの役割を変えた.たとえば,ユダヤの長老たちが王の宴会の場面に客人として招かれているが,これらの客人はもともとはギリシアの哲人たちや使節たちであったであろう.これらの長老たちは,理想的な王について発せられるプトレマイオス2世王の一連の問いかけに賢明な答えをして王を印象づける役割を与えられる[3].

この合成作品は次に,アレクサンドリアで生まれた五書のギリシア語訳が完全なものだったと申し立てようとしたもうひとりの別のユダヤ人知識人によって利用される.この仕事を遂行するにあたり,彼はさらにいくつかの変更を加える.たとえば彼は,王の宴席に出席した長老たちの数を72人と特定し,アレクサンドリアでの翻訳事業にイスラエルの12部族のそれぞれから6人のバイリンガルな人物を関与させた.

われわれは,「アリステアスの手紙」を読むときには,それがこれらの3つの部分,すなわち第1の部分,第2の付加部分,そして第3の付加部分から成り立つ合成作品であることを認識しておく必要がある.この第3の部分のみが,ギリシア語訳の起源についてのわれわれの議論に関係するが,その部分は関連情報をほとんど何も与えてくれないので,われわれはギリシア語訳の起源を別の角度から,あるいは別の資料から検討する必要があると考える.われわれはまた,トーラーのギリシア語訳の視点でギリシア語訳聖書の起源を論じることが依然として有益なことかどうかも問い直さねばならない.

筆者は,この小論において,創世記と出エジプト記のギリシア語訳のみに焦点を絞り込む.それは筆者が,トーラー(モーセ五書)のうちの最初の2冊のみが,多分,プトレマイオス2世の時代に,トーラーの残りの部分とは無関係に,アレクサンドリアで最初にギリシア語に翻訳されたと想定するから

---

[3] ここでの議論の詳細は,拙著『旧約聖書続編講義』(リトン,1999)所収の第4回講義「アリステアスの書簡」131-16,および拙著『乗っ取られた聖書』(京都大学学術出版会,2006),34-46参照.なお,「アリステアスの手紙」を含む七十人訳の伝承の展開は,Abraham Wasserstein and David J. Wasserstein, *The Legend of the Septuagint — From Classical Antiquity to Today* (Cambridge: Cambridge University Press, 2006) 参照.

5章　はじめに創世記と出エジプト記のギリシア語訳がつくられた

である．

1

　紀元前3世紀以降，ヘレニズム・ローマ世界の人びとは「古ければ古いほどよい」(antiquior melior) の理念に由来する歴史意識の登場を目撃する．バビロンのベルの神殿の祭司ベーローソス（前290年ころ活躍）は，バビロンの歴史を3巻本で著し，それをセレウコス王朝の王アンティオコス1世に献呈する．その第1巻は洪水を扱い，第2巻は紀元前8世紀のナボナッサル（ナボナサロス）の時代にまで及び，第3巻は紀元前323年のアレクサンドロスの死で終わる．われわれはこの歴史書がアレクサンドリアにおいてギリシア人の知識人によって広く読まれたと想像する．そう想像する理由のひとつは，それが彼らにオリエントの歴史や文化を教えたからであり，またひとつは，それがギリシア語で書かれていたからである．

　同じようにして，ヘーリオポリスの神殿のエジプト人祭司マネトーン（前280年ころ活躍）がエジプトの歴史を著し，それをプトレマイオス2世に献呈する．この歴史書は神話時代から紀元前323年のアレクサンドロスの死までを扱う．われわれは，この歴史書もまたアレクサンドリアにおいてギリシア人の知識人によって広く読まれたと想像する．それがエジプトの歴代の王の「聖なるリスト」を調べたと申し立てているからであり，またそれがギリシア語で書かれていたからである[4]．

　マネトーンによって申し立てられたエジプト民族の古さは，紀元後1世紀のユダヤ人歴史家フラウィウス・ヨセフスにとって衝撃的なほど古いものであった．なぜならば，彼にとって，天地創造のときから彼自身の時代までの時間の長さは，5000年足らずのものだったからである[5]．後の時代の年代記記者たち，たとえば，紀元後3世紀のアエリア・カピトリーナのユリウス・アフリカヌス（160ころ-240ころ）やカエサリアのエウセビオス（260-340）もマネトーンの著作に衝撃を受けた．なぜならば，天地創造のときからイエスの登場までの時間の長さは，アフリカヌスの計算によれば5500年

---

[4] 古代世界における古さをめぐる議論は，前掲『乗っ取られた聖書』47-64参照．
[5] ヨセフス『ユダヤ古代誌』1・13，および『アピオーンへの反論』1・1参照．

足らずのものであり[6],またエウセビオスの計算によれば5199年だったからである[7].エジプトの歴史の古さはアウグスティヌス(354-430)[8]や,尊師ベーダ(673-735)[9],オットー・フォン・フライジング(1111-58)[10],ヨセフ・ユストス・スカリゲル(1540-1609)[11],ジェイムス・アッシャー(1581-1656)[12]らにとって,さらには近代の歴史家たち,たとえば,世界史における時間の枠組みをつくろうとした18世紀のヨハン・クリストフ・ガッテラー(1722-99)[13]にとって,関心の源泉でありつづけた.

ベーローソスとマネトーンの両人は,祭司であると同時に,彼らの時代の王朝のお抱えの歴史家であった.彼らは,この点で,それ以前のギリシアの歴史家たちとは異なっている.紀元前5世紀のハリカルナッソスのヘロドトスは祭司ではなかったし,特定の民族や王朝のために歴史を書く物書きでもなかった.彼は人類一般に関わる人類学的な研究にもっぱら関心を抱いたのである.紀元前5世紀のトゥキュディデスは,同時代の出来事であるアテーナイとスパルタの間の戦争を記録することに興味をもったのであり,ギリシア民族や他の民族の起源に関心を抱いたのではなかった.クセノフォン(前428ころ-354ころ)はどうであろうか? エフォロス(前405ころ-330)はどうであろうか? キオスのテオポンポス(前378ころ活躍)はどうであろう

---

(6) ユリウス・アフリカヌスの5巻本『年代誌』(クロノグラフィアイ)は,天地創造のとき(紀元前5499年)から,エリオガバルスの第3年目(後221年)までを扱う.

(7) 岡崎勝世は,『キリスト教的世界史から科学的世界史へ―ドイツ啓蒙主義歴史学研究』(勁草書房,2000)26以下で,古代キリスト教世界における普遍史とエジプト史の古さを論じているが,その冒頭で「古代普遍史においてエジプト史の古さの問題が最も端的に現れているのは,エウセビオスの『年代記』である」と強調する.同書の訳註(282)は,現在アルメニア語で残されているエウセビオスの『年代記』のテクストを説明しているが,そこでの年代計算は,岡崎勝世『聖書 VS. 世界史―キリスト教的歴史観とは何か』(講談社現代新書,1996)31-41をも参照.

(8) アウグスティヌスは『神の国』第18巻で,天地創造をイエスの誕生年より5351年前の出来事としている.岡崎勝世『聖書 VS. 世界史』42-52参照.岡崎は,前掲『キリスト教的世界史から……』28で,アウグスティヌスは『神の国』でエジプト史の古さの問題をローマの著作家マルクス・ウァルロの『ローマ人の種族について』を資料として議論を進めるが,マネトーンを検討対象としていないことを指摘している.

(9) 岡崎勝世『聖書 VS. 世界史』65-68参照.

(10) オットー・フォン・フライジングは天地創造をイエスの誕生年より5500年前の出来事としている.岡崎勝世『聖書 VS. 世界史』69-77,同『世界史とヨーロッパ』83-88参照.

(11) スカリゲルは,岡崎勝世『キリスト教的世界史から……』33-34,39,51以下参照.

(12) 岡崎勝世『キリスト教的世界史から……』61-64,同『世界史とヨーロッパ』116参照.

(13) 岡崎勝世『キリスト教的世界史から……』の第3章「ガッテラーの世界史記述と聖書の位置」(141以降)と,第4章「エジプト史の古さの問題とガッテラー」参照.

か？　これらの著作家のだれひとりとして，歴史の古さやある特定民族の起源についての興味や関心から歴史書を著したのではない．

　それゆえわれわれがここで，ベロソスもマネトンもそれまでの歴史家たちとは異なる歴史家であったと言っても，それは間違いではなかろう．この2人は，既述のように，その歴史書をそれぞれの王に献呈した．われわれがここで看過してはならぬのは，その歴史書が献呈されたアンティオコス1世とプトレマイオス2世が同時代人であったばかりか，ライバル関係にあった事実である．これらの歴史書のおかげで，セレウコス王朝とプトレマイオス王朝は，彼らの王朝の古さや彼らの民族の優秀性についての申し立てで，互いに競いはじめたのである．

2

　われわれが想像するに，セレウコス王朝とプトレマイオス王朝の間での古さや民族的優秀性についての申し立ては，アレクサンドリアのユダヤ人知識人を巻き込んだのである．紀元後の90年代に書かれたヨセフスの『アピオーンへの反論』は，紀元前3世紀のアレクサンドリアにおけるユダヤ人知識人の文化的環境を再構築しようとするとき，少しばかり手助けになる．そこでのヨセフスの言葉は，古さの申し立てがいかに深刻なものであったか，またそれがいかにしてローマ時代にまでつづいたかをわれわれに教えてくれる[14]．

　　エパフロディトス閣下，わたしは，わたしたちの古代史を取り扱った著作によって，それを精読してくださる読者諸氏にたいし，わたしたちユダヤ民族の歴史が非常に古いものであること，またその原初の先祖たちが純潔であったこと，さらにまたその先祖たちが現在わたしたちが住んでいる土地にどのようにして移住してきたかということを，必要以上に明白になし得たと考えております．

　　それは実に，5000年という長い年月におよぶ歴史でありますが，わたしは，

---

[14] 筆者は，ヨハネ福音書の冒頭に見られるロゴス・キリスト論も，古さをめぐる議論を背景にして読めば，何か新しい発見があると考えている．なお，筆者はロゴス・キリスト論は，本来，独立して流布していたものと想像する．

わたしたちの聖なる書物にもとづいて，ギリシア語で書きあげました．
しかしながら，わたしの見るところによりますと，2, 3の人びとの悪質な中傷に迷わされたためでしょうか，少なからざる人びとがわたしの書いたユダヤ人の民族としての古さにたいする主張を信用してくれません．いや，それどころか，それは記憶する価値もないものとして，もっとも著名なギリシアの歴史家たちによって無視されてきた事実を理由に，わたしたちを，起源の比較的新しい民族にすぎないとさえ言いだす始末であります．
そこでわたしは，これらの悪質な中傷者たちの非を明らかにし，その愚昧のほどをただし，同時にわたしたちの民族としての古さについての真実を知りたいと願っている人びとに一切のことを教えようと，簡単ではありますが，問題の諸点をすべて取り扱ったこの論文を書くことがわたしに課せられた義務である，と考えました．
まずわたしは，わたしの記述にたいする証人として，ギリシア人によって古代史一般に関しては最高の権威と目されている作家たちを呼び出したいと思います．
ついで，わたしたちにたいして誹謗と虚偽の文章を発表した著者たちを召喚し，彼ら自身の筆を借りて彼らの主張の矛盾を指摘させてみましょう．
さらにわたしは，なぜギリシア人の歴史においては，一握りの数少ない歴史家たちだけしかわたしたちの国民について記述していないのか，そのよってきたるさまざまの理由を説明してみましょう．同時に，わたしは，無知な人びと，あるいは無知をよそおっている人びとのために，（ここでその反証として）わたしたちの歴史を無視しなかった（ギリシア人の）歴史家たちにも登場してもらおうと思います．

　ヨセフスは紀元後1世紀のパレスチナの物書きであるが —— 実際には，ローマで著作したから「ローマの物書き」と言うべきか ——，ここに引いた『アピオーンへの反論』への前置きは，ユダヤ人の先祖のひとりモーセと出エジプトにたびたび言及した，マネトーンの『エジプト史』を読んだギリシア人知識人が抱いたような偏見を克服しようとしたアレクサンドリアのユダヤ人知識人によってなされた議論の伝統の中で読み直すことができる．
　ヨセフスは自分が生み出した「文学法廷」ないしは「文人法廷」のようなものの中でマネトーンの申し立てを紹介し，それに挑戦しているが，われわれは，アレクサンドリアのユダヤ人知識人にとって反駁の真のターゲットはマネトーンでもなくエジプト人でもなかったと想像することができる．なぜな

らば，神話時代と33の王朝をもつエジプト人の歴史の古さを相手に議論することなど不可能だったからであるが，また彼らはエジプト人知識人たちと日常的な密な接触をもっていなかったからである．彼らの反駁の主たるターゲットは，日常的な交わりを持ちたいと願ったギリシア人知識人だった．

では，どのようにしてユダヤ人知識人はギリシア人知識人の中傷にたいして議論することができたのであろうか？

アレクサンドリアのユダヤ人共同体はまだ後の時代のヨセフスに匹敵する人物を生み出してはいなかった．われわれはここで，ギリシア人知識人に反論する最善の方法が創世記と出エジプト記に記録されたユダヤ民族の誇り高き歴史を示すことだと考えたと想像する．ギリシア語へ翻訳されたこの2つの書を提示したときにはじめて，彼らはギリシア人知識人にこう宣言することができたのである．「ここにあります．どうぞ目を通してください．われわれの歴史はあなたがたがマネトーンの著作を介して理解されているものとは異なります」と．

3

創世記と出エジプト記がひとりのユダヤ人知識人，あるいはひとり以上の数の者によってギリシア語に翻訳されたと申し立てるためのクライテリア（判断基準）は何か？

クライテリアと称せるものはない．あるとすれば，それらはわれわれがヘブル語テクストをギリシア語テクストと比較するときにはじめて姿を現す．しかし，この比較でも，われわれは初手からさまざまな問題に直面する．なぜならば，われわれはヘブル語でもギリシア語でもオリジナルのテクストを保持しないからである．われわれが現在手にすることができる最古のヘブル語テクストは11世紀のマソラ・テクストであり，それが紀元前3世紀のアレクサンドリアで使用されたテクストと同一のものであるかそれに近いものであるという保証はどこにもない．一方，現存する最古のギリシア語テクストは4世紀のヴァチカン・コデックスであるが，このコデックスは創世記の第1章の1節から第46章の28節までを欠いている．そこでラールフス編の『七十人訳』のように，われわれは4世紀かそれ以降のシナイ・コデックスか，

5世紀かそれ以降のアレクサンドリア・コデックスに依拠するわけである。しかし，ラールフスの『七十人訳』をもってしても，そのギリシア語テクストがアレクサンドリアのユダヤ人共同体によって，あるいはユダヤ人翻訳者（たち）によって使用されたテクストと同一であるか，それに近いものであることは保証できないのである。このことはジョン・ウィリアム・ウィーバーズによってつくり出された創世記と出エジプト記の校訂本についても言えることであろう。彼はそのゲッチンゲン版でギリシア語のオリジナルのテクストに近いテクストを復元しようと試みたわけであるが，われわれがオリジナルのテクストを保持しない以上，これこそがオリジナルに近いとするのは推定でしかない。ペンタテュウク（モーセ五書）の日本語訳では，われわれはウィーバーズの校訂本を大いなる敬意を払って使用したが，しかしながらある種の留保をもってである。

　ヘブル語テクストをギリシア語テクストと比較するわれわれの試みでわれわれが直面するさまざまな問題があるにもかかわらず，われわれは先に進もうと思う。なぜならば，そうすることではじめて，ある種のクライテリアが，霧のたち込めた海の中から姿を現す船のように，姿を現すからである。

　われわれは，ギリシア語のモーセ五書の日本語訳では，ヘブル語テクストとギリシア語テクストの間の違いを示すために3つのフォントを使用した。

　なぜわれわれは一見すると複雑なこの手続きを取ったのか？

　それはわれわれが，2つのテクストの間の違いが可能なかぎり明らかにされ，しかもその明確化が読者がモーセ五書のそれぞれの書を開くときに視覚的に分かるようにする必要があると考えたからである[15]。ここでわれわれは，われわれの取った手続きを少しばかり説明する。

　創世記の第11章にはシェムの子孫の系図が見られる。ここでは3つの異なるフォントが使用されている。すなわち，もしギリシア語テクストの読みがヘブル語テクストのそれと同じであるか，それに近いものであれば，通常のフォント（並み字）が使用されている。もしギリシア語テクストの読みが

---

[15] われわれはこの点でオックスフォード大学出版局から出版された *A New English Translation of the Septuagint—And the Other Greek Translations Traditionally Included Under That Title* [eds.]; New York, Oxford: Oxford University Press, 2007 に少々失望している。このギリシア語訳は読者にヘブライ語に忠実に訳されたとされるNRSV（新改訂標準訳）との比較をすすめるが，それを手にする読者はNRSVを傍らに置かないかぎり，その比較ができないからである。筆者は聖書文学協会の七十人訳研究部会で，異なるフォントの使用を提言したが，それは聞き入れられなかったのである。

5章　はじめに創世記と出エジプト記のギリシア語訳がつくられた

ヘブル語テクストのそれと異なれば，異なるフォントが使用され，その違いが脚注の中で（詳細に，あるいは簡単に）説明されている．たとえば，ヘブル語テクストの9節は次のように読んでいる．「それゆえ，その名前はバベルだった．なぜならば主はそこで全地の言語を混乱させたからである．」一方，ギリシア語テクストは次のように読む．「このため，その名前は『混乱』と呼ばれた．主が全地の言語を混乱させたからである．」その脚注では，翻訳者がヘブル語バベルを「混乱」とパラフレーズしていることが説明される．双方のテクストに認められるこの言葉遊びは脚注で示される．太祖たちが息子や娘たちを儲けたときの彼らの年齢と，彼らの死亡年齢は2つのテクストの中ではしばしば異なっている．そのような場合には，ヘブル語テクストの読みが脚注で示される．ギリシア語テクストのシェムの系図では，「そして彼は死んだ」という短い一文が9回繰り返されているが，この一文はヘブル語テクストでは見出されないものなので，もうひとつの別のフォントが使用される．13節は次のように読んでいる．「カイナンは130歳のときにシェラを儲け，彼はシェラを儲けた後，330年生き，そして息子たちや娘たちを儲けた．」この一文はヘブル語テクストには見出されるものではないので，ここでも異なるフォントが使用される．この場合，脚注では説明は施されてはいない．比較がここでは出来ないからである．最後の例は第49章のヤコブの祝福である．ギリシア語テクストでのこの祝福はヘブル語テクストのそれとは非常に異なる．異なるフォントの使用がわれわれの読者に，翻訳者は自由にヘブル語テクストをパラフレーズしていることを直ちに示すものとなっている．ここでは，翻訳者が使用したヘブル語テクストがわれわれが現在使用できる最古のヘブル語テクストと大きく異なるものであるとも説明でき，われわれはここで翻訳者の技法や翻訳へのアプローチについてなにがしかのことを示唆することができるはずである．

4

創世記の場合，ギリシア語テクストをヘブル語テクストと比較すると，800以上の相違が見出される．ある場合には，その違いは過去を表すのに歴史的現在の使用によって起こったり，主語と動詞の位置関係が逆転すること

から起こったりする．ヘブル語テクストにギリシア語テクストに対応する語句や一文が見出せない事例の数はおよそ 160 に達する．出エジプト記の場合，2つのテクストの間の違いは 670 を越えるものであり，ヘブル語テクストに対応するものがないギリシア語テクストでの語句や一文は 190 にも達する．われわれの比較の結果は，全体として見るならば，何を意味するのであろうか？

　もちろん，翻訳は，よく言われるように，オリジナルのテクストの解釈か，オリジナルのテクストへの裏切りである．このことに気づいている者はだれでも，もし読みやすい翻訳を欲するのであれば，紀元後2世紀にアキラによってなされたような翻訳を使いたいとは思わないであろう．したがって，どんな翻訳もオリジナルのテクストと異なるのは当たり前のことである．しかしながら，創世記と出エジプト記はトーラーの第1と第2の名誉ある場所を占めているのであるから，人はだれでもその2書がどこまでも注意深く翻訳されたと期待するであろう．もしこの2書がアレクサンドリアのユダヤ人共同体の典礼での使用のためにギリシア語へ翻訳されたものであれば，このことはなおさらである．この場合，われわれはその翻訳がヘブル語テクストやパレスチナの土地をよく承知している共同体の長老たちによって徹底的にチェックされたと仮定するであろう．もしその翻訳が注意深くチェックされたのであれば，われわれは，創世記に見られる 800 の違いや出エジプト記に見られる 680 の違いは劇的に少ないものなっていたであろうし，またこの2つの書に見出される多くの誤りも正されていたであろうと仮定するであろう．

　これらの違いは以下の4つの大きなカテゴリーに分類できるものであり，もしそのそれぞれのカテゴリーをさらに吟味すれば，その結果は，創世記と出エジプト記のギリシア語訳はアレクサンドリアのユダヤ人共同体の礼拝のためになされたのではなくて，その者たちに向かってユダヤ人知識人たちが彼らの民族の古さを強調したり，彼らの指導者であるモーセについて提示しようと欲したギリシア人知識人たちのためになされたことを指し示すであろう．

1. 神の呼称

　創世記のヘブル語テクストには，エル・ロイとか，エル・シャダイ，エル・

5章　はじめに創世記と出エジプト記のギリシア語訳がつくられた

オラーム，エル・エロへ・イスラエルのような神の呼称が登場する．これらの呼称は音記されずにギリシア語に翻訳され，それまでそれを聞いたことのない読者に理解され得るものにされている．たとえば，創世記16:13のエル・ロイは「わたしを顧みられる神」（より正確には，「神・わたしを顧みられる方」）と，創世記17:1と35:11のエル・シャッダイは「おまえの神」と，また28:11，43:14，49:25では「わたしの神」と，14:19，20，22のエル・エルヨンは「いと高き神」と，21:33のエル・オーラムは「未来永劫にわたる神」と，33:20のエル・エロへ・イスラエルは，「イスラエルの神」とそれぞれ訳されている．

　なぜエル・シャッダイはより正確に「全能なる神」と訳されなかったのか？　なぜエル・エルヨンは「神・いと高き方」と訳されなかったのか？

　なぜエル・エロへ・イスラエルはより正確に「神・イスラエルの神」と表されなかったのか？

　翻訳者は主や神を表すのにヘブル語テクストに忠実ではない．たとえば，創世記4:6，15，5:29，6:3，5，7:5，8:21，16:7，19:9のヘブル語テクストの「主」は「主・神」と，創世記2:5，8，9のヘブル語テクストの「神・主」は「神」と，創世記6:6と7のヘブル語テクストの「主」は「神」と，それぞれギリシア語では表記され，他方創世記6:12，22，7:1，16，8:15，28:20のヘブル語テクストの「神」は「主・神」と表記され，また創世記8:20，12:17，13:13，14，15:4，6，7，16:5，18:1，14の「主」は「神」になっている．確かに，ギリシア人読者は「主」「主・神」「神」の間の差異には気づかなかったであろう．

2. 地　名

　地名はしばしば創世記と出エジプト記において，それに内在する語源的な要素が明らかにされるような仕方で訳されている．

　たとえば，ヘブル語テクストのネゲブは創世記12:9では「荒れ野」となり，創世記20:1では「南の方の土地」となっている．ヘブル語テクストのベエル・シェバは創世記21:14，31，33，22:19，26:23，33，28:10，46:1，5では「誓いの井戸」となり，ヘブル語テクストの「モリヤの地」は創世記22:2では「高い地」となり，ヘブル語テクストの「マクペラの洞穴」は，創世記23:9，17，19，25:9，49:30，50:13では「二重の洞穴」となっている．

ヘブル語テクストのベエル・ラハイーロイは創世記 16:14 では「わたしが直接見たお方の井戸」(より正確には「わたしを顧みられる生ける方の井戸」)となり，創世記 24:62 と 25:11 では「顕現の井戸」となっている．ヘブル語テクストのベツ・エルは創世記 28:19 では「神の家」となり，創世記 31:13 では「神の御場所」なっている．またヘブル語テクストのガレエドは創世記 31:47, 48 では「証しの石塚」となっている．このような訳出の例は創世記だけで約 30 見出される．語源的な要素の加わったこれらの地名は，確かに，パレスチナをまだ訪れたことのない者たちや，その地理的な名前についての知識をもたない者たちにとっては，興味深いものであったであろう．

翻訳者はときに地名の意味を理解できないでいる．

たとえば，ヘブル語テクストのエル・パランは創世記 14:6 で「パランのテレビンの木」となり，創世記 14:1, 9 の「ゴイムの王」は「諸民族の王」となっている．もちろん，ゴイムはヘブル語で「諸民族」を意味し得るが，ここでのゴイムは明らかに地名であって，普通名詞の複数形ではない．これらの誤りの事例は，翻訳者が聖書の地名に精通していなかったことを示唆し，さらには，彼の翻訳がパレスチナ地名に詳しいユダヤ人共同体の長老たちによってチェックされなかったことをも示唆するものとなる．

ではなぜこれらの誤りはチェックされなかったのか？

われわれは，これらの誤りはアレクサンドリアのユダヤ人共同体での典礼のための使用目的でつくられたのでなかったため正されなかった，と申し立てたい．

3. 固有の名前や名詞

固有名詞がその中に入っているヘブル語の一文を翻訳するとき，しばしばその名前の意味が与えられる．たとえば，すでに見てきたが，創世記 11:9 のヘブル語テクストの「それゆえ，その名前はバベルと呼ばれた」は，ギリシア語訳では「このためその名前は『混乱』と呼ばれた」となる．創世記 26:20 のヘブル語テクストの「そして彼はその井戸の名をエセクと呼んだ」は，ギリシア語訳では「そして彼は井戸の名を『不正』と呼んだ」となる．創世記 35:8 のヘブル語テクストの「彼はその名前をアロン・バクトと呼んだ」は，ギリシア語訳では「ヤコブはその名前を嘆きの樫の木と呼んだ」となる．創世記 35:18 のヘブル語テクストの「彼女は彼の名をベン・オニと呼

んだ」は，ギリシア語訳では「彼女は彼の名前をわが苦しみの子と呼んだ」となっている．

なぜエセクは，ヘブル語の意味により近いように見える「争い」ではなくて，「不正」と訳されたのか？

なぜベン・オニはヘブル語の意味により近いように見える「わが悲しみの子」ではなくて，「わが苦しみの子」となったのか？

創世記に見られるこれらの逸脱の例は出エジプト記の中にも等しく認められる．神の名前や地名，そして次に見る度量衡などは，ギリシア人知識人が読者であることを意識して表現されたものである．

4. 度量衡

創世記では，長さや，容積，重量などを示すさまざまな度量衡の単位が見出される．われわれは，創世記のヘブル語テクストに見られる度量衡の大半は，もし音記されてもユダヤ人読者には理解しうるものだったと想像することができる．もしそうならば，なぜ創世記6:15, 16, 7:20でキュービット（ペークス）や，創世記18:6でメトロンのようなギリシアの度量衡が使用され，またなぜ創世記20:14, 16, 23:15, 16, 出エジプト記21:32で重量の半シェケルにたいしてディドラクモン（2ドラクマスの貨幣）が用いられたのか？　これらは正確には対応しない度量衡に無関心な読者のために使用されたように見える．

以上4つのカテゴリーの中で記述した特色は，全体的に考察すれば，創世記のギリシア語訳はアレクサンドリアのギリシア人知識人のためにつくられたことを示唆する．

これらの他にも，洪水に先立つアダムの系図に特別な注意が払われねばならない．ヘブル語テクストとギリシア語訳のテクストの間には，アダムから創世記第5章の系図の第10代目のノアまでの太祖たちの年齢を加算すると586年の違いが認められる．ギリシア語訳のテクストに見られる586年の増加は見逃せるものではない．この違いは，ヨセフスが創造のときから彼の時代までの期間が5000年以上のものでなかったと言うときにはとくに大きなものとなる．もし創世記のギリシア語訳を生み出すための目的のひとつがユダヤ民族の古さを申し立てることであったならば，この父祖たちの年齢の増加は意図的なものであったように見える．

5

　出エジプト記の中の神の呼称や，地名，固有名詞，度量衡などを検討するとき，われわれが創世記の翻訳で示したのと同じ特徴が現れる．

　出エジプト記においては，翻訳者が一部のギリシア人知識人たちの中傷に留意して作業を進めているように見える箇所が2つある．第4章で，主はモーセを召し出すと，彼に奇跡を行う権能を与える．そのさい主はモーセにその手を懐に入れ，ついでそれを出すようにと命じる．出エジプト記4:6のヘブル語テクストは「そして見よ，彼の手はレプラに罹り，雪のように白くなった」と読んでいる．翻訳者は「レプラに罹った」という言葉を避け，「そして彼の手は雪のようになった」とギリシア語に翻訳する．

　なぜ翻訳者は，彼のヘブル語テクストにあったと思われる「レプラに罹った」を意味する語句の使用を避けたのか？

　ヨセフスの研究者であれば，だれでもがその答えを知っているであろう．モーセはレプラに罹ったエジプト人の大群を率いたレプラ患者だったとギリシア人たちに告発されていたのである．この言葉を避けることは翻訳者の側に立てば意図的なものであり，それは彼がギリシア人知識人を心に留めていたことを示唆する．

　これに似たもうひとつの事例がある．

　ヘブル語の出エジプト記27:28は，「おまえたちは神を罵ってはならないし，おまえたちの民の指導者を呪ってはならない」と読んでいる．ギリシア語訳では，ヘブル語テクストにあるエロヒームが複数形の形であるかのように見なされ，次のように訳される．「おまえたちは神々を罵ってはならないし，おまえたちの民の支配者を悪く言ってはならない．」「神」から「神々」への変化は，翻訳者がその想定される読者に向かって，アレクサンドリアのユダヤ人は，セラピス神を含む，アレクサンドリアの多数の神々を罵ったりはしない」と述べていることを示唆する．マネトーンは出エジプト記に見られるユダヤ人の掟にもとづいてそのような非難を歴史書の中に入れていたのである．そこでわれわれは，翻訳におけるこの変化はギリシア人の知的読者のためになされたと言うことができる．

　われわれはまだわれわれの議論を支持してくれる他のすべての事例を議論したわけではないし，またここは，翻訳者が使用したヘブル語テクストはお

|5章　はじめに創世記と出エジプト記のギリシア語訳がつくられた|

そらくは創世記と出エジプト記がひとつに合わされたテクストであったこと（やそれがマソラ・テクストの系譜に連なるものでないことなど）を議論する場所でもないが，われわれは今やここで以上の十分な理由をもって，創世記と出エジプト記のギリシア語訳は，本来，ギリシア人知識人のためになされたのであって，ユダヤ人共同体の典礼のためになされたのでないことを申し立てることができる．

結びに代えて

　創世記と出エジプト記のギリシア語訳はギリシア人の知識人に広く読まれたのであろうか？

　われわれは翻訳者が，その完成後，その翻訳を友人に見せ，「ここにわれわれの歴史があります．どうかこれを読み，マネトーンの著作からではなくて，創世記と出エジプト記のギリシア語訳からわれわれの歴史を理解してください」と言って頭を下げ懇願している姿を容易に思い浮かべることができる．われわれはまた，しばらくしてから翻訳者が友人たちに彼の翻訳を読んでくれたかと聞いたときに大きな失望を味わったと想像することもできる．実際には，多くの人は読んではくれていなかったからである．

　この翻訳はギリシアの歴史作品や文学作品と比肩し得るものだったのだろうか？

　この翻訳はギリシア人読者の耳に快適なものだったろうか？

　創世記と出エジプト記の翻訳にはヘブライズムの痕跡が多くある．これだけでも，この翻訳が他のギリシアの文学作品のように洗練されたものではなかったことを示唆するであろう．そこにはギリシア人の耳に快適には響かない多くの固有名詞や人名がある．さらに言えば，ユダヤ民族の歴史にとっては必須のものであるが，ギリシア人知識人読者にとっては必ずしも面白くない，そして退屈な物語が多くある．また重複した記述が，とくに出エジプト記の中には多くあり，それはギリシア人読者を敬遠させるひとつの要因となっていたであろう．

　アレクサンドリアのユダヤ人共同体にとっての悲劇は，創世記や出エジプト記の物語を簡潔な仕方で生み出すことのできる編集者がまだいなかったこ

141

とであり，また彼らの民族の物語を聞く者の心を掴む仕方で再話できる者がいなかったことである．ある人物はキレネのヤソンの5巻本を1巻本に要約したので，われわれは今日『マカベア第二書（マカバイ記二）』の名の書物を読むことができる[16]．この要約は紀元前2世紀になされたものである．ヨセフスはその『ユダヤ古代誌』の最初の10巻で聖書物語を再話した．彼は紀元後1世紀の著作家であり，創世記と出エジプト記の物語を，ユダヤ人でない読者を魅了するような仕方で再話した．彼は不必要であるとか退屈すると思われた聖書物語の細部を自由に削除し，代わりに，自分はヘブル語テクストには何も加えないしそこから省略することもしないと読者に約束したにもかかわらず，出エジプト記には見られないモーセのエチオピア遠征[17]や，エチオピアの王娘タルビスとの結婚[18]といった挿話をそれに加えている．創世記と出エジプト記の物語の『リーダース・ダイジェスト』版のようなものを最初に生み出したのはヨセフスであり，多分この手のリーダース・ダイジェスト版こそが，アレクサンドリアにおいてばかりか，地中海世界の他の都市におけるギリシア人知識人が創世記や出エジプト記の物語のたんなる翻訳よりももっと進んで読むことができたものであったであろう．

---

(16) この書物については，拙著『旧約聖書続編講義』（リトン，1999）33-63 参照．
(17) ヨセフス『古代誌』2・243 以下参照．
(18) ヨセフス，前掲書，2・252-53 参照．

Chapter 6

ヘレニズム的ユダヤ教と七十人訳聖書

テッサ・レイジャック

　ユダヤ人はしばしば「書の民」と形容される．

　たとえここでの書が巻物であったとしても，また口頭による伝達こそが，古代末期にはじまるユダヤ教の「書」の注解の試みを支えているのだとしても，この形容は確かに当を得たものである[(1)]．歴史の事柄としては，「書の民」という表現は，驚くほど遅い時期に歴史の中に登場する．その起源は，いささか逆説的であるが，クーラン（コーラン）にあり，そこではユダヤ人（ときにはキリスト教徒）が「書の民」（*ahl al kitab*）として語りかけられている[(2)]．それはともかく，この表現は今日まで思わぬ役割をはたしてきている．

　マイケル・フィッシュベインは，その古典的な研究『古代イスラエルにおける聖書の解釈』の前置きで，「歴史のユダヤ教では，釈義の伝統という中心的仕事は，生活と思想の全領域を規定する聖書の力を示すことである」と書いている[(3)]．ジェームス・クーゲルは，どのようにしてそれぞれの世代が，書としての聖書それ自体の解釈を見てきたかをわれわれに認識させた[(4)]．

---

(1) ラビ時代に登場した二つのトーラー，すなわち口伝のトーラーと書かれたトーラーの概念は，S. D. Fraade, 'Literary Composition and Oral Performance in Early Midrashim', *Oral Tradition* 141.1, (1999), 33-51 参照．

(2) イスラームでユダヤ教徒の関連で用いられる用語「書の民」は，G. A. G. Stroumsa, 'The Christian Hermeneutical Revolution and Its Double Helix', in Leonard Victor Rutgers, et al. (eds.), *The Use of Sacred Books in the Ancient World: Contributions to Biblical Exegesis and Theology* 22 (Leuven: Peeters, 1998), 9-28 参照．

(3) M. A. Fishbane, *Biblical Interpretation in Ancient Israel* (Oxford: Clarendon Press, 1985).

(4) このアプローチはJ. L. Kugel, *Traditions of the Bible: A Guide to the Bible As It Was at the Start of the Common Era* (Cambridge, MA: Harvard University Press, 1998) に一貫して例示されており，その著作の前置きで要約されている．Kugel は解釈とその相互関連を読み解こうとする．

さらにまた，もうひとりの影響力の非常に大きな学者モシェ・ハルバタールは，知識階級の歴史の文脈の中で展開した「テクスト中心の社会」の概念をユダヤ的領域に，とくにそのすべての位相でのラビのユダヤ教に有益な仕方で応用してみせた．そこでは，トーラー（モーセ五書）は，疑いもなく基本的な資料であり，時の経過とともに，トーラーの上に不動の基軸を置いた注解書である『ミシュナ』や『タルムード』がそれ自体の巨大な権威を獲得し，そして実際，ハルバタールが主張するように，独自な性格の正典性を獲得した[5]．

以上を議論の拠り所に，われわれは次に，いかなる役割をギリシア語訳聖書が「書の民」の生活の中で演じ得たかを問うことができる．研究者らは，概して，ユダヤ的伝統の中での聖書や聖書解釈の重要性に留意して，ギリシア語を話すユダヤ人の間での聖書のギリシア語訳の中心的役割にはほとんどすぐさま敬意を払うが，これが正確に何を意味したかや，またどのように顕在化したかに関してはあまり発言しない．

一冊の聖なる価値ある書物をもつことは，彼らの文化をそのグレコローマンの環境から截然と分かつ特色である．

多くの社会は，実際，基本的なテクストを育んでいる．これらのテクストが社会に埋め込まれてそれに貢献する仕方は多様である．われわれが「ファンダメンタリズム（伝統的な基本理念への固執）」と見なすものは，言うまでもなく，あまり問題にされない．テクストは非常にしばしば生けるダイナミックな誘因である．文化批評家たちは，「中心的役割」（centrality）が多くの建設的な役割を含むことをよく承知している．とはいえ，このテクスト依存がヘレニズム的ユダヤ教の世界において取ったであろう具体的な形については，これまでほとんど何も言われてこなかった．そこでは，聖書との関わりの一般的なパターンは，言語の隔てやパレスチナとディアスポラの隔てを横断し，また500年以上の年月を介したユダヤ人の共通財産であると，暗黙裡に仮定されている[6]．多くの研究者は，ヘレニズム・ユダヤ的文化は聖書のギリシア語訳の権威に依存していたと言うが，これはそう簡単には言える

---

(5) M. Halbertal, *People of the Book: Canon, Meaning, and Authority* (Cambridge, MA: Harvard University Press, 1997).

(6) グレコローマンのディアスポラの画像のより注意深く濃淡のつけられた素描は，J. M. G. Barclay, *Jews in the Mediterranean Diaspora: From Alexander to Trajan (323 BCE-117 CE)*, (Edinburgh: T&T Clark, 1996), 424-426 参照．

ものではない.

ギリシア語訳聖書とユダヤ人の著作

　ヘレニズム・ユダヤ的な著作には多くのテクスト・タイプがあり,これらは,異なる仕方で,聖書の中に取り込まれている.そこに取り込まれていないタイプなどはほとんどない.われわれはここで聖書と関わりをもつ主なものをごく簡単に素描してみる.

　最初に取り上げるのは「アリステアスの手紙」である.これは現存する最初期の,またある意味でもっとも注目すべき類のヘレニズム・ユダヤ的な文書である.これは,シルビエ・ホニグマンの言葉を借りれば,七十人訳聖書の「公認神話」[7]のようなものである.われわれはすでに承知しているが,「手紙」の中に含まれている言い伝えはフィロンやヨセフスによって取り上げられていることは注目に値する.彼らはその著作の中に「手紙」を含め,それぞれが異なる事柄を例証している.すなわち,ヨセフスは「手紙」の物語部分をテクストに非常に忠実に語り直し,他方フィロンは要約し飾り立て,物語の奇跡的な次元を強調する.彼らよりも前に,もうひとりの哲学的な著作家アリストブーロスがその著作の中に,どういうわけかこの同じ翻訳の物語を含めているが,これも注目に値する.もし「公認神話」が決定的に,しかもどこででも語られていた伝承であれば,翻訳は,それ自体で,非常に高い重要性をもっていたことになる.

　「書き直された聖書」(Rewritten Bible)は,ヘレニズム・ユダヤ的な伝統が生みだした著作のかなりの部分を適切に表現しているように見える.この言葉を最初に使ってみせたのはゲザ・ヴェルメシュであるが,今やそれは,多様な仕方での,聖書資料の改作を云々するのに非常に幅広く使用され,オリジナルの作品の形式や内容へさまざまな程度の敬意を払うものとなっている[8].しかしその表現は,とくにその限界をどう定義するかのときには問

---

(7) この概念はS. Honigman, *The Septuagint and Homeric Scholarship in Alexandria: A Study in the Narrative of the Letter of Aristeas* (London: Routledge, 2003) で展開されている.

(8) G. Vermes, *Scripture and Tradition in Judaism: Haggadic Studies* (2nd revised edn., Studia Post-Biblica, vol. 4; Leiden: Brill, 1973) 参照. P. S. Alexander, 'Retelling the Old Testament', in D. A. Carson and H. G. M. Williamson (eds.), *'It is Written': Scripture Citing Scripture. Essays in*

題がないわけではないが，それはわれわれの知る限り，ヨセフスや，アレクサンドリアのクレメンス，そしてエウセビオスらを介してわれわれのもとへ達しているヘレニズム・ユダヤ的な資料の痕跡を十分に特色づけている．われわれはそこに，資料を展開させたり飾り立てたりするさまざまな技量が示されているのを見る．その範囲は，トーラーだけにとどまらず，それを超えた相当広範囲にわたるもので，太祖たちばかりか，王たちや，その他の興味ある人物，たとえばヨブとその娘たちや，エレミヤにまでおよんでいる．あるいはまた著名な建造物（とくに神殿やバベルの塔）を扱い，ときに長い期間の年数を算出することがある．非常に特徴的なのはまた，ヘブルびとたちを互いに結びつけ，また彼らを他の人類と結びつける手の込んだ系図である．扱いは言葉の綿密な分析にはじまり，象徴的な意味が物語から引き出される純然たる比喩的な読み方にまで及んでいる．しかしながら，ここで少しばかり注意が必要である．ロバート・ドーランが鋭くも観察したように[9]，「エウセビオスはユダヤ民族の歴史のより古い時代や，またユダヤ人でない者たちが示した聖書的伝統の知識へ関心があったため，彼が残した断片資料は，必然的に聖書に関わっており」，そのためそれは，彼が引く多様なグループの著作家たちの真の関心事に関しては，もしかして誤った印象をわれわれに与えかねないものなのである．

「書き直された聖書」という表現はまた，他の経路でわれわれのもとへ達した作品にも言える．たとえばヨセフとエジプトのアセナトの小説的なラブストーリーである．そこでは激しいロマンス的な要素が，蜜蜂の神秘的な蜜窩（みつぶさ）が食べ尽くされると，み使いがそこから蜜蜂の大群を飛びだたせる，一風変わった改宗物語を道連れにしている．この物語はどこまでも「ファラオはヨセフにポティファルの娘を妻として与えた」と述べる創世記（41:45）の一文を拡大したものである[10]．カール・ホラデイが強調したよ

Honour of Barnabas Lindars SSF (Cambridge: Cambridge Unversity Press, 1988), 99-121. および M. J. Bernstein, 'Pentateuchal Intepretation at Qumran', in P. W. Flint and J. C. VanderKam (eds.), *The Dead Sea Scrolls after Fifty Years* (Leiden: Brill, 1998), 128-159 の重要な議論を参照．ギリシア語での「書き直された聖書」については，M. J. Bernstein, 'The Contribution of the Qumran Discoveries to the History of Early Biblical Interpretation', in Hindy Najman and Judith H. Newman (eds.), *The Idea of Biblical Interpretation: Essays in Honor of James L. Kugel* (Leiden: Brill, 2003), 215-238 に適切な発言が見られる．

(9) R. Doran, 'The Jewish Hellenistic Historians before Josephus', *Aufstieg und Niedergang der Römischen Welt* (II. 20; Berlin: De Gruyter, 1986), 246-97 参照．
(10) この興味深い年代不詳の物語についての解説は，J. J. Collins, *Between Athens and*

| 6章　ヘレニズム的ユダヤ教と七十人訳聖書 |

うに[11]．ギリシア語で著作したユダヤ人作家たちは，聖書の題材を取り上げるときには，しばしば相当自由に物語を書き直したり作り直したりしたのである．エウポレモスの登場人物の中には，たとえば，み使いのディアナサンがいる．このみ使いはダビデに神殿を建てないように勧告する．この作者はまた，ソロモンとエジプトの王ホフラ（ウァフレス）の間で交わされた書簡を創作し，列王記と歴代誌の双方で述べられている書簡のやりとりのものにする．作者はまた，エリをソロモン時代の大祭司にすることで，聖書の年代を改める[12]．このような一見荒唐無稽に見えるが，しかし決して取るに足らぬものではないアプローチは，後の時代のハガダー的なミドラシーム（聖書の注解）によく見られるように，他の言語の中を生き抜いてきた「書き直された聖書」のジャンルではごく普通のものである[13]．

　ある作品を「書き直された聖書」の鋳型の中でつくり出すことは，翻訳の過程それ自体と深く関わっていた．その「進行中の翻訳作業」は，ある顕著な現象を見せる．それは後のギリシア語の翻訳がすでになされていたギリシア語訳モーセ五書の語彙や語句を論証できる仕方で共有し，また先につくられていた他の翻訳の語彙や語句を共有し，また当然のことながらギリシア語訳の詩篇の語彙や語句を共有していることである[14]．エマニュエル・トーヴは，テクスト間に認められる語彙や語句の関連事例を収集し分析する仕事

Jerusalem: Jewish Identity in the Hellenistic Diaspora (2nd edn.; Grand Rapids, MI: William B. Eerdmans, 2000), 103-112 および 230-238 参照．R. S. Kraemer, *When Asenath Met Joseph: A Late Antique Tale of the Biblical Patriarch and his Egyptian Wife Reconsidered* (New York/Oxford: Oxford University Press, 1998). G. Bohak, *Joseph and Aseneth and the Jewish Temple in Heliopolis* (Early Judaism and its Literature 10; Atlanta, Ga.: Scholars Press, 1996) はこの小説を詳しく研究している．この物語の背後にレオントーンポリスのユダヤ人神殿の地位の格上げを読み込む．

(11) C. R. Holladay, 'Hellenism in the Fragmentary Hellenistic Jewish Authors: Resonance and Resistance', in James L. Kugel (ed.), *Shem in the Tents of Japhet: Essays on the Encounter of Judaism and Hellenism* (Supplements to the Journal for the Study of Judaism, vol. 74; Leiden: Brill, 2002), 66-91; P. W. van der Horst, 'The Interpretation of the Bible by the Minor Hellenistic Jewish Writers', in M. J. Mulder and Harry Sysling (eds.), *Mikra: Text, Translation, Reading and Interpretation of the Hebrew Bible in Ancient Judaism and Early Christianity* (Compendia Rerum Iudaicarum ad Novum Testamentum. Section 2, vol. 1.; Assen: Van Gorcum, 1988), 519-546 参照．

(12) B. Z. Wacholder, *Eupolemus: A Study of Judaeo-Greek Literature* (Cincinnati: Hebrew Union College, Jewish Institute of Religion, 1974) 参照．

(13) 第二神殿時代におけるこれらの文学技法は，とくにS. D. Fraade, 'Rewritten Bible and Rabbinic Midrash as Commentary', in Carol Bakhos (ed.), *Current Trends in the Study of Midrash. Supplements to the Journal for the Study of Judaism 106* (Leiden: Brill, 2006), 61-70 参照．

(14) E. Tov, *The Greek and Hebrew Bible: Collected Essays on the Septuagint* (Supplements to Vetus Testamentum, vol. 72; Leiden: Brill, 1999), 183-194 参照．

147

に着手し,どのようにして一部のギリシア語訳が主資料としての役割を担い,他の後の時代の諸訳に用語や概念の宝庫を供したかを示す.そのデータは,たとえ特定の資料依存の傾向が鮮明にされなくても,啓発的ではある(15).後の諸訳が先行して存在した諸訳の実質的な部分を相当程度に精通していたことが示されている.

　転写することや,誤りを正すこと,また翻訳されたテクスト(ターゲット・テクスト)を資料となるテクスト(ソース・テクスト)に近づけることなどは,翻訳の一般的な範疇に含まれるその他の行為である.入手可能なヘブライ語テクストに照らして誤りを正そうとした試みの痕跡には,多くの学問的な注意が払われてきた.もし死海近傍のナハル・ヘベルで発見された小預言書の巻物の断片のより最近の年代決定が正しければ(16),この訂正はすでにして紀元前1世紀に行われていたように見える.

　この事実の向こうにあるのは,自己表現の言語がギリシア語訳聖書によってつくられていたことである.翻訳者たちは語彙を補い,またそれと一緒に彼らが使用するヘブライ語の原著(プロトタイプ)とは決して同じではあり得ない幅広い概念をつくりだした.ギリシア語の単語は特別な意味を付されて使用され,また新しい言葉が当たり前のようにつくられた.逆接的であるが,翻訳者たちの保守的な傾向は,同時に,ギリシア語の高度に創造的な語法を許したのである.原本に比較的忠実に翻訳しようとしても,それには普通ではない規模で,語形成や意味的変化を伴った.これは一義的な重要性をもつ示唆的な文化的慣習である.ウオルター・ベンジャミンは,忠実な翻訳者たちでも,資料の言語を自国語へ翻訳するときには,その意味内容を拡大し深めると分析しているが(17),ここでの翻訳者たちもある程度彼の分析どおりである.われわれはこの具体的な例をよく承知している.なぜなら,彼らの創意工夫から生まれた言葉が,新約聖書のあのユダヤ的・ギリシア語的

---

(15) James Barr の指摘による. J. Barr, 'Review of Reider-Turner', *Journal of Semitic Studies*, 1967, 12(2), 296-304 に見られる彼の Tov 批判参照.

(16) D. Barthélemy, *Les devanciers d'Aquila: première publication intégrale du texte des fragments du Dodécaprophéton* (Supplements to Vetus Testamentum, vol. 10; Leiden: Brill, 1963) が示したように,この巻物の著作年代は彼が唱えたものよりも古いが,その転写に関わった書記の活動についての彼の中心的な結論は今日でも依然として広く受け入れられている. J. M. Dines, *The Septuagint* (London: T & T Clark, 2004), 3-4 および 81-84 の簡潔な説明は有益である.

(17) W. Benjamin, *Illuminations*, trans. Harry Zohn (New York: Shocken Books, 1968), 80; Venuti 編の再版では (2000), 22 参照.

なチャンネルを介して，今日でも多くの言語の中に入り込んで使用されているからである．Diaspora（離散），proselyte（改宗者），holocaust（焼き尽くす献げ物，転じてユダヤ人大虐殺），idol（偶像，転じてアイドル），ecclesiastical（集会の，転じて教会の），devil（悪魔），hagiography（諸書，転じて聖人伝）などは，七十人訳の言語から派生した英語の僅かな例でしかすぎない．新しい術語や新しい意味が，七十人訳の翻訳者たちによって示された勇気と創意を介して現れ出たのである．このレパートリーは拡大・展開しつつある源泉，彼らの翻訳技法の中心部分である．ギリシア語で著作したユダヤ人著作家たちはそれぞれ同じ語彙を異なる仕方で使用した．一部の術語は他の術語よりも人目にさらされ，また一部の術語は他の術語よりも長く生きながらえた．それらの伝達経路は一様ではなかった．われわれはしばしば，その基本的なレベルでの個々の単語の辞書的意味を探ろうとするとき，ギリシア語訳聖書がそれを使用するユダヤ人共同体へ与えた広範な影響力に圧倒される．

　最後であるが決して小さくはない引用の問題．

　引用は，正確なものであれ，そうでないものであれ，この特殊な語彙の拡散にとって，またより広くは資料テクスト（ソース・テクスト）との関係を申し立てるための重要な媒介物である．筆者の調べたところでは，聖書資料の正確な引用やそれへの言及は，ほとんどすべての文書テクストの中に見出される．一部のテクストにおいては他のテクストにおいてよりも引用や間接的な言及が頻繁になされているが，聖書的な響き（エコー）（のする言葉）や範例（となる言葉）は，伝統的な型板（テンプレート）にしたがわず，どちらかというと，形式と性格において，ギリシア的に見える作品においては，標識として特別な価値をもち得るものである．われわれは後の「マカベア第四書」のような七十人訳的ではない作品の中にでさえ，聖書への間接的言及や聖書からの引用が巧みに織り込まれているのを見出すことができるが，それは非常に重要である．これら二つはこの作品の至る所で見出されるが，もっとも注目すべき箇所は，多分，この作品の結末部である．そこでは技巧を凝らしたギリシア的な修辞，すなわちローマ帝国盛期のギリシア的諸都市での第2次ソフィスト運動に特徴的だった哲学的対話や，演説，道徳的教化などが組み合わされたものが見られるのである．

　最後には自身も殉教することになる母親は，毅然とした態度で，息子たちに殉教を勧めるその天晴れな言葉を内実のあるトーラー的解釈でもって締め

くくるが，そこにおいて彼女は，「律法と預言者」にもとづいて，亡き夫の教えを繰り返し，勇気の手本となるものを示し，迫害される者たちのためにインスピレーションに満ちた言葉を次つぎに連鎖的に引いている．イザヤ書 (43:2) にもとづき，彼女は「おまえは火の中をくぐるが，炎はおまえを焼き尽くすことはない」と言う．彼女は詩編 (34:19, LXX では 33:20) にもとづき，「義人には多くの艱難が臨む」と言い放ち，箴言 (3:18) にもとづき，トーラーを「命の木」と分かりやすく表現する．彼女は，エゼキエルと一緒になって，「これらの乾いた骨は生きかえるのか」と問い，申命記 30:20 を同じ申命記 32:39 と組み合わせて「わたしは殺し，また生かす．これがおまえたちの命であり，おまえたちの日数の長さである」(18) と述べて全体を結んでいる．

テクストとそれを使用する者

われわれはユダヤ人でギリシア語で著作した者たちや読者の間でギリシア語訳聖書に与えられた高度に特権的な役割を実際に指し示している文学作品を調べてみた．翻訳の形でアクセスできた，ある特定の種類の外延的な聖なるテクストへの忠誠には大きな意味が込められているにちがいない．テクスト中心主義にはそのタイプがありその段階がある．鍵となるテクストがある社会の中で演じる多くの異なる役割は，実際のところ，その社会の性格（キャラクター）によって，また同じ程度にテクストの性格（ネイチャー）によって条件づけられている．

　不幸なことに，グレコ・ローマンのディアスポラのユダヤ人たちの文学遺産はほとんど潰されており，現在残されているものは，当時の人びとが，集団として，あるいは個人として，どのような暮らしを営んでいたかに関して直接的な情報を伝える類のものではない．それでもわれわれは，物語や注解などを集め，推量し，問うことにより，ある程度ではあるが，話を展開させることができる．

---

(18) これらの一文の最後のものは，死海文書の一つ 1Q22, II, 4-5 でも引かれている．

| 6章　ヘレニズム的ユダヤ教と七十人訳聖書 |

1　トーラーの巻物自体はイコン（聖画像）のようなものであった．巻物それ自体の至上の重要性は，少なくともひとつの歴史の挿話の中で証しされている．紀元後66年にパレスチナのカエサレアの共同体で住民同士の衝突事件が起こったが，人びとはその衝突から巻物を必死になって救い出そうとした．ローマにあるユダヤ人カタコンベの多くの墓碑銘を飾るアロン（巻物棚）の中に置かれている巻物の諸巻を描いた荒削りの絵や，そこで発見された黄金のガラス製品の破片は非常に示唆的である[19]．

2　ギリシア語訳モーセ五書は，必ずしもすべてのユダヤ人ではないが，ギリシア語を話すユダヤ人にとっては，神的権威を付された霊的なテクストか啓示テクストであり，預言者による解き明かしを必要とする究極の真理を含むものだった．これはフィロンの基本的な考えでもある[20]．

3　律法授与者のモーセは，トーラーの著者ないしは伝達者として，ヘレニズム的なユダヤ人の想像の中の理想的な人物，神に直接まみえその声を聞いた預言者だった．フィロンは彼を「解釈者」（*hermeneus*）と呼んだが，『モーセの生涯』では王とも呼んでいる[21]．フィロンはこの著作の中で，王位に付随するものとして律法授与者や，預言者，そして大祭司の役割を描いている[22]．ヨセフスの『ユダヤ古代誌』の物語の中ではモーセは王であり，政治家であり，指揮官でもある[23]．もしより普遍的な傾向のあるアルタパノスのようなギリシア語で書いたユダヤ人著作家 ── 実際，彼がユダヤ人著作家と見なされたらの話である

---

[19] H. J. Leon, *The Jews of Ancient Rome* (Updated edn.; Peabody, MA: Hendrickson Publishers, 1995) の plate 20, fig. 34; Fine 1997: 155 の画像参照．
[20] フィロン『モーセの生涯』2.41-50.
[21] S. J. K. Pearce, *The Land of the Body* (*Wissenschaftliche Untersuchungen zum Neuen Testament 208*; Tübingen: Mohr Siebeck, 2007), 37-40; Francesca Calabi, *The Language and the Law of God: Interpretation and Politics in Philo of Alexandria* (Atlanta, GA: Scholars Press, 1998), 2-9 参照．
[22] フィロン，前掲書1.334 参照．
[23] モーセ像一般については，J. G. Gager, *Moses in Greco-Roman Paganism* (Society of Biblical Literature Monograph Series, 16; Nashville: Abingdon Press, 1972)参照．ヨセフスによるモーセ像については，Rajak 1972の論文「ヨセフスのモーセ」を，またオン・ライで論文を引き出すには http://pace.cns.yorku.ca/York/york/tei/jewish-history?id=50 Feldman 1993, 374-442をも参照．

が[24]──が，モーセの役割を文化的英雄，創始者，人類の恩恵者として強調することを好んだのであれば，それはそれで彼の人物像を高めるものだった．エゼキエル作とされる出エジプトの悲劇を扱った『エクサゴゲー』の中には，そのドラマの主役でもある神がモーセのために一時的にその座を明け渡す，注目すべき不可解な一瞬がある[25]．フィロンが言及するアレクサンドリアのユダヤ人の中の「極端な比喩主義者たち」にとって，モーセはすべての知恵を啓示した教師以外の何者でもなかったように見える[26]．フィロンは自らをモーセの弟子と見なした．テラペウタイと呼ばれる，マレオティス湖の近くで共住生活を営んだエジプトの禁欲修行僧たちにとって，モーセは合唱隊の指揮者だった[27]．

4　ギリシア語訳聖書はギリシア語で書いたユダヤ人たちの歴史的感覚の源泉，アイデンティティの構築用ブロック材だった[28]．このことはヨセフスの著作からはっきりと見て取れる．すなわち『アピオーンへの反論』第1巻での彼の言明を介して，また同じく，その20巻のほぼ半分が聖書物語の再話である『ユダヤ古代誌』における過去の構築作業を介してはっきりと現れ出ている[29]．その証拠は，ヨセフスがこの著作でギリシア語訳聖書とヘブライ語聖書の助けを借りていることを示している．

5　教育のあるユダヤ人が，危機に直面してギリシア語で自己表現をする

---

[24] 最近の疑義は，H. Jacobson, 'Artapanus Judaeus', *Journal of Jewish Studies*, 2006, 57(2), 210–21 参照．

[25] エゼキエルについての詳細な議論は，H. Jacobson, *The Exagoge of Ezekiel* (Cambridge: Cambridge University Press, 1983) 参照．より最近の議論は，Pieter Willem van der Horst, 'The Interpretation of the Bible by the Minor Hellenistic Jewish Writers', in M. J. Mulder and Harry Sysling (eds.), *Mikra: Text, Translation, Reading and Interpretation of the Hebrew Bible in Ancient Judaism and Early Christianity* (Compendia Rerum Iudaicarum ad Novum Testamentum. Section 2, vol. 1.; Assen: Van Gorcum, 1988), 519–546 参照．

[26] J. E. Taylor, *Jewish Women Philosophers of First-century Alexandria: Philo's 'Therapeutae' Reconsidered* (Oxford: Oxford University Press, 2003).

[27] フィロン『観想的生活』87.

[28] Tessa Rajak, *The Jewish Dialogue with Greece and Rome: Studies in Cultural and Social Interaction* (Arbeiten zur Geschichte des antiken Judentums und des Urchristentums 48; Leiden: Brill, 2001), 11–37 での「ユダヤ人の歴史感覚」についての議論を参照．

[29] ヨセフスの『ユダヤ古代誌』については，Tessa Rajak, *The Jewish Dialogue with Greece and Rome: Studies in Cultural and Social Interaction* (Arbeiten zur Geschichte des antiken Judentums und des Urchristentums 48; Leiden: Brill, 2001), 11–37 参照．

とき，彼らの心の備えとなったのは聖書であった．あり得ない場所，たとえば，包囲された住民に向かってエルサレムの城壁の上で行ったとされる演説の中で，ヨセフスは聖書から道徳的な事例や有益な言葉を自在に引いているが，これは考慮されるべき事柄であろう．もちろん，彼はギリシア語で書いているのであり，ギリシア語を話すユダヤ人たちが『ユダヤ戦記』の読者の中にいることは想定されねばならない．とはいえ，ここでの画像には何ほどかの真実らしさがある．彼らの心の中にある聖書は七十人訳であったにちがいない．

6　ギリシア語訳のトーラーは，ギリシア語を話すユダヤ人にとって，ユダヤ的な実践や慣習の第一決定要因だった．それらは，多分，出エジプト記や，レビ記，そして申命記の中で定められた諸規定の実用主義的解釈によって支配されていた．「アリステアスの手紙」の中では，明らかに些細に見える食事や清めの諸規定が正当化されているが，それはより広い道徳的な目的，すなわちより高次の徳の追求の視点からなされている．しかし，諸規定が純粋に象徴的なものであったとしても，それらの起点は，トーラーの中に刻み込まれた非常に厳密な要求への敬意の中にある．

7　ギリシア語訳聖書は，ディアスポラの地のユダヤ人にとっては，実践倫理の指針となるものであった．われわれはここで，ギリシアの格言詩人フォキリデースの作とされる古典ギリシア語で書かれた興味深い詩を取り上げてみよう[30]．そこでは，ユダヤ人や，ユダヤ教，律法，聖書などは言及されていない．予想される偶像批判も欠けている．しかし，ユダヤ的伝統の影響は明らかで，それは，貧しい者を助けることや，謙譲，敵兵の扱い，死者の埋葬，同性愛などの問題に見られる．また，「偽りの証人から遠ざかれ」[31]とか，「正しい秤で量れ」(*metra nemein ta*

---

(30) P. W. van der Horst, *The Sentences of Pseudo-Phocylides* (Studia in Veteris Testamenti Pseudepigrapha 4; Leiden: E. J. Brill, 1978)参照．また James H. Charlesworth, *The Old Testament Pseudepigrapha*, vol. 2 (Garden City, NY: Doubleday, 1985); E. Schürer, *The History of the Jewish People in the Age of Jesus Christ (175 B. C.-A. D. 135). A New English Version.*, eds F. Millar, G. Vermes, and M. Goodman, vol. 3 (Edinburgh: T. & T. Clark, 1986); J. M. G. Barclay, *Jews in the Mediterranean Diaspora: From Alexander to Trajan (323 BCE-117 CE)* (Edinburgh: T&T Clark, 1996); John Joseph Collins, *Jewish Wisdom in the Hellenistic Age* (Edinburgh: T & T Clark, 1997) をも参照．

(31) Pseudo-Phocylides, v. 12, *marturien pseude*. 出エジプト記 20:16，申命記 19:13-19，箴言 21:28 など．

dikaia)$^{(32)}$といった七十人訳の用語を用いた直截な命令も見られる．一部の教えは知恵文学や預言書から引かれている$^{(33)}$．ジェイコブ・ベルネイズは1856年に鋭い洞察力でこの作品を読んだが，それ以来，この著者はユダヤ人であるとされている．たとえここにユダヤ人の聖書に夢中になり，ユダヤ人の道徳性のさまざまな側面に惹かれたひとりの異教のギリシア人改宗者の姿が見られるとしても，この人物は，ユダヤ教の教えを身につけたユダヤ人とほとんど変わりがない．

「ソロモンの知恵」であるが，それは正義を追い求め，善なるものを愛すための力ある方への希求ではじまり，知恵は決して罪と共存しないと考える著者の基本的な真理を強調する．フィロンも，プラトン的な形而上学的な枠の中にいながら，モーセ五書の釈義から彼の中心的な倫理的命題を引き出している．

8　ギリシア語訳のトーラー —— トーラーは一般にギリシア語の「ノモス」で言い表される —— は，ユダヤ法廷の審理で，法体系として用いられることがあったと考えられる$^{(34)}$．ヘーラクレオポリスのユダヤ人自治共同体（ポリテウマ）に由来する20葉のパピルス（P. Colon. 29）を編纂した者たちは，前2世紀の半ばに，七十人訳の他の用語は僅かにしか使用されていないのに，離婚証書を表すビブリオン・アポスタシウーが使用されていることに注目した．

9　トーラーの朗読はシナゴーグの中心的事柄であり，共同体を際立たせるのに大いに寄与し，またその発展に活力を与えた．ヨセフスは彼自身の時代との関連でこのことを説明し，その慣習を賞賛している．70年以前のギリシア語を話すエルサレムのシナゴーグでのトーラーの学びは，あの有名なテオドトス碑文$^{(35)}$や使徒言行録の中で証しされている．考古学的発掘は，後の時代のことであるが，シナゴーグ内でのトーラーの置き場所がいかに重要なものであったかを十分に裏付けている$^{(36)}$．

---

(32) Pseudo-Phocylides, v. 13. 申命記 25：14, レビ記 19：35 参照.

(33) Van der Horst, *The Sentences of Pseudo-Phocylides*, 122 は，「これらの文節が七十人訳からであることは非常に明瞭である」と述べている.

(34) この線に沿っての議論はかっては E. Bickerman と結び付くものであったが，最近では J. Mélèze-Modrzejewski の一連の論文の中で展開されている.

(35) この碑文を70年以前のものだとする，この碑文の包括的な研究は，J. S. Kloppenborg, 'Dating Theodotos (*CIJ* II 1404)', *Journal of Jewish Studies*, 2000, 51(2), 243-280 参照.

(36) P. W. van der Horst, *Hellenism, Judaism, Christianity: Essays on Their Interaction* (Kampen:

6章　ヘレニズム的ユダヤ教と七十人訳聖書

10　義務としての祈りはラビ時代以前の世界では限られたものだったが，祈りの役割は，公的なものであれ私的なものであれ，このヘレニズム・ローマ時代に大いに拡大された．われわれは，それがディアスポラのユダヤ人に影響を与えたと想像する．第二神殿時代のユダヤ人の著作は，ギリシア語で書かれたものであれ，ヘブライ語で書かれたものであれ，格調ある祈りで横溢しており，そこでは形式的要素が創造的精神性と結びついている．ひとつの事例を引き合いにだす．「エステル記」のギリシア語訳は，その付加部分に，危機の劇的な瞬間に口にされたモルデカイとエステルの雄弁な祈りを含めているが[37]，それは純然に文学的な理由からではない．ユーディト・ニューマンはギリシア語で書かれたユダヤ人の著作に挿入された祈りの「文書化」(scripturalization)の範囲に注意を喚起した．ギリシア語で現存する「ユディト書」や，ギリシア語で書かれた「マカベア第三書」の中に祈りを挿入した者たちは，聖書的な言葉遣いやモチーフにより頼みながら，それらを読者のために織り込んでいる．読者はその付加に気づくであろうが，それをよしとするであろう．そこでの技法は，クムラン出土のヘブライ語の祈りのテクスト断片（そのすべてが死海の宗教共同体の中で最初に書かれたとする必要はない）の中で非常に大きな効果を発揮した[38]．

Kok Pharos, 1994) で，トーラーの朗読の早い時期の証拠に関して，McKay1 の議論についての van der Horst のコメント参照．統合的な特色としてのシナゴーグの聖櫃については，L. V. Rutgers, *The Hidden Heritage of Diaspora Judaism* (Contributions to Biblical Exegesis and Theology 20; Leuven: Peeters, 1998) 参照．

(37) 祈りは「付加部分 C」に見られる．

(38) J. Newman, *Praying by the book: The Scripturalization of Prayer in Second Temple Judaism*, 1999, SBLJL 14, 11-17 参照．クムランの祈りについては，E. G. Chazon, 'The Function of the Qumran Prayer Texts: An Analysis of the Daily Prayers (4Q503)', in Lawrence H. Schiffman, Emanuel Tov, and James C. VanderKam (eds.), *The Dead Sea Scrolls: Fifty Years after Their Discovery. Proceedings of the Jerusalem Congress, July 20-25, 1997* (Jerusalem: Israel Exploration Society in cooperation with the Shrine of the Book, Israel Museum, 2000), 217-225; E. G. Chazon, 'When Did They Pray? Times for Prayer in the Dead Sea Scrolls and Associated Literature', in Randal A. Argall, Beverly A. Bow, and Rodney A. Werline (eds.), *For A Later Generation: The Transformation of Tradition in Israel, Early Judaism, and Early Christianity* (Harrisburg, Trinity Press International, 2000), 42-51; E. G. Chazon, 'Human and Angelic Prayer in Light of the Dead Sea Scrolls. Proceedings of the Fifth International Symposium of the Orion Center for the Study of the Dead Sea Scrolls and Associated Literature, 19-23 January, 2000', in Esther G. Chazon with the collaboration of Ruth A. Clements and Avital Pinnick (ed.), *In Liturgical Perspectives: Prayer and Poetry in Light of the Dead Sea Scrolls* (Brill: Leiden, 2003), 35-47; E. G. Chazon, 'The Use of the Bible as a Key to Meaning in Psalms from Qumran', in M. Paul Shalom, et al. (eds.), *Emanuel:*

11 トーラーへの献身はユダヤ教の推進力と説明される．それは至高の役割に高められ，ある状況下では，命以上のものとされた．たとえば，1世紀の後半のことであるが，ユダヤ人たちは自分たちの「ノモス」を犯すよりは死を選ぶと，ヨセフスは『アピオーンへの反論』の中で強調するが，その強調は殉教のユダヤ理念の本質を明確に表現するものである(39)．

トーラーを遵守するユダヤ人たちの共同体は，さまざまな仕方で聖書にさらされている．そこではまた，ユダヤ教の中心的な諸活動がその日常生活の中に織り込まれており，切り離すことなどはほとんどできない．ヨセフスは，『アピオーンへの反論』の中で，学習の過程としてトーラーの規則正しい朗読の習慣について語っている．タルグムはミドラシュ的な拡大と説明が付け加えられた聖書のアラム語訳であるが，それは教育の道具である．より近年のユダヤ教においては，礼拝も学習であり，学習も礼拝である．ユダヤ人の集いでは，それがシナゴーグの中であれ，その他の場所であれ，祝祭や安息日のトーラー朗読は，その昔から行われてきた(40)．預言者の書の朗読の習慣化は後のもので，それは使徒言行録が書かれた1世紀の終わりになってはじめて証しされている．それゆえ，内的証拠を後の時代のハフタロートの（朗読）サイクルに一致させることで，ギリシア語訳聖書の中の最後部で翻訳された諸書の展開を跡付けようとしたサッカレーの試み(41)は成功しなかったが，それは興味深い失敗であった．

Studies in Hebrew Bible, Septuagint and Dead Sea Scrolls in Honor of Emanuel Tov (Supplements to Vetus Testamentum 94.2; Leiden: Brill, 2003), 85-96 参照.
(39) ヨセフス『アピオーンへの反論』1.42; 2.218; 232; 272; 292.『戦記』2.152-3;『古代誌』15.288 をも参照. 律法のためのユダヤ人の殉教は，J. W. van Henten, *The Maccabean Martyrs as Saviours of the Jewish People: A Study of 2 and 4 Maccabees* (Supplements to the Journal for the Study of Judaism, 57; Leiden: E. J. Brill, 1997) 参照.
(40) シナゴーグでのトーラーの定期的な朗読は，C. Perrot, 'The Reading of the Bible in the Ancient Synagogue', in M. J. Mulder and Harry Sysling (eds.), *Mikra: Text, Translation, Reading and Interpretation of the Hebrew Bible in Ancient Judaism and Early Christianity* (Compendia Rerum Iudaicarum ad Novum Testamentum. Section 2, Literature of the Jewish People in the Period of the Second Temple and the Talmud; Assen/Philadelphia: Van Gorcum/Fortress Press, 1988), 137-159 と H. A. McKay, *Sabbath and Synagogue: The Question of Sabbath in Ancient Judaism* (Religions in the Graeco-Roman World 122; Leiden: Brill, 1994) 参照.
(41) H. St J. Thackeray, *The Septuagint and Jewish Worship: A Study in Origins* (2nd edn.; London: The British Academy, 1923) 参照.

トーラーの朗読がヘブライ語とギリシア語の双方でなされた可能性がある．アラム語で書かれたタルグムの起源は歴史の霧の中へ消え失せて不明であり，そのため初期のタルグム的習慣が手本のようなものを供し得たかどうかは確言できない．しかしこれはあり得たであろう，たとえ七十人訳が比較的短期間のうちに独立した地位を獲得することで自らを他と区別したとしても[42]．教育の分野では，ヘレニズム的な弟子グループにおいてのように[43]，あるいはクムラン共同体や律法学者たちの学校ベト・ミドラシを範にして，成人男子によるグループ学習や，ユダヤ人子弟の学びが考察されねばならない．これらすべてにおいて，声を出して読むことや，記憶すること，またテクストの小さな諸単位に多くの注意を払うことなどが要求された[44]．

われわれの目は今や外に向かう．

最初の世代による翻訳の後，翻訳は間違いなく他のユダヤ人センターでもなされ，それらの翻訳はディアスポラの地において，またパレスチナにおいても受け入れられた．

問いや留保

われわれは次に，これまでの検討から現れ出てくる「テクスト中心主義」，すなわち「聖書主義」が，すべての場合にそうであるのかを問わねばならない．ここに，たとえわれわれの証拠が完全であるように見えたとしても，輪郭のはっきりしない画像から生じる問いや留保がある．

---

(42) 接触点について幅広い考察は，R. Le Déaut, Roger (1984), 'La Septante, Un Targum', in Raymond Kuntzmann, Jacques Schlosser, and Roger Arnaldez (eds.), *Études pour le judaïsme hellénistique. Congrès de Strasbourg, 1983* (Lectio Divina, 119; Paris: Éditions du Cerf, 1984), 147-195 参照．

(43) キリスト教徒の教師と哲学者が同じようにして教えた「場」については，L. Alexander, '"This is That": The Authority of Scripture in the Acts of the Apostles', *Princeton Seminary Bulletin* (2002) 参照．

(44) 最初期の段階から翻訳者たちの方法論の背景としての律法学者たちの声を出しての朗読や解釈は，A. van der Kooij and K. van der Toorn, *Canonization and Decanonization* (Studies in the History of Religions, v. 82; Leiden: Brill, 1998) 参照．アレクサンドリアにおける教育と学習については，Cribiore 1996 参照．ヘレニズム時代やローマ時代初期の世界におけるより包括的なものは，Morgan 1998 参照．

● 第Ⅱ部　ヘレニズム的ユダヤ教とモーセ五書 ●

　もしギリシア語に訳された聖書の内容やその諸部分へのアクセスが容易で，それがユダヤ人の書くことを特色づけたのであれば，それは非常にしばしば，ユダヤ人であることの識別子 (identifier)，ユダヤ人であることのバッジであったであろう．人は，この仕方で，世界の目の中でユダヤ人著作家として自らを運命づけたのである．

　聖書により頼むことは，ときに文体の問題となる．修辞的道具の背後に横たわる世界がどんなものであるのかは，切り離されて部分的にしか残されていない資料からは推し量ることはできない．

1　これらのヘレニズム化されたユダヤ的文化を背景としてこれらの作品が生み出されるためには，聖書の研究と解釈が，少なくともトーラーの研究と解釈が，ユダヤ人エリートの生活の中にその場を持つ必要があったことは明らかであるが，他方われわれはまた，このまったく同じ都市型のユダヤ人エリートが諸都市に住むギリシア人エリートに接触でき，彼らの文化的生活に与ることが出来たことも認めなければならない．もしそうなら，聖書がこのグループの教育や，宗教活動，文化活動の唯一無二の基盤とはなり得なかったであろう．フィロンの場合であるが，アラン・メンデルソンは，彼の著作自体の内容にもとづいてばかりか，パイデイア（教育）についてのこの哲学者の明白な発言にもとづいて，アレクサンドリアのユダヤ人社会の上層部を構成した者たちは，文法や，修辞，それに哲学などを中心とした，そしてローマ時代以前はギュムナシウムを中心とした，完全なギリシア的教育に与っていたと結論づけた[45]．換言すれば，もしユダヤ的アイデンティティが多くのヘレニズム化されたユダヤ人の唯一か中核的なアイデンティティでなかったならば，トーラーの役割は，彼らの文化的雑種の思考世界において，議論の余地なき首位性を占めることなどできなかったということになる．

2　エリートたちの世界の向こうに目をやると，ギリシア語訳聖書の知識が，奴隷の生涯を送ったユダヤ人をも含むあらゆる階層のギリシア語を話すユダヤ人男性たちに等しく共有されたかどうかの疑問が生じる．ヨセフスは，『アピオーンへの反論』の中で取り上げるユダヤ人にとって，

---

(45) A. Mendelson, *Philo's Jewish Identity* (Brown Judaic Studies no. 161; Atlanta. GA: Scholars Press, 1988) 参照．

| 6章　ヘレニズム的ユダヤ教と七十人訳聖書 |

律法がいかに重要であるかを一般的な言葉で示すが、われわれは彼の申し立てを多少割り引く必要があるかもしれない。言うまでもないが、現存するギリシア語で書かれたユダヤ人の著作のすべてがハイ・カルチャーに属したのではない。ヨセフとアセナトの物語には小説的な特色があり、そのためそれはしばしばユダヤ的小説と見なされているが、小説は、一般的には、「中級知識人」(middlebrow)の作品と分類されている。個人の銘刻文も、碑文であれ献辞であれ、エリートの狭い世界よりも広い領域を開いてくれることがある。だがそれでもわれわれは、われわれの理解がエリートたちの世界の向こうには及ばないことを認めねばならない。そしてそれが深刻な限界である。

3　テクストを中心とした社会の特色のひとつは、テクストの権威がその解釈者 ── 律法学者であれ、教える者であれ、またこの場合のようにその名の分からぬ翻訳者であれ ── に地位を授けたことである[46]。彼らの労なくしては、聖書の諸書の集成は周囲の状況に関わるものとしてとどまり得なかったであろう[47]。解釈学は、認識的不一致、すなわち古い聖書と現在の認識の中に反映されたもろもろの観念の間の距離と緊張を克服した[48]。しかし、翻訳者は別として、一体だれが、ギリシア語を話すユダヤ人にとって、トーラーの権威ある解釈者だったのか？　あたかもノモディダスカロス（法を教える者）のような学者を指しているかのよう響く若干の個人の肩書きが墓碑銘に見られるが、それは古代末期以前ではない。もし彼らがディアスポラのユダヤ人の生活の中で主要な役割を担うものであったならば、われわれは、彼らについてもっと多くのことを聞くことが出来ていたであろう。

これらは本気で問わねばならぬ事柄であり、また留保しなければならぬ事柄でもある。これらは最終評価の段階でひとつの場を見いださねばならない。しかしこれらは、公平に言っても、ヘレニズム的ユダヤ教の遺産から現れ出

---

[46] M. Halbertal, *People of the Book: Canon, Meaning, and Authority* (Cambridge, MA: Harvard University Press, 1997) 参照。

[47] M. A. Fishbane, *Biblical Interpretation in Ancient Israel* (Oxford Clarendon Press, 1985) は、これがどう機能するかについて見事な分析をしている。

[48] G. A. G. Stroumsa, Gedaliahu 'The Christian Hermeneutical Revolution and Its Double Helix', in Leonard Victor Rutgers, et al. (eds.), *The Use of Sacred Books in the Ancient World: Contributions to Biblical Exegesis and Theology 22* (Leuven: Peeters, 1998), 10 参照。

る聖書中心主義についてのわれわれの理解やわれわれの驚きを損なうものではない．われわれは七十人訳の重要さを疑ってみる必要はない．われわれは翻訳された「書の民」のテクストへの献身を疑ってみる必要はない．しかし，強調すべきことは，ユダヤ教のほかならぬこの世界は，独自な仕方でテクスト中心主義であったことである．少数民族として暮らすことで受けるさまざまな制約は，伝統の保護を要求する．自分に課す制約がもとめられ，そして絶えず定義し直される．聖書への固執は，ギリシア語を話すユダヤ人にとって，この目的のための道具であり，そこから他の道具が生まれた．とはいえ，ディアスポラのユダヤ人が自分たちのトーラー，いや自分たちのノモスの周りに群れ集まったと考える理由はどこにもない．その反対である．ギリシア語訳聖書は「ヘレニズム化された」ユダヤ人のユダヤ的アイデンティティの要求を満たしたが，他方それはまた，逆説的でもあるが，それによって地中海世界のユダヤ人たちがより「ヘレニズム化」した知的な通路を供したのである．なぜならばそれは，彼らの生活が，その宗教的生活をも含めて，ギリシア語で営まれ得ることを保証したからである[49]．ギリシア語ができれば，当時の知られていた世界のより大きな部分へアクセスできた．そのため，ギリシア語を話すユダヤ人は，多分，トーラーによって，あるいはトーラーを介して十全にというよりは，トーラーとともに生活したのであり，その点でクムラン宗団やイエス運動とは対照的だった．とはいえ，トーラーが絶えず彼らのコンパニオンであることへの恩義は，ユダヤ人の存続へのそのコンパニオンの貢献が計りしれないものだったように，計り知れないものだった．

(秦剛平訳)

---

[49] この逆説に注目した数少ない研究者のひとりは K. Treu, 'Die Bedeutung des Griechischen für die Juden im römischen Reich', *Kairos*, 1973, 15, 123–144 であった．これは時代を先取りしたものである．

Chapter 7

フィロンはどのギリシア語訳聖書を読んでいたのか？

グレゴリー・E・スターリング

　アレクサンドリアのフィロンは，よく知られている一文の中で，ヘブライ語聖書のギリシア語訳の過程を叙述している．翻訳者たちはアレクサンドリアの喧噪を逃れてファロス島が提供してくれた隔離の生活に入った．「彼ら（翻訳者たち）は誰にも知られることなく（この島で）生活した．（そこには）人影はまったくなく，ただ自然の構成要素である地，水，大気，天しか存在しなかった．これらの誕生こそはその聖なる教えの最初のものだった．というのも，律法（の書）の初めは宇宙の形成であるからである．」このような場所で「彼らは霊感に突き動かされたかのようになったので，各人が各様に解釈したのではなく，あたかもひとりの解釈者が，目には見えぬ仕方で，各自に口述させたかのように，すべての者が同一の語彙や単語を（選んだのである）．」

　このアレクサンドリア人は，この言語的一致についての驚きを表現し続けた．というのもギリシア語は非常に豊かな言語であるため，同じ思想内容を表すのに複数の表現が可能だからだ．「しかし，こうしたことは，この律法（の翻訳）では起こらず，権威ある言葉でもって同じ権威が（この翻訳に）付されたと言われる．ギリシア語（の訳文）がカルデア語（の本文）で指し示された事柄に見事に合致したのである．」[1]

　もしフィロンの言葉を文字どおりに受け取るならば，われわれは単一の，一般に認められた形のモーセ五書のギリシア語訳がアレクサンドリアで読ま

---

(1) Philo, *Mos.* 2.37–38. とくに指示しない限り，翻訳はすべて筆者による．

れていたと想像するであろう．しかしながら，事実はそうではなかった[2]．われわれにとってここで必要なのは，フィロンが引用した聖書のギリシア語訳テクストをわれわれが現在知っている七十人訳の主要な写本と比較し，ギリシア語訳にはさまざまな差異があったことを認識することである．フィロンの使用した聖書テクストは，七十人訳の近代の批判的テクストに比較的近いとはいえ，無視できないほどの多くの差異が存在する．

この相違についてはこれまで主に三つの説明がなされてきた．第一に，フィロン研究史の初期には，大半の研究者が，フィロンは七十人訳を用いており，逸脱は比較的重要なものでないと信じていた．フィロンの最初の批判的な校訂本を編集し，*Philo ubique sequitur LXX*[3] を書いたのはトーマス・マンジェイであった．フィロンに見られる差異を説明しようとした者たちは，それらは派生的かつ偶発的な伝承に関する諸要因と同時にテクスト上の本質的な差異を含む，広範囲にわたる多様な要因の結果であると考えた[4]．

マンジェイの匿名の評者は，彼の結論に挑戦して別の説明を提案した．その評者は，相違が頻繁に見られるのは，フィロンが七十人訳ではない別の版にしたがっていたか，誰かが彼のテクストをアクィラ訳と照合して編集したことを示していると考えた[5]．この提案はフィロンの大型版テクスト（editio major）の出版準備が行われている間に勢いを得た．パウル・ヴェントラントは，フィロンの引用がルキアノス校訂本のそれに最も近いと考えた[6]．彼の論文におけるエベルハルト・ネストレへの間接的な言及は，学識ある本文批評家たちとフィロンのふたりの編者の間に議論を引き起こした．ネストレ

---

[2] 七十人訳の起源と諸版についての近代的な議論の要約として E. Tov, "The Septuagint," in M. J. Mulder, *Mikra: Text, Translation, Reading and Interpretation of the Hebrew Bible in Ancient Judaism and Early Christianity* (CRINT II. 1; Assen/Maastricht: Van Gorcum/Philadelphia: Fortress, 1988), 161–188 参照．

[3] P. Katz, *Philo's Bible: The Aberrant Text of Bible Quotations in Some Philonic Writings and its Place in the Textual History of the Greek Bible* (Cambridge: Cambridge University Press, 1950), 128 によって引用されている T. Mangey 参照．

[4] C. Siegfried, "Philo und der überlieferte Text der LXX," *ZWT* 16 (1873): 217-38, 411-428, 522-540 および H. B. Swete, *An Introduction to the Old Testament in Greek* (2nd ed. rev. R. S. Ottley; Cambridge: Cambridge University Press, 1914; repr., New York: Ktav, 1968), 372–376 参照．

[5] *Bibliothèque Raisonnée des Ouvrages des Sabants de l' Europe* 32 (1744): 299–309. この書評は Katz, *Philo's Bible*, 127–129 に要約されている．

[6] P. Wendland, "Zu Philo's Schrife de posteritate Caini (Nebst Bemerkungen zur Rekonstruktion der Septuaginta)," *Philologus* 57 (1898): 248–288, とくに 284–287 参照．

7章 フィロンはどのギリシア語訳聖書を読んでいたのか？

は二つの写本UとFに代表されるヘブライ語により近いテクストを好んだが[7]，他方ヴェントラントとレオポルド・コーンは，このテクストは──アクィラや，シュンマコス，テオドティオンのような後の時代の諸訳のように──フィロンが読んだテクストの後代の修正であると論じた[8]．マンジェイの評者とネストレの見方は，フィロンにおける異なる読みは，七十人訳よりもヘブライ語テクストに近く，ギリシア語版の，現在知られている最も古い形を構成していると論じたアウグストゥス・シュレーダーの博士論文において頂点に達した[9]．シュレーダーは，その影響力がこの見方に大きな重みを与えたパウル・カーレによって強力に支持された[10]．

皮肉なことに，第三の見方──コーンとヴェントラントによって先取りされた見方──へと導く役割を果たしたのがカーレであった．彼は，オックスフォードで1940年に開催された教父学会で，後にピーター・ウォルターズとして知られるようになるペーター・カッツに，（七十人訳とは）大きく異なる引用は注意深く研究されるべきだと提案した．カッツはカーレの提案を受け入れたが，フィロンは七十人訳を使用したが4世紀から6世紀の写字生がフィロンの聖書からの引用を訂正したと論じて，カーレの仮説に反対することになった．つまり大きく異なるテクストは二次的なテクストであって，フィロンのテクストではないということだ[11]．

フィロンはギリシア語聖書のどのテクストを読んでいたのだろうか？

この問題は複雑である．これには七十人訳のテクスト[12]とフィロンが引

---

(7) E. Nestle, "Zur Rekonstrukution der Septuaginta," *Philologus* 58 (1899), 121-131参照. 同著者による "Zur neuen Philo-Aufgabe," *Philologus* 59 (1900): 356-371, 同著者による "Zur neuen Philo-Aufgabe: Eine Replik," *Philologus* 60 (1901): 271-276 参照.

(8) L. Cohn and P. Wendland, "Zur neuen Philo-Aufgabe: Eine Erwiederung," *Philologus* 59 (1900): 521-531, とくに 525 と 532-536 参照.

(9) A. Schröder, "De Philonis Alexandrini Vetere Testamento," (Dissertation, Gryphiae, 1907).

(10) P. Kahle, "Untersuchungen zur Geschichte des Pentateuchtextes," *Theologische Studien und Kritiken* 88 (1915): 399-439, とくに 420-423 参照. 同著者による *The Cairo Geniza* (2nd ed., Oxford: Basil Blackwell, 1959), 247-249 も参照. G. E. Howard, "The 'Aberrant' Text of Philo's Quotations Reconsidered," *HUCA* 44 (1973): 197-209 は大きく異なる読みのいくつかはフィロンのテクストに由来すると論じた.

(11) P. Katz, "Das Problem des Urtextes der Septuaginta," *TL* 5 (1949): 1-24. 同著者による *Philo's bible*; 同著者による "Septuagintal Studies: Their Links with the Past and their Present Tendencies," in *The Background of the New Testament and its Eschatology in Honor of C. H. Dodd* (eds. W. D. Davies and D. Daube; Cambridge: Cambridge University Press, 1956), 205-208 も参照.

(12) 筆者は七十人訳の底本として J. W. Webers, ed., *Genesis* (Septuaginta Vetus Testamentum

用したギリシア語テクスト[13]の二つを復元する作業が関わるからである．この問題に対処するために筆者は，寓意的注解の中の『律法の寓意的解釈』から聖書テクストを選ぶことにする．筆者は二つの理由から，寓意的注解の諸論文を選ぶ．第一に，寓意的注解が，解釈の出発点として聖書テクストからの引用を使用しているからである．他の二つのセットの注解は聖書テクストに基づいてはいるが，同じ仕方でそれを用いているのではない．『創世記問答』は問いかけを出発点（point d'appui）として用いている．その問いは，しばしば聖書テクストの引用を組み込んではいるが，聖書テクストを全文引用してはいない．これら諸論文は律法の注解の中で，注解のためのはじまり部分として聖書テクストを引用するというよりは，フィロンによる聖書テクストの要約を使用している．第二に，既に指摘したように，フィロンの諸論文における引用の性格については議論がある．マソラ・テクストのヘブライ語に近いテクストか，大きく異なるテクストが三つの写本系統 UFL の中に存在することはしばしば指摘されてきた．それゆえわれわれは，これらの写本の中に含まれている諸論文のテクストの歴史を精査する必要がある．『律法の寓意的解釈』はこの点で理想的である．これはフィロンのテクスト伝承において，次の諸写本によって代表されている．

Leg. 1　　MAPUFL アルメニア語版
Leg. 2　　MAP アルメニア語版
Leg. 3　　ABPH

諸写本を一瞥しただけで，写本伝承の背後にあるテクストの複雑さが見てとれる．これら三つの論文は，A と P の系統においてのみ保存されているが，その系統はそれらの論文をつねに単元として保存しているわけではない[14]．他の諸写本はこれらの論文のうちひとつかふたつしか保存していな

　　　Graecum 1; Göttingen: Vandenhoeck & Ruprecht, 1974) 版を用いる．
(13) 筆者はフィロンのテクストのためには L. Cohn, P. Wendland, S. Reiter, and I. Weisegang, eds., *Philonis Alexandrini opera quae supersunt* (7 vols.; Berlin: George Reimer, 1896–1930) の版を用いる．以下 PCW と略記する．
(14) A には 8 つの写本が含まれる．13 世紀の Monacensis graecus 459 は，フィロンの作品集成の中では主要で代表的なものであるが，*Leg.* 3 と *Leg.* 1–2 を別扱いする．*Leg.* 3 が 8 番目の作品，それにたいして *Leg.* 1 は 34 番目の作品，*Leg.* 2 は 35 番目の作品とされている．P にはただひとつの写本，すなわち 13 世紀か 14 世紀の Petropolitanus XX Aa1 としかない．そのフィ

い(15).これら諸論文を注意深く読めば,聖書テクスト解釈における欠落箇所があることにも気づかされる.フィロンは『創世記問答』(16)において創世記 3:1b-8a と 3:20-23 を扱っているが,そのどちらも扱われていない.読者はまた,三番目の論文の長さが最初の二つの論文を合わせた以上のものであることにも気づかされる.これらの事実は,フィロンの本来の注解が四つの論文含むものだったという仮説をもっともらしいものにする.すなわちその四つの論文とは,第一の論文=現在の『律法の寓意的解釈』1-2(創世記 2:1-3:1a の注解),第二の論文=散逸している(創世記 3:1b-8a の注解),第三の論文=現在の『律法の寓意的解釈』3(創世記 3:8b-19 の注解),第四の論文=散逸している(創世記 3:20-23 の注解)(17)である.

したがってわれわれは,二つの問題を抱えることになる.URL における聖書テクストと M,A,P におけるそれの関係,そしてフィロンの聖書テクストと七十人訳の関係である.

第一の問題に対処するために筆者は『律法の寓意的解釈』1 MAP および UFL(補遺 1:『律法の寓意的解釈』1 に見られるフィロンの『創世記問答』のテクスト校訂)(18) に見られるフィロンによる創世記 2:1-17 の注解の主要な題目

ロンの作品集成の中で,*Leg.* 2 は 3 番目の作品,また,*Leg.* 3 は 5 番目の作品とされている.詳細は Cohn, PCW 1: iv-x, xvii-xix および H. L. Goodhart and E. R. Goodenough, "A General Bibliography of Philo Judaeus," in E. R. Goodenough, *The Politics of Philo Judaeus: Practice and Theory* (New Haven: Yale University Press, 1938; rev. ed., Hildesheim, 1967), 139-140, 150(以下 GG と略記)参照.

(15) M は 13 世紀の写本.Laurentianus plut X cod 20 からのみ成り,その作品集成の中で,*Leg.* 1 および *Leg.* 2 を 1 番目の作品とする(PCW 1: xxxi-xxxiv および GG 149 参照).U は 2 つの写本を含む.*Leg.* 1-2 はその作品集成の中で 2 番目の作品であるように見える(PCW 1: xix-xx および GG 151 参照).F は 3 つの写本から成る *Leg.* 1 この系統の主要な写本 Laurentianus plut. LXXXU cod. 10 の中で 26 番目の作品である(PCW 1: xx-xxv および GG 146 参照).UF については PPCW 1: xix-xxxi も参照.L は 16 世紀の写本 Paresenus graecus 433 である(PCW 1: svi-xvii および GG 149 参照).B は 6 つの写本を含む.主要な写本である Venetus graecus 41 は *Leg.* 3 をその作品集成の中で 23 番目の作品とする(PCW 1: x-xi および GG 141 参照).H は 12 の写本を含む.主要な写本である Venetus graecus 40 は *Leg.* 3 をその作品集成の中で 43 番目の作品とする(PCW 1: xi-xvi および GG 147-8 参照).アルメニア語の写本は PCW 1: lii-lvi 参照.

(16) 各々 QG 1.31-44 および 52-57 参照.また *Leg.* 2.19 における創世記 2:20 の欠落は QG 1.24 において扱われていることにも注意が必要である.

(17) J. Morris, "The Jewish Philosopher Philo," in E. Schürer, *The History of the Jewish People in the Age of Jesus Christ* (3 vols.; rev. G. Vermes, F. Millar, and M. Goodman; Edinburgh: T & T Clark, 1973-1987), 3.2:830-833 はそのように見る.

(18) Cohn は次のような言葉でこの二つの系統の質について彼の判断を表現している.「Arm MAP が物語のより優れた部分のほとんどを提供し UFL はそれより劣ったものを提供してい

から聖書の引用の問題に着手する．筆者は MAP の読みを左の欄に，UFL の読みを右の欄に置いた．筆者による主要な題目の比較は限定的なものであるが，それはフィロンがテクストを注解する際，目の前に創世記の写しを置いていたと思われるからである．その注解で，二次的・三次的な題目を，ギリシア語訳聖書のモーセ五書あるいはその他の箇所から引くとき，フィロンが聖書テクストを目の前に置いていたかどうかは定かではない[19]．筆者は相違点を太字で示し，二つの主要なグループ間の読みの違いは脚注で扱った．創世記第2章の1節から17節までの，二つの写本グループの間には少なくとも28の異なる読みがある[20]．

　一方では MAP 系統内での一致と UFL 系統内での一致が，他方ではこの二つのセットの写本間での差異が重要で，われわれはそのため『律法の寓意的解釈』1における創世記第2章のテクストが別個の形で二つ存在することをかなりの程度に確信し得るのである．しかしながらこれは，これら二つの校訂の相互関係や，あるいはさらに重要な，ギリシア語聖書の歴史との関係の問いには答えない．この作業をするために，筆者は比較する対象を拡大し，創世記の第2章の1節から第3章の19節までと，『律法の寓意的解釈』1–3における主要な題目を含めることにした．この作業はまた，他の写本系統か

---

[19] 筆者はこれらのテクストを詳細に研究していない．ここでの筆者の立場は，フィロンが寓意的注解を書いたとき彼は創世記のテクストを目前に置いていたように見えるというものである．彼は他の書の巻き物にも同様にあたっていたかもしれない．しかしながら確固とした基礎をすえるために，筆者は主題だけを考慮することにする．

[20] 創 2:1 συνετελέσθησαν ὁ οὐρανὸς καὶ ἡ γῆ MAP ἐτελέσθησαν οἱ οὐρανοὶ καὶ ἡ γῆ UFL；創 2:1 πᾶς ὁ κόσμος αὐτῶν MAP πᾶσαι αἱ στρατιαὶ αὐτῶν UFL；創 2:2 τῇ ἡμέρᾳ τῇ ἕκτῃ MAP ἐν ἡμέρᾳ τῇ ἕκτῃ UFL；創 2:2 τὰ ἔργα αὐτοῦ ἃ ἐποίησεν MAP τὸ ἔργον αὐτοῦ ὃ ἐποίησεν UFL；創 2:2 τῇ ἡμέρᾳ τῇ ἑβδόμῃ MAP τῇ ἑβδόμῃ ἡμέρᾳ UFL；創 2:2 ἀπὸ πάντων τῶν ἔργων αὐτοῦ MAP ἀπὸ τῶν ἔργων αὐτοῦ UFL；創 3:3 εὐλόγησεν MAP ηὐλόγησεν UFL；創 3:3 ποιεῖν ὁ θεός MAP ὁ θεὸς ποιῆσαι UFL；創 2:4 οὐρανοῦ καὶ τῆς γῆς MAP οὐρανοῦ καὶ γῆς UFL；創 2:6 ἐκ τῆς γῆς MAP ἀπὸ τῆς γῆς UFL；創 2:6 πᾶν τὸ πρόσωπον τῆς γῆς MAP τὸ πρόσωπον τῆς γῆς UFL；創 2:7 χοῦν MAP χοῦν λαβὼν UFL；創 2:7 ἀπὸ τῆς γῆς MAP ἀπὸ τῆς χθονός UFL；創 2:7 εἰς ψυχὴν ζωῆς MAP εἰς ψυχὴν ζῶσαν UFL；創 2:8 ἔθετο MAP ἔθηκεν UFL；創 2:9 ἐν μέσῳ τῷ παραδείσῳ MAP ἐν μέσῳ τοῦ παραδείσου UFL；創 2:10 ποτίζειν τὸν παράδεισον MAP τοῦ ποτίζειν τὸν παράδεισον UFL；創 2:10 εἰς τέσσαρας ἀρχάς MAP εἰς τέτταρας ἀρχάς UFL；創 2:11 ἐκεῖ οὗ ἐστιν τὸ χρυσίον M Arm ἐκεῖ οὖν ἐστιν τὸ χρυσίον AP ἐκεῖ ἐστιν τὸ χρυσίον UFL；創 2:12 καὶ ἐκεῖ ἐστιν ὁ ἄνθραξ MAP ἐκεῖ ἐστιν ὁ ἄνθραξ UFL；創 2:13 πᾶσαν τὴν γῆν Αἰθιοπίας MAP τὴν γῆν Αἰθιοπίας UFL；創 2:14 ὁ δὲ ποταμὸς ὁ τέταρτος MAP καὶ ποταμὸς ὁ τέταρτος UFL；創 2:14 Εὐφράτης MAP οὗτος Εὐφράτης UF οὗτος ὁ Εὐφράτης L；創 2:16 βρώσει φάγῃ MAP φάγεσαι UFL；創 2:17 τοῦ γινώσκειν καλὸν καὶ πονηρόν MAP τοῦ εἰδέναι γνωστὸν καλοῦ καὶ πονηροῦ UFL；創 2:17 οὐ φάγεσθε ἀπ' αὐτοῦ MAP οὐ φάγεσαι UFL；創 2:17 ᾗ δ' ἂν ἡμέρᾳ MAP ὅτι ἐν ἡμέρᾳ ᾗ UFL；創 2:17 φάγητε ἀπ' αὐτοῦ MAP φάγῃ ἀπ' αὐτοῦ UFL．

7章 フィロンはどのギリシア語訳聖書を読んでいたのか？

らのテクストの精査を可能にさせる．複雑なことはもう一つある．それは注解を考慮することなく主要な題目を精査するだけでは充分ではないことである．カッツが強調しているように，どのようにして主要な題目が注解に見られる二次的な引用の中で取り上げられているかに注意を払うことが重要なのである．この注解はしばしばテクストに見られる語順を明らかに問題にしているので，われわれはそれらの例の中にフィロンのテクストがあることを確信し得るのである．従って注解における二次的引用は，主要な題目のチェックとして役立つのである．同時にフィロンは，その注解の中でテクストの正確な語順について常にコメントしているわけではない．われわれは彼がその注解の中でテクストを敷衍している可能性を考慮しなければならない．

比較を容易にするために，筆者はこの資料を介して作業を進めるための共観表（シノプシス）を作った．創世記のゲッチンゲン版を左の欄に，フィロンのコーン・ヴェントラント版を中央の欄に，フィロンの注解における主要な題目の二次的引用を右の欄に置いた（補遺2：『律法の寓意的解釈』1-3における創世記2:1-3:19のフィロンのテクスト）．筆者は七十人訳とフィロンの主要な題目の間の重要な読みの違いを太字の文字で示し，フィロンの主要な題目と注解の間の読みの違いを斜体の文字で示した．題目の三次的で後の時代の引用は，ギリシア語断片と『創世記問答』のアルメニア語訳の中での引用とともに脚注で示した[21]．語尾の -ν[22] や，多くの要因にもとめられるであろうスペルの違い[23]といったマイナーな相違は重要ではなく，注意を払う

---

(21) 筆者は F. Petit編, *Quaestiones in Genesim et in Exodum: Fragmenta graeca* (Les oeuvres de Philon d'Alexandrie 33; Paris: Editions du Cerf, 1978) の版を用いる．アルメニア語版については P. J. B. Aucher, *Philonis Judaei Paralipomena Armena. Libri videlicet quatuor in Genesin libri duo in Exodum. Sermo unus de Sampsone. Alter de Jona. Tertius de tribus angelis Abraamo apparentibus* (Venice: S. Lazari, 1826) を用いる．F. C. Conbeare, "Upon Philo's Text of the Septuagint," *The Expositor* 4 (1891), 456-466 は QG 1.1-57 (= Gen 2:4-3:24) はアルメニア語の古い版をギリシア語にしたものを提供している．

(22) フィロンの写本はつねにではないか，しばしば選択的な -ν を落としている．たとえば，ἐποίησε (2:2), ἐπότιζε (2:6), ἔπλασε (2:8, 注解における諸写本の伝承に留意せねばならないとしても), ἔλαβε と ἐποίησε (2:15), εἶπε (2:18), ὕπνωσε と ἔλαβε (2:21), ἐποίησε (3:1), ἐκάλεσε (3:9), ἡπάτησε (3:13), εἶπε (3:14), そして εἶπε (3:16).

(23) たとえば Φεισών (2:11) はフィロンの写本にはいくつかの形で現れる (Φυσων)．そして七十人訳の諸写本には Φισων, Φεισων, Φησων, Φυσων などで現れる．この相違は音記の違いのためか，イタシズムといった単純なケースによるものであろう．ἐάν と ἄν (2:19) の綴りの相違は驚きではない．ἐάν はしばしば関係詞の後に ἄν の代わりに使われる．ὀστέων と ὀστῶν (2:23) の相違は単純な縮約の問題である．いくつかの七十人訳の写本もまた縮約形を用いているということに留意すべきである．15-17-426 14-52-73-77-128-408-500-615. 最後にフィロンの諸テ

必要はない.

翻訳における相違

　二つのタイプの異読がある. 一部の異読は翻訳技法や好みにおける違いに由来し, 一部の異読は底本としたヘブライ語テクストが異なるものであることを反映しているかもしれない. これら二つの可能性のうちどちらか一つに決定するのは必ずしも常に可能なことではない. 筆者はマソラ・テクストとクムラン出土のヘブライ語テクスト —— それが存在していればの話しであるが[(24)]—— を含め, われわれの分析の助けとする. われわれは広範な結論を導き出す前に, 大きな異読のすべてを介してわれわれの作業を押し進めよう.

1. 創世記 2:2

マソラ本文
ויכל אלהים ביום השביעי
（そして神は七日目に終えた.）

七十人訳
καὶ συνετέλεσεν ὁ θεὸς ἐν τῇ ἡμέρᾳ τῇ ἕκτῃ
（そして神は六日目に終えた.）

フィロン（写本 MAP）
καὶ συνετέλεσεν ὁ θεὸς τῇ ἡμέρᾳ τῇ ἕκτῃ
（そして神は六日目を終えた.）

フィロン（写本 UFL）
καὶ συνετέλεσεν ὁ θεὸς ἐν ἡμέρᾳ τῇ ἕκτῃ
（そして神は六日目に終えた.）

クストは, 七十人訳がヘレンスティックな ἕνεκεν (2:24) を使うのに対してアッティカ方言の ἕνεκα を使う.

(24) 筆者は, 親切にも関連する DJD シリーズ中の創世記 1–3 章の断片すべてのフォト・コピーを提供してくれた同僚, Eugene Ulrich に感謝する.

7章 フィロンはどのギリシア語訳聖書を読んでいたのか？

ギリシア語訳の訳者はみな，ヘブライ語のביום השביעיに困難を覚えた．というのも，創世記 1:31 における六日目の終わりを示す「時を表す言葉」の要約的なものと，それにつづく創世記 2:1 における神が創造の行為を終えたことを認める文言の直後にこれがきているからである．ヘブライ語は完了形として意味をなしているが，翻訳者たちはみな，テクストがביום הששיと読んでいるかのようにそれを扱った[25]．ギリシア語訳の訳者だけでなく，サマリア五書とシリア語版（ペシッタ）も「六日目に」[26]と読んでいる．サマリア五書，ギリシア語訳，シリア語版で伝えられてきた読みは，これらの読みとは異なるヘブライ語テクストに由来するものかもしれないが，マソラ・テクストの読みは lectio difficilior（難しい読みのほうがより古い読み）の例であって，おそらくより古い読みであろう．後代の書記か翻訳者たちが，このヘブライ語に感じ取った困難を解消しようと試みた可能性がある[27]．

ギリシア語の転写は一様ではなかった．七十人訳とフィロンの UFL は，בをἐν に置き換えることによって，ヘブライ語に逐語的にしたがっている．フィロンの MAP は時間の与格を用いているが，ギリシア語として何の問題もないものである．興味深いことに，アクィラ，シュンマコス，テオドティオンらも与格を用いている[28]．この文節における MAP の慣用句的な特徴は，創世記 2:1 の翻訳のパターンとも合致する．そこでは，השמים והארץ ויכלו（そして天と地が完成された）が UF(L) では καὶ ἐτελέσθησαν οἱ οὐρανοὶ καὶ ἡ γῆ（そして諸天と地が完成された）と訳され，MAP と七十人訳では καὶ συνετελέσθησαν ὁ οὐρανὸς καὶ ἡ γῆ（そして天と地が一緒に完成された）と訳されている．וכל צבאם（すべての軍勢＝すべてのもの）の訳にも違いがあり，写本に見られる集合名詞の数量をあらわす形容詞の位置が，UFL では αἱ στρατιαὶ αὐτῶν（そのすべての軍勢）と，MAP と七十人訳では πᾶς ὁ κόσμος αὐτῶν（いっ

---

[25] J. W. Wevers, *Notes on the Greek Text of Genesis* (Septuagint and Cognate Studies 35; Atlanta: Scholars Press, 1993), 20 参照．

[26] Cf. *Jub.* 2:16 も参照．

[27] E. Tov, "The Rabbinic Tradition concerning the 'Alterations' inserted into the Greek Pentateuch and their Relation to the Original Text of the LXX," *JSJ* 15 (1984), 86 は七十人訳が別のヘブライ語テクストから訳されたのか，それとも問題を解決しようとしてこうなったのかという問題を未解決のままにしている．

[28] 筆者はF. Field, *Origenis Hexaplorum quae supersunt sive veterum interpretum Graecorum in totum Vetus Testamentum fragmenta* (2 Vols.; Oxford, 1875; repr. Hildesheim: Georg Olms, 1964) を用いる．

さいの秩序）と入れ替わっている(29)．これらの違いを特徴づけることは簡単ではない．七十人訳と写本のMAPはヘブライ語の単数形を保持しているが，写本のUFLは集合名詞のその翻訳ではより逐語的である．

フィロンは，その注解において，日と数詞の間の異なる順序を保持している．これは後の時代の書記が題目を変更してそれを七十人訳と合わせたのかどうか，それともフィロンがその注解の中でテクストを敷衍したのにすぎないのかどうかという問題を示す好い例である．同じ構造の第二の例がこれにつづく．

2. 創世記2:2

マソラ本文

וישבת ביום השביעי

（彼［＝神］は七日目に休まれた．）

七十人訳

καὶ κατέπαυσεν ἐν τῇ ἡμέρᾳ τῇ ἑβδόμῃ

（そして彼［＝神］は七日目に休まれた．）

フィロン（写本 MAP）

κατέπαυσεν οὖν τῇ ἡμέρᾳ τῇ ἑβδόμῃ

（そこで彼［＝神］は七日目に休まれた．）

フィロン（写本 UFL）

κατέπαυσεν οὖν τῇ ἑβδόμῃ ἡμέρᾳ

（そこで彼［＝神］は七日目に休まれた．）

この例では七十人訳がヘブライ語に忠実にしたがっているが，フィロンの写本の二つのグループは，少しばかり異なる仕方だとはいえ，相違している．οὖν（そこで）は ו 継続法の異なる訳語であるように見える(30)．ギリシア語の諸訳は他の選択し得る限定的構成法となっている．すなわち，七十人

---

(29) Cohn, "Zur neuen Philo-Aufgabe," 525 は，これを後代の修正の例としている．相違の性質を決定するのは簡単なことではない．七十人訳と MAP がヘブライ語の単数形を保っているのに対し，UFL はより逐語的に対応する集合名詞の訳をつけている．

(30) οὖν は創世記1-11章の七十人訳においては珍しい．それはたった4回だけ現れる．フィロンでは普通に用いられるものであり，Leg. 1 には56回，Leg. 2 には41回，Leg. 3 には94回現れる．

7章 フィロンはどのギリシア語訳聖書を読んでいたのか?

訳と MAP はヘブライ語の語順にしたがい,名詞を強調するギリシア語での限定的構成法を使っているが,他方,UFL は形容詞を強調する限定的構成法を用いている.形容詞と名詞の順序は,注解の中で二番目に引いた語句の中に見出されるものと同じである.MAP が語順においてより逐語的であり,UFL はより自由であるという事実は,この場合,UFL を優先させる議論の根拠となる(31).同時に,ギリシア語の文章構成法においては,二つの共通の構文のどちらか一つを選ぶことに重きを置くのは誤りであろう.

3. 創世記2:3

マソラ本文
אשר ברא אלהים לעשות
(神がつくっていた創造を)

七十人訳
ὧν ἤρξατο ὁ θεὸς ποιῆσαι
(神は着手したところの)

フィロン(写本 MAP)
ὧν ἤρξατο ποιεῖν ὁ θεός
(神は着手したところの)

フィロン(写本 UFL)
ὧν ἤρξατο ὁ θεὸς ποιῆσαι
(神は着手したところの)

ギリシア語訳の訳者たちは,創世記の二つの創造物語において,一貫して ברא(32) עשׂה(33) の訳語に ποιέω をあてる.この箇所は例外で,ここでは二つのヘブライ語の単語が並置されているため,訳者たちは訳語を区別している.訳者たちは בראשית ברא を ἐν ἀρχῇ ἐποίησεν. と訳した創世記1:1を残響させようとした.そこで彼らは,創世記2:3において,ברא を ἤρξατο と訳し,לעשׂות を ποιῆσαι と訳した.これは第一の創造物語を一つの際立った単位として第二のそれと区別する包摂構造(inclusio)を創出した.このことは,訳

---
(31) Howard, "The 'Aberrant' Text of Philo's Quotations Reconsidered," 203-04 も同様.
(32) 創世記1:1, 21, 27 (3回).
(33) 創世記1:7, 11, 12, 16, 25, 26, 31; 2:2 (2回), 3, 4, 18.

171

者たちが創世記第1章と第2章を二つの創造物語として考えていたことを示唆する[34].

しかしながら，ギリシア語訳の訳者たちは一様ではなかった．七十人訳とフィロンの写本 UFL はヘブライ語テクストの語順にしたがっているが，MAP はその語順を鋳直している．不定詞における異なる語順と異なる時制は，訳者の好みを反映するように見える．このパターンは，創世記2:2（前掲2）における時をあらわす語句の名詞と形容詞の語順を除いて，一貫している．

4．創世記2:7

マソラ本文

וייצר יהוה אלהים את האדם עפר מן האדמה

（そして神・主（ヤハウェ）は地の埃から人を形づくった．）

七十人訳

καὶ ἔπλασεν ὁ θεὸς τὸν ἄνθρωπον χοῦν ἀπὸ τῆς γῆς

（そして神は地の埃から人を形づくった．）

フィロン（写本 MAP）

καὶ ἔπλασεν ὁ θεὸς τὸν ἄνθρωπον χοῦν ἀπὸ τῆς γῆς

（そして神は地の埃から人を形づくった．）

フィロン（写本 U/UFL）

καὶ ἔπλασεν ὁ θεὸς τὸν ἄνθρωπον χοῦν λαβὼν ἀπὸ τῆς χθονός

（そして神は大地から埃を取って人を形づくった．）

創世記第2章の人間の創造物語はフィロンにとって非常に重要であった[35]．残念なことに，この聖書テクストにはテクスト上の問題がいくつかある．

写本の U には λαβὼν が認められる．この付加はギリシア語をよりスムー

---

(34) J. Cook, "The Exegesis of the Greek Genesis," in *VI Congress of the International Organization for Septuagint and Cognate Studies* (ed. C. E. Cox; SBLSCSS 23; Atlanta: Scholars Press, 1987), 91–125, とくに 108–10 および M. Rösel, *Übersetzung als Vollendung der Auslegung: Studien zur Genesis-Septuaginta* (BZAW 223; Berlin/New York: Walter de Gruyter, 1994), 54–55 参照．

(35) 詳細は T. H. Tobin, *The Creation of Man: Philo and the History of Interpretation* (CBQMS 14; Washington D. C.: The Catholic Biblical Association, 1983), 56–101, とくに 77–87 および 87–93 参照．

ズにし，また七十人訳の多くの写本において認められる[36]．コーンはこれを，『世界の創造』(*De opificio mundi*) 134 での並行引用を根拠として最良の読みであると擁護する．このギリシア語はほとんどすべての写本[37]において認められ，注解[38]でも繰り返されている．ヨセフスが創世記第 2 章の再話においてそれを読んでいるのは注目に値する[39]．ここではテクスト上の根拠が弱いが，テクストを転写した者が付加したというより，フィロンはこれを認めたが，他の者たちはテクストを七十人訳の主要なテクスト伝承に合わせるためにこれを落とした可能性がより高い[40]．写本の UFL は，他の箇所でのギリシア語読みは γῆς であるが，アクィラと同様に χθονός と読んでいる．

5. 創世記 2:8

マソラ本文

ויטע יהוה אלהים

（そして神・主（ヤハウェ）は植えた.）

七十人訳

καὶ ἐφύτευσεν κύριος ὁ θεός

（そして神・主は植えた.）

フィロン（写本 MAPUFL）

καὶ ἐφύτευσεν ὁ θεός

（そして神は植えた.）

創造物語に神の名が現れたり，現れなかったりする．これは複雑な問題である[41]．二つの名前 יהוה אלהים が合成されたものは，創世記 2:4-3:19 に

---

[36] たとえば λαβὼν χοῦν が 314 に，χοῦν λαβών が 15-72-426 16-77-413-551 75 46-370 31 54 55 59 730 に認められる．
[37] VMABPH には認められるが，FG には認められない．
[38] Philo, *Opif.* 135 および 137 参照．
[39] Josephus, *AJ* 1.34, ἔπλασεν ὁ θεὸς τὸν ἄνθρωπον χοῦν ἀπὸ τῆς γῆς λαβών …
[40] Katz, *Philo's Bible*, 9 はこの包摂構造に反論している．Howard, "The 'Abrrant' Text of Philo's Quotations Reconsidered," 205 はこれを支持している．
[41] M. Rösel, "Die Übersetzung der Gottesnamen in der Genesis-Septuaginta," in *Ernten was man sät. FS K. Koch* (eds., D. K. Daniels, V. Greßmer, M. Rösel; Vluyn: Neukirchen, 1991), 357-77, とくに 370-371 参照．彼は θεός が単独で יהוה אלהים の訳として現れるとき，神の創造行為が含意されていると指摘している．これは，フィロンにおいて，ここでのみ θεός が単独で現れる

17回現れる[42]. 七十人訳には κύριος ὁ θεός[43] が10回, ὁ θεός[44] が7回現れるが, ὁ θεός のみが יהוה אלהים の訳語として現れることがない.

　フィロンのテクストは，この箇所以外では，どの場合も七十人訳と一致している[45]. フィロンのテクストが，七十人訳の写本の多くと一致していることは注目に値する[46]. したがって七十人訳とフィロンの間の相違は，背後にあるヘブライ語テクストにおける相違というよりも，ギリシア語訳における相違か，ギリシア語写本の伝達における相違に起因するものである可能性がより高い.

6. 創世記2:9

マソラ本文

ויצמח יהוה אלהים

（そして神・主（ヤハウェ）は生えさせた.）

七十人訳

καὶ ἐξανέτειλεν ὁ θεὸς ἔτι

（そして神はさらに生じさせた.）

フィロン（写本 MAPUFL）

καὶ ἐξανέτειλεν ὁ θεὸς

（そして神は生じさせた.）

　七十人訳にはマソラ本文やフィロンには欠けている ἔτι が認められる. このギリシア語は七十人訳の小文字写本のひとつにおいて欠けている[47]. このギリシア語は創世記2:19においても認められるが，そこではこのギリシア語はサマリア五書の עוד と等値である. 創世記2:9および2:19において，七十人訳の訳者たちは，多分，創造におけるひとつの出来事が再度語られていることを説明するために，テクストを拡大したのであろう. この場合，それはたぶん1:12と関係していて，創造の二つの物語を区別するものであっ

　　理由かもしれない.
(42) 創世記2:4, 5, 7, 8, 9, 15, 16, 18, 19, 21, 22; 3:1, 8（2回）, 9, 13, 14.
(43) 創世記2:8, 15, 16, 18, 22; 3:1, 8（2回）, 9, 14.
(44) 創世記2:4, 5, 7, 9, 19, 21; 3:13.
(45) アクィラ訳では κύριος ὁ θεός である.
(46) 18-79-559-551-569 75 121-424 31 319 539
(47) 59.

たであろう(48)．フィロンのテクストに ἔτι がなかったことは確実である．さもなければ彼はそれを使って，創世記第 1 章の一般的な草木と創世記第 2 章の特定の木の間の差異を，創世記 2:19(49) において ἔτι を説明したように，説明したであろう．

7. 創世記 2:13

マソラ本文

הוא הסובב את כל ארץ כוש

（これはクシュ全土をめぐっている．）

七十人訳

οὗτος ὁ κυκλῶν πᾶσαν τὴν γῆν Αἰθιοπίας

（これはエチオピア全土をめぐるものである．）

フィロン（写本 MAPUFL）

οὗτος ὁ κυκλοῖ πᾶσαν τὴν γῆν Αἰθιοπίας

（これはエチオピア全土をめぐっているものである．）

フィロン（アルメニア語訳）

οὗτος ὁ κυκλῶν πᾶσαν τὴν γῆν Αἰθιοπίας

（これはエチオピア全土をめぐるもの．）

ギリシア語訳の訳者たちは，ギホン川の流れを記述するヘブライ語の分詞を訳すとき，分詞で訳すか，直説法で訳すかしている．七十人訳とフィロンのアルメニア語訳は分詞を用いているが，諸写本やフィロンの注解での二次的引用はすべて直説法を用いている．フィロンの聖書が κυκλοῖ(50) と読んでいたことはほとんど疑いない．この翻訳は七十人訳のより文学的な訳とは異なる文学的センスを反映している(51)．

---

(48) Cook, "The Exegesis of the Greek Genesis," 110–13, Wevers, *Notes on the Greek Text of Genesis*, 26 および Rösel, *Übersetzung als Vollendung der Auslegung*, 54–55, 62–63, 69 参照．

(49) *Leg.* 2.11–13 および QG 1.19 参照．

(50) Katz, *Philo's Bible*, 14 は注解におけるこの読みが題目 (lemma) に影響していることを典型的に論じている．しかしながらこの場合，彼はすべての写本において直説法の証拠があるという認識を要求されているのだ．注解においてこの読みが題目を修正するために用いられていると想定することができない理由の好例である．

(51) 七十人訳の古ラテン語訳やアルメニア語訳は直説法を用いている（La Arm）．

8. 創世記 2:14

   マソラ本文
   והנהר הרביעי הוא פרת
   (そして第四の川，それはペラテである．)

   七十人訳
   ὁ δὲ ποταμὸς ὁ τέταρτος, οὗτος Εὐφράτης
   (そして第四の川，それはエウフラテースである．)

   フィロン（写本 MAP）
   ὁ δὲ ποταμὸς ὁ τέταρτος Εὐφράτης
   (そして第四の川はエウフラテースである．)

   フィロン（写本 UFL）
   καὶ ὁ ποταμὸς ὁ τέταρτος, οὗτος Εὐφράτης
   (そして第四の川，それはエウフラテースである．)

　エウフラテース川に同じパターンが認められる．七十人訳および UFL の訳者たちは，ヘブライ語の人称代名詞を，主格の意で訳している．MAP は少しばかり直訳でないことを示している．七十人訳の小文字写本のいくつかも指示代名詞 οὗτος を欠いているが，それは注意に値する[52]．

9. 創世記 2:15

   マソラ本文およびクムラン第四洞窟出土の 4QGen^b frg. 1 ii
   ················· ויקח יהוה אלהים את האדם
   (そして神・主［ヤハウェ］はその人間をとった．)

   七十人訳
   καὶ ἔλαβεν κύριος ὁ θεὸς τὸν ἄνθρωπον ὃν ἔπλασεν
   (そして神・主は自らが形づくった人を連れて．)

   フィロン（写本 MAP）
   καὶ ἔλαβε κύριος ὁ θεὸς τὸν ἄνθρωπον ὃν ἐποίησε
   (そして神・主は自らつくった人を連れて．)

---

(52) 17-135-426 16.

7章　フィロンはどのギリシア語訳聖書を読んでいたのか？

フィロン（写本 UFL）
καὶ ἔλαβε κύριος ὁ θεὸς τὸν ἄνθρωπον ὃν ἐποίησε
（そして神・主は自らがつくった人を連れて．）

　ギリシア語訳にはマソラ本文やクムランの第四洞窟出土の創世記断片 4QGen^b frg. 1 ii には欠けている関係節が認められる．この説明的付加（gloss）のための関係節の使用はすでに 2:8 で認められるが，ここでの使用は，多分，そこからのものであろう[53]．この付加の結果は，それが物語を 2:7-9 に戻し，そして 2:11-14 を本題から離れたものとして一括して扱うことになる．

　この説明的付加は写本の転写過程のかなり早い時期に起こったに違いない．というのは，それが広く一般的に認められるからである．この説明的付加は，ヘブライ語写本の伝統に見られる異読なのか，それともこれはギリシア語訳の翻訳の伝統において生じたのか？　七十人訳写本の大半は ἔπλασεν と読んでいる．この動詞は，創世記の第1章から第3章までで語られている創造物語の中で創世記第2章においてのみ見出される動詞である[54]．フィロンの転写の伝統の中にある写本と七十人訳の写本の一部のセットは創造物語に圧倒的に使用されている動詞 ἐποίησε を読んでいる[55]．フィロンのテクストが ἐποίησε と読んでいたことはほとんど疑いない．これはすべての写本によって，注解における二次的・三次的引用によって，そして人間的な神の創世記 1:27 における ἐποίησε と 2:7 における ἔπλασε を明白に区別した注解の中で彼がそこに置いた強調によって支持されている[56]．翻訳の伝統は一貫して ברא を ποιέω で，יצר を πλάσσω で訳しているので，異読はヘブライ語写本の伝統において生じたものかもしれない．あるいは，フィロンかプラトン主義者が，創世記第1章と第2章における二人の人間の間の関係を説明するためにテクストを変更したのかもしれない．

---

(53) Wevers, *Notes on the Greek Text of Genesis*, 29 も同様．
(54) ヘブライ語の動詞 ברא（創世記 1:1, 21, 27 [3回] :2:3）と עשה（1:7, 11:16, 25, 26, 31:2:2 [2回], 3, 4, 18）は創世記1-2章では一貫して ποιέω で訳されている．ヘブライ語の動詞 יצר（創世記 2:7, 8, 19）は πλάσσω で訳されている．
(55) M 72 128 75 120 55 730
(56) たとえば Philo, *Leg.* 1. 88-89. ふたりの人間については Tobin, *The Creation of Man: Philo and the History of Interpretation*, 20-35, とくに 24 参照．

10. 創世記2:19

マソラ本文

וכל אשר יקרא לו האדם נפש חיה
הוא שמו

(そしてその人が生きているものを呼ぶ名がすべて，それがそのものの名である．)

七十人訳

καὶ πᾶν, ὃ ἐὰν ἐκάλεσεν αὐτὸ Ἀδὰμ ψυχὴν ζῶσαν,

τοῦτο ὄνομα αὐτῷ

(そしてアダムが生ける霊を何と呼ぼうと，それがその名と［なるのだった］．)

フィロン（写本 MAP）

καὶ πᾶν, ὃ ἂν ἐκάλεσεν αὐτὸ Ἀδὰμ ψυχὴν ζῶσαν,

τοῦτο ὄνομα αὐτῷ

(そしてアダムが生ける霊を何と呼ぼうと，それがその名と［なるのだった］．)

フィロン（アルメニア語版）

καὶ πᾶν, ὃ ἂν ἐκάλεσεν αὐτὸ Ἀδὰμ ψυχὴν ζῶσαν,

τοῦτο ὄνομα αὐτοῦ

(そしてアダムが生ける霊を何と呼ぼうと，それがその名と［なるのだった］．)

七十人訳とフィロンの諸写本は所有代名詞を，名前のための標準的なギリシア語イディオムを反映させる与格で訳している．フィロンのアルメニア語版と七十人訳の多くの写本はより直訳的な属格を使用している[57]．コーンとヴェントラントは，彼らのフィロン校訂版ではアルメニア語版にしたがっている．しかしながら，われわれが見てきたパターンは，彼らが諸写本にしたがって与格形を採るべきであったことを示している．

11. 創世記2:21

マソラ本文

ויסגר בשר תחתנה

(そして彼は彼女のかわりの肉をふさいだ．)

---

[57] A 17-135 56-129 343-344 54 319 509.

七十人訳

καὶ ἀνεπλήρωσεν σάρκα ἀντ' αὐτῆς

(そして彼 [＝神] はそこに肉をつめた.)

フィロン

ἀνεπλήρου δὲ σάρκα ἀντ' αὐτῆς

(そして彼 [＝神] はそこに肉をつめた.)

次の例においては，好みの相違が動詞の時制に認められる．神がアダムの傷跡を閉じる記述では，七十人訳の転写の伝統の中にもいくつか異読があるが，すべてはアオリストの時制である[58]．フィロン写本の転写の伝統は未完了形を保持している．これは純粋に訳者の文学的センスの問題である．

12. 創世記 2：22

マソラ本文

ויבן יהוה אלהים את הצלע

אשר לקח מן האדם

לאשה

(そして神・主 [ヤハウェ] はアダムからとった肋骨を女に形づくった.)

七十人訳

καὶ ᾠκοδόμησεν κύριος ὁ θεὸς τὴν πλευράν,

ἣν ἔλαβεν ἀπὸ τοῦ Ἀδάμ,

εἰς γυναῖκα

(そして神・主はアダムからとった肋骨を女に形づくった.)

フィロン

ᾠκοδόμησεν

…………

εἰς γυναῖκα

(……女に形づくった.)

寓意的注解におけるフィロンの釈義の基本的なパターンは，主たる題目を

---

(58) 相違には ἐπλήρωσε 125 および ἀντεπλήρωσε 551 53 が含まれる.

引き，次に語句ごとに説明するというものである．しかしながら，いくつかの例外も存在する．この例において，アレクサンドリアの釈義家フィロンは，注解の途中で次の題目を引いている．その結果はというと，彼は題目を字義どおりには引かず，より長いテクストをたたみ込んで関連する語句へと進むのである．それゆえ，そのテクストは，異なるテクストではなくて，縮約された引用をあらわしているのである．

13. 創世記 2:23

マソラ本文

זאת הפעם עצם מעצמי ובשר מבשרי

לזאת יקרא אשה

כי מאיש לקחה זאת

（これはわたしの骨からの骨，そしてわたしの肉からの肉．これは女［イーシャー］と呼ばれるだろう．これは男［イーシュ］から取られたからだ．）

七十人訳

τοῦτο νῦν ὀστοῦν ἐκ τῶν ὀστέων μου καὶ σὰρξ ἐκ τῆς σαρκός μου·

αὕτη κληθήσεται γυνὴ

ὅτι ἐκ τοῦ ἀνδρὸς αὐτῆς ἐλήμφθη

（これこそはわたしの骨からの骨，わたしの肉からの肉．彼女は妻［女］と呼ばれる．彼女の夫［男］から取られたのだから．）

フィロン

τοῦτο νῦν ὀστοῦν ἐκ τῶν ὀστῶν μου καὶ σὰρξ ἐκ τῆς σαρκός μου.

ταύτῃ καὶ κληθήσεται γυνὴ

ὅτι ἐκ τοῦ ἀνδρὸς λαμβάνεται αὕτη

（これこそはわたしの骨からの骨，わたしの肉からの肉．この者には，妻［女］の名前が与えられる．彼女は夫［男］から取られたのだから．）

エバの創造後のアダムの言葉は，七十人訳においてはマソラ本文と著しく異なっている．マソラ本文は女を強調するためにזאתを3度使用している．七十人訳は最初に現れる指示代名詞を中性形のτοῦτοに置き換え，人への言

及を感嘆文に変えているが，二番目のものはそのままである⁽⁵⁹⁾．それは第三のものを所有の代名詞に置き換え，女を男の下位に置くことで，男あっての女のアイデンティティを完全に取り除いている．

　フィロンの聖書テクストは同じ方向性を持っているが，まったく同じというわけではない．七十人訳のように，それは最初の言及を感嘆文に変え，二番目のものを直訳的に訳し，それを人称代名詞ではなくて副詞であると理解している．そしてそれは三番目の言及をそのままにしている．それゆえ，七十人訳は二番目の言及を保持し，フィロンの聖書テクストは三番目の言及を保持していることになる⁽⁶⁰⁾．どちらの場合も，テクストは強調を女から切り離しているが，異なる翻訳の中でもそうしている．二つの間の相違を特徴付けるのは難しい．七十人訳における創世記2:23の形は，『創世記問答』⁽⁶¹⁾における扱いと並行していることを示している．『創世記問答』におけるテクストは，七十人訳，すなわち異なる翻訳のある『律法の寓意的解釈』におけるテクストと一致させられたのか，それともフィロンはテクストの複数の形を知っていたのか？

14. 創世記2:24

マソラ本文

יעזב איש את אביו

（人は自分の父から．）

七十人訳

καταλείψει ἄνθρωπος τὸν πατέρα αὐτοῦ

（人は彼の父から去るだろう．）

フィロン

καταλείψει ἄνθρωπος τὸν πατέρα

（人はその父から去るだろう．）

次の例はわれわれがすでに観察した基本的なパターンにしたがっている．

---

(59) 七十人訳の背後にあるヘブライ語にはלがなかった可能性はあるが，これは必要なものではない．
(60) シュンマコス訳：αὕτη κληθήσεται ἀνδρίς, ὅτι ἀπὸ ἀνδρὸς ἐλήφθη αὕτη とテオドティオン訳：αὕτη κληθήσεται λῆψις, ὅτι ἐκ τοῦ ἀνδρὸς ἐλήφθη を比較せよ．
(61) *QG* 1. 28.

七十人訳は所有代名詞を直訳的に訳している．フィロンにおける訳は，関係を明確にするためには定冠詞で充分なことを認識している[62]．フィロンの写本の伝統が異なるヘブライ語の底本 (*Vorlage*) に由来する可能性はあるものの，相違は文学的センスによる可能性の方が高い．

15-17. 創世記 3:9

マソラ本文

איכה

(あなたはどこか？)

七十人訳

Ἀδάμ, ποῦ εἶ;

(アダム，あなたはどこにいるのか？)

フィロン

ποῦ εἶ;

(あなたはどこにいるのか？)

創世記 3:13

マソラ本文とクムランの第一洞穴出土の 1QGen frg. 2

ותאמר האשה

(そして女は言った．)

七十人訳

καὶ εἶπεν ἡ γυνή

(そして女は言った．)

フィロン

καὶ εἶπεν

(そして彼女は言った．)

創世記 3:17

マソラ本文

ולאדם אמר

---

(62) アルメニア語版 *QG* 1.29 がこれと一致している．

7章 フィロンはどのギリシア語訳聖書を読んでいたのか？

（そして彼はアダムに言った．）

七十人訳

τῷ δὲ Ἀδὰμ εἶπεν

（そして彼はアダムに言った．）

フィロン

τῷ δὲ Ἀδὰμ εἶπεν ὁ θεός

（そして神はアダムに言った．）

七十人訳は，よく見られることだが，言葉のやりとり部分の編集でテクストを，マソラ本文よりも詳細なものにしている．七十人訳には一つの顕著な傾向があり，創世記のこの部分においては語り手あるいは語りかけられる者を特定する．フィロンにおいて欠けている創世記の第3章の中には，少なくとも他の三箇所に，それが現れている．

創世記 3:1

マソラ本文

ויאמר אל האשה

（そして彼はその女に言った．）

七十人訳

καὶ εἶπεν ὁ ὄφις τῇ γυναικί

（そして蛇は女に言った．）

創世記 3:10

マソラ本文

ויאמר

（そして彼は言った．）

七十人訳

καὶ εἶπεν αὐτῷ

（そして彼は彼に言った．）

創世記 3:11

マソラ本文

ויאמר

（そして彼は言った．）

七十人訳

καὶ εἶπεν αὐτῷ

（そして彼は彼に言った．）

最初のは語りかけるものを特定し，次の二つは語りかけられるものを明確にしている[63]．

フィロンの証拠は複合的である．前出の最初の例 (3:9)[64] では，彼のテクストは七十人訳のより長いテクストよりもマソラ本文のより短いテクストに近い．第二や第三の場合，フィロンのテクストはマソラ本文や七十人訳と異なっている．すなわち，第二の場合，それだけが主語への言及を欠き (3:13)，第三の場合，それだけが語りかけるものを特定する (3:17)．第3章の9節の場合，マソラ本文と，フィロンによって示される聖書の転写の伝統は，非常に多くの七十人訳の写本[65]と一致している．これらの現象には二つの説明が可能である．異なるギリシア語の訳者がさまざまな場所で主語や間接目的語を付加したか，写字生がテクストを異なるテクスト伝承に一致させようと試みたが，絶えずそうすることはできなかったかのどちらかである．

18. 創世記 3:10

マソラ本文

את קלך שמעתי בגן

（わたしは園であなたの声を聞いた．）

七十人訳

τὴν φωνήν σου ἤκουσα περιπατοῦντος ἐν τῷ παραδείσῳ

（わたしは園を歩いているあなたの声を聞いた．）

フィロン

τῆς φωνῆς σου ἤκουσα ἐν τῷ παραδείσῳ

（わたしは園であなたの声を聞いた．）

---

(63) Wevers, *Notes on the Greek Text of Genesis*, 37 も同じである．
(64) これは *QG* 1.43 において確認される．
(65) L 911 18 129 344 318–527 120 54 55 319.

| 7章　フィロンはどのギリシア語訳聖書を読んでいたのか？ |

　神へのアダムの応答で，七十人訳の訳者たちが対格形を用いているのにたいし，フィロンのテクスト伝承が属格形を用いているのは，多分，好みの問題にすぎない．Ἀκούω は対格形も属格形も取ることができる．初期のキリスト教の一部の物書きたちは，創世記 3:10 を属格形で引用している(66)．

　七十人訳だけがアダムに園の中を歩いている神の声を聞かせている．これは先行する 3:8 の「彼が園を歩いているとき，彼らは神・主の声を聞いた……」と調和させているのかもしれない(67)．

　『律法の寓意的解釈』に見られるフィロンの写本の伝統は，この調和を欠いている．それはヘブライ語のテクストにより近いテクストの存在を証言する．このことは，テクストが七十人訳の方により近い『創世記問答』については言えない(68)．

19-21. 創世記 3:14

マソラ本文

ועפר תאכל

（そしてあなたは埃を食べるだろう．）

七十人訳

καὶ γῆν φάγῃ

（そしてあなたは埃を食べるだろう．）

フィロン

καὶ γῆν φάγεσαι

（そしてあなたは埃を食べるだろう．）

創世記 3:18

マソラ本文

ואכלת את עשב השדה

（そしてあなたは野の草を食べるだろう．）

---

(66) Chrysostom VII の至るところ，および Origen II 351, Severus 490.
(67) Wevers, *Notes on the Greek Text of Genesis*, 41 および Rösel, *Übersetzung als Vollendung der Auslegung*, 92 も同じ判断である．
(68) *QG* 1.42 参照．

七十人訳

καὶ φάγῃ τὸν χόρτον τοῦ ἀγροῦ

（そしてあなたは野の草を食べるだろう．）

フィロン

καὶ φάγεσαι τὸν χόρτον τοῦ ἀγροῦ

（そしてあなたは野の草を食べるだろう．）

創世記 3 : 19

マソラ本文

תאכל לחם

（あなたはパンを食べるだろう．）

七十人訳

φάγῃ τὸν ἄρτον σου

（あなたはあなたのパンを食べるだろう．）

フィロン

φάγεσαι τὸν ἄρτον σου

（あなたはあなたのパンを食べるだろう．）

　創世記第2章と第3章で最も重要な動詞のひとつがאכל[69]である．この場合，フィロンのテクストが七十人訳と一致するとはいえ，考慮されるべき先行箇所のテクストが存在する．

創世記 2 : 16

マソラ本文

מכל עץ הגן אכל תאכל

（あなたは園のすべての木から食べるだろう．）

七十人訳

ἀπὸ παντὸς ξύλου τοῦ ἐν τῷ παραδείσῳ βρώσει φάγῃ

（あなたは園にあるどんな木からでも食べるだろう．）

---

(69) フィロンの諸写本は 2:17 においても異なっている．MAP が複数形の οὐ φάγεσθε ἀπ' αὐτοῦ や φάγητε であるのにたいし，UFL が単数形の οὐ φάγεσαι や φάγῃ である．フィロンはテクストを確定する彼の註解（*Leg.* 1.101）では，複数形にこだわっている．

フィロン（写本 MAP）
ἀπὸ παντὸς ξύλου τοῦ ἐν τῷ παραδείσῳ βρώσει φάγῃ
（あなたは園にあるすべての木から食べるだろう．）

フィロン（写本 UFL）
ἀπὸ παντὸς ξύλου τοῦ ἐν τῷ παραδείσῳ φάγεσαι
（あなたは園にあるすべての木から食べるだろう．）

ギリシア語の諸訳には明白なパターンがある．フィロンの諸写本（2:16の写本 UFL そして創世記 3:14, 18, 19 の *Leg.* 3 写本）が未来形の直説法を用いているのに対して，七十人訳はアオリスト形の仮定法を用いている．創世記 3:18 の七十人訳小文字写本の一つの例外を除いて，フィロンの写本の伝統は未来形直説法への唯一の証言である[70]．カッツは φάγεσαι を本文から大きく逸脱した校訂のしるしのひとつであると論じている[71]．未来形は，確かに，より直訳的である．フィロンにおいてアオリストの仮定法ではなくて未来形の直説法が認められることを問題にすることができるかもしれない．その例外は，アオリストの仮定法が本題の引用からかなり離れた創世記 3:14 の注解で使用されている個所である．2:16におけるアオリストの仮定法から 3:14, 18, 19 における未来形直説法への切り替えはテクストが 2:16 において七十人訳に一致させられたか，3:14, 18, 19 におけるより字義的な翻訳に一致させられたか，それともテクストが一貫していないのか，であることを示している．

22. 創世記 3:15

マソラ本文
ואיבה אשית בינך ובין האשה
ובין זרעך ובין זרעה
（そしてわたしはあなたの子孫と彼女の子孫の間に憎しみを置くだろう．）

七十人訳
καὶ ἔχθραν θήσω ἀνὰ μέσον σου καὶ ἀνὰ μέσον τῆς γυναικός,

---

(70) 129 は創世記 3:18 で φάγεσαι である．
(71) Katz, *Philo's Bible*, 14-15, 82-83. 彼はこれをアクィラからの借用であると論じている．

καὶ ἀνὰ μέσον τοῦ σπέρματός σου καὶ ἀνὰ μέσον τοῦ σπέρματος αὐτῆς

(そしてわたしはあなたと女の間に，そしてあなたの子孫と彼女の子孫の間に憎しみを置くだろう．)

フィロン

καὶ ἔχθραν θήσω ἀνὰ μέσον σου καὶ ἀνὰ μέσον τῆς γυναικός,

καί ἀνὰ μέσον τοῦ σπέρματός σου καὶ τοῦ σπέρματος αὐτῆς

(そしてわたしはあなたと女の間に，そしてあなたの子孫と彼女の子孫の間に憎しみを置くだろう．)

　フィロンのテクストは四番目にくる ἀνὰ μέσον を欠いている．この語句は非常に短い文書の中に四回も使用されているのであるから，この欠けは偶発的なもので，いわゆる同一語脱落（parablepsis）によって生じたのかもしれない．後の殉教者ユスティニアヌスは，ギリシア語を語る者としての語感に合わせて，後にくる三つを落としている(72)．フィロンにおいて最後の一つだけが欠けている事実は，訳者かフィロンがたまたま落としてしまったことを示唆する．

23. 創世記 3:17

マソラ本文

אשר צויתיך לאמר לא תאכל ממנו

(あなたはそれから食べてはいけないとわたしが命じて言った．)

七十人訳

οὗ ἐνετειλάμην σοι τούτου μόνου μὴ φαγεῖν ἀπ' αὐτοῦ

(あなたはこれからだけは食べてはいけないとわたしが命じた．)

フィロン

οὗ ἐνετειλάμην σοι μὴ φαγεῖν, ἀπ' αὐτοῦ ἔφαγες

(あなたはそれから食べてはいけないとわたしが命じた．)

　次の例は複雑である．先行する 3:11 における言説がギリシア語の伝統の中での 3:17 に調和的な影響を及ぼしているように見える．残念なことに，

---

(72) Justin Martyr, *Dialogue with Trypho*, 101.9.

7章 フィロンはどのギリシア語訳聖書を読んでいたのか？

フィロンは 3:11 を引用していないので，われわれにはマソラ・テクストと七十人訳しか残されていない．

創世記 3:11

マソラ本文

אשר צויתיך לבלתי אכל ממנו אכלת

（あなたはそれから食べてはいけないとわたしが命じたものからあなたは食べたのか．）

七十人訳

οὗ ἐνετειλάμην σοι τούτου μόνου μὴ φαγεῖν, ἀπ' αὐτοῦ ἔφαγες;

（あなたはこれからだけは食べてはいけないとわたしが命じたものからあなたは食べたのか．）

七十人訳は「これだけは」（τούτου μόνου）を付加することで禁止を明確にしている．これは，多分，七十人訳の訳者たちが含めた説明的拡大である[73]．蛇は，先行する箇所で，人が園のどんな木からも食べるのを禁止されていると言い（3:2［訳注：3:1 であろう］），女は，禁止されているのは生命の木だけだと返答した（3:3）．3:11 における τούτου μόνου の付加は，先行する 3:2-3［訳注：3:1-3 であろう］での議論を想起させる．3:11 の関係節全体が，疑問符がその後に置かれる最後の動詞を別として，3:17 において逐語的に繰り返されている．

フィロンの主要な題目は τούτου μόνου を含んでいない．しかし，注解の二次的引用にはこれが見られる[74]．したがってわれわれは，彼がそれを知っていたとしなければならない．それは，ヘブライ語により近いギリシア語の翻訳にテクストを合わせようとした書記によって省かれたに違いない．テクストに句読点を二度も打つことを強要する最後の ἔφαγες はどうだろうか？

残念なことに，われわれは注解の二次的引用を問題にすることはできない．それはこのフレーズを完全に欠いているからである．この動詞はフィロンのテクストにあった可能性もあるが，それは確かにテクストの読みを一層困難

---

(73) Wevers, *Notes on the Greek Text of Genesis*, 42 および Rösel, *Übersetzung als Vollendung der Auslegung*, 92 も同じである．

(74) フィロン, *Leg.* 3.246 参照．

なものにする．しかし，われわれは慎重でなければならない．これは創世記3:17のフィロンのテクストが3:11の七十人訳テクストと並行関係にあるということを意味するのかもしれない．彼が3:11を省いたのはこのためなのか？　3:11がフィロンの知っていたギリシア語テクストでは欠けていて，3:17の彼の版が，七十人訳が3:11において読んでいるものを読んでいた可能性もあるが，3:17のフィロンのテクストが失われた3:11との調和のために壊された可能性の方が高い．

24. 創世記3:17

マソラ本文

בעצבון תאכלנה

（あなたのためにあなたは食べるだろう．）

七十人訳

ἐν λύπαις φάγῃ αὐτήν

（悲しみの中であなたはそれを食べるだろう．）

フィロン

ἐν λύπῃ φάγεσαι αὐτήν

（悲しみの中であなたはそれを食べるだろう．）

ヘブライ語のבעצבוןは尋常ではない語である．これはヘブライ語聖書のこの箇所と，創世記2:16と5:29にのみ現れる．七十人訳の訳者たちは一貫してこれを複数形で訳した．フィロン写本の伝統は一定していない．それは創世記2:16[75]と5:29[76]では複数形であるが，3:17では単数形である．なぜここでは単数形なのか？　この単数形はより難しい読みである．というのもそれは，ἐν τοῖς ἔργοις との並行関係を断ち切るからである．『創世記問答』におけるテクストのアルメニア語訳とシュンマコス訳とテオドティオン訳のどちらもが単数形を用いているが，それは注意するに値する[77]．訳者たちは異なるテクスト，בעצבと読むテクストから訳したのかもしれないが，この想定はまったく確かなものではない．彼らは単に一貫していなかっただけ

---

[75] フィロン，*Leg.* 3.200.
[76] フィロン，*Det.* 121. 122 も参照．
[77] QG 1.50, trtmut' eamb（「悲しみとともに」）；S ἐν κακοπαθίᾳ; Θ μετὰ μόχθου.

なのかもしれない．

25. 創世記 3：18

 マソラ本文

 וקוץ ודרדר תצמיח לך

 （そしてわたしはいばらとあざみをあなたのために生えさせるだろう．）

 七十人訳

 ἀκάνθας καὶ τριβόλους ἀνατελεῖ σοι

 （わたしはいばらとあざみをあなたのために生えさせるだろう．）

 フィロン

 ἀκάνθας οὖν καὶ τριβόλους ἀνατελεῖ σοι

 （だからわたしはいばらとあざみをあなたのために生えさせるだろう．）

フィロンの版は推論の οὖν を付加している．上述2:2のように，これはワウ継続法の自由な訳である．この場合においてのみ，七十人訳の訳者たちはこれを訳出しないことを選んでいる．

26. 創世記 3：19

 マソラ本文

 עד שובך אל האדמה

 （あなたがその土に戻るまで）

 七十人訳

 ἕως τοῦ ἀποστρέψαι σε εἰς τὴν γῆν

 （あなたがその土に戻るまで）

 フィロン

 μέχρι ἀποστρέψεις εἰς τὴν γῆν

 （あなたがその土に戻るまで）

最後の例は，ギリシア語訳の訳者たちが3:19の時間を表す節を二つの仕方で訳したことを示している．この例においては，七十人訳がより直訳的な傾向となり，フィロンの聖書テクストがよりイディオマティックな傾向となる前のパターンの逆が明確に認められる．ここでは，七十人訳がよりイディ

オマティックなギリシア語表現であり，フィロンはより直訳的な訳になっている[78]．七十人訳の写本の伝統においてはいくつかの異読があるとはいえ，それらはすべて基本的な文章構成の異形なのである．

結 論

われわれは今やさまざまな証拠を集め，分析する準備ができた．われわれの確認したものを表の形に整理すると分りやすいかもしれない．われわれは最初に，観察した翻訳の相違に注目することから始めよう．

筆者が翻訳の相違というとき，それは同じテクストにもとづいているように見えるが，異なる仕方でそれを扱った読みを意味する．ある場合には，その相違は純粋に好みの問題である．たとえば，アオリスト形と未完了形の相違のような場合である[79]．別の場合には，単純なミスかもしれない．たとえば，繰り返されている前置詞を落としてしまうといった場合である[80]．また他の場合には，あるギリシア語訳の証拠は直訳的な翻訳であり，他の証拠はよりイディオマティックな翻訳である．以下はわれわれが見い出した証拠のまとめである．『律法の寓意的解釈』の巻き物はしばしば別々に伝えられてきたため，われわれは各々の本を別々に考察することにする．

このチャートは際立ったパターンを示している．七十人訳は第一の本においてはより直訳的であり，第二の本においては統一はなく，第三の本においてよりイディオマティックである．フィロンの証拠は逆のパターンを示している．すなわち MAP は最初の二つの本においてはよりイディオマティックであるが，第三の本においてはより直訳的である．フィロンの証拠における MAP と UFL の間の相違があるところでは，MAP がよりイディオマティックで，UFL は，創世記 2:2 の二者択一的な限定詞の例外はあるものの，より直訳的である．

フィロンの証拠におけるシフトを，どのように説明すべきだろうか？

---

(78) *QG* 1.57 のギリシア語断片はよりイディオマティックな形であるが，別の動詞を伴う：ἕως τοῦ ἐπιστρέψαι σε εἰς τὴν γῆν これはアクィラの ἕως τοῦ ἐπιστρέψαι σε... と平行する．
(79) 創世記 2:21 (# 11)．
(80) 創世記 3:15 (# 22)．

7章 フィロンはどのギリシア語訳聖書を読んでいたのか？

『律法の寓意的解釈』1

創世記	直訳的翻訳	イディオマティックな翻訳
2:1 (#1) 複数形または単数形	フィロン UFL	七十人訳,フィロン MAP
2:1 (#1) στρατιαί か κόσμος	フィロン UFL	七十人訳,フィロン MAP
2:2 (#1) 前置詞または与格	七十人訳,フィロン UFL	フィロン MAP
2:2 (#2) καί または οὖν	七十人訳	フィロン MAP UFL
2:2 (#2) 前置詞または与格	七十人訳	フィロン MAP UFL
2:2 (#2) 語順	七十人訳,フィロン MAP	フィロン UFL
2:3 (#3) 語順	七十人訳,フィロン UFL	フィロン MAP
2:13 (#7) 分詞または直接法	七十人訳,フィロン アルメニア語	フィロン MAP UFL
2:14 (#8) 代名詞	七十人訳,フィロン UFL	フィロン MAP

『律法の寓意的解釈』2

創世記	直訳的翻訳	イディオマティックな翻訳
2:19 (#10) 属格形または与格形	フィロン アルメニア語	七十人訳,フィロン MAP
2:24 (#14) 代名詞または冠詞	七十人訳	フィロン MAP

『律法の寓意的解釈』3

創世記	直訳的な翻訳	イディオマティックな翻訳
3:14 (#19) 時制	フィロン	七十人訳
3:18 (#20) 時制	フィロン	七十人訳
3:19 (#21) 時制	フィロン	七十人訳
3:19 (#26) 不定詞または直接法	フィロン	七十人訳

フィロンは異なるギリシア語訳を使っていたのか，それとも後代の写字生が聖書テクストを改変したのだろうか？　コーンとヴェントラントは，MAP が UFL より優れていると考えた．さらに彼らは M が A や P よりも価値が高いと論じ，『律法の寓意的解釈』3 は最上の諸写本をまったく保存していないと論じた[81]．彼らの判断は重要である．というのも，その判断は単にそれらの中の聖書引用もとづくだけでなく，諸写本全体もとづくものだからである．彼らが正しいとすれば，フィロンはよりイディオマティックな翻訳を

---

(81) Cohn, PCW 1: lxxxvi は *Leg.* 3 について in condicibus melioris notae liber deest（これらの写本には，より長い注解が欠けている）と言っている．

用いており，後代の写字生がテクストをより直訳的な翻訳に改めたということが言える．これは，変形テクストは後代のものであるというカッツの申し立てにそれなりの正しさを与える．この申し立てを支持する最も明白な証拠は，2:16 で φάγῃ が使われ，3:14, 18, 19 で φάγεσαι が使われていることである．フィロンのテクストをより直訳的な翻訳に改めようとした写字生の作業を反映する後代の諸例である，とするカッツは正しかったということになる．

　フィロンはどのような種類のギリシア語訳を用いていたのだろうか？　テクスト全文を引用しないとした結果として，このアレクサンドリアの解釈者のテクストが七十人訳とは異なっているときがある[82]．

　われわれはこのような例を脇へ置くことができる．MAPの基本テクストとMTのテクストが，七十人訳とは違って一致している例が三つある．この三例すべてが，七十人訳が意味を明確にするためにヘブライ語テクストを拡張している．2:9（#6）では ἔτι が付加されて1:12の木々と2:9, 3:9（#15）の木々の関係が明確にされており，人名アダムの付加が語り手を明確にしており，3:10（#18）では，「歩いている」ことの付加が，3:10と3:8を調和させる．2:9における ἔτι の欠落はとくに注目に値する．というのは，それはフィロンが別の聖書的保証で二つの創造物語を区別したということを推測可能とするからだ．ギリシア語の拡張を示すもう一つの異読の例がある．2:8から引かれた2:15の注解は七十人訳では ἔπλασεν としているが，フィロンでは ἐποίησε である．この相違は小さなものではない．フィロンにとっては二つの動詞が二つの異なる人間創造を意味していた．ἔπλασεν が地上的人間に言及しているのにたいして，ἐποίησε は神のイメージの中の人間に言及する．一つの問題あるケースでは，七十人訳の一致の証言とその欠落の間でフィロンの証拠が割れている．3:15（#24）は注解の二次的引用の中で3:17と3:11を調和させているが，主要な題目においてではない．最も合理的な説明は，転写生が主要な題目においてそれを落として，このテクストをヘブライ語テクストの直訳的翻訳に近づけようとしたというものである．これは，主要な題目が，二次的引用よりも改められることがあるという事実によって支持される．これは，われわれが翻訳技術において見出したパターンにも合

---

[82] 創世記2:22（#12）．

7章 フィロンはどのギリシア語訳聖書を読んでいたのか？

致する．この証拠から，フィロンは七十人訳よりもマソラ・テクストに保存されているテクストにより近いテクストの形態を知っていた，とわれわれは考えるかもしれない．しかしながら，フィロンの証拠にはユニークな読みの例が五つある．2:7（#4）では λαβών を付加し，2:8（#4）では「主・神」というよりも「神」と読んでいる．3:13（#16）では語り手（「その女」）を欠落させ，3:17（#17）では「神」を語り手として付加している．そして3:17（#42）では，複数形を単数形にした可能性がある．

　これらの証拠からわれわれは何が言えるだろうか？

　フィロンはウィーバーズによって再構成された七十人訳とは異なる形のギリシア語テクストを知っていたように見える．それはわれわれが知っている七十人訳よりも自由な訳であった．同時にそのテクストは，諸例があるとはいえ，七十人訳のように調和や拡張の徴を多く示してはいない．他の写本ではより直訳的な読みの方に変えられているのにたいして，このテクストは，いくつかのフィロン写本の論考の中に保存されている．改変の範囲は大きなものである．もし七十人訳の訳者たちが創世記2-3章の翻訳において比較的一貫していたとすれば，フィロンのテクストや『律法の寓意的解釈』1-2と3における直訳やイディオマティックな訳の翻訳技術の転換は印象的である．*Leg.* 1-2の七十人訳よりもよりイディオマティックな一つのテクストは，*Leg.* 3の七十人訳よりもっと直訳的になっている．これらの発見は，フィロンの聖書テクストについて云々するとき，われわれを慎重にさせる．われわれが『律法の寓意的解釈』における創世記テクストと『創世記問答』における創世記テクストとの間でつくった若干の注記事項にどれほど状況が複雑であり得るかを示している．われわれは広範にわたる確たる判断をする前に，写本伝統を背景にして，寓意的注解における論考のすべてを調べなければならない．

　いずれにしても，フィロンは疑いもなくいくつかの異読に気づいていた．後代のキリスト教徒でフィロンの後継者であるオリゲネスと違って，彼はそれらの異読に注意を払わなかった．彼は，テクストの言葉は神聖であるとする七十人訳についての大仰な申し立てをなしたさいの信念をもって，注解を行った．彼はそれらを改める必要はなかった．彼の解釈は，そうする必要がないほど，彼に自由を与えたのである．

　彼はそうすることが出来た場合でも，自分が知っているテクストに注意深

く従っているように見える．この実践はわれわれに，彼の聖書テクストの再構成が創世記のギリシア語テクストの最初期の形態の一つを与えてくれる，という希望をもたらしてくれる．

(高橋優子訳，秦剛平校閲)

(訳者付記)
　本論文には上記の結論部分につづくものとして二つの補遺が付けられている．「補遺1」は「フィロンの創世記のテクストの諸校訂　『律法の寓意的解釈』1」と題するもので，「補遺2」は「『律法の寓意的解釈』1-3における創世記2:1-3:19のフィロンのテクスト」と題するものである．前者の補遺においては，フィロンの二つの写本系統，MAPとUFLのギリシア語が比較検討され，その差異はゴチック体で示され，ひと目でその差異が分かるようにされている．後者の補遺においては，創世記2:1から3:19までの七十人訳ギリシア語の全文が示され，それと一致するフィロンの『律法の寓意的解釈』1-3の箇所が示されている．この二つの補遺には膨大な註がほどこされており，とくに「補遺2」ではアルメニア語の音記とその訳文が示されている．この二つの補遺の翻訳をも本論文に含めるとなると，本論文がさらに長大なものとなると判断され，そのため補遺は割愛することにした．この補遺の部分に関心をもたれる読者は，ブリル社から出版される本論集の英語版を参照していただきたい．

Chapter
8

ヨセフス『ユダヤ古代誌』の後半部 ―
ローマの聴衆にとってのその重要性

スティーブ・メイソン

　本論考の表題はスマートではないが，この表題を選んだのは，ヨセフス研究が長年引きずってきた問題に注意を喚起するためである．その問題とは，彼の著作群を物語として研究することが近年ますます盛んになってきているにもかかわらず，この大作（『ユダヤ古代誌』）には，統一的・全体的な研究のようなものがなされてこなかったことである．『ユダヤ古代誌』（以下『古代誌』と略記）第1巻から第11巻までの聖書物語の再話は，部分的であれ全体であれ ―― 第1巻から第11巻が全体を構成するならばの話であるが ―― 細心の注意を払われて分析されてきたが[(1)]，この研究は『古代誌』の残りの諸巻をほとんど完全に無視している．同様に，『古代誌』第12巻から第20巻までで語られるハスモン一族や，ヘロデ一族，バビロニアでの出来事，ユリウス・クラウディウス王朝，アディアベネ王朝に関する諸研究は，通常，物語の関連箇所だけを取り上げている．たとえば，ピーター・ワイズマンが担当した『古代誌』第19巻の1-273節の翻訳は，歴史的な註が付された見事な翻訳であるが，その箇所が神の摂理についてのヨセフスによる不十分な例示を観察するだけで，その観察を超えて，この重要な物語が『古代誌』の著

---

(1) 以下はこの議論に関する代表的な著作である．H. W. Attridge, *The Interpretation of Biblical History in the Antiquitates Judaicae of Flavius Josephus* (Missoula: Scholars Press, 1976); T. W. Franxman, *Genesis and the Jewish Antiquities of Flavius Josephus* (Rome: Biblical Institute, 1979); C. T. Begg, *Josephus' Account of the Early Divided Monarchy (AJ 8, 212-420): rewriting the Bible* (Leuven: Leuven University Press, 1993); idem, *Josephus' Story of the Later Monarchy* (Leuven: Leuven University Press, 2000); L. H. Feldman, *Josephus's Interpretation of the Bible* (Berkeley: University of California Press, 1998); idem, *Studies in Josephus' Rewritten Bible* (Leiden: Brill, 1998).

作の文脈にどう合致するかについては問うことさえしていない。そのため，ワイズマンは，その大半をローマ側の諸資料からの直接の借用に帰している[2]。

全体に目配せしないこの『古代誌』研究のため，研究者たちは，全体としてのその目的を確認し全20巻に通底する主題や文学的・修辞的技法を跡づけるのに必要な，この著作の全体的構造を把握する試みにはほとんど興味を示してこなかった[3]。確かに，重要なはじめの一歩は，本論集の寄稿者であるハロルド・アトリッジやグレゴリー・スターリング他によって踏み出された[4]。しかしスターリングは，この作品の構造に関するわれわれの理解を精緻なものにし，さらにはその全内容を見ようとして相当な努力を払ってはいるものの，文学ジャンルや，資料，語りの技法，様式，機能，主旨などの主たる分析となると，弁疎的な歴史記述の文学ジャンルの提唱と相俟って，もっぱら聖書物語の再話だけを扱っている。筆者の知るかぎり，ペア・ビルデの短いが示唆に富む提言[5]は別として，全体としての『古代誌』を体系的に検討している唯一の研究書は，ロシア科学アカデミーのラダ・セメチェンコが2002年に公刊した論文だけである（その論文はロシア語で書かれているため，筆者はその内容を著者が英文で付した詳細な要約からのみ知る）[6]。

研究者が『古代誌』全20巻を（前半部と後半部の2つに）分けることから生じる問題は，この著作を読んだり聞いたりする古代の聴衆がだれであるかを想定しようとするときに先鋭化する。

一体，彼らはどのようにして『古代誌』を読んだのか？

これこそは筆者がこの論考で切り込みたいと願っている問題である。

---

[2] T. P. Wiseman, *Death of an Emperor: Flavius Josephus* (Exeter: Exeter University Press, 1991), xiii-xiv.

[3] この問題点は以下の著作においても指摘されている。P. Bilde, *Flavius Josephus between Jerusalem and Rome: His Life, His Works and Their Importance* (Sheffield: JSOT, 1988), 92, 102.

[4] H. Attridge, 'Josephus and his Works', in M. E. Stone (ed.), *Jewish Writings of the Second Temple Period: Apocrypha, Pseudepigrapha, Qumran Sectarian Writings, Philo, Josephus* (Assen/Philadelphia: Van Gorcum/Fortress, 1984), 211-213; G. E. Sterling, *Historiography and Self-Definition: Josephus, Luke-Acts, and Apologetic Historiography* (Leiden: E. J. Brill, 1992), 245-252; L. H. Feldman, C. T. Begg, and P. Spilsbury, vols. 3-5 (on Ant. 1-10), in Steve Mason, *Flavius Josephus: Translation and Commentary* (Leiden: Brill, 2000-05).

[5] 註（3）参照

[6] L. Semechenko, *Hellenistic Motifs in the 'Jewish Antiquities' of Flavius Josephus*, Ph. D. Dissertation, Dept. of History, Russian Academy of Sciences, 2002. 本論文の英語要約はhttp://pace.cns.yorku.ca の 'dissertations' 参照。

8章 ヨセフス『ユダヤ古代誌』の後半部

　この著作の後半部の価値は，とくにローマの聴衆にとって，何なのか？

　この問題を解決しようと試みることは，聖書の法とその影響についての本論集の主題と特別な関わりをもつ．なぜならば，『古代誌』全体をひとつにしているのは，「統治原理としての法」という基本的な主題だからである．

　本論考は3つの部分から成る．筆者は，最初に『古代誌』に関してや『戦記』とのその関係についてのヨセフスのプログラム的な発言を再考し，次に『古代誌』のハスモン・ヘロデ王朝の部分を取り上げ，最後に，『古代誌』の終わり部分に見られるローマ・ユダヤ関係の記述を取り上げる．筆者の議論は，統治原理というライトモチーフこそは，20巻を通じて執拗なほどに，いやショッキングなほどに絶えず言及されるものであり，それこそはまたローマのヨセフスの聴衆との誤りなき重要な接点である，というものである．

I　深く埋め込まれた問題

　研究者たちは『古代誌』の全体的構造や，目的，主題などを無視してきたが，主要な分析に入る前に，この奇妙な事態を引き起こしたと考えられる理由を簡単に考察する．

　少なくとも4つの種類の乖離が，現代のヨセフス研究にとって自明的なものとして受け止められてきており，それらすべてが『古代誌』を概念上の全体として読む妨げとなっているように見える．

1. 文学ジャンル，著作目的，歴史記述に関する『古代誌』と『戦記』の間の乖離

　少なくともリヒャルト・ラクールの画期的な研究[7]以降，研究者たちは，ヨセフスの個人的または宗教的忠誠や，著作目的，聴衆，パトロン，歴史記述に関して，『古代誌』とそれに先行する『戦記』の間の差違に主として焦点を絞ってきた．これらのものがどんなに正しく処理されようと，これらの深く埋め込まれた仮定は，ヨセフスが『古代誌』の後半部で『戦記』第1巻と第

---

(7) R. Laqueur, *Der jüdische Historiker Flavius Josephus: ein biographischer Versuch auf neuer quellenkritischer Grundlage* (Darmstadt: Wissenschaftliche Buchgesellschaft, 1970). 初版は1920年．

2巻から語り直す資料，とくにローマ側の資料よりも，『古代誌』第1巻から第11巻のアルカイオロギア —— ヨセフスはこれを『戦記』第1巻の17–18節においては回避したように見える —— にわれわれの注意の焦点を向けがちである．その資料は概して説明されないままで残され，ラディカルな乖離仮説にとっては都合の悪いものとなっている．

2. 第1–11巻と第12–20巻の間の構成上・主題上の乖離

ヘンリー・St・サッカレーが1926年に行った一連の講演はその後の研究者に大きな影響を与えたが，彼は断言的に次のように述べた．

> 『古代誌』後半の10巻を占めている捕囚後の歴史に移ると，われわれは著者が自由にできた雑多な資料からまとめ上げたつぎはぎ細工を与えられるのである．入手可能な資料の多寡が，物語の長さの不均衡を説明する[8]．

ついでサッカレーは，『古代誌』第18巻と第19巻の大部分を占めるローマ側の資料がヨセフス自身の諸目的にとって無関係なものであり，ディオニュシオスの『ローマ古代誌』の巻数に合わせるために必要とされる全20巻に資料を引き延ばすために，他のいくつかの資料の「全部」を組み込んだと申し立てた[9]．奇妙に見えるのだが，サッカレーのアプローチは，今日まで批判を受けずにきている．ヨセフスが『古代誌』の序の部分で，ユダヤの法とそれにつづく聖なるテクストの翻訳だけをもっぱら語っていることを観察すれば，それも当然のことかもしれない．ヨセフスは，ハスモン一族の者たちや，ヘロデ一族の者たち，ローマ人やメソポタミアに住む者たちについてはまったく何も言っていないのである．しかしわれわれがここで忘れてならないのは，ヨセフスが『アピオーンへの反論』（以下『反論』と略記）1・54で，その完成からかなりの歳月が経っているにもかかわらず，『古代誌』を，相変わらず同じ仕方で，聖なる文書の翻訳にすぎないと言いつづけていることである．この後の言葉にふりまわされて，われわれは，ヨセフスが序で聖なる文書を翻訳する計画を述べたとき，彼がすでにもっと限定されたプロジェクトを心に描いていたことなどを想像できないでいる．実際，彼は，

---

[8] H. St. J. Thackeray, *Josephus: The Man and the Historian* (New York: Ktav, 1967), 60. 初版は1929年．

[9] Thackeray, *Josephus*, 68.

聖書資料を自在に使用できる特権を有していた．それこそは著作の核心部分を構成するものであり，先々言及するものである．それでも彼は，著作の後半部においても，『古代誌』の序で挙げたいくつかの主題を意識しつづけていることを示している．ヨセフスは目的と聴衆を絶えず意識しているため，しばしば筆を止めて資料を含めるかどうかを考えている．こうして含められた資料は，ネブカデネザル王の夢に登場する石（10・210．10・218をも参照），ユダヤ人の権利を記した布告（14・186-89，16・27-65，160-78），アルケラオスとグラフュラの運命を決定づけた夢（17・354-55），ガイウス・カリグラの治世と死に関する長い扱い（19・15-16），そして巻末にある大祭司のリスト（20・224-51）などである．われわれは話の筋を見失いがちになるが，ヨセフスは著作をひとつの統一あるプロジェクトとして扱いつづけているのである．

3. 物語と根底にある資料ないしは事実の間の乖離

いったいどこにテクストの意味は見出されるのか？

これまでの聖書物語の再話に関する分析においては，ハスモン一族や，ヘロデ一族，ローマでの出来事に関するヨセフスの描写についての分析と同様に，強調は，列王記上であれ，マカバイ記一であれ，クルウィウス・ルフスであれ，ヨセフスが資料をどう扱ったかの分析によって明らかにされた彼自身の想像した内的な思考プロセスに置かれてきた．もしわれわれが資料の版を比較できれば，いや少なくともそれを推測できるならば，ヨセフスが資料をどう用いたかを検証でき，われわれはそうすることで，彼を解釈したと申し立てることができる．ヨセフスをどう読むかのこの仮定は非常に深く根をおろしているが，それは明らかに正当な根拠のあるものではない．なぜならそれは，比較のためにこれらの資料を持ち合わせない古代の聴衆に向かって，またこれらの資料へのアクセスを持たないまさにその理由から彼らのために書いたと申し立てるその聴衆に向かって，彼が何を実際に言おうとしたかの問題を無視しているからである．筆者はここで，ポール・スピルスベリーの重要な研究に言及しておきたい．それはヨセフスの完結した物語の聴衆に与える影響を理解する必要について同じ様なことを主張している[10]．それ

---

[10] Paul Spilsbury, *The Image of the Jew in Flavius Josephus' Paraphrase of the Bible* (Tübingen: Mohr Siebeck, 1998).

でも学問の伝統は非常に強く，そのためスピルスベリーでさえその探求を聖書物語の再話部分に限定している．しかし，『古代誌』の第5巻から第8巻，第11巻から第13巻だけを分析してよしとされる以上に，第11巻までで分析を止めてよしとされるのを見ることはつらい．ヨセフスは彼が語る物語全体を聴衆が経験することを明らかに願っているのに，われわれは表層下のものや，そこから隠されて見えない資料とのその関係にとらわれすぎているようにみえる．

4．テクストと聴衆の間の乖離

　その想定された聴衆についての問いは看過するか，曖昧な仕方で答えるかしてきたが，それが『古代誌』研究の特徴であった．ヨセフスは，ユダヤ人や，ギリシア人，ローマ人たちからなる聴衆，すなわちヤヴネのラビからディアスポラのユダヤ人，そして「ローマ政府」のために書いたと，一般にあたりさわりなく主張される[11]．古代世界における著作行為とそれを広める行為に関する具体的なリアリティを考慮しない議論の抽象性は —— 「出版」という誤解を招く言葉は避けねばならない ——，聴衆の問題はテクスト理解にとってそれほど重要でないかのような印象を与える[12]．しかし，もちろん，テクストは，著者とその思い描かれた聴衆の間のコミュニケーションの媒体である．その著者名の分からぬ聖書テクストや，外典文書のテクスト，新約聖書のテクスト，偽典文書のテクストの場合，誰がどこでそれらを書き，どのようにしてまた誰に向かってそれを広めようとしたかに関して，われわれが明白な意見を持ち得ないことは確かであるが，この不運な状況から理解の規範をつくってはならない．

　ヨセフスの場合，われわれは彼が何者で，いつどこに住んでいたかの知識をある程度有している．われわれはまた，紀元後1世紀のローマのエリートたちの著作活動に関してかなりのことを —— われわれが知りたいすべてのことではないが —— 知っている．ヨセフスは，政界を引退した者たちと同じく，何よりも歴史の分野を使って，社会の鏡また人格者としての自分の立

---

(11) たとえば，Thackeray, *Josephus*, 51; Attridge, 'Works', 226; Sterling, *Josephos*, 302 参照．

(12) R. J. Starr, 'The Circulation of Texts in the Ancient World', *Mnemosyne* 4.40 (1987), 213–223; S. Mason, 'Of Audience and Meaning: Reading Josephus' *Bellum Iudaicum* in the Context of a Flavian Audience', in J. J. Sievers and G. Lembi (eds.), *Josephus and Jewish History in Flavian Rome and Beyond* (Leiden: Brill, 2005), 70–100.

8章 ヨセフス『ユダヤ古代誌』の後半部

場を高めようとした.(『古代誌』や『戦記』の序において,また『自伝』や『反論』において遡及的に見られる)彼が著作する方法とそれを広める方法についてのさまざまな発言は,彼が草稿を書いたり広めたりする当時の普通のやり方にしたがっていることを示している.最初は少数の,しかし次第に拡大していくローマの友人や仲間の者たち前で(彼はそれを行ったのである).彼はこのローマのサークルの指導的人物であるエパフロディトスの名前を挙げ,またこのグループのために,安息日や,割礼,祭司職といったユダヤ文化の基本的な特色を説明することにさえ細心の注意を払っている(『古代誌』1・128-29,3・317,13・171,297,14・1-3,186-87,16・175,17・254).その一方で彼は,このグループが広範な ── とくにローマの ── 歴史や文化に関する大きな知識をもっていると決めてかかっている.彼は,ローマに住むギリシア語を解する聴衆のために書いているのである.

この予備的な考察は以上をもって打ち切る.

ヨセフスは『古代誌』を,それが全体として聞かされたり読まれたりするのを願って書いたが,その研究は,われわれ自身の前提ゆえに,彼の意図を見抜けずにきたように思われる.序(1・1-7)におけると同様に,その結びの発言(20・259-68)においても,彼は,多くの人がなし得なかったであろうと申し立てる仕事を達成したことを誇らしげに語っている.彼はさらに最後の発言の機会を使って,このような大事業完成の説明として,自分自身の生涯や輝かしい家系についての興味深い書(『自伝』)をもう一冊執筆する意図があると述べている.

これらのテクストの特色はいずれも自分の大作を考える著者たる者に,世界の都にいる自分の聴衆によって全部分が堪能されるべきものであることを示唆する.著作の構成的要素は,意図された統一性が最後まで貫かれることを指し示している.7巻からなる『戦記』が対称的な構成を示しているように,20巻からなる『古代誌』もまた対称的な構成を成している.誰の目にも明らかなのは,第10巻の後半に見られる間を置く部分である.そこでは第一神殿の陥落についてとともに,大祭司職の継承や系譜,それに聖書の正確さや,有効性,摂理などの序に見られる主題について,ヨセフスの練り上げた要約的な発言が見られる[13].そこまでの物語は,神殿陥落へと向かうよ

---

(13) Attridge, 'Work', 213; Bilde, *Josephus*, 89-92 参照.

う組み立てられ，次にそこから離れて第11巻で貴族政の再建へ移るのであるから，第10巻後半部はまた物語の分岐点であり，われわれはそこから先のいくつかの場所に先行するパネル画像にマッチするパネル画像を，およそであるが跡付けることができる．たとえば，ヨセフスは，第20巻のアディアベネ王家の物語の中で，第1巻で描写するのに使用した同じ言葉をつかってノアの箱舟に言及しているが（20・24-26；1・90-92），それに注意を払ってほしい．このような例は数限りない[14]．したがって，ここに挙げた証拠はすべて，これまでの学問的理解の伝統を覆し，その著作を統一ある全体として構成しようとしたヨセフスの意図と，その著作がローマの彼の聴衆によってそういうものとして受け止められるよう願った彼の期待を指し示しているのである．

　予備的な考察の結論をもとにして，次にわれわれは，『古代誌』第12巻から第20巻がその前半部とどう関わるかを考察する．

II．『古代誌』はどういうものなのか ─ 全体として

　『古代誌』はヨセフスの代表作となったが，彼は最初これを独立した著作として考えていなかった．彼は『戦記』にユダヤ人の古代の歴史を含めるつもりであったと申し立てている（『古代誌』1・6-7）．彼は70年代に『戦記』に取り組みはじめ，ティトゥス帝が後81年9月に没する前に完成させている（『自伝』363）．このような包括的な歴史書を書く準備段階で資料の膨大さに直面し，そのため彼は，『戦記』をはじめと終わりをもつ，それ自体でバランスの取れた作品として書き上げることにしたと述べている（『古代誌』1・6-7）．おそらくこれは，ハスモン一族とヘロデを扱う戦争前史の第1巻が，中核部分を構成する第2巻から第6巻をもち，戦後の出来事を扱う最終の第7巻に対応していることを意味する．確かに，この著作が第4巻の真ん中部分の，2人の大祭司アナノスとイエススの殺害を描く中央パネルに向かって容赦なく進み，ついでそこから離れていくとき ─ その出来事こそはそれにつづく専政政治（暴政）へ転落の条件をつくりだしている（3・300-65）─，

---

[14] S. Mason, 'Introduction to the Judean Antiquities', in Louis H. Feldman, *Flavius Josephus: Translation and Commentary*, vol. 3: *Judean Antiquities 1-4* (Leiden: Brill, 2000), xx-xxii.

われわれはこの著作の対称(シンメトリー)を見ることができる.

　ヨセフスはより遠い過去の詳細な扱いを先送りするが,そのため彼は作家を悩ます問題に直面する.彼は仕事がいつ終わるかの展望が見えなくなるのである.彼は仕事を終えるために友人のエパフロディトスの絶えざる励ましが不可欠であったと述べる(『古代誌』1・8-9).彼がなんとか仕事を完成させたのは,ドミティアヌス治世の後期(93/94年),彼が55歳のときである(『古代誌』20・267).

　この第二作におけるヨセフスの仕事は正確には何なのか?

　彼は『戦記』を独立したものとして扱うために断念した試みについて次のように述べる.「ユダヤ民族の起源やユダヤ人が遭遇した様々な運命的諸事件,またわたしたちユダヤ民族のもった一人の偉大な律法制定者……今次の戦争に至るまでの長い歴史の中でわたしたちは数々の戦争等を経験したが,それについての記述もその中に含めるべきかどうか,相当に頭を悩ましたのである」(『古代誌』1・6)と.ここに列挙された事柄こそは,彼が『古代誌』において語ろうとするものである.ヨセフスはここで「異文化伝達」のモデルを探すが,彼は,プトレマイオス2世王の要請でなされることになった聖書のギリシア語訳の事業を裁可したと言われる大祭司エレアザルの寛厚な精神(『アリステアスの手紙』3・3を参照)を思い起こす.エレアザルが美しいものを惜しみなく分け与えるというユダヤ人の伝統にしたがってプトレマイオス2世に与えたものは,「われわれの律法と,それにもとづく統治原理」のギリシア語訳だった(『古代誌』1・10).ヨセフスは次のように宣言することでこれらすべてをひとつにする.すなわち彼は,今や自分の目的はエレアザルの寛厚な精神を倣うことであるが,しかしそれにとどまらず,律法だけでなくユダヤの聖なる文書をギリシア語に翻訳し,そうすることで「あらゆる種類の運命の有為転変,数多くの戦争の帰趨,英雄的な将軍たちの功績,劇的な政治革命等」(『古代誌』1・13)の歴史を提示すると述べるのである.彼はついで,そのような記述からすべての読者が学ぶべき道徳的な教訓を強調する.それは古代の戒め ―― そこには結果的に自然法が体現されている ―― に倣う者は,成功と幸福を手にし,ここから離れる者には災難が訪れるのである(1・14-15, 20).

　序におけるこの展望には,いくつかの点で瞠目すべきものがある.第1に,ヨセフス自身が『古代誌』と『戦記』の間の関連性を強調している点であ

る．研究者はこの点をしばしば看過する．ヨセフスは『古代誌』の聴衆が『戦記』に通じていることを前提とし，彼らに詳細を『戦記』の参照にもとめ（『古代誌』1・203，13・173，298，18・11，259），『古代誌』をより早い時代の歴史を含む『戦記』の前編として提供する．これはタキトゥスの（ネロ帝没後の歴史を扱った）『同時代史』と，後になって書かれた（それ以前の元首政を扱った）『年代記』の関係と比較できよう．

　もっとも重要なのは，この2つの著作の間に認められる主題と論調の関連性である．『戦記』には，後70年の惨禍に続く予想される誹謗中傷からユダヤ的な性格を擁護することを目的としていた（『戦記』1・1-2，6-8，『古代誌』1・3-4）．そのためそこでは，男らしい勇気や，不屈の精神，死の蔑視などの，ユダヤ民族の徳が前面に押し出されている．『古代誌』でも，同じようにして，ユダヤのより古い時代の戦争，指揮官たちの役割，男らしい勇気ある行動などがふんだんに記述されている．『戦記』が，近年の抗争や衝突における「ユダヤ人は実際にはだれだったのか」の問いに答えようとしたように，『古代誌』は「ユダヤ人はその始原のときから何者であったのか」の問いに答えるであろう．

　ここで「統治形態」という言葉がひとつの役割をはたしはじめる．ヨセフスの時代より少なくとも500年前以降，ギリシアの民族誌学者たちの間では，「人の住む世界」（オイクーメネー）の民族はそれぞれ，彼らが住むさまざまな地理的なまた気候上の条件に由来する独自の性格をもち，彼らの政治的な統治形態や，法律，慣習などは，これらの個々の特徴を反映している，と一般に考えられていた[15]．この考えとある程度張りあったのは，統治形態は本来的に不安定で，環状の中を絶えず進んでは退行するもので，君主政は独裁制へ，民主政は衆愚政へ，貴族政は寡頭政へと向かうように，それぞれの統治形態はやがては他の統治形態に取って代わられるとする，これまた一般的な見解であった[16]．ヨセフスは，ポリュビオスと同じく，この2つの見解の間のフェンスのどちらの側にも立ち，序においてユダヤの統治形態の優越性を強調しながら —— それはその統治形態が（神によって）定められた

---

[15] W. Jaeger, *Paideia: The Ideals of Greek Culture* (3 vols.; Oxford: Oxford University Press, 1973), 2. 230-247；ヘロドトス『歴史』3. 80-82；プラトン『国家』8. 544d-591；クセノフォン『政府の財源』1.1；ポリュビオス『歴史』1.13.12, 3.3.3, 3.7.1, 4.1.1-8, 4.53.5, 5.106, 6.43-47．

[16] アリストテレス『政治学』3.4.1-2. 1279a；ポリュビオス『歴史』6.4-9．

8章　ヨセフス『ユダヤ古代誌』の後半部

ものであったことを示す ―― ，歴史の中での多くの変容を位置付けるのである．ヨセフスは聴衆が ―― 彼らは他の国や法律制定者と比較しても遜色のない自分たち自身の国や，法律制定者をもっている ―― 承知していると仮定する民族誌的な地図の中にユダヤ民族を積極的に位置付けるが，『古代誌』の序のもっとも刮目すべき特色は，彼がモーセの律法を自然法と結び付け，モーセの律法を遵守するかどうかが，民族の区別なく，すべてのものに祝福をもたらせば処罰をももたらすとしていることである．

　全20巻の『古代誌』は，ユダヤの統治形態に関するいくつかの主題によって十分に要約される，と申し立てるのはナイーブであろう．この著作は，もちろん，エッセーではなく，紆余曲折や，文学的な工夫，洗練された（一癖も二癖もある？）登場人物，本論からの逸脱，予期せぬ展開などを多くもつ複雑な，しかし創意工夫に富んだ物語なのである．人は，この著作のはじめから最後までで，多くの交差的な主題のクラスター（房）を跡付けることができるであろう．その主題とは，とくに神殿の運命を左右する祭司や祭儀に関する主題，人物評価と関係する道徳的哲学的主題，人間の生における運命や，必然，神的摂理の役割に見られる宇宙的な主題や悲劇的な主題，社会の調和や民間人の抗争などと関係する都市的主題，歴史記述上の主題 ―― 資料や，文書，当該の出来事についての他の記事との関わり ―― などである．

　テクストの内容が豊富であることや複雑であることを認めるならば，法制度の中に具現化されていると彼が申し立てるユダヤの統治形態を，ヨセフス自身が『古代誌』の第1巻から第20巻までの主要な統一的な主題として理解しているように見えると観察しても，その観察に還元主義はまったくない．しかし他の主題のクラスターのすべては，彼自身が『反論』2・287-95で言っているように，まさにこれに依存している．『古代誌』は，（ユダヤ人以外の）関心を払う外部の者たちにとっては，基本的には，ユダヤの統治形態，その起源と展開について書かれた手引き書なのである．

　第6巻のプログラム的な一文に焦点を絞る前に，その証拠調べでもってはじめる．ひとつの本質的な観察は，統治形態についての言語は，ヨセフスにとっては未知のもので驚くべきものでもなかった．というのも政治的な統治形態はもちろん，ヨセフスより数世紀前にはじまるギリシアやローマの文献においてもっとも頻繁に議論されたトピックのひとつだったからである．ヨセフスに大きな影響を与えた人物のひとりポリュビオスは，統治形態の問題

を彼のローマ興起の分析にとって基本的なものとした(『歴史』3・2・6, 6・1).一部の著作家は,法に含まれた政治的形態であるとして,国家の法律とその統治原理の間の区別をしないことがままあるが,彼らは,通常,この二つの言葉を相互に互換的・補足的に使用する.われわれはこの傾向を一般にプラトンや,アリストテレス,アテーナイの雄弁家たち,ポリュビオス(『歴史』2・39・6, 4・25・8, 4・81・12, 6・47・4, 6・50・2, 39・5・3.マカバイ記二13・14参照),それにギリシア人歴史家(ディオドロス1・74・1, 13・34・6, 34/35・25・1, 37・2・2,ディオニュシオス『ローマ古代誌』2・26・2, 5・45・2, 7・20・4, 10・57・1, 11・58・2,『イソクラテス論』16,『ポンペイウスへの書簡』1・8,ストラボン『地誌』1・1・18,アリウス・ディデュモス Philos. 76・1, 80・2, 99・2)に見る.もちろんフィロンにも同じ傾向がある(『世界の創造』143,『悪は善を襲う』6,『酩酊について』92, 109,『言語の混乱』2, 108,『アブラハムの移住』89,『ヨセフ』29,『モーセの生涯』2・49).多くある例のひとつは,「法は政治的制度や統治形態の種類や形を定義する・統治形態の種類と形は法に[よって用意]される」(『地誌』1・1・18)とするストラボンの観察である.法の制定者が生み出すものは統治形態であるので,ヨセフスが「律法(法律,法)」と「統治形態」を25回も対にして(たとえば,『古代誌』1・10, 3・213, 4・45, 184, 193-94, 223, 230, 292, 302, 312, 5・132, 186, 10・275, 11・140, 12・240),それらを概して互換的に使用していてもまったく驚きではない.

確かに,ローマ側の文献では,ギリシア語の文献に見られるような広範囲にわたって比較する統治形態の議論は比較的少ないが,統治形態の問題は,多くの「王国について(ペリ・バシレイアス)」の文書が示すように,ヘレニズム時代において,また元首政時代のローマのエリートにとって,とくに王位の厄介な範疇,つねに存在する専政政治(暴君政治)の脅威,そして君主の継承権の問題との関連で,依然として重要な問題であったが,それについては後述する.

統治形態の言語は,ヨセフスが著作していたとき盛んに使用されており,彼はこの豊かな主題的な響きのする言葉を自分の主著である『古代誌』を統一あるものにする言葉(縫い糸)として選んだのである.彼は『反論』を終えるにあたり,それを『古代誌』に比較して次のように言う.

わたしたちの律法や統治形態についての正確な継承は,わたしはすでにわた

したちの古代史についての著作の中で説明している．そしてこの著書でそれらのものに触れたのは，この著書の目的が，それを必要としたときのみに限られている．（2・287）

彼の大作が律法や統治形態についてすでに詳細に語っていること，それこそがすべてであった．

『古代誌』の序が律法と統治形態の主題をファンダメンタルなものとして固定している．彼は，ユダヤの律法と政治形態が分かるモーセ五書のギリシア語訳をもとめたプトレマイオス2世を満足させた大祭司のエレアザルを自分のモデルとしている．

> そしてその際，まず思い出したのはプトレマイオス2世のことだった．この王は学問と本の収集に深い関心をもっていたが，とくにわたしたち（ユダヤ人の）律法と，それにもとづく統治原理（に関する本）を熱望して，それをギリシア語に翻訳させたのである．そしてまた（頭に浮かんだのは，大祭司）エレアザルのことだった．高徳という点では，他のいかなる大祭司をも凌駕していたこの人物は，王プトレマイオスの希望をためらうことなく受け入れた．もし，いっさいの（精神的）財産はこれを秘匿せよ，などということがわたしたちの伝統であれば，彼はそのとき王の申し出を謝絶したに違いない．しかし，彼はそうはしなかったのである．（1・10）

ついで彼は，聖なるテクストの彼の翻案が，統治形態に見られる劇的な変革を含むことを示唆する．

> しかしながら，聖なる文書に語られていることは，実は殆ど無限に近い．それは5000年の（民族の）歴史を包含し，その中には，あらゆる種類の運命の有為転変，数多くの戦争の帰趨，英雄的な将軍たちの功績，劇的な政治形態の変革などが語られているからである．（『古代誌』1・13）

ここでの言葉は，序のためのたんなる盛装ではない．なぜならば，ヨセフスはすでにして，「バベルの塔」の挿話を語る前で，ノアの孫ニムロデを「しだいに事態を専制的な方向はもっていった」（1・114）人物として特徴付けているからである．

第3巻と第4巻において，律法をユダヤの統治形態として記述するために，律法についての彼の要約のはじめ部分と終わり部分では，はっきりと分かる

仕方で，間をおいて次のように述べている．

> 彼は一同がよく聞こえるように高い所にあがり，「ヘブル人よ」と呼びかけた．「神は以前と同じく，好意をもってわたしを迎えられた．そして，神はおまえたちに幸福な生活と秩序ある統治原理を勧めるために，ご自身でこの野営地に来ようとされている」．(3・84)

> そのうえ，彼はそのとき……神に満足してもらえる生活を送れる統治原理を考えており，律法を書くことに専念していた．……そこでわたしは次に，統治原理と律法について語りたいと思う．(3・213)

ヨセフスは『古代誌』の第3巻を次の言葉でもって終える．

> こうした事例は，何も驚くほどのことではない．わたしたちの間ではモーセが残した文書が現在でも絶大な権威をもち，わたしたちの敵ですら，わたしたちの統治原理はモーセの徳と彼の働きによって，神のつくられたものであることを認めていることからも明らかである．(3・322. 4・3, 16, 146, 149 をも参照)

第4巻で，モーセは神に向かって，「そしてあなたは，わたしたちに律法の知恵を教え，それにもとづく統治の仕組みをつくるよう命じられました」(4・45) と語りかける．モーセはまた民にたいして「わたしは，おまえたちの性格がよりよき方法を知らぬために悪に走ることを懸念し，神の指図でおまえたちのために律法を編纂し，それにもとづく統治の原理をつくった」と語る．そして彼は「モーセはこう語り終えると，人びとに律法と統治原理を書き記した1巻の書を与えた」(4・193-94) と記す．ヨセフスはこれを，「統治形態に関するわたしたちの律法の規定」(4・198) と説明し，また要約部分の結びとして，「以上がおまえたちの国の平時における法的体制である」(4・292) とモーセに言わせる．ついで彼は「以上がモーセの残した統治原理である」(4・302) と記し，さらに次のように記す．

> つぎにモーセは，戦争のときも平和のときも自分が民の救いのためにいかに多くのことをなしてきたか，また（彼らのために）律法を編纂し，統治原理の整備にいかに力を貸したかを語った後，神の啓示にしたがって次のように預言した．「もしおまえたちが神への奉仕をないがしろにすれば，おまえたちは（必ず大きな）苦難をなめるだろう……」．(4・312)

ヨシュアが亡くなった後さまざまな困難が浮上すると，ヨセフスは次のように言う．「その後，イスラエル人は敵への攻撃の手を緩め……統治の秩序が軽視され，ついには律法にさえ素直に耳を傾けなくなった」（5・132）と．

第20巻の終わりで，ヨセフスは著作全体についていくつかの要約的な発言をし，統治形態の変遷の問題を強調し，ポリテイアという言葉を繰り返し使用する（20・229, 251, 261）．

> ユダヤ人の統治形態に関して言えば，当初それは貴族制であり，ついで独裁制にうつり，そして3番目に王制となった．（20・229）
> これら2人の王（ヘロデとアルケラオス）の没後，統治形態は貴族制に代わり，ユダヤ民族の指導権は大祭司たちに与えられた．（20・251）

> わたしは士師の支配した時代を含めた歴代の王の継承とその生活習慣，および彼らの事績と統治等を，聖なる文書に書き記されているとおりに誤りなく書き伝えたつもりである．わたしは本書の劈頭でそのことを読者諸賢に約束したからである．（20・261）

ここまでの型どおりの考察から，ヨセフス自身が統治形態という主題を『古代誌』全体の構成にとってファンダメンタルなものであると見なしていたことが十分に明らかにされたであろう．しかし不思議なことに，この点はこれまで十分に考察されてこなかった．ハロルド・アトリッジは統治形態の用語を観察し，それまでの著者たちにしたがい，それを宗教的な語彙とは異なる政治的なものと見なしている．しかし彼は，ヨセフスが第3-4巻で持ち出した政治的な主題を展開せず，聖書物語の再話における他の主題に移っているとコメントする[17]．最近の研究では，ダニエル・シュヴァルツやルイス・フェルトマンが統治形態の言語に注目しているが，異なる統治形態の用語で異なる時代を記述することにおけるヨセフスの明らかな矛盾に焦点を絞っている[18]．フェルトマンは1998年に聖書物語の再話に関する浩瀚な本を2冊出版し，それには例によって詳細な索引が付されているが[19]，そこには「統治原理」の項は見られず，ギリシア語 πολιτεία は，付随的に現れ

---

(17) Attridge, *Interpretation*, 66.
(18) D. R. Schwartz, 'Josephus on the Jewish Constitutions and Community', *Scripta Classica Israelica* 7 (1983-84), 30-52; Feldman, *Interpretation*, 144-148.
(19) Feldman, *Josephus's Interpretation of the Bible;* idem, *Studies in Josephus' Rewritten Bible*.

るだけである．

　ヨセフスは明らかにその著作全体を統治形態の主題に捧げようとしているが，もしわれわれが彼のその努力に十分留意するならば，われわれは少なくとも次の3つの問いに答えなくてはならない．すなわち，(1) ヨセフスはどのような統治形態を好み，その理由は何か，(2) この主題はどのようにして著作全体を統一あるものにするのか？ そして (3) 後90年代のローマにおけるヨセフスの聴衆にとって，この主題の意味は何なのか，である．

Ⅲ．貴族政こそが最善ありユダヤの規範である —— なぜか

最善の統治形態に関して．

　ヨセフスは歴史の中でのユダヤの統治形態の変遷をたんに跡付けているのではない．彼は明らかに，元老院（長老）制の貴族政（寡頭政）こそをユダヤの適切な統治形態として唱導し，他の形態を望ましくないものとして描いている．これは注目に値する．なぜならば，彼の同時代のギリシア人やローマ人たちは，元首政に目をやりながらも仁慈ある君主制を支持する傾向があり[20]，他方彼らの先達たちはローマの「混合」統治形態を賛美していたので[21]，ヨセフスは聖書の前例（申命記17-18章に見られる力の均衡，ないしはそこやサムエル記下7：14の約束の中で支持されている王政）を念頭に，これら2つのうちのどちらかを選択できたであろうが，彼は，世襲的な神官制に投錨した非聖書的な元老院（長老）による貴族政をはっきりと選択したのである．

　われわれは『古代誌』4・186ではじめて，ヨセフス固有のアプローチを見る．それは，モーセやヨシュアと並んで，民へ助言を与えることで機能する元老院，すなわち「ゲルーシア（長老会）」へ多数の言及の最初のものである．

> わたしはおまえたちを，律法の慎重な導きと，体系づけられた統治原理と，おまえたちの利害を心配してくれるよき指揮官たちの徳に託し，おまえたちの今の幸福を喜びながらこの世を去ろう．……大祭司のエレアザルとヨシュアは，長老会の長老たち（4・218, 220, 222, 255-56, 5・15, 23, 55, 57, 80, 103, 115を参照）や各部族の指導者たちとともに，おまえたちがしたが

---

(20) セネカ『寛容について』，プリニウス『頌詞』，アリステイデス『ローマ頌詞』．
(21) ポリュビオス『歴史』第6巻，キケロ『国家について』を参照．

えば必ず繁栄に至る最上の判断を与えてくれるだろう．彼らの言葉にすすんで耳をかしなさい．よくしたがうことを知る者は，すべて権威の伴う任務につけば，(いかによく)支配するかを知っている，ということを悟ってほしい．またおまえたちは，指導者たちから行うよう求められたことに憤慨し，それが自由だなどと考えてはならない．この時期に，無遠慮にものが言えると思うのは，おまえたちの恩人たちへの侮辱にほかならない．そして今後，これらのことによく注意するならば，万事は順調に進むであろう．(4・184-86)

この点の意義を疑われる場合に備えて，ヨセフスは先に進んでモーセの口を介してその意義を明確にする．

貴族政治とその下で送る生活こそ最上のものである．おまえたちは他の統治原理の政治を望んだりせずに，律法を指導者とし，すべての行動を律法で律しながら，この統治形態に満足しなければならない．神もおまえたちの統治者たることに満足されているからである．(4・223)

ヨセフスはこの先もこの問題に注意を払いつづけ，ヨシュアの死の記述の後すぐに立ち止まって，広範囲にわたった腐敗と無法の中で，モーセが定めた貴族政が崩壊し，民は長老会の長老たちの任命を止めたのだと観察する．

彼（アビメレク）は統治の仕方を専政的なものに改め，律法を無視して自分の思い通りに行うと宣言し，正義を守ろうとする人びとにはげしい敵意を示した．(5・234)

士師たちの統治は部分的で一時的な解決であったが，われわれはここではじめて，どんな形の王政にも関わる2つの大きな問題の1つ，すなわち継承問題を見ることになる．英雄ギデオンの私生児（ヨセフスはこの点を強調する）であるアビメレクは古典的な暴君と化す．この筋書き（シナリオ）は少しばかり先に行っても繰り返される．すなわち士師の時代の後，大祭司エリの2人の息子ホフニとピネハスが同じようにたちどころに暴君と化す．

大祭司エリにはホフニとピネハスという2人の息子がいた．2人はともに人びとには傲岸不遜，神には不敬虔な態度で接し，悪事という悪事にはすべて手を出した．彼らは奉納物のあるものを役得として持ち帰ったりしたが，なかには強奪に近いものもあった．また，礼拝にやってくる女をときには暴力で犯し，ときには贈り物で誘惑した．要するに，2人の生活態度たるや，世

の暴君とまったく変わらなかったのである．(5・338-339)

　ここでの物語にとって決定的に重要なのは，エリの2人の息子が引き起こした問題のため，神は預言者サムエルを選んで民を治めさせたが，次にはサムエルも自分の2人の息子ヨエルとアビヤの所業に手を焼いたことである．
　そのためわれわれは，モーセとヨシュアによってはじめられた貴族政がひとりの預言者の指導のもとで短期間ではあるが明らかに回復されたがゆえに『古代誌』全体にとって旋回心軸となるように見える第6巻の中のいくつかの文節に導かれる．

> 　この2人の若者は，息子というものは親の性格に似ないという好個の例であった．いやむしろ，正直で穏健な人間が賤しい両親から生まれ，有徳な両親の子が堕落するといった方が適切かも知れない．彼らは父の進んだ公正な道とは逆の方向に歩み始めたのである．すなわち，裁判の公正さを，賄賂とたちの悪い金銭授受で曲げ，真実を無視して自分たちの利得にもとづいた判決を下した．……民はそれまでの統治制度や統治原理が預言者の息子たちの無法行為によって阻害されていくのを見ると，ついに彼らの行為に我慢できなくなり，……サムエルのもとに駆け込んだ．そして彼らは息子たちの不法行為を告発した後，次のようにつけ加えた．「今やあなたは高齢のために体も弱り，昔のように職務を果たすことができない．そこで，お願いしたい．今後ヘブル人の民族を統治してゆくためにも，またペリシテ人から過去に受けた不正きわまる扱いに復讐するためにも，ぜひ，われわれに王を選んでいただきたい．」人びとのこうした言葉は，将来廉直で，王というものを毛嫌いしていたサムエルを非常に悲しませた．彼は心底から貴族政治を愛し，その統治原理を受け入れた人びとにこそ真の幸福が与えられると思っていたからである．(6・33-36)

　われわれはこれらの重要な箇所で，ヨセフスが彼の聖書資料を相当に拡大し編集者としての意見を付け加えていることを見ることができる．彼のローマでの聴衆は，その知識がなくとも，これらの強調点を容易に見ることができたであろう．なぜならば，それらは統治原理という打ち出された主題から逸脱するものではなく，それと一致したものだからである．

　ヨセフスは，上記の重要な引用箇所（『古代誌』6・33-36）において，ひとつの逆説を説明している．民が王を望むのは，サムエルが高齢であり息子た

ちの素行が悪いからである，と．これは後継者をめぐるよくある問題である．サムエルは王の任命がその問題の解決にならないことを承知していた．なぜなら，王位はそれ自身の後継者問題を道連れにするからである．そのためサムエルは貴族政（寡頭政）に固執する．ヨセフスはここではそれをいちいち説明しないが，合議制の寡頭政的な統治形態は，そのエリート・グループが全体としてつづくかぎり，そのうちのだれかに子があるかどうかや，彼らが将来どうなるかは重要ではないので，後継者問題から自由であることは，彼の読者には明白であろう．

　サムエルは，暴君政に関わる第2の主要な問題で，少しばかり先で登場する．

> サムエルはこれらのことを聞くと，夜明けにユダヤ人たちを集め，彼らのために王を任命すると宣言する．しかし彼はその前に，彼らが王の支配下ではどのように生活し，どれほど多くの不幸を迎えることになるかを説明しておかねばならぬと語る．
> ……要するに，おまえたちとおまえたちに属するものは，おまえたちの家僕まで含め，すべて王の奴隷になるということだ．……
> ともかく彼らは，自分たちの意見を変えるどころか，サムエルの言葉をまったく意に介そうとはせず，彼に執拗に迫り，将来の事態などを懸念せずに（自分たちのために）即刻王を選んでくれと，要求した．自分たちが敵に復讐するためには一緒に戦ってくれる王が必要であり，また近隣の土地の者も王に支配されているのだから，自分たちが同じ統治原理にしたがっても別におかしくはない（というのである）．（6・40-44）

　サムエルは王擁立の結果いかなる事態が民に降りかかるかを，民を招集して警告する ── これこそは『古代誌』物語全体の構想にそったものである ──．その警告の本質部分は，王は暴君となり，民とその所有物をわが物とし，しかも望むものを望むときに要求し，国は実質的に王の奴隷となる，というものである．しかし民はこの警告に耳をかさない．そのためサムエルはすぐにサウルに油を注ぐ．

　ここで申し添えておくが，これらの主題はヨセフスの先の著作である『戦記』との主たる接点である．確かに統治形態の主題はそこでは十分に展開されていないが，序（『戦記』1・10）で特色づけられているその物語の基本的な

事実は，一部のユダヤ人暴君たち —— 彼らは自分たちのために権力をもとめ，適切な長老会的な寡頭政を倒そうとした —— がエルサレムの陥落をもたらしたというものである．
　以下はこれと関連する文節である．

> サムエルが第2回の選挙でサウルの王国を確認する必要があると宣言すると，すべての民がギルガルの町へやって来た．彼がそこに集合を命じたからである．ヘブル人の統治原理は，こうして王制に改められた．人びとは，モーセと弟子のヨシュア —— 彼は軍隊の指揮官であった —— の時代には寡頭支配を守ったが，ヨシュアの死後まる18年間は無政府状態に置かれた．しかし，その後は本来の統治原理に戻り，最高の司法権は，戦争において最大の勇気と最高の指導力を発揮した者に委ねられた．そして人びとは，この統治原理の時代を士師の時代と呼んだのである．(6・83-85)

　この引用はサウルの第2回の「油注ぎ」を記述する．ヨセフスはこれを，少しばかり過去に遡って，民族の統治原理が変更される歴史的な出来事であることを強調する機会として利用する．そしてわれわれは，『古代誌』6・262-68でサウルの暴君としての性格をはっきりと見る．ヨセフスはそこで，彼の聖書資料にたいして7つのパラグラフを書き加える
　サウルはそのほとんどはじめから神と預言者サムエルを怒らせる．彼は不適切な時期に犠牲を捧げたり，アマレクびとのことでは神の命令にしたがわず，（すでに油塗られている）ダビデに敵意を抱き，そして今や精神をひどく病む．彼は大祭司アビメレクとその家族，そして祭司たちや預言者たちの故郷であるノブの男たちや，女たち，子供たちを虐殺する．これは人間の行動について教訓を与えるもので，ヨセフスはこれを編集する．「人間はつつましい普通人であるかぎり，本能に耽ったり欲望のすべてを実現できないために，（かえって）思いやりがあって控え目である……」．

> しかし，人間はいったん王位について権力を手にすると，そうした性質をいっさい捨て去り，以前のよき慣習や振舞いを舞台の仮面のように脱ぎ捨て，大胆不敵で傍若無人な鉄面皮で装い，人間らしさや神的なものはすべて軽蔑するようになってしまう．……キシの子サウルの振舞いは，まさにその典型であった．彼は貴族制から士師の時代の統治形態を経たヘブル人がはじめて迎えた王であったが，アビメレクにたいする嫌疑から300人の祭司と預言者を

8章　ヨセフス『ユダヤ古代誌』の後半部

殺害し……．(6・264-68)

　多くの出来事が先行する200のパラグラフで語られているが，その大半は悪しきものである．サウルは神にしたがわず預言者サムエルを無視する．それが王としてのダビデの油注ぎに至る．そしてその後で，サウロの複雑な問題が発生する．今や彼は，十分な根拠なしに，何百という無実の人間を殺し，ノブの町を破壊する．ヨセフスは人間の本質について一般的な言葉で考察する．すなわち，私人たる市民はそこそこの野心しか追いもとめないが，統治者は最高の権力を手にすると，権力によって腐敗し，そして暴君になる，と．ヨセフスは，まさに初代の王だったサウルがこのことを完全に例証したと辛辣に述べる．

　言うまでもないことだが，君主制に関わるこれら2つの問題，すなわち専制君主（暴政）への不可避的な傾斜と，たとえそれが回避されたとしても，次に起こる一筋縄ではいかない継承問題は，ギリシアやローマの文献においても広く扱われている．王政から専制君主（暴政）への移行に関しては，マゴスにたいする反乱後にヘロドトスがペルシア人を招いて行った統治形態の論議を例としてあげれば十分であろう．

> このような政体にあっては，この世でもっともすぐれた人物ですら，いったん君主の地位に座れば，かつての心情を忘れてしまう．現在の栄耀栄華によって驕慢の心が生ずるからで，さらには人間に生得の嫉妬心というものがある．この二つの弱点を持つことにより，独裁者はあらゆる悪徳を身に備えることになるのだ．彼にあまたの非道の行為があるのは，一つには栄耀に飽き驕慢の心を起こすからであり，二つには嫉妬の念の仕業である．（松平千秋訳，ヘロドトス『歴史』3・80・3-4）

　ローマ側の文献であるが，キケロは，ロームルス（ロムルス）没後に，ローマ人もまた王の擁立を望んだと述べている．王政の出発は順調であったが，タルクイニウス・スペルブスとその後継者たちの悪しき所業ゆえに，「この国民に王の称号が憎むべきものとなった」（『国家について』1・40・62）．キケロは登場人物のひとりスキピオを介して次のように述べる（ヨセフスとの密接なパラレル関係に注意してほしい）．

> これを定めたとき，はじめて彼（ロームルス）は，少し前にスパルタでリュクー

217

> ルゴスが発見したのと同じこと，すなわち国は，卓越した各人の権威が王の絶対的権威に加味されるなら，ひとりの支配，つまり王権によっていっそう正しく導かれ治められることを発見し，これがよいと判断した．彼はこの審議会，いわゆる元老院によって支持され守られて，近隣の国にたいし多くの戦争をきわめて有利に行った……．（キケロ『国家について』2・9・15）

しかしながら，

> さて，貴族から成るロームルス（ロムルス）のあの元老院が……ロームルスの死後王を持たずに自ら国家を支配しようと試みたとき，国民はそれに耐えられず，ロームルスを慕ってその後も王を望むことをやめなかった．（『国家について』2・12・23）

民はその経験から自らの過ちに気づくようになる．

> さて240年……が過ぎてタルクイニウスが追放されたとき，かつてロームルスの死後，正確に言うなら彼の去った後，人々をとらえた慕情に劣らぬほど大きな，王の名称に対する憎悪がローマ国民をとらえた．したがって国民はかつて王がなくてはおられなかったように，タルクイニウスを追放したいま，王の名称を耳にすることにさえ耐えられなかった．（『国家について』2・30・52）

　キケロの『国家について』には，実際，ヨセフスの『古代誌』とよく平行する箇所がある．「暴君になるかもしれぬ王」へのこの憎悪こそがまさにユリウス・カエサルに死をもたらしたが，これは先に進んでヨセフス自身が明らかにする事柄である．
　アウグストゥスの元首政もまた，ふさわしい後継者を確実に立てようとさまざまな努力を重ねて，寡頭政の継承者問題をはっきりと浮き彫りにし，そしてティベリウス，ガイウス・カリグラ，クラウディウス，そしてネロという混乱の中での登極と混乱をともなったその結果を見れば，その問題は片付いたのではなかった．実際，ネロ帝が亡くなると，この問題が再燃する．タキトゥスはガルバのために有名なスピーチを用意し，その中でこの老齢の元首は高名な元老院議員であるリキニアヌス・ピソと養子縁組をなし，統治のパートナー，また後継者として迎え入れる（後69年1月）．

> 神々と人々の賛同を得て皇帝の位に呼ばれた私を，あなたの高潔な人柄と私

の祖国愛がこう急きたてている．つまり私たちの先祖が武器でいつも争っていた元首の地位を，私は戦争で勝ち取ったが，神君アウグストゥスの手本に倣い，平和の裡にあなたに譲るべきだと．アウグストゥスは姉の息子マルケッルスを，ついで婿のアグリッパを，やがて自分の孫たちを，最後には継子のティベリウス・ネロを自分の次に高い位につけた．もっともアウグストゥスは自分の家の中から後継者を捜したが，私は国家の中に求めた．……ティベリウスやカリグラやクラウディウスの下で，皇帝の地位は，いわば唯一つの家系の遺産相続であった．その皇帝をわれわれが択び始めたと言うことは，自由の政体になったも同然ということだ．ユリウス・クラウディウス氏の家系が断絶した今，養子縁組でどんな立派な人物も見つけられよう……．（タキトゥス『同時代史』1・15-16）

ガルバはアントニヌス一族の支配者たちの登場を予期して，親族の者ではなく最善の後継者を選ぶことでその制度を改めようと試みる．しかしその試みは後69年1月の数日間しかつづかなかった．ウィテリオスに挑戦するさいのウェスパシアノスの最大の優位な点のひとつは，明らかに，ティトゥスとドミティアヌスという確実に目に見える後継者がすでにいることだった．ヨセフス自身が，ローマの正規軍が彼らの指揮官として彼を擁立したことに触れるとき，『戦記』の中でこの問題を強調する（後60年7月）．

> そもそも戦うことなど必要ではない．元老院とローマ市民は節度あるウェスパシアノスの代わりに放縦なウィテルリオスを与えられたわけだが，どちらもウィテルリオスに耐えられるはずがない．また彼らが有徳な皇帝よりも残忍な暴君を好むはずがない．父親である人物よりも子のない人物を指導者に選ぶはずがない．なぜなら，（帝国の）平和にとって最大の保証は皇帝の正当な継承にあるからだ．（4・596）

これは，友人ウェスパシアノスを励ます言葉としてタキトゥスがムキアヌスに帰す次の一文と調和する．

> あなたの家には凱旋将軍の肩書きがあり，2人の若者がいる．その1人はすでに皇帝の器量を備えているし，軍隊奉公を始めた頃，ゲルマニア軍でも赫々たる勲功を立てた．（『同時代史』2・77）

継承問題はいまだ未解決であり，ディオ・カッシウスは，それこそがウェスパシアノスと少しばかり哲学的な傾向のある二人の元老院議員ホスティリ

アヌスとヘルヴィディウス・プリスクスの間で争いの種であった，と申し立てる．怒り心頭に発したウェスパシアノスがヘルヴィディウスに向かって，「わが子が予を継ぐ．さもなければ誰も継がない」と怒鳴り散らしたと言われる（カッシウス『ローマ史』66・12・1）．

プラトンは，ずっと以前に，王が後継者を必要とすることを一般的な形で強調した（『法律』769c）．

プリンケプス（元首）がどんなに王の称号を避けようと欲しても，彼らが苦境に陥ることを継承問題が明るみに出す．ヨセフスが『古代誌』を著作していた後のドミティアヌスの治世のとき，継承と暴政という2つの問題がローマで人びとの口の端に上っていた．タキトゥスは，その著作の中で，この2つの問題と早い時期のプリンキパトゥス（元首政）を巧みな仕方で活写し，十全に論じている．

ここでヨセフスに戻る．

ヨセフスが描く貴族政（寡頭政）の理想と王政の度重なる失敗は，ローマのエリートたちの鋭敏な問題意識と共鳴するものであり，また共鳴することが計算されたものだった．ヨセフスは，サウル（王政の弱点をさらけ出した）について語った後で，聖書物語の順を追い，ユダヤの歴代の王の暴政への傾向と継承に起因する混乱を跡付け，ゼデキア王の背信行為と不正義が第一神殿の崩壊をもたらしたことを語る．聖書物語もこれらの問題を記述しているが，それとの違いは，ヨセフスがこれらの出来事を，統治原理や，貴族政（寡頭政），王政，専制君主政（暴政），継承問題という彼の根本の主題との関連で十分に主題化したことにある．

われわれはヨセフスのこの中断することのない関心を，神殿の再建に触れる『古代誌』後半部の早い段階で見ることになる．『古代誌』11・111は，この関心と，もうひとつの変化へのヨセフスの予測を示す．貴族政（寡頭政）はまたもや新たな政体となったが，彼は聴衆に，事態が致命的に変わることを気づかせる．

> その統治形態は少数貴族政であったが，それは一族の子孫が王として支配するまで，大祭司が国家の長だったからである．

『古代誌』11・140ではエズラ治下の祭司の雑婚問題が統治形態との関連で語られる．

人びとがエズラのもとにやって来て，一般の人や，レビ人，祭司などの一部の者がモーセの統治形態を足蹴にし，父祖伝来の律法を破っていると訴え出た．彼らは異邦の女と結婚したり，祭司族に異民族の血を混ぜたりしていたのである．

そして，ハスモン（アサモナイオス）一族の反乱の興りも統治原理の問題としてその枠組みの中に置かれている．大祭司メネラオスがユダヤ的なものをギリシア的なものへ改めようとしたからである．

後任のメネラオスに反攻を企てたため，一般の人々は2派に分かれて争い，トビアの息子たちがメラネオス側に立ったのに対し，民衆の多数はヤソンを支持した．ところが，ヤソンの攻撃が激しかったため，メネラオスとトビアの息子たちは退いて，アンティオコスのもとへと赴き，次のように訴えた．すなわち，自分たちは自国の律法とそれに記されている生活様式を放擲して，王の律法にしたがい，ギリシア的な生活様式にしたがいたい，と．（『古代誌』12・239-240）

『古代誌』の第13巻は，ハスモン王朝が，いくつかの輝かしい成功の後で継承問題シンドロームに陥り，偉大なヨハネ・ヒュルカノスの息子が統治形態を再び王政に改めたので，第6巻とまずまずの対称的な平行関係にあるが，われわれはこの第13巻でもうひとつの転換の契機に出会う．

父の没後，長男のアリストブロスは，ユダヤの国を，自分が最上の統治形態と思っている王国に改めるほうが適切と考えた．そして，民がバビロン捕囚から解放されて祖国へ帰還してから481年3か月目に，その頭上に王冠を戴いた最初の人となった．（13・301）

ヨセフスはこれをたんたんと記述しているのではない．ここには「王冠」への言及と，以前の王政からおよそ500年ぶりになされるこの新たな事態への思いがある．ここでは引用をしないが，アリストブロスは早々に暴君ぶりを発揮し，実の母親を投獄して餓死させ，弟のアンティゴノスを殺害する．これは栄光に満ちたハスモン家の終焉のはじまりである．

一縷の望みは，前63年のローマによるユダヤへの侵攻である．シリア知事ガルビニウスがヒュルカノス2世を大祭司とし，50年代に地方の行政機関を5つ設置して貴族政を再開させたとされるからである．

彼はまた，5つのスュネドリオン（行政機関）を設置し，そして国民を同数の地区に分けた．その行政の中心は，第1がエルサレム，次がガダラ，第3がアマトゥス，第4がエリコ，そして第5がガリラヤのセッフォリスであった．こうして人びとは，今までの専制君主制から自由にされて，貴族制の下で生活するようになった．(14・91)

しかし大祭司と長老の貴族政は，ユダヤ史の中のもっとも悪名高き王政へ覆される．そしてそれは拙論の最後の部分，ローマを扱った部分へ入るヘロデ資料へわれわれを導く．

IV．物語の後半部
―― ヘロデ王とローマ皇帝（モナルコス）/ 専制君主（暴君）たち

紙幅は限られているので，筆者は『古代誌』に見られるヘロデに関する非常に長い記述（『古代誌』14-17巻の大半部分）から，2つの点だけを問題にする．第1の点は，ヨセフスを突き動かしてやまぬ物語の上での理由がそこにあるからである．第2の点は，これらの理由が統治形態に関するヨセフスの主題の展開を含んでいるからである．

サッカレーは，『古代誌』におけるヘロデとアルケラオスの詳細な記述が『戦記』の記述と釣り合いがまったく取れていないのは，主に，利用できる資料の多寡に起因し，『戦記』ではそのような利用可能な資料を欠き，これらのことすべてが後になって著された『古代誌』をパッチワークとする結果になったとしたが，筆者はすでに彼のこの見解については触れた．

この見解を論駁することは可能であるようにみえる．

第1に，ヨセフスは『戦記』を著作したとき，明らかにヘロデに関する同じ資料をもっていたが，彼はそこでの資料を大幅に短くし，彼の語りの目的に適うように形を変えたのである．しかし，そこにおいてさえ，ヘロデ物語はその前に置かれる記事とその後に来る記事とははなはだ不均衡である．ヨセフスは双方の著作において，ヘロデの記述にさく紙幅を自由に決めることができたので，資料は，ヘロデ王について長々と記述するための必要な条件であるが，その多寡は十分な条件ではない．第2に，『古代誌』におけるヘロデ王物語は ―― 『戦記』におけるそれのように，しかし意味のある異なる

8章　ヨセフス『ユダヤ古代誌』の後半部

仕方で ——，実際，『古代誌』の主要なテーマを展開させている．すなわち統治形態のクラスター（房）に関するかぎり，専政政治（暴君政治）と継承問題はその物語の中心を占めつづけている．

　専政政治（暴君政治）の方であるが，それは『古代誌』の描くヘロデ像には大半が新しいものである．それは『戦記』の平行記事と比較するとこの著作の王への異なるアプローチの一部であるが，そのことはかつてラクールによって詳細に議論されたものである（1920年）．ヘロデは王位に就く前から，エルサレムの評議会と対立し，暴君ぶりを発揮している．彼は権力の座につくと，その評議会を破壊する．

> ユダヤ人の指導者たちは，ヘロデが，きわめて大きな力を持ちながらも向こう見ずであり，かつ独裁者になろうとする意欲の強烈なことを見てとって，さらに大きな不安を感じざるをえなかった．そこで彼らは，ヒュルカノスのところへ来ると，今や公然とアンティパトロスを非難してこう言った．「このようなことを目前にしながら，あなたはいつまで平然としているのですか．あなたが名前だけの王位に満足している間に，アンティパトロスとその子供たちは，着実にその実権を身内たちのものにしてしまったことを知らないのですか．」(14・165)

　ヘロデは王位に就くと，律法を破った者たちの処罰のための様々な方法を考案するが，ヨセフスはこれこそ律法に反するものだとして手厳しく非難する．

> その王国を統治するにあたり，王（ヘロデ）は，（エルサレムの）都においても，地方においても，続発する犯罪行為を停止させようと躍起になるあまり，（ついに）法律を改変，強化して，それを全く前例のないものにしてしまった．たとえば，押し込み強盗を働いた者の処罰は，（奴隷に）売り，王国から追放するようにと改めたが，このような処罰は受刑者にとり苛酷すぎたばかりでなく，（内容的にも）伝統の（律法の）精神とは相容れないものだった．なぜなら，それでは受刑者は，（ユダヤ人とは）全く生活様式を異にしている外国人へ奴隷として売られ，そしてその人たちの命令することならどのようなことにでも服従しなければならぬことになるわけだが，そうなってしまえば，王が犯人を処罰するというよりは，王が（伝統の）宗教へ挑戦している，ととられてしまう．そしてそのことは，古来守られてきた律法で規定する処罰が次ぎのようなものであったことと比較すると，さらに一目瞭然となるだろう．

(こうしてヘロデは) その罰則を厳しいものとしてしまったが，このことは彼の傲岸不遜 (な性格) の一端と見なされ，彼が (犯罪者を) 処罰する態度は王者のそれではなく暴君のそれであり，彼の臣下の安寧一般を軽視するものと受け取られた．そして，この結果実施された処罰は，ヘロデの他の行動と同様に (逆に) 彼を告発する原因ともなり，彼自身を人びとの憎悪の対象とさせてしまったのである．(16・1-4)

無法というこの告発は，ヘロデの治世が終わりに向かうにしたがい，たびたびなされている．ヨセフスは，そのような無法な振る舞いとヘロデの惨めな最期との関連について考察する．彼は，ヘロデがアレクサンドロスとアリストブロスを殺害したことに関して，本文の流れから逸脱した記事を長々と記した後，ヘロデを「残虐非道」また「思いたった悪口は絶対に断念しない，まさに殺人鬼的心情」(16・402) の持ち主と糾弾する．ヘロデの晩年の病と凄惨は，祖先の律法を犯したことと神殿に黄金の鷲の像を設置したことに帰された (17・150)．神は恐ろしい病でもって彼の無法な行為に処罰を科したのである (17・168)．ヘロデの性格には，「全く人間らしいところがなかった」(17・180)．彼はすべての人にたいして等しく残虐であり，正義を歯牙にもかけず怒りにまかせて振る舞った (16・395-403, 17・150, 168-81, 191-92)．

もっとも重要なのは，ヘロデ没後にアウグストゥスのもとへ送られたユダヤ人の使節団に関する長い記述である．彼らはヘロデの暴君的な振る舞いを激しく告発する．

> さてそこで，王国の解消を求めていたユダヤ人使節団に発言が許されると，彼らはもっぱらヘロデの無法な行為に非難攻撃の矢を集中させた．彼らは言った．「なるほどヘロデは，名前の上では王と呼ばれた．しかし実際に彼は，世の暴君のもつもっとも残虐な悪徳をすべてその身にそなえ，さらに，それに自分の性質にふさわしい新しい残忍な手段・方法まで加えて，ユダヤ民族を破壊に導こうとした人物である．……彼はまた多くの貴族を口実をもうけては処刑し，その財産を手中にした．……さらにまた，腐敗堕落した彼の未婚の娘たちや，放埓な彼の妻たちの常軌を逸した獣のような行動で迷惑をこうむった人びとも沈黙を守ってはいたが，それはただ，そうしたことは口にするだに汚らわしいこととして口にしなかったからにすぎない．……どのような不幸も，悪の典型のようなヘロデによって加えられた不幸に比べれば，物

の数にもはいらない．(17・304-310)

　筆者はここで「貴族 (εὐπατρίδης の複数)」(17・307) への言及に読者の注意を喚起したい．この形容詞は『古代誌』ではここではじめて見られる．この言葉はこの先さらに5回使用されるが，つねに，そしてもっぱらローマの文脈においてであり，元老院のパトリキ (議員) かノビレスに言及している (18・226, 19・2, 75, 132, 136)．『戦記』2・212-13 に関しても同じことが言える．とくに興味深いのは，この言葉が次に2回使用される『古代誌』18・226 と 19・2 において，ヘロデがユダヤの貴族との関連で糾弾された全く同じ振る舞いを，今度はローマの貴族との関連で，ティベリウスとガイウス・カリグラが告発されていることである．同じ単語の使用は，すでに明示されているヘロデの専政政治 (暴君政治) と，ローマの寡頭政治と暴君政治の間のすでに明白となっている主題上の結び付きとなっているものを強めている．ヨセフスはティベリウスに関して次のように述べる．

　　事実，ティベリオスは，ローマの貴族たち (パトリキあるいはノビレス) に対して数多くの恐ろしい仕打ちを行っていた．なぜなら彼は何事においても怒りやすく，……このような事件においても，彼の決定の結果は残忍なものになる傾向があった．(18・226)

またガイウス・カリグラに関しては以下のように記す．

　　とくに彼の戦慄すべき行動に恐怖を感じたのはローマだった．なぜなら彼はローマを全く他の都市並みに扱って何の権威も認めず，市民たち，とくに元老院議員や貴族階級 (パトリキあるいはノビレス)，あるいは傑出した先祖のおかげで特別の名誉を保持している人びとを苦しみ悩ませたからである．(19・2)

　継承に関する主題は，ヘロデの王朝物語においてほど顕著にあらわれる箇所はない．『古代誌』第15巻から第17巻までの3巻では，ヘロデ王が遺言を何度も書き変える様子を描くのに多くの紙幅が割かれている．都合7度にわたる遺言の書き換えが必要となったのは，ヘロデ王が腹違いの息子たちを殺害し続けたからである．それは彼の大いなる恐怖心や，嫉妬心，妄想 ── これらは暴君の古典的特性である ── から生まれた行為である．ヘロデの死の直後に継承問題の危機が発生したのも，この遺言内容の混乱の結果

であり，その様子は『古代誌』17・200-355 に明らかである．この箇所はアルケラオスの 10 年に及ぶ統治について記しているように見えるが，実際には 17・339-401（ニーゼ版）に彼の支配状況が短く描かれているのみで，残りの 150 のパラグラフは主として，エスナルコス（「民族の長」の意）としてのアルケラオスの任命に終わった，後継者選びのためのローマでの聴聞会に捧げられている．アルケラオスの治世を総括する段になると，ヨセフスはこれを「耐えがたい蛮行と暴政」と評し，この結果アルケラオスはアウグストゥスによってガリア地方へ左遷させられる．この状況は皮肉である．なぜならば，アウグストゥスも自身の継承問題に悩まされており，その彼がこの属州王に多くの精力をつぎ込み，一見賢明そうに見える解決策が破綻をきたすからである．

継承と専制君主（暴政）のモチーフについてのヨセフスの仮借ない追求と，適切にもユダヤの貴族的な政治形態とされるものに与えた寡頭支配の壊滅的な影響こそは，『古代誌』後半部分の中辺りにおけるこの長く引き延ばした記述に確かな一貫性を与える．

もっとも刮目すべきは，ヨセフスがそこから進んで，『古代誌』第 18 巻と第 19 巻において，この同じ概念や，判断基準，そして用語を，ローマの初期元首政の寡頭支配者たちに不退転の覚悟で焦点を絞り込み適用していることである．第 1 に，年老いたティベリウス帝は —— ヨセフスによれば —— その気まぐれから他の誰よりも多くの貴族を処刑したが，相続問題に直面し，占星術や迷信に頼るしかなかった．その結果，邪悪なガイウス・カリグラが至高の権力の座に就く．ついでながら，『古代誌』18・169 でのティベリウス帝についてのヨセフスのコメントに注意してほしい．

> また彼がその弁論でとくに誇張して話したことは，神殿やその周辺地域での殺人とその不敬虔な所業とであった．すなわち，それはたまたま祭の期間中に起こったことだが，人びとは，外国人，土地の者の別を問わず，まるで犠牲獣のように屠殺され，そして神殿は屍体でみたされた．彼らによれば，この事件は外国人によって引き起こされたのではけっしてなく，その暴君的な性質を満足させるために全人類から嫌悪されている不正行為を，合法上の王の称号をもって行うことを要求したひとりの人物，アルケラオスによってなされたものだった．(17・237)

8章 ヨセフス『ユダヤ古代誌』の後半部

引用したこの一文は「王と専政君主（暴君）」の項目のもとでプリンケプスやプリンキペス一般を含むものである．

しかしヨセフスは，悪名高きガイウスの狂気と彼の暗殺に続くクラウディウスの即位に最高の注意を払う．短期間の暴君的統治の後のガイウスのおぞましい最期は，ヘロデを最後に見舞ったのと同じ応報を例証する．ヨセフスは2度ばかり立ち止まって，これこそはまさにこれらの物語を詳しく語る理由であると説明する（18・306, 19・15-16）．

> したがって，彼の死は全人類の法律とその擁護のためには非常に有益であったが，もし彼の突然の死がなかったならば，わたしたちユダヤ民族はすでに破滅寸前まで追いやられていたから，確実に滅ぼされていたであろう．そこでわたしは，ここで彼に対する一連の陰謀事件をできるだけ正確に語りたいと思う．（19・15）

ヨセフスは，ユダヤの状況とガイウスによって脅威にさらされた「全人類の法律」を明白に結びつける．ヨセフスには，ここで述べているように，これらの理由のために物語を詳細に語る意図があったのであり，彼が資料（ここではローマ側の資料）を不注意な仕方で借用しているなどとする研究者の先入観は排除されねばならない．

いずれにしても，ここでの告知は，41年のガイウスの執政官仲間であるグナイウス・センティウス・サトゥルニヌスのためにヨセフスが書く長いスピーチの中でとくに顕著になる統治原理に関する主題を導入する．

> また暴君にとっては，およそ自由への傾向を示すいっさいの兆候は敵である．……ところで，このようなもろもろの罪悪を乗り切ったわれわれには，いまや，お互い同士がそれぞれ分かち合う義務以外にはいかなる強制も存在しない．そしてすべての統治形態のうちで，市民たちを信頼する統治形態こそ，現在の人々の忠誠と将来の敵の陰謀に対する安全と，立派に統治されている都市がもつ名声とをもっともよく保証するのである．さて，諸君の義務は，市民共同体の利益について正義にかなった提案をされることである．あるいは，すでに提案されている措置がお気に召さなければ，反対提案をされてもよろしい．……カイレアスはわれわれすべての者の恩恵者となった．彼はガイウス・ユリウスの殺害者であるカッシウスやブルートゥスと比較されるべき人物ではない．なぜならこの2人は，市中において騒動と内乱を煽動したにす

ぎないが，カイレアスは暴君を葬ったのみならず，この市中を暴君の恐怖から解放してくれたからである．……というのも，執政官たちによる合言葉の伝達というこの儀式は，民衆支配という統治形態が奪い去られて以来，実に100年ぶりに復活したからである．まことに暴君ども（プリンケプス）の支配下に置かれる以前のローマ市においては，執政官たちこそ軍隊の主人だった．（19・177-87）

筆者は，限られた紙幅のため，この瞠目すべきスピーチに関して観察した3つの点だけを述べるにとどめる．

第1は，一見明白に見えるが一般には無視されているように見える事柄，すなわち，ヨセフス自身がこのスピーチを書いたということである．われわれはヨセフスがこれを書いたことを知っている．なぜならば，彼はすべてのスピーチを書いたからであり，またコンコーダンス上の証拠もこの推論を支持するからである．たとえば，このスピーチには統治原理に関する用語（たとえば，πολιτεία は3度）の他に，ヨセフス固有の言葉遣い（εὐδαιμονία, ἀρετή, πατρία νόμιμα, ἐλευθερία など），また『古代誌』第17巻から第19巻の言葉や独特な文体 ── サッカレーが「トゥキュディデス的な陳腐な表現に帰している ── が認められるのである．ヨセフスは39回にわたって「暴君（τυραννίς）」を用いるが，そのうちの3分の1以上の15回は『古代誌』第17巻から第19巻に認められるのであり，そのうちの6回はスピーチ部分に見られる．中性名詞の「自由（τὸ ἐλεύθερον）」は4度しかヨセフスには認められないが，そのすべてが『古代誌』第19巻に見られ，そのうちの3回はこのスピーチの中においてである．『古代誌』第17巻から第19巻までに見られるこの傾向は，トゥキュディデスによる中性名詞の一般的な使用傾向にマッチしている．同じことが「高貴（τὸ μεγαλόφρον）」（19・172）についても言える．5回の使用のうち4回は『古代誌』第17巻から第19巻においてである．全体で45回用いられる「会話する（ὁμιλέω）」もその半数近く（19回）は『古代誌』第17巻から第19巻において認められるものであり，そのうちの2回が上掲のスピーチにおいてである．形容詞の「危険のない（ἀνεπιβούλευτος）」はヨセフスに3度登場し，すべて同箇所であり，そのうちの1回が上掲のスピーチにおいてである．形容詞の「安全を保証した（ἐχέγγυος）」は，ヨセフス以前には6回しか使用されていないが，ヨセフスの4回すべてが『古代誌』第17巻-第20巻

において，そして1回が上掲のスピーチにおいて見出される．また『古代誌』19・172-73 に見られる語彙群は，イスラエルの統治形態変更に関する箇所 (5・179) のそれに非常に近い．

　ヨセフスがスピーチを書いたという事実はわれわれを驚かすものではない．しかしもし書いたとすれば，われわれは次の事実を慎重に考察しなければならない．その事実とは，ヨセフスが元首政初期という歴史的に重要な時期にあって，ひとりのローマの執政官のために，統治形態の問題に関して適切な見事なスピーチをつくりだそうと意図し，つくりだすことができ，そしてつくりだすことに十分に関心があったことである．

　第2は，彼がセンティウスの口を借りて言った内容，とくに暴政への攻撃は瞠目すべきもので，彼は危険にもそれをカエサルの拡大された独裁権と結びつけることで —— それはまさに元首政は回避されねばならぬとするイメージである ——，それを元首政の全展開と結びつけている．彼は自分自身の目で暴政を目撃したと言う．彼は『古代誌』19・175で，暴君どもの数は多かったが，……ガイウスほどひどい人物はいなかった，と述べる．彼はこのセクションの冒頭部分で，カエサル時代に遡り，そこからこの問題全体を一貫して跡付けている．そのとき以来，すべてが問題であった．同じことがこのセクションの終わり (187) でも強調される．ローマが暴君どもの支配下に置かれる前は，近衛兵団に「合い言葉」を与えるのは執政官であった．彼 (センティウス) はここで，ブルートゥスとカッシウスの亡霊を甦らせ，ガイウスの暗殺を彼らのそれと好意的に比較して，その暗殺指示を訴える．元首たちはしばしば侮辱的な言葉を無視したが，それでも地下のカルトのようなものをもっているように思われたブルートゥスとカッシウスの名を挙げることは，その者を危険さらせることになる．そのことは明らかであるようにみえる．しかしヨセフスはまさにここで，その元首を明らかに暴君と結びつけるセンティウスに成り代わって彼のスピーチを書いているのである．『古代誌』が公刊されたドミティアヌス治世最後の年 (93-94年) は，恐怖政治の伝統的な画像をいかに婉曲に描写したとしても，そのような意見を公表する機会だったとは言いがたい．

　最後は，貴族政こそ最善の政治形態であるというセンティウスの明白な申し立て (19・178) は，今や明々白々だが，『古代誌』全体を通してのヨセフスの申し立てとまさに合致する．その見解こそ彼はプログラム的にモーセや，

ヨシュア，サムエルに帰している．ヨセフスは，彼がここで描くローマのエリートたちと同じ陣営の中で彼のシンパシーを表明している．しかし，ローマの元老院のプログラムは，近衛兵の間で支持を得るクラウディウスによって実現が阻止される．元老院は元首を認めるよう強要され，選択権を要求する代替の立場さえも許されなくなる．そしてこれ以降，現下のフラウィウス朝をも含めたすべての元首は，（ネロのような）不幸な継承によって，また流血の軍事的衝突を介して権力の座に就くことになる．このことは，ヨセフスの聴衆たちが知るところである．貴族たちが熱望するものは，たとえば元首を指名することでさえも，政治的な可能性の地平から非常に遠くにあるように見える．

いくつかの結論

以上のことから言えることは？

伝統的に『古代誌』は第10巻か第11巻で2つに分けられてきたが，ヨセフスは明らかにそれを一貫した書として著し，それがこうした仕方で読まれることを期待した．われわれの分析の結果，いくつかの重要な点が浮かび上がったが，それらを関連づけて説明する．

1. 『古代誌』に見られるさまざまな主題のクラスター（房）の中で，統治原理や法制度に関わる主題 —— 貴族政，寡頭政，専政政治（暴政），継承問題 —— には，物語をはじめから最後まで統一あるものにする重要な役割が見られる．
2. これらの主題を扱う他の多くの古代の著作家は，蒙を啓かれた王か雑多のものが入り交じった統治形態を最善のものとして支持したように見えるが，ヨセフスは，世襲制ではない祭司を頭にもつ祭司的寡頭政治（貴族政）を熱烈に支持している．この統治形態は，専政政治へ不可避的に流れる傾向と，たとえそれが起こらなくても，ヨセフスによれば，単独支配者の継承という中心的な問題を回避するので，適切なユダヤの政治制度として，また一般的に最善なものとされる．
3. ヨセフスはこれらの主題をより一般的な言葉で提示する．彼は『古代

誌』の序の部分から最終巻までで，彼の主題であるユダヤの統治形態について語るが，彼はそのさいさまざまな問題をギリシア語を用いるエリートたちが共有できる言語で提示する．ヨセフスは明示的にも暗黙のうちにも，彼の読者にモーセの統治原理を評価し，それが最善のものであるかどうかの判断を下すよう求めている．『古代誌』のはじめの方では，アブラハムが哲学的探究のすえにユダヤの法を発見する外国人として描かれ，最終巻では，アディアベネの王家がユダヤの法を取り入れたことに相当な紙幅を費やし (20・17-96)，それがもたらした彼らの生き方の変化とその結果としての彼らの繁栄を示す．

4．もっとも刮目すべきは，ヨセフスが，ガイウスの専制君主的な統治と死によって生じた危機を使って，ひとりの敬意を払われた執政官にユリウス・カエサル以降のローマのすべての統治者を専制君主として述べさせ，元老院の貴族政（寡頭政）を最善の統治形態として主張させて，ローマの政治情勢に非常に深く切り込んでいることである．物語のこれらの後半部分は，ヨセフスが自分の著作を引き延ばそうとして手持ちの資料を無思慮にも使用したと説明することなどはできない．なぜならば，ヨセフスがこれらの部分を書いたのであり，これらの挿話を彼の充電された語彙や，主題の上での平行，教訓的な要約などを介して，前半部分と密な関連付けをしているからである．

ヨセフスは少なくとも，ユダヤの出来事に大きな関心をよせるローマ人聴衆に，それなりに刺激的（で，たぶん危険なほどに高揚的）な心地を提供している．彼が適切にも指摘するように，その実践は彼自身を非常によく見せることが部分的に計算されている．彼は権威ある言葉で世界の政治にたいして大所高所の意見を述べることができる都市型の政治家である．彼は，他の著作家と同様に，その歴史を使って，行動の善悪の判断者として，また大きな出来事や小さな出来事の登場人物の審判者として，自分の申し立ての範囲を拡大する．

おそらく，これが『古代誌』の適切な理解であろう．聴衆を楽しませ，同時に自分自身の身の丈を高めることは，テクスト上の証拠を説明し，またサルスティウスやタキトゥスの著作に見られる明白な（著作）動機とも適合するであろう．どちらの人物も，エリート社会と政治を鋭く分析したにもかか

わらず，何らかの具体的な変革をもたらそうと試みたわけではない．

しかしながら，もしヨセフスがエキゾチックなユダヤ的な事柄に深い興味を抱く聴衆をローマにおいて持っていたとしたならば，『古代誌』のようなユダヤの統治形態についての卓越した入門書が，アブラハムや，イザテス，ヘレナの足跡（『古代誌』20・17-96）にしたがおうとして彼らがすでに持っていた関心事が何であれ，それを督励することが計算されてなかったとすることなどはできない．80年代や90年代の一部のローマ人たちが，実際，ユダヤの法を自分たち自身のものとして奉じたことは，われわれがさまざまな資料から知るところである．ヨセフスの『古代誌』がこの状況を助長したことは十分あり得ることである．また，ドミティアヌス治世の終わりに，ヨセフスがローマの政治に口出をしたと一部の研究者によって想像されたが，それはあり得ることである．しかし，この点に関してわれわれは真実を知らない．

われわれの研究集会の主題に即して言えば，ヨセフスの『古代誌』は，聖書の律法による統治を，世界的な規模で，最高・最善の統治形態として描いているのである．

（浅野淳博訳，秦剛平校閲）

＊古代テクストの邦訳は以下を参照した．
　キケロー『キケロー全集8：哲学Ⅰ』岡道男訳，岩波書店，1999年．
　タキトゥス『同時代史』國原吉之助訳，筑摩書房，1996年．
　タキトゥス『タキトゥス』世界古典文学全集22，國原吉之助訳，筑摩書房，1965年．
　ヨセフス『ユダヤ戦記』全3巻，秦剛平訳，ちくま学芸文庫，2002年．
　ヨセフス『ユダヤ古代誌』全6巻，秦剛平訳，ちくま学芸文庫，1999-2000年．
　ヨセフス『アピオーンへの反論』秦剛平訳，山本書店，1977年．
　ヘロドトス『ヘロドトス』世界古典文学全集10，松平千秋訳，筑摩書房1967年．

第Ⅲ部

死海文書とモーセ五書

Chapter 9

死海文書における創世記解釈

ジョン・J・コリンズ

　聖書においてアダムとエバの物語ほど，文化史に広範にわたる影響を与えたものは他に例を見ない．ユダヤ教の伝承，とりわけキリスト教の伝承では，この話は「堕罪」と関連づけられてきた．不死なるものとして創造された人間が，これによって原初の純真さを失い，死ぬべき定めを負ったのである．ジェームズ・クーゲルは次のように問うている．「エデンの園でのアダムとエバの物語とは，人間の在りようが根本的に変化したことを伝えている話，あるいは一般に堕罪として知られている話だと今日考えない者はいるだろうか．また，この話に登場する『蛇』とは悪魔であり，楽園は義しい者たちに与えられる死後の報いであると考えない者はいるだろうか」[1]．しかし，このような想定は聖書が実際に述べていることからかなり逸脱している[2]．現代人の視点からすると，この物語は人間の現在の在りように関する原因譚であり，人間は苦痛と労苦，そして最終的には死へと運命づけられ，自らが作られた塵に帰すものとされている．この物語は，こうした人間の在りようを，善悪の知識の木の実を食べてはならないという神の命令に従わなかった罰として解釈している[3]．死の罰は即座に下されたわけではない，むしろ，問題は人間が死すべきものとなったことにある．人間が不死のものとして創造されたのかどうかははっきりしないが，アダムとエバは当初生命の木から

---

(1) James L. Kugel, *The Traditions of the Bible* (Cambridge, MA: Harvard, 1998), 94.
(2) ジェームズ・バーの次の研究は要点を押さえている．James Barr, *The Garden of Eden and the Hope of Immortality* (Minneapolis: Fortress, 1992).
(3) 詳しくは，次の著作を参照のこと．J. J. Collins, *Introduction to the Hebrew Bible* (Minneapolis: Fortress, 2004), 67–75.

食べることは禁じられていなかったことから，永遠に生きる可能性もあったと言えよう（創3:22参照）．エデンの園からアダムとエバが追放されたことで，人間の在りように，いつまでも続くことになる変化がもたらされた．テクストでは，彼らの不従順な行いは罪とは呼ばれていないとはいえ，そのように特徴づけられてはいる[4]．しかし，この物語は，原罪に関する伝統的なキリスト教の教義のように，罪が子孫に伝わる，とは述べていない．また，創世記の文脈で，蛇は誘惑を象徴しているといえるものの，悪魔的存在ではない．このような解釈は紀元一世紀初頭から見られるようになる[5]．物語の中での女性の役割は，常に議論の的となってきた[6]．エバは，「堕罪」に対する唯一の，もしくは最初の責任を負っているわけではないが，アダムを惑わす役割を演じ，その結果，従属的な地位に貶められることになった．しかも，この従属は，後の時代にはさらに強調されることになる．この物語は，聖書の冒頭部分にあるために，はかり知れない規範的な意味を持つことになってしまった．しかし，これはそのときの在りように関する説明であって，どうすべきであるとか，どうしなければならないかという指示として読むべきではない．また，創世記1章の物語と創世記2-3章の物語の成り立ちは異なると考えられており，これら二つの物語はそれぞれ独自の強調点と神学的主張を持つ．

　近年，解釈史に対する関心が高まったことで，ある世代に自明と思われた事柄が別の世代ではそうでないということに気づく，という恩恵がもたらされた[7]．聖書の創造物語の場合，現存している最古の解釈は，現代の批判的な解釈とも，ユダヤ・キリスト教の伝統に基づく解釈とも驚くほど異なっている．死海文書にある人類の創造物語をめぐる議論は，まさにその格好の例である．

---

(4) この点，マイヤーに同意できない．Cf. Meyers, *Discovering Eve. Ancient Israelite Women in Context* (New York: Oxford, 1988), 87.

(5) 蛇を悪魔として最初に解釈したテクストは，ソロモンの知恵2:24である．「悪魔の妬みによって，死がこの世に入った．」黙示録12:9でも，同様に解釈されている．

(6) この議論に関する概観は，次を参照．J. J. Collins, *The Bible after Babel. Historical Criticism in a Postmodern Age* (Grand Rapids: Eerdmans, 2005), 75-98.

(7) イヴォンヌ・シャーウッドのヨナ書に関する次の解説は際立っている．Yvonne Sherwood, *A Biblical Text and its Afterlives: The Survival of Jonah in Western Culture* (Cambridge: Cambridge University Press, 2000).

最古の諸解釈

　死海文書は，創世記テクストがいかに理解されてきたかを示す最も古い資料である[8]．アダムとエバの物語は通常，モーセ五書のヤハウィスト資料であるとされ，それは最近まで聖書の最古層に属すると見做されていた．しかし，この資料の年代判定は —— 資料の存在の否定とまでは言わないまでも —— 近年議論の的となっている[9]．創世記1-11章におけるバビロニア神話の影響からすると，より古い年代の可能性が残されているとは言え，捕囚期もしくは捕囚期以降の年代の作品であるという蓋然性を示している．いずれにしても，ヘブライ語聖書では，エデンの園への言及は驚くほど少ない．ティルスの王は創造された後で「神の園であるエデン」にいたが，最終的にケルブに追われた，と預言者エゼキエルは嘲弄している（エゼ28:13-16）[10]．エゼキエルはどうやら，原初の人間に関する物語を何か知っていたようである．ただし，この物語は，創世記に見られる物語とは微妙に異なっている．エゼキエルが伝えるエデンは「神の聖なる山」にあり，原初の人間は宝石で覆われており，エバについての言及はない．生命の木もなく，善悪への言及もなく，誘惑する蛇もいない．細かい部分で創世記と多少重複してはいるものの，原初の人間とエデンに関する別の物語を，エゼキエルが知っていた可能性がある[11]．事実，ヘブライ語聖書にあるアダムとエバの物語への明確な言及は見られない．後代の伝承におけるこの物語の影響力を考慮すると，この事実は驚くべきことであろう．罪の起源という問題，あるいは

---

[8] Gary Anderson, *The Genesis of Perfection. Adam and Eve in Jewish and Christian Imagination* (Louisville: Westminster John Knox, 2001) の研究は，この問題を幅広く取り扱っているものの，シラ書，第一エノク書，死海文書を全く取り上げていない．J. T. A. G. M. van Ruiten, "The Creation of Man and Woman in Early Jewish Literature," in Gerard P. Luttikhuizen, *The Creation of Man and Woman. Interpretations of the Biblical Narratives in Jewish and Christian Traditions* (Leiden: Brill, 2000), 34-62 もこの点では同様である．後者は，創造における性差問題に焦点を置いている．

[9] 以下参照．T. B. Dozeman and K. Schmid, *A Farewell to the Yahwist? The Composition of the Pentateuch in Recent European Interpretation* (SBL Symposium Series 34; Atlanta: Society of Biblical Literature, 2006).

[10] M. Greenberg, *Ezekiel 21-37* (AB 22A; New York: Doubleday, 1997), 579-93 は，楽園を追われた人物がケルブであり，ここでは半神の堕罪が示唆されているとしている（イザヤ書14:12 の הילל בן שחר「明けの明星，曙の子よ」を参照）．

[11] エゼキエルがどの神話をほのめかしているのかは不明である．Greenberg, *Ezekiel 21-37*, 592-3 参照．

人間が堕罪した事情に関する問題は，後代の神学者たちに与えたほどの強烈な印象を，聖書の著者たちには与えなかったのである．

しかし，罪の起源についての活発な議論が行われていたと思われる紀元前二世紀初頭になると状況が一変する[12]．第一エノク書1-36章の『寝ずの番人の書』で詳細に語られる，精彩に富んだ「堕天使の神話」は，創世記6章にある，人間の娘たちに惹かれた「神の子ら」の話から発している．『寝ずの番人の書』は，エデンの物語をも意識している．第一エノク書32章で，エノクは知恵の木を見，これが原初の父祖が食べ，知恵を得た（「そして彼らの目が開け，自分たちが裸であることを知り，楽園から追われた」）その木であると知らされるのである．さらに，生命の木は，「神の住まいの近くの聖なる場所に」，おそらくシオンの山に移植され，終末の時に義人たちに与えられると言われている（一エノク25:3-6）．ここから想定されるのは，アダムが楽園を追われて以来，第一エノク書32章には明確な死の懲罰が言及されていなくても，人間は生命の木への接近を拒絶されているということである．しかし，『寝ずの番人の書』では，アダムとエバの物語は罪の起源を説明する役割を担っていないようである．少なくとも，寝ずの番人たち，もしくは堕天使たちによって，悪は地上で著しく勢いを得て広がったのである[13]．

『寝ずの番人の書』とモーセ律法との関係については，未だに議論が続いている．『寝ずの番人の書』の著者は明らかに律法を知っていたが，これを規範的なものとして位置づけていたのか，それとも，権威を持つ唯一のものと見做していたのかどうかは定かではない[14]．エノク書の著者が異なる神話伝承を参照しているのは明らかである．これとは対照的に，ヨベル書におけるエデン物語は創世記の本文に忠実に従っている[15]．この違いは，部分的には文学ジャンルの違いと言えるかも知れない．「書き直された聖書」

---

[12] J. J. Collins, *Apocalypticism in the Dead Sea Scrolls* (London: Routledge, 1997), 592-593 参照．

[13] 詳細は次を参照のこと．J. J. Collins, "Before the Fall: The Earliest Interpretations of Adam and Eve," in *The Idea of Biblical Interpretation, Essays in Honor of James L. Kugel* (ed. H. Najman and J. H. Newman; JSJSup 83; Leiden: Brill, 2004) 298-308.

[14] A. Bedenbender, "The Place of the Torah in the Early Enoch Literature," in *The Early Enoch Literature* (ed. G. Boccaccini and J. J. Collins; Leiden: Brill, 2007), 65-80; G. W. Nickelsburg, "Enochic Wisdom and its Relationship to the Mosaic Torah," ibid., 参照．

[15] J. T. A. G. M. van Ruiten, *Primaeval History Interpreted. The Rewriting of Genesis 1-11 in the Book of Jubilees* (JSJSup 66; Leiden: Brill, 2000), 71-111 参照．「書き直し」(rewriting) の特色は，創造の二つの物語を調和させているところにある．

| 9章　死海文書における創世記解釈 |

(rewritten bible) という範疇が文学ジャンルの名称としてどんなに問題があろうとも，これによってヨベル書と創世記の関係がうまく表現されてはいる．ヨベル書には独自の関心対象があり，これは基本的にハラハー的であるが，創世記物語を語り直す文脈の中でその関心事に取り組んでいる[16]．しかし，ヨベル書は，人類の罪深い現状をアダムの罪だけに帰することはしていない．ヨベル書は，第一エノク書の堕天使の物語を借用し，地上で誘惑や苦悩をもたらす執行人として悪魔が存在していることを説明している[17]．さらに，マイケル・シーガルは，ヨベル書のいくつかの箇所においては，創造における二元論的な考えが示唆されていると主張しているが，これによると，罪や悪が最初から神の計画のうちにあったということになる．ヨベル2：17–21の創造物語では，「神の契約のパートナーである人々（御前の天使，聖なる天使，そしてイスラエル）」と「滅びへと定められている人々（霊と他の民族）」が区別されている[18]．

シラ書では，第一エノク書やヨベル書と異なり，堕天使や悪魔には何の関心も寄せられていない．周知のように，ベン・シラは知恵と律法の書とを同一視しており，彼の神学は基本的に契約を前提としている．ベン・シラが創世記の最初の数章に思いを凝らしているのは明らかである．この場合，文学ジャンルは物語文学ではなく，知恵の教えであり，それゆえ著者は自分の目的に沿った主題を自由に創世記から拾い上げることができたのである．彼が思いを凝らした内容は，死海文書でさらに発展させられる問題を先取りしている[19]．

---

(16) ヨベル書と創世記の違いの多くは，ヨベル書がエデンの園を聖所と認識しているところから来る．Van Ruiten, *Primaeval History*, 111; idem, "Eden and the Temple: The Rewriting of Genesis 2: 4–3: 24 in the Book of Jubilees," in *Paradise Interpreted. Representations of Biblical Paradise in Judaism and Christianity* (ed. G. P. Luttikhuizen; Leiden: Brill, 1999), 63–94; M. Segal, *The Book of Jubilees. Rewritten Bible, Redaction, Ideology and Theology* (JSJSup 117; Leiden: Brill, 2007), 49. シーガルは「ハラハー的編集」をヨベル書の中で異なった層であるとして区別している．

(17) ヨベル 10：7–11.

(18) Michael Segal, *The Book of Jubilees*, 241.

(19) ベン・シラの創世記解釈について詳しくは，J. J. Collins, *Jewish Wisdom in the Hellenistic Age* (Louisville: Westminster John Knox, 1997), 80–84 を参照.

ベン・シラ

　ベン・シラで最もよく知られている創世記2-3章への言及は，どちらかと言えば不幸な内容である．すなわち，「女から罪は始まり，女のせいで我々は皆死ぬことになった．」(シラ25:24)というものである．原初の過ちと責任をエバに帰するこの創世記の解釈は，後には極めて一般的になった．これは，正典としての新約聖書では一テモテ2:13-14に受け継がれ，男性に対して女性が権威を持つことを禁じる大義名分となった．なぜなら，「アダムは騙されなかったが，女は騙されて，罪を犯してしまった」からである．しかし，このような解釈の方向は，紀元一世紀以降に初めて一般的なものとなったのである．ベン・シラが，創世記の創造物語を語る箇所においてではなく，女性の狡猾さに対して最後に憤激して語った箇所で，この解釈について言及するのは奇妙なことである．おそらく，ベン・シラは彼自身のレトリックによって自制心を失ってしまったのだ．それどころか，罪が一人の女性から始まったことを述べている箇所で，ベン・シラはエバを全く念頭に置いていないということがこれまで指摘されてきた[20]．死海文書には，これと比較しうるテクストがひとつだけある．それは，ジョン・アレグロが「邪悪な女性の策略(4Q184)」というタイトルで出版した悪名高い断片である[21]．このテクストは，「彼女がすべての邪悪の道の初めである……なぜなら，彼女の道は死への道なのだから」と言われる女性の誘惑者について述べている．クムランのテクストは創世記というよりは，むしろ箴言7章の「よその女」(אשה זרה)を示唆している．箴言では，この悪女は，知恵の対極にあり，女性の形姿として描かれ，神の道の始原に創造された．箴言でも4Q148でも「初め(始原)」を表現する同じヘブライ語の単語(ראשית)が使用されているのに対し，シラ書では別の語(תחלה)が使用されている．クムラン・

---

(20) J. R. Levison, "Is Eve to Blame? A Contextual Analysis of Sirach 25: 24," *CBQ* 47 (1985): 617-623.

(21) John M. Allegro, "The Wiles of the Wicked Woman. A Sapiential Work from Qumran's Fourth Cave," *PEQ* 96 (1964): 53-55; *Qumran Cave 4. I* (4Q158-186) *DJD* 5; Oxford: Clarendon, 1968), 82-85. アレグロ版のジョン・ストラグネルによる修正を参照のこと．John Strugnell, "Notes en marge du volume V des 'Discoveries in the Judaean Desert of Jordan,'" *RevQ* 7 (1970): 263-268. 次も参照のこと．D. J. Harrington, *Wisdom Texts from Qumran* (London: Routledge, 1996), 31-35; M. J. Goff, *Discovering Wisdom: The Sapiential Literature of the Dead Sea Scrolls* (VTSup 116; Leiden: Brill, 2007), 104-121.

9章 死海文書における創世記解釈

テクストにおいては（箴言と同様に），死の道は避けられうる霊的な死を意味している．これとは対照的に，シラ書の場合は，「彼女のせいで我らは皆死ぬ」とあり，これが創世記を示唆していることは確かである．いずれにしても，この創世記の解釈を，後代になるとユダヤ教もキリスト教も同じように採用するのであるが，キリスト教以前の時代にはむしろ例外的なものであったことは強調しておきたい[22]．

ベン・シラは，17章での創造の物語において創世記を直接引用している．（この部分はヘブライ語テクストでは保存されていない．）

> 主は，人間を土から造られ，
> 再び，土に帰される．
> 主は，彼らに一定の寿命を与え，
> 地上のものを治める権能を授けられた．
> 主は，ご自分と同じような力を彼らに帯びさせ，
> ご自分に似せて彼らを造られた．
> 主は，すべての生き物に，
> 人間への恐れを植え付け，こうして人間に獣や鳥を支配させられた．……
> 主は，悟りをもたらす知識で彼らを満たし，
> 善と悪の区別を示された．……
> 主は，彼らに知識を授け，
> 命をもたらす律法を受け継がせられた．
> 主は，彼らと永遠の契約を結び，
> ご自分の裁きを示された． （シラ 17:1-12）

この箇所に関して，いくつかの点を指摘しておきたい．まず，ベン・シラは，創世記1章と2-3章の創造物語の区別をしていない．神が人間を自分の似姿に造り，獣たちの支配権を与えたということは創世記1章にあるが，人間が土から取られたという考えは2章に由来する．古代の解釈者たちは，創世記における二つの記述の差異には気づいてはいないし，自分の目的に沿う限り，それらを活用しているのである．そして，後で見るように，二つの物語が調和されていることが非常に多いのである．

ベン・シラと聖書本文との明らかな矛盾に関わっているだけに，第二の考

---

[22] 詳細は，次を参照．Kugel, *Traditions of the Bible*, 100-2, 128-9; Anderson, *The Genesis of Perfection*, 99-116.

察はさらに重要である．創世記によると，神はアダムとエバに善悪の知識の木から食べることをはっきりと禁じているが，ベン・シラではそのような禁令はない．逆に，神が人間を知識で満たし，善と悪を示した，と言われているのである．これは，聖書本文で極めてはっきりと示されていることを大胆に再解釈したものである．知恵と知識は，ベン・シラのような知恵の教師にとっては，無条件に善いものであった．創世記1章によると，人間は神の似姿に創られたのだからなおのこと，神が知恵と知識への接近を人間に制限するなどとは到底考えられないことなのであった．そのようなわけで，ベン・シラは，堕罪という不愉快な事件を丸ごと無視するのである．ここでは原罪などなく，死ぬべき運命が罰として人間に課されるということもない．神は最初から人間の寿命を定めようとしていたのである．（この点に関しては，シラ41:4で，死は単に「生あるものすべてに主から下される宣告」なのだと強調されている．）アダムの状況は，彼の子孫の状況と何ら変わらない．もっとも，ベン・シラは，この問題について完全に一貫しているわけではなく，父祖たちへの賛歌の掉尾で，アダムの栄光はすべての生けるものの栄光を凌駕するとしている（シラ49:14）．しかし，創世記を最も直接的に反映していると思われる箇所については，ベン・シラはアダムを例外的な原初の人間としてではなく，一般的な人間として理解している．創世記は申命記を背景として読まれている．誰もが律法の知識を持ち，男であれ，女であれ自分自身の行為の責任を負う者とされている．要するに，シラは自分の信念に基づいて創世記を解釈しているのである．創世記とは，啓示された律法の一部であり，たとえその本文の一部を無視しなければならないとしても，真理と齟齬をきたしてはならないのである．

　しかし，もし神が人類に知恵を授け，善悪の知識を与えたのだとしたら，現実に人間が罪をもっていることをどのように説明できるだろうか．ベン・シラは，この問題を別の箇所で取り扱っている．

> 「わたしが罪を犯したのは主のせいだ」と言うな．
> 主がご自分の嫌うことをなさるはずがない．
> 「主がわたしを惑わせたのだ」と言うな．
> 主は，罪人に用がないのだから．
> ……

> 主が初めに人間を創られたとき，
> 自分で判断する力をお与えになった．
> その意志さえあれば，お前は掟を守り，
> しかも，快く忠実にそれを行うことができる． （シラ 15:11-20）

悪が神の仕業であるかも知れないという考えは，それほどひどいこじつけではない．ヘブライ語聖書には，サウル王を悩ませたような「主からの悪霊」（サム上 19:9）について語っている箇所もある．死海文書における「二つの霊」に関する論稿でそのような見解を明白に基礎づけている．ベン・シラ自身も，別の個所で創世記に言及し，そのような可能性を考慮しているようである．

> 人間は皆大地から生まれたもの，
> アダムは土から造られた．
> 主はあふれるばかりの知識によって，
> 人々に違いをつくり，
> それぞれに異なった道を歩ませられた．
> ある者を祝福して高め，
> ある者を聖別して，みもとに近づかせられた．
> しかし，他の者を呪って，卑しめ，
> 彼らをその地位から退けられた．
> 陶器職人がその手にある粘土を，
> 思うままに形づくるように，
> 造り主は御手の内にある人間を，
> 思うままに裁かれる． （シラ 33:10-13）

しかし，15 章において，ベン・シラは神による決定論よりは人間の自由意志を強調している．だが，彼がいかにそれを表現しているのかは注目に値する．人間は自らの性向（inclination）の支配下にある．ここで使用されているヘブライ語（יצר）は，創 2:7（「主なる神は土の塵で人を形づくり」）で使用されている「形づくる」を意味する動詞に由来する．創世記 2-3 章には，性向への言及はないが，洪水物語の中でこの言葉は二回使用されている．「常に悪いことばかりを心に思い計っている」（創 6:5），「人が心に思うことは，幼いときから悪いのだ」（創 8:21）．「性向」と悪とは，聖書ではよく結びつけられている．ヘブライ語聖書では，二つの箇所（イザ 26:3，代上 29:18）でしか

この言葉を肯定的な意味で使用していない．紀元100年頃に著された第四エズラ書では，性向を否定的な意味で用いており，ここではアダムの罪を，彼が背負わされている「邪悪な心」のためであるとしている（四エズラ3:21）．後に，ラビ文学において，二つの性向に関する教義が発展した[(23)]．義人は善への性向に，悪人は悪への性向に，また，普通の人々は両方に支配されるのである．二つの性向という考え方は，創世記そのもののラビ的解釈に基づいている．創世記「主なる神は人間を形づくられた」にあるヘブライ語の「形づくられた」（וייצר）には，ヨッド（י）が二つあり，これらが人間にある二つの性向を意味していると解釈されたのである[(24)]．善と悪との性向の区別は，少なくとも明確な形では，ベン・シラにはまだ見られないが，ベン・シラが創世記のテクストを用いて，悪の起源という問題に取り組んでいることが分かる．また，ベン・シラには悪魔が登場せず，創世記の蛇も無視されていることは注目に値する[(25)]．

死海文書の知恵テクスト

　神が人類に初めから知識と知恵を与えたというシラ書17章の考えは，クムラン文書にも散見される．『天の発光体の言葉』（4Q Words of the Heavenly Luminaries [4Q504]）は典礼に関するテクストであり，創世記1章と2章にあるモティーフが織り込まれている．アダムは神の似姿に創られ，他の被造物に対する支配が委ねられた．（この「支配」という言葉は，聖書で使用されるמשלではなく，他のクムラン文書と同様にרדהである．）この場面はエデンの園であり，神からの禁令もある．神がアダムを神自身の栄光の似姿に創った時，「彼の鼻に，あなたは命の息，知性そして知識を吹き込まれた」[(26)]．この意味

---

(23) G. F. Moore, *Judaism in the First Centuries of the Christian Era* (New York: Schocken, 1975), 1.474–96; E. E. Urbach, *The Sages: Their Concepts and Beliefs* (Jerusalem: Magnes, 1975), 1.471–83; G. H. Cohen Stuart, *The Struggle in Man between Good and Evil: An Inquiry into the Origin of the Rabbinic Concepts of Yeser Hara* (Kampen: Kok, 1984).

(24) 『創世記ラッバー』14:4.

(25) シラ15:14のヘブライ語テクストでは，「神はその破壊者の手に人間を委ねられた」という一節が追加されているが，この一節は古代の翻訳には見られず，明らかに後代の挿入である．

(26) E. G. Chazon, "The Creation and Fall of Adam in the Dead Sea Scrolls," in *The Book of Genesis in Jewish and Oriental Christian Interpretation* (ed. J. Frishman and L. van Rampay;

では，禁令が善悪の知識を人間が得ることを妨げるものであるはずはない．このような創世記の理解は，エバの創造前に「善悪の知識」を物語る『創造に関する瞑想』(4QMeditation on Creation [4Q303])にも反映されている[27]．これらのテクストはベン・シラのように，創世記1章と2-3章を縮め，ひとつの物語にしている．

『天の発光体の言葉』は，堕罪へと通じる禁令について明確に述べている[28]．「あなたは彼が背かないように求めた……」．不従順の記述は残っていないが，次の行は「彼は肉であり，塵に……」と読むことができる．『創世記と出エジプト記の敷衍』(The Paraphrase of Genesis and Exodus [4Q422])は，二つの創造物語が合成された断片的なテクストであり，これには，より詳しく禁令の性質について書かれている．「[善悪の知]識を与える木からは食べてはならない……」[29]．さらに続けて，「彼は神に対して立ち向かい，彼らは悪への性向と不正義な行為によって[神の法…]を忘れた…」とある．『天の発光体の言葉』においては，不従順は，死すべき運命という罰を受けたような印象を与える．『創世記と出エジプト記の敷衍』では，処罰についての言及はまったく残されていないのであるが，悪への性向についての言及は，アダムの罪を洪水以前の人類の罪深い現状と結び付けている（創6:5; 8:21）．エステル・ハゾンは，「この祈りの中には，ほとんど洪水物語が残っていない」としているが，『天の発光体の言葉』の背景にも洪水物語があることを発見している（「彼は肉である」創6:3参照）[30]．これらのテクストには，罪と罰のパターンが存在し，処罰の程度やその意義はテクストが断片であるため曖昧ではあるが，「堕罪」のことを意味しているとは言えるであろう．しかしながら，創造について語るクムランのテクストのすべてが堕罪を考慮に入れているわけではない．

Leuven: Peeters, 1997), 15 参照．
(27) T. H. Lim, "303 Mediation on Creation A," in T. Elgvin et al., *Qumran Cave 4 XXV: Sapiential Text, Part I* (DJD 13; Oxford: Clarendon, 1994), 421-2; Goff, *Discerning Wisdom*, 268-70.
(28) Esther Chazon, "The Creation and Fall," 16-17.
(29) T. Elgvin, and E. Tov, "Paraphrase of Genesis and Exodus," in H. Attridge et al., *Qumran Cave 4 VIII: Parabiblical Texts, Part I* (DJD 13; Oxford: Clarendon, 1994) 421-2; T. Elgvin, "The Genesis Section of 4Q422 (4Qpara Gen Exod)," in *Dead Sea Discoveries* 1 (1994), 185. ここでも，アダムの被造物への支配を述べるところでは，聖書的なרדהではなく，משׁלのヒフィル形が使用されている．
(30) Chazon, "The Creation and Fall," 15.

4QInstruction

クムランから発見された知恵テクストで最も重要なものは，4QInstruction（Mûsār lᵉMēvîn）として知られる長大なテクストであろう[31]。このテクストは，数多の箇所で創世記解釈に触れており，そのなかの関連箇所のひとつは，断片 4Q423 に見られる．すなわち，

> そして，実ったあらゆる果実と善の木は，喜んで知識を与える．これは，偉大なる知識を与えるのは（放牧と喜びとの）園ではないのか？ 神はその園を人に任せ，そこを耕させ，守らせた……あなたの不忠実に対して，そこからは人に対して茨とアザミが生え出で，その強さは人に妥協しないものであった[32]

この一節には不明瞭な箇所が多いが，創世記の物語はこのテクストの中で述べられている人間の在りようについての比喩として用いられているようである．最も注目すべきなのは，木についての解釈である．創2:9によると，「主なる神は，見るからに好ましく，食べるに良いものをもたらすあらゆる木を地に生えいでさせ，また園の中央には，命の木と善悪の知識の木を生えいでさせた．」また，3:6においても，「女が見ると，その木はいかにもおいしそうで，目を引きつけ，賢くなるように唆していた」とある．クムラン・テクストでは，木が知恵と知識の象徴的な源であるという考えを取り上げているが，善悪の知識の木から取って食べてはならないという禁令は取り入れていない．むしろ，園は両義的な意味をもっており，善の知識と知恵を義人に与えるが，不忠実な者たちには茨とアザミが与えられるのである．これが正しい場合（このテクストはあまりにも断片的であり，断言し難いのであるが），クムラン・テクストはベン・シラと似たような立場を取っていることになる．すなわち，善悪の知識への禁令はなく，したがって堕罪への言及もないが，それでも人間は悪を行う可能性がある．地がアザミと茨を生えいでさせるのであれば，それは原初のアダムの罪ではなく，あらゆる世代の人類の罪

---

(31) J. Strugnell and D. J. Harrington, *Qumran Cave 4 XXIV: Sapiential Text Part 2. 4QInstruction (Musar leMevin)* (DJD 34; Oxford: Clarendon, 1999). 次も参照のこと．E. J. C. Tigchelaar, *To Increase Learning for the Understanding Ones. Reading and Reconstructing the Fragmentary Early Jewish Sapiential Text 4QInstruction* (STDJ 44; Leiden: Brill, 2001).

(32) J. J. Collins, "Wisdom, Apocalypticism, and the Dead Sea Scrolls," in idem, *Seers, Sibyls and Sages* (JSJSup 54; Leiden: Brill, 1997), 369–83.

なのである．自然が義人と悪人に異なる反応をするという考えは，シラ 39:27 に明確に見られる．「これらすべては，信仰深い人には良いもの，罪人たちには悪いものとなる」．

ベン・シラと同様に，クムラン・テクストは人間の「性向」には役割があるとしている(33)．「悪への性向の思いがあなたを誘惑しないように」(4Q417 2 ii 12-13)とクムラン・テクストに書かれている．他の一節では，善と悪を識別する必要がある文脈で「肉の性向」について語られている (4Q416 1 i 15-16)．しかし，別の箇所では「性向」が肯定的な意味で用いられ，「理解の性向のうちに歩む」(4Q417 1 i 11) と言われている．従って，このテクストにおいては，人間の性向は善にも悪にも向かいうると言えよう．

クムランの知恵文学にある，最も重要な創世記解釈は，4QInstruction (4Q417 1 i 16-18) に見られる(34)．この箇所では，神によってセトの邪悪な子孫すべてに与えられた「刻み込まれた法」と，神の言葉を守る者たちのために彼の前で書かれた「記憶の書」について書かれている．これは，「ハグの幻視」もしくは「瞑想」とも呼ばれており，瞑想の書は死海文書の別の箇所でも言及されている．若者たちはこれに従って教育されるべきであり (1QSa I, 6-8)，審判者たちはこれを学ぶべきである (CD 10:6;13:2)．これは明らかに，知恵の重要な啓示であるが，これを現存しているテクストのうちのどれと同定可能なのか，確証することはできない．この箇所にある「ハグの幻視」が他の箇所で言及された書と関連することは確かだが，これら二つは必ずしも同一ではない．その箇所は次のように続く．

> 彼はそれを，エノシュおよび霊的な民 (עם רוח) への嗣業として与えた．彼の性向は聖なる者らへの似姿に応じている (別読：彼が彼を [聖なる者らへの似姿に応じて] 形づくった) からである．さらに，ハグ (瞑想) は，肉の霊 (רוח בשר) には与えない．なぜなら，これはその霊の判断に拠れば善悪の区別を知らないからである．

---

(33) J. J. Collins, "Wisdom, Apocalypticism and the Dead Sea Scrolls," in idem, *Seers, Sibyls and Sages* (JSJSup 54; Leiden: Brill, 1997), 369-83.

(34) Strugnell and Harrington, *Qumran Cave 4 XXIV*, 151-66. さらに詳しい議論は，次を参照．J. J. Collins, "In the Likeness of the Holy Ones: The Creation of Humankind in a Wisdom Text from Qumran," in *The Provo International Conference on the Dead Sea Scrolls* (ed. D. W. Parry and E. Ulrich; Leiden: Brill, 1999), 609-18. また，次も参照のこと． C. H. T. Fletcher-Louis, *All the Glory of Adam: Liturgical Anthropology in the Dead Sea Scrolls* (Leiden: Brill, 2002), 113-8; M. J. Goff, *The Worldly and Heavenly Wisdom of 4QInstruction* (STDJ 50; Leiden: Brill, 2003), 83-126.

「エノシュ」への言及は，この人名が様々な意味で用いられているため，現代の解釈者たちを悩ませてきた．ヘブライ語のאנושは，『感謝の賛歌』（ホダヨット）において，人類を指す一般的な語として幾度も使用されている[35]．賛歌の中で詩篇作者は，「どのように人（אנוש）は自分の罪を数えるのか」（1QH^a IX, 25）と問う．人間を霊的な人と肉の霊の二種類にわけ，エノシュが霊的な人とのみ関連付けられている知恵テクストでは，このような用法は問題を生じさせる．この意味に取ると，この語は人間一般を指すことができなくなるからである．

אנושは，創世記4:26；5:6-7, 9-11に登場する，セトの息子でありアダムの孫であるエノシュという固有名詞として読むこともできる．この可能性はアーミン・ランゲによって提唱され，ヨルク・フライも支持している[36]．エノシュの時代，人々は主の名を呼び始め，ヨベル書では，エノシュが最初に主の名を呼んだ者だとされている．シラ49:16によると，「セムとセト［（とエノシュ）；訳注：カイロ・ゲニザ写本（B）に「エノシュ」が入っている．］はあがめられた．だが，アダムこそ造られたすべての生けるものの上に立つ者」とされている．しかし，この時代のエノシュに関係する資料は極めて少ない．スティーブン・フラーデによれば，

> 遅くとも紀元前二世紀におけるユダヤ教では，エノシュは明らかに洪水前の時代の重要な人物と見做されている．しかし，これらの資料のほとんどで，彼の名は，洪水以前の義人たちの系列の一端として挙げられているに過ぎない．[37]

後代のラビ伝承になると，エノシュの世代は偶像礼拝の始まりと関連づけられた．創4:26は一貫して偶像礼拝と結び付けられて解釈されてきた[38]．

---

(35) ストゥネルとハリソンは，一般的な意味とエノシュを指す場合の両方の可能性があると見ている．(DJD 34, 164).

(36) Armin Lange, *Weisheit und Prädestination. Weisheitliche Urordnung und Prädestination in den Textfunden von Qumran* (Leiden: Brill, 1995), 87; Jörg Frey, "Flesh and Spirit in the Palestinian Jewish Sapiential Tradition and in the Qumran Texts," in *The Wisdom Text from Qumran and the Development of Sapiential Thought* (ed. C. Hempel, A. Lange and H. Lichtenberger; BELT CLIX; Leuven: Peeters, 2002), 393.

(37) Steven D. Fraade, *Enosh and His Generation: Pre-Israelite Hero and History in Postbiblical Interpretation* (SBLMS 30; Chico, CA: Scholars Press, 1984), 27.

(38) Fraade, *Enosh and His Generation*, 174; 226-7. P. Schäfer, "Der Götzendienst des Enosch: Zur Bildung und Entwicklung aggadischer Traditionen im Nachbiblischen Judentum," in *Studien zur Geschichte und Theologie des Rabbinischen Judentums* (Leiden: Brill, 1978), 134-52.

9章 死海文書における創世記解釈

ランゲとフライは，次のように想定する．

> この箇所は，セトの息子たちの時代の堕天使の神話伝承を指示しているようである．それによると，エノシュと霊的な民 (עם רוח) のみが，当時の敬虔な人間たちであった．原初の父祖とעם רוח，つまり従順な天使たちが，天上の記憶を嗣業として得た．対照的に，その書は肉の霊 (רוח בשר) には与えられなかった．なぜなら，これは善悪を識別できなかったからである．(39)

ランゲの議論は，セトの息子たちの邪悪さが述べられている箇所の冒頭部分が，エノシュの父を指示していることを前提としている．しかしながらこの指示は，あまり適切とは言えない．DJD版の編集者は，ここをבני שיתと読み，ここで指示されているのはむしろ，民 24:17 にあるバラムの託宣で述べられているシェト，もしくはセトの息子たちであるとしている．この箇所は死海文書ではよく引用されている (1QM XI, 6; CD 7:21; 4Q175.13)(40)．族長たちの名前は通常，完全書法（母音を表記する書法）では書かれない．エノシュを義人の生き残りだとしているセト時代の堕天使の伝承は，依然として仮説の域を出ない．この箇所は確かに，読者が少なくとも潜在的には「霊的な民」(41) に属することを含意しており，その場合には，彼らは完全に天使的存在であるとは言えない．さらに，当該箇所を細かく見ると，אנושを別の意味で理解した方がうまく説明できる．

אנושという語は，『宗規要覧』の「二つの霊の教示」では異なった意味で使用されている．神は世界を支配させるためにאנושを創造した．この場合指示されているのは，創 1:27-28 のアダムである．

4QInstructionの一節がアダムと関連していることを，以下の限定的な言い回しが示している．「彼の性向は聖なる者らへの似姿に応じている（別読：彼が彼を［聖なる者らへの似姿に応じて］形づくった）からである．」聖なる者とは死海文書および同時代のテクストにおいて，天的な存在すなわち天使を指す．死海文書では，こうした存在をエロヒーム（複数形扱いで神々，もしくは単数形扱いで神を意味する）と呼ぶ．ヘブライ語の言い回し「聖なる者らへの

---

(39) Frey, "Flesh and Spirit," 393. フライは肉の霊を「罪深い人類」として理解している．
(40) *DJD* 34: 163.
(41) 4Q418 43-35 6「その時あなたは善悪を識別するであろう」，および 4Q418 81 1-2「彼はあなたを肉の霊から引き離した」とを比較せよ．

似姿に応じて」は，創1:27の言い換えであり，神がアダムを（あるいは人類を）「神の似姿に」創造したことを意味している．クムラン・テクストもこれをいと高き方の似姿ではなく，聖なる者あるいは天使たちの似姿だと解している．つまり，אנושは天的存在の似姿に創造されたアダムである（聖なる者の似姿という理解が，必ずしも族長エノシュとの関連性を排除するものではないことは明らかである）．『創世記ラッバー』23:6によると，アダム，セト，そしてエノシュは神の似姿に創造されたが，「その後にケンタウルスたちも創造された」とある[42]．

次に登場する創造物語への言及は，肉の霊が善悪の区別をしないという箇所であり，ここでは明らかに創世記2-3章が意識されている．このテクストによると，神は人間が善悪の知識の木から食べることを禁じていなかったが，「肉の霊」をもつ一部の人々は，善悪の区別をすることができなかった．とはいえ，「肉の霊」と，啓示を受ける価値があり，善悪の識別ができる「エノシュ」と関連づけられる「霊的な人々」すなわち「霊の民」とは対照をなしている．

רוח בשר「肉の霊」という語は，『感謝の賛歌』においては，詩篇作者自身を指して，「あなたの僕は肉の霊である」（1QH^a IV, 25）や，人間の在りようを指して，「これらすべての事柄を理解する肉の霊とは何であるか……あなたの驚くべきすべての御業の中で女性から生まれた者は何であるか」（1QH^a V, 19-20）といった形で現れる．しかし，4QInstructionは読者に「神はあなたをすべての肉の霊から引き離した．あなたは，彼が忌み嫌われるすべてのものから自ら離れよ」（4Q418 81 1-2）と語る．また，4Q416 1. 10-13では，神の審判と関わる文脈で「すべての肉の霊」が起こされるであろうと述べられ，この肉の霊は，「天の子ら」や「すべての真実の子ら」と対比されているようである[43]．従って，このテクストにおいては，「肉の霊」は単に人間の在りようを意味するのではなく，選ばれし者たちがそこから分けられるべき，人類の一部を意味していると言える．

ベン・シラが創世記の二つの物語を調和し，それらをひとつのものとして読んでいることは既に見てきたとおりである．4QInstructionも，神の似姿に基づく創造を記述するために，創2:7にある言葉「形づくる」יצרを使

---

(42) Frey, "Flesh and Spirit," 391.
(43) Fraade, *Enosh*, 132.

用しているので,これらの物語を融合していると言える[44]. しかし,それでも 4QInstruction は,創造された人間を区別し,創世記1章に描かれている霊的な人々と,創世記2-3章に述べられている肉的な人々とに分けている[45]. 創世記2-3章に基づいて,肉的な人々のみが善悪の識別を誤るのである. このように,二つの創造物語が二重の創造であったというような創世記解釈は,古代では独特とは言わないまでも,極めて珍しいものである. アレクサンドリアのフィロンは,『寓意的解釈』において,「人間には二種類あり,一方は天的な人であり,他方は地上的な人である. 神の似姿に創造された天的な人は,あらゆる点で堕落しやすい運命や地上的な物質の部分を免れている. しかし,地上的な人は,モーセが粘土と呼ぶ,あちこちに散乱した物質を詰めて造られたのである」[46]と述べている. フィロンは,ギリシア哲学の思想的枠組みに基づき,二人のアダムを想定するのであり,この点が死海文書とはかなり異なっている. フィロンとクムランの知恵テクストとの共通点は,創世記の二つの創造物語が,二種類の人間を創造したと考える点であろう. フィロンが同じ方向で別の解釈可能性を意識しているのは明らかである[47]. クムラン・テクストは,イスラエルの地におけるユダヤ人の中にも,創世記の二つの創造物語を区別する,より幅広い解釈の伝承があり得ることを示唆している.

後のラビたちもまた,二つの創造に気づいていた.『創世記ラッバー』14は次のように述べている.

> 二つの創造があった.(ひとつは)天的な存在の(性質を持ち),[他方は]地上的な存在の(性質を持つ). 神は人間を創造した際に,より高位の存在[つまり,天使たち]の四つの属性と,より低位の存在[すなわち,獣たちの]四つの属性を彼に与えた. ……ラビ・ティフダイは,ラビ・アハの名において

---

[44] T. Elgvin, "An Analysis of 4QInstruction," (Diss. Jerusalem, 1997), 90.

[45] エルヴィンは別の解釈可能性も提示している. Elgvin, ibid, 91:「4QInstruction は聖書テクストに唯一人のアダムを想定する. 堕罪以前,彼は天使的な栄光と知恵を持っていた. しかし,堕罪後,נפשׁ חיהと同じ状況を負うことになったのである.」しかしこの場合,なぜ,聖なる者の似姿に創造され,ハグの幻視を受けたアダムが善悪の識別を誤ったのか説明できなくなる.

[46] Philo, *Allegorical Interpretation* 1.31; Cf. *De Opificio Mundi* 134-5. 次も参照のこと. T. H. Tobin, *The Creation of Man: Philo and the History of Interpretation* (Washington, D. C.: Catholic Biblical Association, 1983), 108.

[47] Philo, Questions on Genesis 1:8 参照. フィロンはここで,「なぜ神は,ご自分の似姿に作られた人ではなく,鋳型で造った人をパラダイスに置いたのか」という問いに対して,与えうる多様な答えを報告している.

言った.「地上的な存在は生殖し,[神の]似姿と像に基づき造られていなかったのに対して,天的な存在は[神の]似姿と像に基づき造られており,生殖もしない.」聖なる者—彼に賛美あれ—は言われる.「見よ,わたしは彼[人間]をわが似姿と像に基づき創る.こうして彼は,地上的な存在の[性質のように]生殖しても,天的な存在の[性質を分かち持つ.]」ラビ・ティフダイは,ラビ・アハの名において言った:主は理由を説いた.「もしわたしが彼を天的な存在として造れば,彼は[永遠に]生き,死ぬことはない.しかしもし,わたしが彼を地上的な存在として造れば,彼は死に,生きることはない.だから,わたしは彼を上なる要素と下なる要素で造り,彼が罪を犯せば死に,彼が死ねば[後の世で]生きるようにしたのである.」[48]

しかしながら,このミドラッシュがクムラン・テクストと異なる点は,すべての人間に関して,天上的な要素と地上的な要素を混合させていることである.クムラン・テクストでは,これら二つの異なった人間類型を区別している.

二つの霊の教示

二つの人間類型の区別 —— それぞれ,「霊」(「霊の民」・「肉の霊」)という言葉で示される —— は,死海文書にある別の創造物語を指し示す.そこでも,人間はאושׁと呼ばれている.『宗規要覧』にある「二つの霊の教示」によれば次のの通りである.

> 現に在るもの,そしてやがて在るであろうものは全て知識の神から来る.人間が存在するずっと以前に,神はすべての構想を考えた.……神が,世界を治めさせるために人間(אושׁ)を造られ,真理の霊と不正義の霊という,二つの霊を彼に託し,神の到来の時まで,それらに従って歩むようにされた.真理から生まれた人々は,光の泉から湧き出でるが,不正義から生まれた人々は闇の源から湧き出でる.義人の子供たちはすべて,光の君によって治められ,光の中を歩むが,不正義の子供たちはすべて暗闇の天使に支配され,暗闇の中を歩む……(1QS III, 15-21).

---

(48) *Midrash Rabbah* 14: 3, trans. and ed. H. Freedman and M. Simon (New York: Soncino, 1983), 112.

9章 死海文書における創世記解釈

この注目すべき箇所は，しばしばセクト（分派）主義的文書に特徴的な神学の本質を表わしていると見做されてきた．ユダヤ教の伝統の中でも，これ以前に光の霊と闇の霊の戦いについて語る文書の例は存在しない．それどころか，たびたび指摘されるように，この考えはペルシア的な二元論に極めて似ている[49]．ユダヤ人著作家が，彼の目的に合わせてペルシア的な神話を取り入れたのは確かだと思われ，光と闇の霊の戦いという思想形成に，その神話の影響力を疑うことはできない．しかし，人間の創造物語の部分でわれわれが想定するように，この箇所もまた創世記のひとつの解釈なのである．この解釈が創世記に依拠しているのは，神が世界を治めさせるために人間を創造した，という箇所からも明らかであろう（創 1:26 と比較せよ．ヘブライ語の ממשלה は，クムラン文書の別の個所で，同じ文脈で用いられている המשיל を想起させる．）しかし，「二つの霊」神学もまた，現在まだ議論されている，創世記 1-3 章の意味と，ベン・シラやクムランの知恵文書にあるような悪の起源との関連のなかで理解されるべきであると，わたしは考える．

「現に在るものは全て知識の神から来る」という主張は，少なくともベン・シラの思想のある部分とは相容れない．ベン・シラにおいては，悪が神に由来することは否定されている（ベン・シラもこの点で一貫性があるとは必ずしも言えないことは既に見た通りである）．すべてが神に由来するのであれば，例え間接的であろうと，罪も神から来ることになる．このテクストは，神が二つの霊を創造したと述べていることを正当化する解釈を行っていない．考えうる資料として，神が人間の鼻に命の息を吹き込まれ，それによって人が生きるもの（נפש חיה）となったと書かれている創 2:7 があり，これが典拠だと考えられるだろう．息（ルーアッハ）もネフェシュも霊であると捉えることができ，この区別が，善と悪への性向へと別れる発展を遂げるのかもしれない[50]．比較的早い段階で，P. ヴェルンベルク＝メーラーはこの箇所を以下のように注釈している．

　神が二つの「霊」を創造したと，この著者が述べ，IV23 によると，これら二

---

[49] J. J. Collins, *Apocalypticism in the Dead Sea Scrolls*, 41-43; *Seers, Sibyls and Sages*, 287-99; M. Philonenko, "La Doctrine Qoumrânienne de Deux Esprits," in G. Widengren, A. Hultgård, M. Philonenko, *Apocalyptique Iranienne et Dualisme Qoumrânienne* (Paris: Maisonneuve, 1995), 163-211.

[50] יצר は，1QS IV, 5 および VIII, 3 では肯定的な意味で使用され，1QS V, 5 では否定的な意味で使用されているが，創造物語では登場しない．

つの「霊」が神の被造物としての人間のうちに宿るとされていることは，重要である．従ってここで，われわれが扱っているのは，二つの「霊」で表わされる宇宙論的な二元論とでも言うべき形而上学ではなく，神が人間を二つの「霊」で創造したという考え方である．これは旧約聖書の用語で言えば，「情調」もしくは「気質／傾向」といったものであろう．……こうして，善と悪への性向というラビ的な区別に到達するわけである．(51)

このテクストの中に，形而上学的・宇宙論的な二元論への言及がまったくないという意見は説得力がない．このテクストははっきりと，光と闇の天使について言及しており，これらはこの世における霊だと言えるのである．しかし，霊は心理的な次元も併せ持っている．その意味では，ヴェルンベルク＝メーラーがこれを善と悪への性向に類似していると言うのは正しい．ペルシア神話は，クムラン・テクストの著者に，古い問題を取り扱うための新しい言語と，なぜ唯一絶対神が世界を創造したとき，善と同様悪をももたらしたのかという問題に関して新しい考え方を提供したのである．ここでも，堕罪については何も語られていない．前提とされているのは，創造は神の計画に従って今なお続いているということである．4QInstruction は，人類の子孫が「善と悪を知ることができるように」，二つの霊を分け与えたのであるという主張で締め括られている．これもまた，創世記をほのめかしているのは明らかである．ベン・シラや 4QInstruction と同様に，このテクストも，神が人間に善悪を知ることを禁じたとはおよそ考えていない．むしろその逆で，その区別を認識することが，創造の目的のひとつであると言われているのである．

結　論

われわれは，死海文書が創世記冒頭の数章をさまざまに解釈しているのを見てきた．そこには，アダムの罪を強調する解釈から，人類は最初から異なる「霊」で創造されたとする解釈まであった．後の時代に伝統的解釈となるような見方は，死海文書には全く現れていない．蛇が悪魔と同定されること

---

(51) P. Wernberg-Moeller, "A Reconsideration of the Two Spirits in the Rule of the Community (1Q Serek III, 13-IV, 26," *RevQ* 3 (1961): 422.

はない．事実，蛇には何の関心も向けられていないのである．また，クムラン文書には，エバに特別な罪を課すものもない．死海文書を保存した古代の人々は，フェミニズム的主張を展開する意図はなかったであろうが，少なくとも創世記テクストを女性の従属を正当化するためには使用しなかった(52)．

クムラン文書を著した人々は，当時のユダヤ教で盛んであった知的な議論から孤立していたわけではない．われわれが見てきた，クムラン文書で取り上げられている諸問題は，基本的にベン・シラや第一エノク書で取り上げられた問題と同じなのである．もちろん，知恵テクストの起源がセクト（分派）にあるのかどうかは定かではない．それらは，（エノク書や聖書の正典文書のように）クムランで保存された，より幅広い文学の一部であるのかもしれない．死海のセクトがユダヤ教の正統派から分離する以前に，「二つの霊の教示」は書かれていたと主張する学者たちもいる(53)．それにもかかわらず，4QInstruction も「二つの霊の教示」も共に，二種類の人間を区別し，こうした区別がセクトの自己理解にとって決定的なものであった．このような区別の萌芽はベン・シラに見られ，主の業はどれもがそれぞれ対になって相対峙しながら来る（シラ 33:15）とし，神はある者を祝福し，他の者を呪う（シラ 33:12）と教えていた．確かに，創造理解や創世記解釈が理由で，死海のセクトは正統派ユダヤ教から分離したわけではなかったが，こうした問題はセクトが自らの自己理解を明確にするための，複雑に絡み合った要素の一部であった．

クムランの聖書解釈について語るとき，ヘレニズム・ローマ時代における出来事を預言しているものとして預言的テクストを解釈している「ペシャリーム」がまず念頭に浮かぶ．しかし，これだけが唯一クムランでなされていた聖書解釈というわけではない(54)．われわれが見てきたテクストに含まれていた創世記 1-3 章の解釈は，聖書テクストが，セクト主義者が自らの

---

(52) クムラン文書は，結婚や離婚についてのハラハー的問題に関連づけてエデン物語に言及することはない．次を参照．García Martínez, "Man and Woman: halakhah based upon Eden in the Dead Sea Scrolls," in Luttikhuizen, ed., *Paradise Inperpreted*, 95–115.

(53) Lange, *Weisheit und Prädestination*, 126-8; H. Stegemann, *The Library of Qumran* (Grand Rapids: Eerdmans, 1998), 110.

(54) この件についての概観は次を参照のこと．M. J. Bernstein, "Interpretation of Scriptures," in *The Encyclopedia of the Dead Sea Scrolls* (ed. L. H. Schiffmann and J. C. VanderKam; New York: Oxford, 2000), 1.376–83.

アイデンティティを見出す状況を描写していることを，一般に論じている限りにおいて，ペシャリームに類似していると言えよう．アダムは古代史の登場人物ではなく，読者が自らと同定できるような規範的なモデルとなる．後の黙示思想によれば，われわれ一人ひとりが独自のアダムであるということなのであろう（第二バルク書48：42）．しかし，創世記2-3章の諸要素を，「蛇は悪魔である」というような，一対一の関係としてとらえるような解釈は見られなかった．解釈はそれよりは微妙であり，また，それ自身独立したものでもない．それらは，創世記の言葉だけではなく，創造の解釈そのものを含んでいる．それに加えて，言語的解釈もまた一役買っているのである．

　最後に，これらのテクスト解釈の自由について一言述べたい．現代の解釈者には，創世記の読者が，善悪の木から食べてはならないという，アダムとエバへの神の命令をどうして無視できたのかを理解することは困難である．しかし，すべての解釈は，われわれがテクストに見出すものと，われわれが別の資料から真実であると前提するものとの相互関連によってなされる．ジェラルド・ブルンズはこれを「寛容の原理」と呼んでいる．それはつまり，「自分自身の基準に照らして，概ね整合性がありかつ正しいと信じている事柄が明らかになるように，被造物の言動を解釈する方法」である[55]．フィロンが行っていた寓意的解釈は，この原理をはっきりと示した例となっている．ベン・シラや，クムラン文書に保存されている知恵の教師にとっては，神が人間に善悪の知識を得ることを禁じるなどということは考えられないことであった．むしろ，ここでは「肉の霊」を持った人々は，この区別を把握もできない，もしくは創造物語すべてが神の計画に沿って展開されることで，人々は善悪や自らの死すべき運命を理解するようになるのである．相互関連性の原則は，一見すると聖書の創造物語からひどく逸脱しているように見える「二つの霊の教示」においても明らかである．この著者は，光と闇について物語るペルシア神話の中に，彼の経験世界を叙述する適切な言語を見出した．そしてこの著者は，それが創世記に描かれている創造過程の見事な反映であると信じたのである．われわれは後代のミドラッシュで見出されるよう

---

[55] Gerald L. Bruns, *Hermeneutics Ancient and Modern* (New Haven: Yale, 1992), 203. ブルンズのここでの引用は，哲学者ドナルド・デイヴィッドソンの概念に部分的な変更を加えて用いている．Donald Davidson, *Inquiries into Truth and Interpretation* (Oxford: Clarendon, 1984), 137.

な，より詳細な解釈的議論の価値を認めはするが，この著者は創世記をはっきりと示唆することで，二つの物語が調和することを示したのである．

ジェームズ・クーゲルは，かつて聖書がどのように読まれていたかについて，その著作 (*The Bible as It Was*) の中で，ユダヤ教とキリスト教の伝統的な解釈を記述している[56]．しかしながら，死海文書における創世記冒頭の数章についての解釈が示しているのは，聖書の解釈は当初から多様性に富んでいたということであった．現代の理論家たちは，解釈とは決して中立的でも客観的でもなく，常にテクストにわれわれが持ち込む前提事項に依存していることを強調している．当然のことながら，クムラン文書の著者の前提事項は，過去二千年にわたる科学と哲学の大変貌によって，現代社会では支持できるものではなくなっている．だが，古代の解釈における諸前提を明らかにすることで，現代の解釈者たちは有益な教訓を得ることができる．すなわち，およそテクストと言われるものは聖書を含めて何でもそうであるが，その意味は決して一義的ではなく，解釈者の文化や時代という解釈的レンズを通して見られるものなのである．

(三浦望訳)

---

[56] J. L. Kugel, *The Bible as It Was* (Cambridge, MA: Harvard, 1997).

Chapter 10

ヨベル書とクムラン出土の関連文書におけるモーセ五書の律法の釈義*

ジェイムズ・C・ヴァンダーカム

　ヨベル書はモーセ五書の伝達において様々な方法で一定の役割を果した．第一に，それは創世記1章から出エジプト記24章までの物語を再述しており，その過程でかなりの分量の本文を，時に一字一句をそのまま書き写している．このような場合が多いので，ヨベル書は紀元前2世紀の創世記と出エジプト記の本文形態を明示する証拠となっている．その本文の語法はマソラの語法よりは七十人訳ギリシア語聖書やサマリア五書の語法により近似している．旧来の研究も最新の研究も共に多くがこのことを論証している．
　その1人としてR・H・チャールズは，ヨベル書での引用を研究した結果として，「この［ヨベル］書はヘブライ語のモーセ五書本文から独立していることを証している．従って，この書は時に何よりも，サマリア五書，ないし七十人訳ギリシア語聖書，ないしシリア語訳聖書，ないしラテン語ヴルガタ訳，ないしタルグム・オンケロスと一致している．」と結論づけている．彼はヨベル書の著者が用いた聖書本文は，「七十人訳ギリシア語聖書とシリア語訳聖書に前提されている（底本の）形態との中間に」[(1)] 当たると考えている．筆者は後に数百の引用を古代の聖書本文と比較研究したが，ヨベル書の聖書底本とマソラ，サマリア五書，七十人訳ギリシア語聖書に対する関係に関して，次のように結論を下した．すなわち，「ヨベル書は明らかにこれらの一群の本文と一貫して一致することはなく，創世記 —— 出エジプト記の

---

*　私はこの論稿を準備し，ここで扱う諸問題について考量する際に Molly Zahn が計り知れない援助をしてくれたことに謝意を表します．

(1)　R. H. Charles, *The Book of Jubilees or the Little Genesis* (London: Adam & Charles Black, 1902), xxxviii.

本文を通して，独自の方針を企図している．確かにヨベル書はしばしば，マソラよりも七十人訳ギリシア語聖書やサマリア五書寄りである．また，相対的には僅かだが，サマリア五書とマソラが異なる場合には，明らかにサマリア五書に従っている (71 対 20)．更に，サマリア五書と七十人訳ギリシア語聖書が一致してマソラと異なる場合には，ヨベル書はサマリア五書と七十人訳ギリシア語を 54 対 11 の比率で支持する」[2]．

ヨベル書がモーセ五書の伝承に果たしてきた 2 番目の意義は，その中の律法部分の引用および言及の資料としてであり，また著者の共同体によって好まれたそれらの解釈としてである．神殿巻物のようにシナイに律法を集中させる法律文書とは異なり，ヨベル書はイスラエルの聖なる過去の物語の中の様々な場面へ法律文書を関連づける．

A．背　景

ヨベル書は一つの物語作品であり，創造，罪，洪水，族長と契約，出エジプトとシナイに関する周知の物語を扱うものであるが，著者はまたモーセ五書の律法部分に通暁しており，関心を抱いている．ヨベル書と創世記 1 章 —— 出エジプト記 24 章とを比較する読者は，前者が後者には欠けているハラハー（法規）部分をどれほど頻繁に挿入しているかに強力な印象を受けるだろう．事実，本書における際立った主題は，創世記 —— 申命記中の記述に従えばモーセの時代にのみ啓示された律法の肝要な部分に，創世記の主要人物たちが従順だったという著者の主張なのである．

創世記，および（ヨベル書が扱っている物語の箇所である）出エジプト記の前半は，物語が主要部分を占めるが，しかし間違いなく律法の資料を含んでいる．例えば，創 2:2-3 は，安息日の休息の律法を導入している，2:24 は，夫婦間の関係を定義している，ノアと息子たちは血を飲むことの禁止法令 (9:4) に服従している．アブラハムは，割礼に関する律法を受け取り，実行

---

[2] VanderKam, "The Wording of Biblical Citations in Some Rewritten Scriptural Works," in *The Bible as Book: The Hebrew Bible and the Judaean Desert Discoveries* (ed. E. Herbert and E. Tov; London: The British Library, 2002), 51. 全部の資料は VanderKam, *Textual and Historical Studies in the Book of Jubilees* (HSM 14; Missoula, MT: Scholars Press, 1977), 103-205 に記述され，議論されている．

している，等々．それ故，創世記自体が，族長たちが啓示された一定の律法によって生きていたという見解を伝えているのである．ヨベル書はこれらの断章を書き写し，それらに則って拡張している．また，かなり多くの他の実例をも導入している．

　ヨベル書の著者は律法を欠いた物語の中に恣意的に律法を配置したのではない．彼は族長の物語の中にいくつかの律法の断章を発見しただけではなく，族長とその妻たちがそれらに則って生活していたもっと多くの法習慣があることを示唆する章句をも知っていたのである．例えば，創 18:17-19 で，ソドムの破壊の直前に，主は次のような独り言を言う．「わたしが行おうとしていることをアブラハムに隠す必要があろうか．アブラハムは大きな強い国民になり，世界のすべての国民は彼によって祝福に入る．わたしがアブラハムを選んだのは，彼が息子たちとその子孫に，正義と公正を行うことによって主の道を守るよう命じて，主がアブラハムに約束したことを成就するためである．」[3]「正義と公正を行うことによって主の道を」守るという表現は暗示的である．すなわち，アブラハムが彼の子孫に指示を与えるためには，彼自身が何らかの基準に従って正しい事を行なうことに関する道を知っていなければならないからである．ヨベル書は，ソドム物語の手短な要約（ヨベル 16:5-9）だけを記しており，したがって，創 18:17-19 を書き写していない．

　その後，主がイサクに現れ，彼の父に誓った誓約を彼のために成就することになっているその土地に留まるように命じられた時，「アブラハムがわたしの声に聞き従い，わたしの戒めや命令，掟や教えを守ったからである」（創 26:5）と説明した．創世記に拠れば，あたかもアブラハムが割礼の規定だけを受け取り，他には何も受け取らなかったように見えるのだが，これらの命令，掟，教えとは何だったのだろうか[4]．この場合，ヨベル書は，その章句を「お前の父[5]がわたしに聞き従い，わたしの戒律，命令，教え，掟，

---

(3) 聖書の引用は NRSV による（訳注：日本語訳は新共同訳に依拠しながら原文に合わせて補正している．以下，同断）．

(4) C. Westermann (*Genesis 12-36: A Commentary* [Minneapolis: Augsburg, 1985], 424-425) は，「しかし，アブラハムはここでは，神が彼に約束をしたその見返りにその法令に従順であった模範となっている．これは，イスラエルの神関係がその法令への従順に集中していた時代にのみ宣言され，記述されることが可能である．そのような事態は，5 節の言葉遣いが明瞭に示しているように，申命記後の時代であろう．」と記している．

(5) これはヨベル書の読み方（「お前の父」）が，マソラの「アブラハム」と異なり，サマリア

および契約を守ったという事実のために」(ヨベル24:11.「および契約」は，他の諸々の証言に関係する付加)と書き直している．

ヨベル書の著者は，これらの章句にアブラハムが律法を守ったという有用な指針を発見した唯一の古代の釈義家ではなかった．ミシュナのキッドゥシーン篇は，「われわれは，われらの父アブラハムが律法全体をそれが与えられる前に既に実行していたということを見出す．というのは，それは書かれているからです [彼は創26:5を引用する]」[6]というR．ネホライの言葉で終わっている．ヨベル書は，律法全体が族長たちに知られており，彼らによって実行されていたと主張しているのではない．実際，著者は，天上の書字板に既に刻印されており，従って，モーセの時代にだけでなく，初めから潜在的に利用可能だった神の律法の啓示に関するより展開された見解を素描している．例えば，彼がルベンとビルハの挿話(訳注：創35:22．創49:4も参照)を扱う場合，彼はルベンが死罪を回避したという結果を正当化するために「というのは，掟，処罰，および律法は，万人のために完全には啓示されておらず，お前(モーセ)の時代になって初めて，限定された時代の戒めとして，また，永遠の歴史の永遠の戒めとして(完全には啓示された．)」(ヨベル33:16)と記述している．ルベンは，父親の妻との性的関係を禁じる戒め(レビ18:6-8；20:11；申23:1；27:20 [27:20はヨベル33:12に引用されている])を知らなかった．というのは，それがまだ啓示されていなかったからで，彼にそれを破ることの責任を負わすことが出来なかったのである[7]．

　　五書や七十人訳ギリシア語聖書と一致する章節の一つである．しかしながら，サマリア五書も七十人訳ギリシア語聖書も，ヨベル書の「お前の父」だけとは異なり，「アブラハム，お前の父」となっている．ヨベル書の引用は，エチオピア語，英語とも，VanderKam, *The Book of Jubilees* (2 vols.; CSCO 510-11, Scriptores Aethiopici 87-88; Louvain: Peeters, 1989) に拠る．

(6) H. Danby, *The Mishnah* (Oxford: Oxford University Press, 1933, 329 の翻訳．ミシュナの翻訳は全てこれに拠る．フィロンの『アブラハム』46.275-276をも参照．Ch. Albeck (*Das Buch der Jubiläen und die Halacha* [Sieben vierziger Bericht der Hochschule für die Wissenschaft des Judentums in Berlin; Berlin: Siegfried Scholem, 1930], 6) は，全ての族長がその法令を遵守したということを主張している後代の章句の一覧表を提示している(例えば，CD 3.2-4; T. Benj. 10: 3-6; 2Bar 57: 1-2)．

(7) R. H. Charles (*The Book of Jubilees*, 199) は，著者がパウロの教え「律法のないところには違反もありません．」(ロマ4:15)を先取りしていると注釈している．

B．いくつかの実例

創世記の中で言明されている一握りの律法や，創 18:17-19；26:5 のような文節からのより多くの示唆は，ヨベル書の著者に，シナイ山やそれより後代の啓示に関する記録の中に見出される特定の律法の制定は，族長たちの生活の中の状況から胚胎したか，あるいはそれらの状況によって暗示を与えられたものだという ── あるいは未だ実効性がなかった状況の ── 手がかりを本文の中に勤勉に見つけ出そうとする努力へと駆り立てた．以下では，ヨベル書で議論されている3つの異なる種類の事例に関する研究を提示する．(1) 律法制定に関わる物語で，当時律法が啓示されていたと仮定する，(2) 律法制定を欠く物語の中へ律法制定を導入する，(3) 記録の中に既に織り込まれていた律法の様相を詳細に述べる．

1．創世記 35:22 とヨベル書 33:1-20：[(8)]

上述したルベンとビルハの物語は，ヨベル書の著者が，族長物語に適用可能なモーセ五書の律法資料をどのように扱ったかに関する一つの有益な例として役立つし，また，その手続きが用意周到な熟考の産物であることを実証している．ヨベル書 33:1-20 ── ルベン／ビルハ物語とそれに付随している天使の忠告を含んでいる箇所 ── は，契約の軌跡の初期の歴史の決定的な段階に大いに関係のある本書に重要な関わりを持っている．それはまさに，ヤコブ／イスラエルの家族が12番目の息子，ベニヤミンの誕生によって完成した時代であり，さらに（ヨベル書の）著者が破滅的な危機と考えたものに曝されていた時代である．（創世記34章に関連している）ヨベル書30章は，ディナ／シケムの物語に，異民族との結婚に対する厳格な禁止と警告を更に追加

[(8)] ヨベル書の章句に関するほかの研究に関しては B. Halpern Amaru, *The Empowerment of Women in the Book of Jubilees* (JSJSup 60; Leiden: Brill, 1999), 108-113; W. Loader, *Enoch, Levi, and Jubilees on Sexuality: Attitudes towards Sexuality in the Early Enoch Literature, the Aramaic Levi Document, and the Book of Jubilees* (Grand Rapids: Eerdmans, 2007), 196-200 を見よ．両研究ともヨセフとポティファルの妻の物語との関連を指摘しているが，そこでは役割が逆転している．J. Endres, *Biblical Interpretation in the Book of Jubilees* (CBQMS 18; Washington, DC: Catholic Biblical Association of America, 1987), 169-170, 231-233; D. Rothstein, "Sexual Union and Sexual Offences in Jubilees," *JSJ* 35 (2004)：371-379 をも参照せよ．Rothstein はこの章句に彼がヨベル書の存在論的研究方法と呼ぶもう一つの例を発見している．すなわち，身体的結合は人が結婚していようがいまいが，その結果生まれてくる子供が清浄かどうかを決定するものなのである．

している．著者が臨在の天使を通して強調しているそのような穢れは，イスラエルの断罪へと至り，生命の書から彼らを抹消することに結びつく．（ヨベル書）31〜32章は，ヤコブの彼の両親との再会，イサクのレビとユダの祝福，レビの祭司職への任命，ベニヤミンの誕生によるヤコブの家族の完成の物語に関係している．著者は一旦ルベンとビルハの挿話を語り，そこからの推論を引き出した後，（創世記の中でのように）彼は4人の妻によるヤコブの12人の息子の一覧表を提示する．神聖な血筋は，物語のより大きな枠組みの中で非常に大きな考慮されるべき事柄となっている．

　ヨベル書33:20はその文節を別の文脈に位置づけている．それは「性の穢れ」を最も大きな罪であると同定し，これがその場合である理由を次のように述べている．「イスラエルはその神である主の聖なる民である．彼の嗣業の民であり，祭司の国であり，祭司の王国であり，その神の所有するものである．このような穢れは聖なる民の中にあってはならない．」出19:6の意味深長な言語は，イスラエルがなぜ純潔でなければならないかを描写するために採用されている．すなわち，彼らは神の聖なる祭司の民であり，彼らの召命を遂行するためには必要な純潔を身に纏っていなければならないのである．

　創世記は，ルベンとビルハに関する挿話にたった1節の1部分だけを割当ている．ラケルがベニヤミンの産後に死んだ彼女の悲しい物語（35:16-20）と，イスラエル/ヤコブが「ミグダル・エデル（エデルの塔）を過ぎた」所に移動したという言及（21節）の後に，創35:22aは最も簡潔に「イスラエルがそこに滞在していたとき，ルベンは父の側女ビルハのところへ入って寝た．このことはイスラエルの耳にも入った」と述べる．その後に，ヤコブの4人の妻による12人の息子の一覧表が35:22b-26にあり，その一覧表の中で，ルベンはもちろん最初に名前が挙げられている．

　性の穢れが最も重大な罪を構成すると考える著者は，この文節の簡潔さに，殊にそれがどのような結末にいたったのか，終局に到達しないままになっていることに，苛立ったに違いない．ヤコブによる処罰行為もなく，読者のために引き出されるべき精神指導上の結論もなしに，どうしてこの挿話が未決着のまま放置されることが許されようか．ルベンの行為を聞いた時，ヤコブはどのように応答したのか．確かに，彼は何かをしただろうけれど，本文は，

| 10章　ヨベル書とクムラン出土の関連文書におけるモーセ五書の律法の釈義 |

「ヤコブの耳にも入った」(9)とだけ述べ，あたかも，更に報告すべきことが何もなかったかのように，彼の12人の息子の一覧表に進んで行く．近代の註解者は，何かがこの物語から失われていると主張する(10)．ヨベル書の著者はもっと多くのことが語られていたはずだと考えただけではなく，欠けていたものを補完し，短い記録から長々しい推論を引き出したのである．

創世記の読者は，創49:3-4 でルベン/ビルハの物語が再び登場し，そこではヤコブが彼の遺言の中で，ルベンの長子としての地位とその結果として生じる彼の力を主張することから始めるが，彼は更に続けて，「お前は水のように奔放で/長子の誉れを失う．お前は父の寝台に上った．あのとき，わたしの寝台に上り/それを汚した [חללת]」(4節) と述べる．したがって，ヤコブはルベンの行為を穢れの範疇に分類されるものと確かに認識していたのである．その結果として，彼は，長子の権利の幾分かを彼から取り上げたのである．この考えは，ルベンの系図が提示されている代上5:1で「イスラエルの長男ルベンの子孫について．（彼は長男であったが，父の寝床を汚したので，彼の長子の権利はイスラエルの子ヨセフの子孫に譲られた．そのため彼は長男として登録されてはいない……．）」と詳細に述べられている．しかし，ヨベル書の著者は彼の著書の中でモーセを啓示の受領者として描いているのだが，この偉大な指導者が，「ルベンを生かし，滅ぼさないでください．たとえその数が少なくなるとしても」(申33:6)と言ったことをも知っていたのである．

この問題は，ルベンが彼の犯罪のために処刑されるべきだったということだったのである．著者は，ルベンが死罪に相当するとしてもビルハはそうではないと考えていた．レビ20:11「父の妻と寝る者は，父を辱める者であるから，両者共に必ず死刑に処せられる．彼らの行為は死罪に当たる」という

---

(9) Westermannが認めているように，「ヤコブ/イスラエルは聞いた」という表現は，家族の純潔を危険に曝す性的非行に関する二つの記録であるシケム（創34:5）とルベン/ビルハの物語に共通している (*Genesis 12-36*, 556)．七十人訳ギリシア語聖書には35:21の「イスラエルは聞いた」の後に，καὶ πονηρὸν ἐφάνη ἐναντίον αὐτοῦ（「そしてそれは彼の目に忌むべきことと映った」）というもう1つの句がある．

(10) 彼らは失われた素材に関する何らかの観念があるものとして，創49:3-4を決まって取り上げる．H. Gunkelはその削除が意図的であったと考え，「ここまで書き写してきた写字生はその先を読んで驚愕し，『神はそのような驚愕すべき事柄を書き写すことを私に留保させる．』と考えたのだ．」(*Genesis* [Mercer Library of Biblical Studies; Macon, GA: Mercer University Press, 1997], 370) と述べている．もしそうなら，写字生は創世記の他の箇所でも驚愕の感覚から回復したに違いない．Westermann, *Genesis 12-36*, 556をも参照せよ．

規定にも拘わらずにである．ヨベル書 33:10，17 はこの節の言葉を反映しているように見えるが，以下に見る如く，ヨベル書はビルハが受身であり，彼女を悪しき行為の積極的な共犯者ではない者として提示する．男と女を死罪とするレビ記 20:11 は，異なる状況に向けられている．すなわち，「彼女が有罪であるためには彼女の同意を前提とする」のである[11]．

聖書の制定法は，ルベンが極刑に相当することを強力にで主張している．レビ記 18 章（神聖法典の一部）は，「肉親の女性に近づいてこれを犯してはならない．わたしは主である」(6 節) という項目の下に多数の法律を列挙している．記載された事例の中で，8 節の事例は「父の妻を犯してはならない．父を辱めることだからである」と書かれている．ビルハがヤコブの妻と呼ばれるている（創 30:4；37:2）[12] ので，この法律はルベン／ビルハの挿話に直接適用される．レビ記 18:29 は，この章に列挙された違反項目を犯した者への処罰を次のように述べる「これらの厭うべきことの一つでも行う者は，行う者がだれであっても，民の中から断たれる．」[13] さらに，これらの厭うべきことは，カナンの土地を穢すのである（神が先住民族をそこから追放するように導いた穢れ）．ルベンが犯したような罪は，それ故，その土地に住む彼の子孫を危険に曝すのである．

申命記は，レビ記の制定法を補強する．そこには次のように書かれている．「だれも父の妻をめとって，父の衣の裾をあらわにしてはならない．」(22:30 [ヘブライ語 23:1]) 申命記 27 章では，レビは呪いを宣言し，人々が応答する (15-26 節)．27:20 では，次のような取り交わしがある．「父の妻と寝る者は

---

(11) J. Milgrom, *Leviticus 17–22* (AB 3A; New York: Doubleday, 2000), 1749. M. Segal, *The Book of Jubilees: Rewritten Bible, Redaction, Ideology and Theology* (JSJSup 117; Leiden: Brill, 2007), 73-82 を見よ．彼は物語部分と法部分との間の不一致を見出すが，それらはむしろヨベル書の著者により十分統合されているように考えられる．

(12) Halpern Amaru は，ヨベル書の中でヤコブの妻とは呼ばれていないビルハを，ヨベル書は従属的な地位に追いやっていると語る (*Empowerment of Women*, 108-109) が，エチオピア語本文 28:20 は，彼女の妻としての地位を含意しているかもしれない (ye'eti-ni に注目．ラテン語訳は相当する句を欠く．VanderKam, *The Book of Jubilees*, 2.181 を見よ．)．33:10, 12 に引用されている律法（妻に関する法令）は，確実に妻としての地位を含意している．33:15 で，彼女はヤコブの「側女の妻」['eqebta be'sita] と言われているが，この句はサム下 20:3 のダビデの側女の妻たちに関連する物語の中での使用が確認されている (*Empowerment of Women*, 109, n. 15)．

(13) もし Milgrom が主張するように (*Leviticus 1–16* [AB 3; New York: Doubleday, 1991], 459)，(民の中から) 絶たれるという処罰が，犯罪者の係累の除去にも言及しているとすれば，問題はヨベル書のこの文脈の中では，かえって益々重要になっているだろう．

10 章　ヨベル書とクムラン出土の関連文書におけるモーセ五書の律法の釈義

呪われる．父の衣の裾をあらわにするからである．」民は皆，「アーメン」と言わねばならない．ヨベル書 33：12 はこの章句を引用している．

マソラ　　’ārûr šōkēb ‘im ’ēšet ’ābîv kî gillāh kěnap ’ābîv vě’āmar kol-hā‘ām ’āmēn
ヨベル書　regum yekun za-yesakkeb mesla be’sita ’abuhu ’esma kašata xafrata ’abuhu wa-yebēlu kwellomu qeddusānihomu la-’egzi’abḥēr la-yekun la-yekun

ヨベル書 33：12 の引用が示すように，著者は，この事件に関係するモーセ五書の律法を熟知している．初期の本文（創 35：22a）が危険な思想を助長しかねないと彼が危惧したことも明らかである．すなわち，もしルベンがいかなる処罰をも受けなければ ── 彼は処刑もされなかったし，部族からの追放も受けなかった ── なぜ他の者が彼を模倣しないだろうか．事実，彼はみ前の天使にまさにこの異議申し立てを先取りさせている．すなわち，「人々が『彼女には夫があり，彼女の夫 ── 彼の父ヤコブ ── がまだ生きているうちに，彼が彼の父の側女と寝た後でも，ルベンは生き長らえることを許され，容赦された．』と言うようなことがあってはならない．」（33：15）．今やわれわれは出来事の詳細を検証し，如何に著者がモーセ五書の判例法を適用させるために物語を根本的に変容させたかを見ることとしよう．

(a) 彼は，出来事の秘密性を強調する．彼はヤコブのイサク訪問の旅行を出来事の後から前へ移動させることによって，この場面からヤコブとレアを退場させる（創 35：27 が 35：22a の前に置かれている）[(14)]．彼らが離れていた間，ルベンはビルハが夜，人目につかない場所で沐浴する[(15)]のを見た．明らかに，目撃者はいないし，ビルハを助

(14) 例えば，R. Zuurmond, "De Misdaad van Ruben Volgens Jubileeën 33: 1–9," *ACEBT* 8 (1987), 109–110 を見よ．
(15) J. Kugel はダビデ・バト・シェバ物語との並行に言及した後，沐浴という着想は創 49：4 にあるヤコブの言葉遣い「水のように奔放」と関連しているだろうと示唆する．פחז という語は恐らく「浮気な」を意味しているので，ルベンは水のように浮気だったのだろう．彼は，ヨベル書とルベンの遺訓の著者はそれを「水の中の浮気」と読んだと考える．("Reuben's Sin with Bilhah in the *Testament of Reuben*," in *Pomegranates and Golden Bells: Studies in Biblical, Jewish, and Near Eastern Ritual, Law, and Literature in Honor of Jacob Milgrom* [ed. D. P. Wright, D. N. Freedman, and A. Hurvitz; Winona Lake, IN: Eisenbrauns, 1995], 528–531)．彼は פחז の最後の 2 つの子音が動詞 חזה（「見る」）を示唆していたのであり，かくして，ルベンがビルハを水の中で，沐浴中に見ることを示唆していたということを付記している．しかし物語は単に広範に流布していた典型的な主題に影響を受けたものであろう．

けられる者はいなかった．彼女は確かに叫んだが無駄だった．したがって，彼女は既に人妻ではあったが，申 22:25–27（婚約中の女性が，誰も彼女が叫ぶのを聞くことができない野原で強姦された場合は無罪）に記述されている条件を満たしていたであろう．

(b) 彼は，ビルハの無罪およびルベンの有罪を強調する．彼女は眠っていたのであり，襲われていた時もずっと眠ったままだったらしい[16]．彼女の伏せ所への闖入者がルベンであることを知った時，彼女は恥辱を感じ，悲嘆し，ヤコブが戻って来て彼女が彼に告げ知らせるまで誰にも事の次第を他言しなかった．ルベンの側に関しては，どんな罪悪感も羞恥心も言及されていない．彼のただ一つの反応は，ビルハが彼を掴んでいた手を離した時，逃げ去ることだった[17]．彼の犯罪は，彼の父親の「覆いを取り除く」という慣用語で記述されている．

(c) ビルハによって，著者はその狼藉を穢れの一つであると特徴づける．「ヤコブがやってきて彼女を求めた時，彼女は彼に言った，『私はあなたにとって貞潔ではありません．私はあなたにとってあまりに穢れています．というのは，ルベンが私を陵辱し，夜中に私と寝たのですから．』」(7節，9節は「ルベンが彼女を陵辱したので」)．彼女が今や陵辱されたので，彼女の特殊事情を変更することは不可能だった．そのため，ヤコブとビルハはもはや肌を触れ合うことはなかった．

したがって，この実例では，著者は緊張関係にある二つの特定の傾向を保持したままである．すなわち，彼は（申命記の基準によってビルハが無罪であることを示している）要諦となる法律に従って族長と族長の妻を生かそうとするが，彼は，ルベンの扱いがこの姿勢とは調和しないことを知っている．その結果，彼は，法的な罪から族長を赦免するために啓示についての漸進的な見解を明言する．しかし，彼は，彼らとてその後に啓示された律法によって

---

(16) ルベンの遺訓 3:13–14 では彼女は眠ってもいたし，酒にも酔っていた．この両方の場合，襲撃に関する彼女の潔白と彼女の受動性が強調されている (Kugel, "Reuben's Sin," 533–535 を見よ)．

(17) これはルベンの遺訓 1:9–10 と著しい相違を示す．そこでは彼は腰部の苦痛で7ヶ月間瀕死の疾患の後 (1:7–8)，悔い改めた，とある．

支配されているのであり，彼が課せられた極刑を免れないことを彼の読者に警告する．ヨベル書 30:1-20 は，そうであることを如何なる（聖書）本文も示唆していないが，モーセの律法が族長の時代にまだ有効ではなかったことに著者が異議を唱えている実例である．

2. ヨベル書 3:8-14（創世記 1-2 章に部分的に関連）

律法が欠けている物語へ律法を加えた好例がヨベル書 3:8-14 で，そこでは著者が，エデンの園における最初の夫婦についての彼の物語の中にレビ 12:2, 4-5 を織り込んでいる．彼は，男と女が異なる時間帯に園に入ったことと，この文節にあるその法資料を直接的に結合させる．「最初の週に，アダムとその妻 —— あばら骨 —— は創造された．そして第 2 週に，彼（神）は彼女を彼に引き合わせた．この故に，男（児）については 7 日，女児については 7 日の 2 倍を不浄の期間として守るべき掟が定められたのである．」(3:8；傍点を付加)

出産する女性に関するレビ記 12 章中の律法は，祭司資料にしばしば見られることだが，（何故そうなのかの）動機づけも説明もない．それは定型句で導入される．すなわち，「主はモーセに仰せになった．イスラエルの人々に告げてこう言いなさい．」(1-2a 節) レビ記のこの部分の文脈は，論理的な順序で主題を提示しているように見えるが，出産に関する規定の理由を提示することに関しては格別に役立つわけではない．11 章は，食べてはならない動物を扱い，13 章は皮膚病（の主題）に移っている．そのような説明されていないままの律法が，ヨベル書の著者の好奇心をそそったのかもしれない．彼はこの事例に関して，どうにか物語の理由づけとなる拠り所を発見しようとしたのである．

ヨベル書がレビ記 12 章の律法を創世記の物語の中へ編入したことは，創世記 1-2 章での周知の問題を著者が解決しようとした態度と関係がある．よく知られているように，最初の週の 6 日目について語る創 1:27 には「神は御自分にかたどって人を創造された．神にかたどって創造された．男と女に創造された」と書かれている．すなわち，男性と女性の両方の人間は第 1 週の第 6 日の被造物である．しかしながら，創世記 2 章は異なる筋書きを提示する．植物の出現の前に（1 人の）人の創造を置いた後で，主なる神が人を形づくり，東の方に園を設け，次いで彼（人）をそこに置いた (7-8 節) と語る．

15節は，主なる神がその人をエデンの園に住まわせ，そこを耕し，守るようにされたことを付記する．これは，人が園の外で形づくられ，次にそこへ導き入れられたということを意味している．同じ結論が，創3:23の，神は人を園から追い出し，彼がそこから取られた土を耕すことにされたという記述から導き出される．創世記2章の続きでは，神が人を深い眠りに落とされる前に，動物の創造と人によるそれらの命名が続いている．「それから彼（神）は，あばら骨の一部を抜き取り，その跡を肉でふさがれた．そして，主なる神は人から抜き取ったあばら骨で女を造り上げられ，彼女を人のところへ連れて来られた．」(2:21-22) その人の骨からの女性の形成と，この（形成）行為を男性の創造から隔てている不確定ではあるが恐らくかなりの時間の経過は，神が同じ日に男性と女性とを作ったという創1:27の直截的な陳述の後では驚くべき事柄である．創1:27と創2:7, 21-22の両方が如何にして正しいのか．

釈義の歴史において，多くの解決策が提案されてきた．ヨベル書の著者は，2つの創造物語を混成する古来の研究方法（例えば，創2:8のמקדם［新共同訳では「東の方」に当たる語］を「前もって」を意味するという理解に基づいて，ヨベル書2:7での第1週の第3日における園の創造に注目せよ）に従い，1つの興味深い解決に到達する．

著者は創1:27を（ヨベル書）2:14の中に「彼は人間を造られた ── 男子と女子として彼は彼らを造った ── 」と書き直す．彼は6日間の創造の記録と冗長な安息日の単元を完成させてから，創世記2章の題材に向かったのである．彼はこの章の創造の行為の記述をある意味で創世記1章の記述の詳細化と考えていたので，それらを繰り返さなかった．例えば，彼は創2:19にある動物の創造については言及しなかった．というのは，それらは創世記1章で第6日に作られていたからである．その代わり，彼はヨベル書3:1で動物の命名の段落へと直ぐに移行するが，異なるやり方で導入する．「第2週の第6日に，私たちは，神の命令に従い，すべての動物，すべての家畜，すべての鳥，地上を動き回るものすべて，および水中を動き回るものすべて ── それらの様々な種類および様々な種族 ── をアダムのところに連れていった．」この節の最初の句は「第2週の6日間で」と訳されるべきかもしれない．というのは，1節の残りは，アダムの前に現れる異なる種類の動物をその週の1-5日の日付で語っているからである（3節をも見よ）し，女が彼

のあばら骨から造り上げられた物語が第2週の第6日に割り当てられているからである．第2週の第6日に何が起こったかは，第1週の第6日に起こったことからさらに発展している．（第1週の第6日には）女が実際に創造されたのだが，まだアダムのあばら骨の形に過ぎなかったが，第2週にはあばら骨は女に作り直されたのである．それ故，男は最初の週に関係し，女は，完全に独立した存在としては，第2週のものだった．この一連の連想が著者にこの挿話を，男を1週間に，女を2週間に関係させているレビ記12章との結びつけることを可能にしたのである（レビ12:2, 5を参照）．

ヨベル書の書き直しのもう1つの特徴が言及されるべきだろう．ヨベル書2章と3章1-8節を通読すると，著者はこれらの章句の中で，神ないし天使がアダムを園へ連れていったということに全然言及していないことが明らかになる．その行為は3:9まで引き延ばされており，その理由は単純である．すなわち，3:9までに起こる全ての事柄（動物の命名，アダムのあばら骨からの女の創造，結婚の規則）は，園の外で起こったと理解されているのである．ヨベル書は，園が聖所，地上の最も神聖な場所の1つ（3:12；4:26；8:19では至聖所）であると理解している．これもまた，著者が創世記2章とレビ記12章との間を結合させる重要な要因なのである．

この文節（ヨベル書3:8-14）は，ヨベル書が創世記—出エジプト記以外の法律文書を引用している実例を提示する．レビ12:2, 4-5には顕著な本文批評上の問題はない．しかし，ヨベル書3:10は，明白にレビ12:4を最後の単語まで逐語的に引用している（本文比較を容易にするために転写）．

- マソラ　　ûšĕlōšîm yōm ûšĕlōšet yāmîm tēšēb bidmê ṭohŏrāh bĕ-kol qōdeš lōʼ tiggāʻ wĕ-ʼel-ham-miqdāš lōʼ tābōʼ ʻad mĕlōʼt yĕmê ṭohŏrāh
- サマリア五書　ûšĕlōšîm yōm ûšĕlōšet yāmîm tēšēb bĕdam ṭohŏrāh bĕ-kol qōdeš lōʼ tiggāʻ wĕ-ʼel-ham-miqdāš lōʼ tābōʼ ʻad mĕlōʼt yĕmê ṭohŏrāh
- **七十人訳ギリシア語聖書＝サマリア五書**
- ヨベル書　wa-šalāsā mawāʻela wa-šalusa ʼelata tenbar westa dama nešḫ wa-kwello qeddusa ʼi-tegšeš wa-westa maqdas ʼi-tebā ʼeska ʼama tefēṣem zanta mawāʻela za-ba-tabāʼt

ヨベル書はこれらの諸本文と逐語的に合致している．そして，唯一の異読（*dm* 対 *dmy*）に関して，マソラの複数形に対し，サマリア五書と七十人訳ギ

ヨベル書	レビ記12章
3:8 第1週にアダムと彼の妻―あばら骨―が創造された．そして第2週に彼は彼女を彼に引き合わせた．それ故，男児については7日，女児については7日の2倍を（女の）不浄の期間として守るべしという掟が定められた．3:9 アダムが創造された土地で40日が満ちてから，われわれは彼をエデンの園に導き入れ，手入れと管理をさせた．彼の妻は80日目に導き入れられた．その後，彼女はエデンの園に入った．3:10 この故に，産婦に関する掟が天の書版に書かれた．もし男児を出産する場合は，彼女は最初の1週間に因んで7日間を不浄期間として籠もり，それから33日間血の清めの期間として籠もる．男児について（定められた）これらの日数を経るまでは彼女は聖いものには一切手を触れてはならず，聖所に足を踏み入れてはならない． 3:11 女児の場合には最初の2週間に因んで2週間を不浄期間として籠もり，66日間血の清めの期間として籠もる．その合計は80日である．3:12 彼女がこれらの80日間を経た後で，われわれは彼女をエデンの園に導きいれた．そこはどの地よりも聖く，その中に植えられている木はどれもみな聖いからである．3:13 それ故に，産婦について，男児の場合ないし女児の場合に関してこれらの日数に関する規定が制定されているのである．男児あるいは女児に関する前記の日数が満ちるまでは，彼女は聖なるものに一切手を触れてはならず，聖所に足を踏み入れてはならない． 3:14 これらはイスラエルの子らのために書かれた律法と証言であり，これらはいつまでも守らなくてはならない．	〈レビ12.2, 5の要約〉 レビ12.2-5 イスラエルの人々に告げてこう言いなさい．妊娠して男児を出産したとき，産婦は月経による汚れの日数と同じ七日間汚れている．³ 八日目にはその子の包皮に割礼を施す．⁴ 産婦は出血の汚れが清まるのに必要な三十三日の間，（家に）とどまる．その清めの期間が完了するまでは，聖なる物に触れたり，聖所にもうでたりしてはならない．⁵ 女児を出産したとき，産婦は月経による汚れの場合に準じて，十四日間汚れている．産婦は出血の汚れが清まるのに必要な六十六日の間，家にとどまる． 12.7b これが男児もしくは女児を出産した産婦についての指示である． 〈12.4bの繰り返し〉 その清めの期間が完了するまでは，聖なる物に触れたり，聖所にもうでたりしてはならない．

| 10章　ヨベル書とクムラン出土の関連文書におけるモーセ五書の律法の釈義 |

リシア語聖書の単数形を支持する．この文節の終わりで，（ヨベル書）自身の文脈に適合するように本文を修正している．ヨベル書は，実際に（聖書）本文のこの部分を2度引用する．10節と比較すると，13節の言葉遣いは以下のような相違を示す．tegšeš の替わりに telkef (= は「触れる」最良の写本系統 [20 25 35] は tegšeš を採用．)を採用；tefēṣem の替わりに，yetfēṣamā（写本12は tefēṣem と読む．）を採用；zanta の替わりに，'ellāntu (指示代名詞の複数形）を採用．

　レビ記の文節が物語の中へ組み込まれる方法は，詳述する価値がある．

(a)　男性は第1週と，女性は第2週と連関させられているという（創世記1章と2章の資料の混合からの）推論は，レビ12:2（男児出産の場合は7日）と5節（女児出産の場合は2週間）との接点である．男性を創造の第1週に，女性を第2週への帰属が，レビ12:2, 5との連想からなのか，ヨベル書の著者のものなのかどうかは決定できない．

(b)　エデンの園が聖所であるということを一連の聖書の文節から推論した著者は，レビ12:4が出産した女性が神聖なものに触れることや聖所に入ることを禁止しているという事実に，第2の接点を見出した．そのような接触は聖所に穢れを齎すかもしれないので（レビ15:18；22:4-7），したがって，（出産後の）女性は聖域へ入る事を許されなかったのである．

(c)　聖所との関係は，この文節が逆順に作用する影響を考慮に入れている．40日と80日の浄化の満了期間から，ヨベル書は，男と女の創造の時間と，園へ彼/彼女が入った時間との間の日数を引き出す．すなわち，男性は40日（レビ12:2, 4），女性は80日（レビ12:5）である．著者がこれらの数字を，女が男から造られる前に神が男を園に置かれたということを明言している創2:7-8, 15とどのように整合させることが出来たのかを知ることは興味深い．創世記の文節は，男の創造をどこか他の場所に設定はしているが，園の外に男が40日の期間いたということを示唆などしていない．

　構造上，エデンの物語の中へレビ12:2-5取り込むこともまた注目するに値することである．3度（8, 10, 13節）も著者は「それゆえに」（8節と10節では ba'enta zentu，13節では同意語の ba'enta-ze）を使用して，なぜレビ記12

273

章の様々な見解の律法が命じられ,書かれたかを説明する.3:8では,「それゆえに」という句が,男児については1週間,女児については2週間という主張を導入する.3:10では,創造の40日後にアダムを園へ誘導したことを,男児出産の場合(レビ12:2, 4-5)には産婦の浄めの総日数が40日であることと関連づけている.3:13は,男児と女児の場合でなぜ2倍の期間の差があるかを説明し,女が園に入ったのが創造後80日目であったからだと理由づける.このような方法で,レビ12:2,4-5の主要な特徴の中に,レビ記の文脈の中では全く欠けている動機づけが順次一つずつ見出されている.

レビ記の文節に基づく著者の著作では,彼が引用する際にどの節を省略しているかからその特徴を示す一面が判明する.レビ記12:3「八日目にはその子の包皮に割礼を施す」は,2節の主題である男児に関する規定である.ヨベル書の著者は,創世記17章の物語の書き直し(ヨベル書15:11-22)や彼が追加した割礼に関する結語(ヨベル書15:23-34)から判るように,8日目にイスラエルの男児の包皮に割礼を施すことの熱烈な擁護者である.しかし彼は,創世記では,アブラハムが99歳になるまで神が割礼の律法を啓示しなかったことも知っていた.その理由で,それがどれほど彼の時代(紀元前2世紀)のユダヤ人のアィデンティティにとって本質的だったとしても,既にエデンでその儀礼があったと彼が言及することは不適当だったであろう.結果として,彼は物語の流れに忠実なままに留まり,そのことに関する供述は彼が物語の中に挿入している律法の中に見出されたけれど,割礼の律法を最初の夫婦の時代に導入することはしなかったのである.

この種の第2の実例はレビ記12章からの異なる箇所の省略である.その章は,新しく母親となった女性が清めの期間が完了した後に携行すべき犠牲(献げ物)の段落で締め括られている(6-8節).彼女は,一歳の雄羊を焼き尽くす献げ物として,また,家鳩または山鳩一羽を贖罪の献げ物として献げる(8節は,雄羊を都合できない女性のためにこれらの規則を修正している.)祭司がそれらを献げた時に有効となる贖罪は,その女性を「出血の穢れから清める」ものとなる(7節).エデンは聖所であり,彼らが園を離れる日にアダムは香りの献げ物を献げるのだが(3:27),ヨベル書3章(の当該箇所)では男性も女性も,レビ12:6-8に命じられた犠牲を献げていない.しかしながら出産と関係する出血はその挿話の要素ではなかったので,レビ12:6-8の献げ物は,ヨベル書の状況に合致しないのである.

その法令がその誘因となったとされている出来事と完全には適合するとは限らないと反論することは可能であろう．いずれにせよ，レビ記 12 章は母親と，男児ないし女児の出産の儀礼的な係わり合いを扱っている．しかしながら，創世記 2 章では，子どもはいなくて，最初の夫婦だけしかいないのである．その類似は，男性と女性が，レビ記 12 章中の赤ん坊のように，たった今存在することになったことであるように思われる．すなわち，「彼ら自身の創造が彼らの後に続く全ての両親に課せられた浄化の儀礼の雛形となったのである．」[18] この大雑把な類似を仮定したとしても，レビ記 12 章は，彼女の新生児ではなく，母親のその後の社会的地位に関係がある．明らかに何らかの編集上の修正が要請され，ヨベル書の著者は，レビ記からの文節との接点と重複した部分を見出したのだが，そのレビ記の文節を，最初の祖先のエデンの園への導入の物語の中に動機づけが得られるように修正を行なったのである．

周知のように，ヨベル書 3:8-14 が創世記 2 章とレビ記 12:2, 4-5 とを関連させたことは，4Q265 断片 7 でも立証されている．本稿の焦点がヨベル書中の法的な資料にあるので，ここでクムラン断片の全面的な議論を展開する必要はない．しかしながら，4Q265 断片 7 は，ヨベル書の著者がその関連づけを行ない，安息日の段落の直後にそれを行なった唯一の著者ではなかったということを明示している[19]．

3. ヨベル書 49 章と出エジプト記 12 章（と並行箇所）：過越

ヨベル書がモーセ五書の伝達に役割を果たしている方法のうちのもう 1 つの実例は，過越の取り扱い方に見ることができる．それはいくつかの理由で

---

(18) G. Anderson, "Celibacy or Consummation in the Garden? Reflections on Early Jewish and Christian Interpretations of the Garden of Eden," *HTR* 82 (1989), 129. Anderson は更に次のように述べる．「ヨベル書の著者にとって，独身でいることは尊重すべきことではなかったし，性行為は（エデンの）園ではないことを要求する禁欲的敬虔の極端な形式でもなかった．むしろ，著者は神殿内部での聖潔に関する聖書的主題に依存しているにすぎない」(129)．

(19) ヨベル書 3:8-14 と 4Q265 断片 7 との関係に関する最近の議論として，M. Segal, "Law and Narrative in *Jubilees*: The Story of the Entrance into the Garden of Eden Revisited," *Meghillot* 1 (2003), 111-125 (Heb.) を参照せよ．しかしながら彼は，彼がその論文で正当だと主張した立場に反して，現在はヨベル書のその章句はもっと古いと考えている（Segal, *The Book of Jubilees*, 57 を参照）．および A. Shemesh, "4Q265 and the Authoritative Status of Jubilees at Qumran" (paper presented at the Fourth Enoch Seminar, Camaldoli, Italy, July 8-12, 2007) を参照せよ．

例外的な場合であり，そのうちの1つは，過越はヨベル書によって取り扱われている出エジプト記の素材の中に由来している祝祭であるということである．ヨベル書にはそれ（過越）に関する実質的な法素材もまた存在する（出エジプト記12章）．従って著者は，ヨベル書3章で行なったように，律法制定に関係づける物語の口実を探索する必要はなかったのであり，また，ルベン/ビルハ物語で行なったように，聖書の律法を関知していないように見える聖書の物語を正当化する必要がなかったのである．過越に関して，ヨベル書はある制約の下で記述された．すなわち，著者は，特定の歴史的出来事と極めて親密に関連していたお祭りを，それより以前の族長やその妻によって祝われたものへと変形することはそもそも不可能であったのだが，しかし彼はその年の同じ時期に起こったイサク奉献の物語（ヨベル書17:15-18:19）と結合させることによってそれをほぼ達成したのである．そこでは，イサクが過越としていつ奉献されかかったかの時期を彼は特定していないが，危険に曝された息子に関する2つの物語の間を関連づける導線を引いたのである[20]．

過越の章自体の中では，著者は，聖書本文との緊密な作業を行なうが，彼独自の方法でそれを遂行している．過越に関する出エジプト記とヨベル書の章 ── 出エジプト記12章およびヨベル書49章 ── を比較するならば，強調点の違いが目立つが，両者が関連していることは明らかである．

出エジプト記12章は，次の主題に関する単元を含んでいる．

12:1-2 　　過越の月はカレンダーの最初の月

---

[20] ヨベル書はその関連づけを実証する期日を記している．すなわち，17:15はアブラハムに対するマステマの挑戦を1月12日に設定している．18:3はアブラハムとその同行者をその山に向かって早朝出発させ，彼らは3日目に到着する．その山での出来事の後，彼らはベエル・シェバに，恐らく3日目に，戻る．そこで著者は以下のように説明する．すなわち，「彼はこの祭りを7日間毎年喜びのうちに祝うことを常とした．彼は，出発してから無事戻ってくるまでの7日間に因んで，これを主の祭りと名づけた．かくしてそれはイスラエルとその子孫のために下命され，天の書字板にも書き記されている．彼らはこの祭りを7日間に亘り至福のうちに祝うべきである．」(18:18-19)．第1の月の7日間の祝祭とは除酵祭を伴う過越祭であり，その期日は1月14-21日である．イサクの既（すんで）の犠牲奉献を過越の期日と同じにしようとする著者の願望が暦日に関する彼の補注を書かせることに導いたように思われる．その証拠の1つの読み方とその他の再吟味に関しては，VanderKam, "The *Aqedah, Jubilees*, and PseudoJubilees," in *The Quest for Context and Meaning: Studies in Biblical Intertextuality in Honor of James A. Sanders* (ed. C. Evans and S. Talmon; Leiden: Brill, 1997), 241-261を参照．アケーダー（創22のイサク献供物語についてのユダヤ教の伝統的な呼び方）と過越との関連づけは，その4夜についてのタルグム伝承に見られるように，広範に流布している．

12:3-13	小羊とその血に関する指示
12:14-20	記念日としての過越,7日間の除酵祭
12:21-28	長老たちへの指示と(約束との)土地へ入ることと子供たちの質問
12:29-32	第10番目の災い
12:33-42	慌しい出立と酵母の入っていないパンとの関係
12:43-51	過越の食事に与れる者(無割礼の者の除外)と犠牲の骨を折ることの禁止

　ヨベル書は,これらの各々の単元と関係する資料を含んでいるが,非常に簡潔である.出エジプト記12章と対照的に,著者は2つの要点を強調した.すなわち,過越の犠牲と食事の時刻(בין הערבים [出12:6「夕方と夕方との間」]の意味,および1月10日の小羊の選択への言及をしないこと),およびそれが屠られ,食べられることになっている場所(聖所)の2点である.これらを強調するために,彼はモーセ五書中の他の過越の章句,殊に民数記9章と申命記16章に見出される指示を引用することが必要だった.ヨベル書は,出エジプト記の物語が機能する範囲内で著しく省略するのだが,人々と家畜の初子の死(48:5)へは言及する.また全部で10の災いがあったことに着目している(48:7).また,頭領マステマがイスラエルの子らを誹謗することがないように縛られた日々の中に1月14日を含めている(48:15, 18).これらの特徴以外に,著者は,過越の物語の範囲を49:2-6に縮小している(出12:29-30と比較せよ).

ヨベル書における過越の掟

ヨベル書	聖書資料
49:7 さて,君は一生このこの日を覚えておくがよい.年々君の一生を通して年に一度,それに関する一切の掟に従ってその(決められた)日にこれを祝いなさい.君は一日も,一月も変更してはならない.49:8 何故ならこれはに対して,年々,年に一度,彼らの全歴史を通して,その	民9.2-3 ²イスラエルの人々は定められた時に過越祭を祝わねばならない.³あなたたちは,この月の十四日の夕暮れ,定められた時にそれを祝い,そのすべての掟と法に従って祝いなさい.

日に祝うべきことが天の書版に刻み込まれているのだから．これには時の制限がなく，永遠に定められている．49:9 身は清くありながら，定められた日に —— 主の喜ばれる供物を捧げ，祭りの日に主のみ前で飲み食いしようと —— 祝うために来ない者，身は清くあり，近くにいる者は根絶されるべきである．彼は主の供物をその定められた日に捧げなかったのだから．そのような者は自分自身の罪の責任を負うべきである．	民9.13 汚れているのでもなく，旅に出ているのでもなくて過越祭を祝わない者があれば， その者は自分の民から断たれる．なぜなら，彼は定めの時に主に献げ物をささげなかったからである．その罪を自分で負わねばならない．
49:10 イスラエルの子らは来て，その定まった日，一月一四日の夕暮れに，昼の第三区分から夜の第三区分まで過越を祝うべきである．昼の二区分は光に，第三区分は夕方に属する．49:11 これが主が君に夕暮れにそれを祝うようにと命ぜられたことなのである．49:12 明るい時には屠ってはならず，夕方の境目の時間でなくてはならない．また夕刻に，夜の第三区分までにこれを食し，その肉のうち夜の第三区分以後まで残ったものはすべて焼却しなければならない．	民9.2-3 ²イスラエルの人々は定められた時に過越祭を祝わねばならない．³この月の十四日の夕暮れに， 出12.8 そしてその夜，肉を食べる． 出12.10b そして翌朝まで残った場合には，焼却する．
49:13 これは水で煮ても生まで食べてもならず，火で焼いて —— その頭を内臓および四肢と共に —— 火で入念に調理しなければならない．彼らはそれを火で焼かなければならない．その骨は一切折ってはならない．イスラエルの子らの骨が砕かれてはならないからである．	出12.9 肉は生で食べたり，煮て食べてはならない．必ず，頭も四肢も内臓も切り離さずに火で焼かねばならない． 民9.12 その（いけにえの）骨を折ってはならない．
49:14 この故に主はイスラエルの子らに，定まった日に過越を祝うように命じられたのである．祭日であり命ぜられた日であるから決して骨が砕かれてはならない．その祭日に祝われるべきであるから，その日から一日でもその	〈民9.2 をもう一度参照せよ〉 〈民9.12〉

月から一月でもずらしてはならない. 49:15 さて君は, イスラエルの子らに, その期間に年々, 年に一度その格別な日に, 過越を祝うように命ぜよ. そうすれば, それは主の喜ばれる記念となり, あらゆる点で命ぜられた通りにそのしかるべき時に過越を祝ったならば, その年の間には災いが彼らに臨んで殺したり, 撃ったりすることはないだろう. 49:16 決して主の聖所の外で食べてはならず, 主の聖所の前で(食べるべき)である. イスラエルの会衆の全ての民がその(定まった)時にそれを祝わなくてはならない. 49:17 その日に来た者で二十歳以上の者は皆, 君たちの神の聖所で, 主のみ前でそれを食べるべきである. これが, 主の聖所でそれを食すべし, と書き定められているやり方なのだから. 49:18 イスラエルの子らが, 彼らが領有するであろう土地 —— カナンの地 —— に入り, 彼らの部族の一つの土地の真ん中に(主の神殿がその土地に建てられるその時までの仮のものとして)主の幕屋を打ち建てる時は, 彼らは年々やって来て主の幕屋の中で過越を祝い, それを屠るがよい. 49:19 彼らが領有するであろうその土地に主の名によって家が建てられた暁には, 夕方, 太陽が沈む頃, 昼の第三区分に, 彼らはそこへ行って, 過越を屠ることになる. 49:20 彼らは祭壇の土台の上にその血を献げる. その脂身は祭壇上の火の上に置き, 火で焼いたその肉を聖所の庭で主の名によって食べる. 49:21 彼らは主の幕屋の前か, 彼の名前が宿る家の前以外の自分たちの町, その他どんな場所でも過越を祝うこと	出 12.13 血を見たならば, わたしはあなたたちを過ぎ越す. わたしがエジプトの国を撃つとき, 如何なる災いもあなたたちを滅ぼすことはない. 民 9.3 あなたたちは, 定められた時にそれを祝い, そのすべての掟と法に従って祝いなさい. 申 16.5-6 過越のいけにえを屠ることができるのは, あなたの神, 主が与えられる町のうちのどこででもよいのではなく, 6 ただ, あなたの神, 主がその名を置くために選ばれる場所でなければならない. そこでだけあなたは過越のいけにえを屠りなさい. 〈民 9.13 を参照〉 〈申 12.10-11 を参照〉 〈申 16.5-6 を参照〉 申 16.6 あなたの神, 主がその名を置くために選ばれる場所で, まさにそこで夕方, 太陽の沈むころ, 過越のいけにえを屠りなさい. 申 16.5-6 過越のいけにえを屠ることができるのは, あなたの神, 主が与えられる町のうちのどこででもよいのではなく,

279

は出来ない．そうすれば彼らは主から迷い出ることはない． 49:22 さてモーセよ，君が命じられたとおりに，イスラエルの子らに過越の規定を守るように命じなさい．すなわち，年々，年に一度，その日の時間，また除酵祭を君は彼らに告げるがよい．彼らが七日間酵母を入れないパンを食べてその祭りを祝い，この喜びの七日の間，毎日君たちの神の祭壇の上に，主のみ前にその供物を捧げるようにするためである．49:23 君たちがエジプトを脱出した時，この祭りを慌てて祝い，海を渡ってシュルの荒野に入ってしまった．君たちがこれを完全に終えたのは（紅）海の岸においてであった．	⁶あなたの神，主がその名を置くために太陽の沈むころ，過越のいけにえを屠りなさい． 〈民 9.1-2 を参照〉 レビ 23.6（// 民 28.17） 同じ月の十五日は主の除酵祭である．あなたたちは七日の間，酵母を入れないパンを食べる． 申 16.3（// 出 12.11「君たちはそれを急いで食べる．」） 君はエジプトの国から急いで出たからである．

いつ（ヨベル書 49:1-15）：年代学および暦法の正確さに非常に関心を払っている書物であるヨベル書は，（七週祭の場合には行ったが，）過越の期日に関するその資料には改良を加える必要はなかった．いくつかの聖書の文節が過越の期日を 1 月 14 日と規定している（例えば，出 12:6；レビ 23:5；民 9:3，5；28:16）．ヨベル書は単にそれを繰り返している（49:1，10）．その期日には問題がないとしても，過越の小羊を屠り，それを食べる特定の時間はそれほど明瞭ではなかった．出 12 章はこの問題について次のように記す．すなわち，「君たちはそれ［小羊］を，この月の十四日まで取り分けておき，イスラエルの共同体の会衆が皆で夕暮れにそれを屠り……そしてその夜，彼らはその小羊を食べる……」(12:6, 8a)．出 12:29 は，主が初子を撃たれた時間（イスラエルの子らは祝宴に与っている）を真夜中と表記する．申 16:6 は，過越の犠牲は「夕方，太陽の沈むころ，あなたがエジプトを出た時刻に」行われるべきだと付記する．出 12:10 は，何物も翌朝まで残しておいてはならないし，もし残ったならば焼却する，と明記する．ヨベル書は，これらの既存の事項を，殊に，「夕暮れに」(字義通りには，夕方［双数］の間に［בין הערבים]) を更に詳細に取り扱う．

それはモーセに対する天使の言葉で始まっている．すなわち，「第一の月

10章　ヨベル書とクムラン出土の関連文書におけるモーセ五書の律法の釈義

の十四日のその（定められた）時にこれを祝い，それ（過越祭用の小羊）を日の暮れる前に [za'enbala yemsay] 屠り，日没時から（始めて），夜，十五日の夕方にこれを食すべしという，過越について主が君に与えた命令を覚えなさい。」(49:1). 更に 10-12 節で時間の計測を一層明瞭化する．すなわち，「イスラエルの子らは来て，その特定の日 —— 第一の月の十四日 —— の夕暮れに [ba-mā'kala mesyātāt]⁽²¹⁾，昼の第三区分から夜の第三区分まで過越を祝うべきである．昼の二区分は光に，その第三区分は夕方に帰属する．これが主が君に夕暮れにそれを祝うように命ぜられたことである．日中の明るい時間に屠ってはならず，夕方の境界の時間 [wasana mesēt] でなくてはならない．彼らはそれを夕刻の時間の間に，夜の第三区分までに食べる．夜の第三区分以降に食べ残された如何なる肉も焼き捨てられるべきである．」．彼は，19 節ではこの問題を少し違った風に表現している．すなわち，彼らは，「夕方，太陽の沈む頃 [申 16:6]，昼の第三区分に過越を屠るべきである．」．これらの発言から，過越 [の犠牲] は（「夕方」と呼ばれている）昼の最後の区分に屠られ，その後，夜の 3 区分の間に食せられたように思われる．著者は，夜の区分の最初を「夜の [区分の] 夕方」と呼び，犠牲が「夕方 [と夕方と] の間 —— 昼の [区分の] 夕方と夜の [区分の] 夕方 —— に行なわれたのだと考えたのだろうか⁽²²⁾．神殿巻物は，過越 [の犠牲] は夕方の穀物の献げ物の前に (17.7) 屠られるべきだと規定しているが，いつ犠牲奉献を始めるべきかについては言及していない．

---

(21) ヨベル書 49:10// 民 9:2-3 はこの単元の中で，ヨベル書が出エジプト記以外のモーセ五書の章句からの引用を行なっているいくつかの実例のうちの１つである．ヨベル書はマソラ（単数形במועדו）とそれを反映している七十人訳ギリシア語聖書と一致しているが，複数形を使用しているサマリア五書とは一致していない．マソラとサマリア五書がבחדש הזה [この月] と読んでいる箇所では，七十人訳ギリシア語聖書は τοῦ μηνὸς τοῦ πρώτου [第一の月の] で，ヨベル書はエチオピア語もラテン語も両方とも七十人訳ギリシア語聖書と一致している．マソラとサマリア五書の句בין הערבים [双数形] に関しては，七十人訳ギリシア語聖書はπρὸς ἑσπέραν [単数形] と読む．エチオピア語のヨベル書はマソラとサマリア五書の句を反映している．しかし，ラテン語ヨベル書は ad uesperam [単数形] を提示する．
(22) 私は，この考えが浮かんだ後で，ラシが出 12:6 の註解の中で，「夕暮れに」は「昼の [区分の] 夕方と夜の [区分の] 夕方との間の時間」を意味しており，「昼の [区分の] 夕方は，第七時の始めにあたり，『夕方の影が伸びる』[エレ 6:4] 時からである．夜の [区分の] 夕方は夜の始まりである」と説明しているのを発見した（筆者の翻訳．本文に関しては A. Ben Isaiah and B. Scharfman, eds., *The Pentateuch and Rashi's Commentary: Exodus* [Brooklyn, NY: S. S. & R. Publishing Company, 1950], 102）を参照．フィロンは犠牲は１月 14 日の正午から屠られた可能性を述べる（『律法詳論』2.145）が，ヨセフスは第九時 [午後 3 時] から第十一時 [午後 5 時] に献げられたと報告する（『戦記』6.423）．

夜の最後の第三区分が過ぎたならば，食事は終了されるべきだった．ヨベル書は出エジプト記に従い，夜の全期間の［飲］食を許可しているように思われるが，ラビは［飲］食は真夜中までに終了すべきだと推論している[23]．

厳格に正確な時間を強調することは，ヨベル書の祝祭日の期日に関する一貫した取り扱い方である．各々の祝祭日には固有の神聖な時間が決められている．もし人が異なる時間にそれらを祝うならば，彼は神聖性と世俗性を混合したことにより有罪となる．そのことを著者は49：14で「……それは祭日であり，命ぜられている日である．その日から一日でも，その月から一月(ひとつき)でもずらしてはならない．その祭日に祝われるべきだからである．」と書き添える．ここでの教えは6：22，31-37にある暦法と祝祭日に関する固定された聖なる日々の言葉を思い起こさせる[24]．

先に触れたように，犠牲とそれに続く食事の時間の強調は，エジプト脱出の第二年の第一の月に過越祭を遵守するようモーセに与えられた神の命令で始まっている民数記9章の資料を著者が利用するのに好都合であった．そこでは，9：2-3で，神は定められた時［במועדו］に二度言及する．「イスラエルの子らに定められた時に過越を守らせるようにしなさい．その月の十四日の夕暮れの定められた時に君たちはそれを守りなさい．その全ての掟とその全ての法に従って君たちはそれを守りなさい．」その章では時間の問題が重要になっている．というのは，死体の穢れのゆえに，定められた日に祝祭を守ることが出来ない人々が生じたからである．彼らのために，また，一月十四日に旅行中の者たちのために，同一の時刻が規定された第二の過越が定められたのである．すなわち，彼らは二月十四日の夕暮れにそれを祝い，翌朝までに何も残さないようにすべきである（6-12節）．

---

(23) Albeck, *Das Buch der Jubiläen und die Halacha*, 12-13 を参照せよ．*Tg. Ps.-J.*［タルグム・偽ヨナタン］出12：6には，「イスラエルの全会衆は規定に従って薄暮にそれを屠った」と書かれている．8節で本文は「彼らはニサンの月の十五日の夜に真夜中までその肉を食べる」と表現する．M. Maher, *Targum Pseudo-Jonathan: Exodus* (The Aramaic Bible 2; Collegeville, MN: The Liturgical Press, 1994), 190 の翻訳．ミシュナ・ペサヒーム5.1は，「日々の焼き尽くす献げ物は第八時半に屠られ，第九時半に献げられた．［しかし］過越祭の前日には，それが平日であろうと安息日であろうと，第七時半に屠られ，第八時半に献げられた．もし過越祭の前日が安息日の前日に当たるならば，第六時半に屠られ，第七時半に献げられた．この後で，過越祭の献げ物は［屠られた．］」と記す．同じ巻の10.9では，「真夜中以降，過越祭の献げ物は手を穢す．」と規定している．真夜中に関するこれらの言明とミシュナ・ベラホート1.1「……賢者たちが『真夜中までに』と指示するあらゆる場合に，夜が明けるまで成就する義務が継続する．」との比較は興味深い．

(24) R. H. Charles, *The Book of Jubilees*, 254 を参照．

10章　ヨベル書とクムラン出土の関連文書におけるモーセ五書の律法の釈義

　民数記9章の広範な使用（上記の図表を参照）にも拘らず，ヨベル書は第二の過越祭については何も語らない．しかも，この祝祭日に関して一つの正しい時間が存在し，一ヶ月ずらすべきではないと強調していることからすれば，著者は第二の過越祭を容認しなかったのだと考えることが可能だろう[25]．もし彼が容認しなかったとすれば，彼はモーセ五書にある明確な律法に反対していることになるだろう．そのこと自体と，クムランの暦法の文書が言及し，第二の過越祭の期日を定めていること（4Q320 4 iii. 4, 14；iv. 9；v. 3, 12；vi. 8；4Q321 4 v. 5, 9；4-5 vi. 8；cf. 4Q259 8.1）の両方の観点から，最も特異な状況と言えよう．

　それにもかかわらず，ヨベル書が第二の過越祭を拒絶していないことを信じるに値する理由がある．たしかにヨベル書はそれに言及していないし，容認しているようには見えない（「その月から一月（ひとつき）でもずら」してはならない．）が，月に関する説明は過越祭自体に適合するし，聖書の律法の規定によって，それは第一の月（アビブ）に行なわれなければならないことになっている．第二の過越祭については何の言及もないかもしれない．しかも，民9:1は第二の過越祭の規定を次のように導入している．すなわち，「彼らがエジプトの国を出た翌年の第一の月，主はシナイの荒れ野でモーセに仰せになった．」註解者たちが認めているように，第二年の日付［第一の月］は，先行する民1:1に記述されている（一ヶ月）遅い期日［第二の月］との関連で問題を惹起している．「イスラエルの人々がエジプトの国を出た翌年の第二の月の一日，シナイの荒れ野にいたとき，主は臨在の幕屋でモーセに仰せになった．……」[26] 民9:1の期日がどのような理由で本文の中にその地位を見出したかはともかく，ヨベル書は，その網羅している時間枠の後に，第二の過越祭の規定を位置づけている．この書は聖なる歴史をエジプト脱出の最初の年にシナイ山で締結された契約儀式の箇所までしか辿っていない（三月十五

---

[25] これはS. Saulnier, "Jub 49: 1-14 and the (Absent) Second Passover: How (and Why) to Do Away with an Unwanted Festival" (paper presented at the Fourth Enoch Seminar, Camaldoli, Italy, July 8-12, 2007) によって引き出された結論である．そのセミナーで読まれたもう一つの論文 Halpern Amaru ("The Festivals of Pesaḥ and Mmaṣṣôt in the Book of Jubilees") も同じ結論に至っている．

[26] 例えば B. Levine, Numbers 1-20: A New Translation with Introduction and Commentary (AB 4; New York: Doubleday, 1993), 295 を参照せよ．彼は「民9:1の表題は民数記の冒頭の表題が付加される前に，既にその本文の中に存在した．それは出40:2に遡るかもしれない．」と示唆する．

日に契約が締結され，三月十六日にモーセが契約の書を受け取るために（シナイ）山に召還された時まで.），一部の専門家はこの種の議論を退けた．ヨベル書は他の箇所でモーセの最初の四十日の（シナイ）山逗留より後代のおびただしい量の法規を利用していることに着目し[27]，反対の理由は説得的ではないとする．ヨベル書は出エジプト記24–32章（モーセの四十日間の最初のシナイ逗留）より後のそのような素材を，一部の再述された聖書本文が著者に適切であると思われる場合にのみ採用する．出エジプト記12章あるいはその文脈は第二の過越祭を全然示唆していなかったので，著者はそれを導入していない．けれども彼は民数記9章の過越祭の法規を知っていたのである．

どこで（49:16–21）：イスラエルの子らが彼らの過越祭の祝典を開催する場所を限定するために，著者は，最も明示的な指示が見つかるかもしれない申命記16章に目を向ける．出エジプト記12章の本文は，推測するに特殊な状況を扱っているので，この点に関しては不適切であることが判明した．すなわち，最初の過越祭は当然のことながら，イスラエルに聖所がない時代にエジプトで守られたからである．またそこでは，家族の祝祭でなければならなかった（12:6–7, 13, 22–23, 27, 46）し，当座しのぎの祭壇が屠殺に使用されただろう．申命記は勿論，礼拝の場所が存在した時代のための法制定であった．この書物では，主がその名を住まわせる一つの場所での礼拝の要求に関する言葉が何度も繰り返され，その主張が過越祭を含めた祝祭に適用されている．上述の図表から判るように，申命記16章は，ヨベル書が場所の問題を取り上げるや否やその基礎文書となっている．2, 5–6節では，律法制定者は，神の名前が住まわれるその一つの場所を過越祭の（犠牲を）屠る場所として挙げる．そして7節では，イスラエルの子らがそこで調理をし，また食べるべきことをも布告している．ヨベル書はこれらの指示に従っている．すなわち，イスラエルは「主の聖所の前で」過越祭の食事をしなければならず（49:16；21節も参照），もっと正確には彼らは「火で焼いたその肉を聖所の庭で主の名によって食べるべき」（20節）なのである．神殿巻物は「聖書の庭[複数形]で」（17:9）と言及する[28]．

---

[27] Saulnier, "Jub 49: 1–14" を参照．
[28] Y. Yadin, *The Temple Scroll* (3 vols.; Jerusalem: the Israel Exploration Society, the Institute of Archaeology of the Hebrew University of Jerusalem, and the Shrine of the Book, 1983), 1.98 を

ヨベル書はまた，聖所で誰が犠牲を屠る責任があり，過越祭の食事を食べるのかという問題に関する言葉を含んでいる．そこでは「イスラエルの会衆の全ての民がその定まった時にそれを祝わなければならない．」(16節)と規定され，更に「その日に来た者で二〇歳以上の者は皆君たちの神の聖所で，主のみ前でそれを食べるべきである．……」(17節)と付加されている．出エジプト記12章では犠牲を屠る人も食べる人も全然制約を設けていないが，神殿巻物17.8は（ヨベル書と）同じ制約 מבן עשרים ומעלה ［二〇歳以上の者］を設けている．この成句は例えば出30:14や民1:32などいくつかの章句で馴染みのものである．出30:14や民1:32の文脈で，過越祭を祝う場合や人口調査に含まれているのと似た表現からの推論で結びつけられたものだろう．出12:6は犠牲を献げる者を「イスラエルの共同体の全会衆」(3節の「イスラエルの共同体全体」に注意．）と言及している．一方，民数記1章の人口調査では「イスラエルの人々の共同体全体」(2節)であった．もう一つの関連づけは多分もっと説得力がある．出エジプト記38:26もまた出30:12-16の人口調査を扱っているのだが，「二〇歳以上の登録された者の総数，六十万三千五百五十人」と言及する．この「二〇歳以上の」者の総数は，過越祭の食事を済ませた後直ぐにエジプトを出立したとされている「徒歩の壮年男子およそ六十万人」(出12:37)に近い．それゆえ，「二〇歳以上の」の規則を聖所で過越祭の供物を食べるべき人々に適用することは，出38:26との連想で推奨することが出来たのだろう[29]．

　上に扱われた諸例は，様々な状況の中でヨベル書の著者が従った手続きを明示している．各々の場合で，基礎となる本文は，一連の異なる状況を提示したし，各々の実例では，彼はそれとの関連においてモーセ五書の法的な資料について議論することにより応答した．ビルハ／ルベン物語と過越祭の単元では，彼は問題の論点に関係のある一連の文節について十分熟知していることを誇示する．この意味で彼は，しばしば一つの主題に関連する全ての律法を一箇所に集めて整理した神殿巻物の編集者と類似した手法で作業している．エデンの園への誘導に関する物語については，興味をそそる博学なや

参照せよ．Yadinは過越祭(の食事)はエルサレムならどこでもよいというミシュナの異なる条項（ミシュナ・ゼヴァヒーム5.8）へ留意するよう指摘している．
(29) ラシもまたこの年齢集団を出12:37の הגברים ［壮年男子］という語との関連で列挙している．

り方で，彼が2つの物語を関連させるに十分な共通の特徴を備えた法的な文節を見出した．しかし，これらの諸例の背後には，意義深く，しかも，意外でもないより大きな結論が存在する．すなわち，出エジプト記―申命記に記述されているモーセの律法は，著者の心中においては実際より重大に思われた，ということである．彼にとって，それ［律法］があたかも存在しないかのように進行する物語を扱う際にさえ，それは無視することができない資料体系なのである．族長たちは律法なしで闊達に生きていたように見えたかもしれないが，ヨベル書の著者は，もし物語が適切に読まれるならば，彼ら［族長たち］が，初期の時代から漸次に啓示された出エジプト記―申命記の法体系に即して生きていたことが明白であることを実証したのである．それゆえ，ヨベル書は，創世記―出エジプト記の本文の大きな部分に対する，またモーセ五書の他の箇所にある律法の本文を読み，それを使用する方法に対する，双方の初期の証人なのである．

(守屋彰夫訳)

Chapter 11

アラム語死海文書『外典創世記』の構造とそこに投影されているモーセ五書本文の特徴について

守屋 彰夫

クムラン第一洞穴出土の7つの主要な巻物の1つである「外典創世記」(1Q20, 1QapGen ar) は、再述聖書 (Rewritten Bible)[1] に分類されている。例えば、『死海巻物読本3』(*The Dead Sea Scrolls Reader*) では、再述聖書という術語は擬似聖書 (parabiblical texts) という包括的な術語の下位区分となっている[2]。この再述聖書の区分に列挙されている他の書物は、「ヨベル書」(1Q17-18, 2Q19-20, 3Q5, 4Q216-224, 11Q12＋XQ5a)、「モーセのアポクリフォン」(1Q22, 29, 4Q375-376, 408)、「ヨベル書偽典」(4QpsJub[a-c])、「モーセ五書アポクリフォン A」(4QapcrPent. A)、「神殿巻物」(4Q365a, 4Q524, 11Q19-21)、「潤色モーセ五書」(4Q158, 4Q364-367)、「ヨシュアのアポクリフォン」(4Q378-379, 4Q522, 5Q9)、「サムエルの幻視」(4Q160)、「エゼキエル書偽典」(4Q385, 386, 385b, 388, 391)、「エノシュの祈り」(4Q369) である。今日、この再述聖書という術語は研究者毎に恣意的に使用され、多種多様な意味合いと定義を含み、どの文書をこの範疇に入れるかはまさに研究者次第なのである[3]。再述聖書では、基礎になっている聖書本文ないし聖書との関連は

---

(1) 「再述聖書」'Rewritten Bible' という用語は、Geza Vermes, *Scripture and Tradition in Judaism: Haggadic Studies* (Leiden: Brill, 1961), 67-126 により、死海文書の中のいくつかの文書に組織的に適用された。

(2) Donald W. Parry and Emanuel Tov (eds.), *The Dead Sea Scrolls Reader 3*. (Leiden: Brill, 2005).

(3) 『死海巻物読本3』と Campbell が挙げている再述聖書は、いくつかの小さな相違を除けば、基本的に重複している。Jonathan G. Campbell, "'Rewritten Bible' and 'Parabiblical Texts': A Terminological and Ideological Critique," in Jonathan G. Campbell, William John Lions, and Lloyd K. Pietersen (eds), *New Directions in Qumran Studies: Proceedings of the Bristol Colloquium on the Dead Sea Scrolls, 8-10 September 2003* (London: T&T Clark International, 2005), 43-68, 殊に48f. を参照。

程度の差こそあれ比較的容易に認識できるのに対して，「聖書の主題に基づく物語」[(4)]，「遺訓」，「様々なジャンルにまたがるテクスト」，「断片的で分類不能なテクスト」[(5)]ではそう簡単ではない．一人一人の研究者が「再述聖書」に対して異なる定義を下しているにも拘らず，外典創世記に関してはほとんど全ての研究者が「再述聖書」に分類している[(6)]．残存している外典創世記は，創世記，ヨベル書，エチオピア語エノク書に文学的に密接に依存している様相を示す．本稿の目的は，外典創世記の文学作品としての際立った特徴と「再述」の方法を明らかにすることである．外典創世記の第19-22欄の分析に焦点を合わせ，同時に，ヨベル書，エチオピア語エノク書，聖書との比較を試みる．

　予備的分析として最初に，外典創世記 XIX, 7-10 と創 12:8-9 からの短い段落を比較する．次いで，欄と欄との間で異なる人称の変化を追究する．三番目に，外典創世記における引用，拡張，位置の変更を考察する．最後に外典創世記の主要な特徴を手短に要約する．

---

(4)　外典創世記の一部 (1Q20, col. i, line 1-col. v, line 27) が，4QBirth of Noah[a-c] ar と Aramaic Levi Document と共に，この範疇に分類されている．

(5)　ここは「再述聖書」("Rewritten Bible"), 「再校訂聖書」("Reworked Bible"), 「擬似聖書」("Parabiblical Texts") や似たような用語を定義する場所ではない (訳語も仮のものである.)．これらの用語は時に矛盾している．というのは，そもそもまだ (正典化された)「聖書」が存在していなかった時代の文書に「聖書」や「聖書的」という言葉を時代錯誤的に適用しているからである．いくつかの入門的研究を参照．例えば，George W. E. Nickelsburg, "The Bible Rewritten and Expanded," in Michael E. Stone (ed.), *Jewish Writings of the Second Temple Period: Apocrypha, Pseudepigrapha, Qumran Sectarian Writings, Philo, Josephus* (Assen: Van Gorcum, 1984), 89-156. さらに George J. Brook, "Rewritten Bible" in L. Schiffman and J. VanderKam (eds.), *Encyclopedia of the Dead Sea Scrolls*. (Oxford: Oxford University Press, 2000) 777-781; 同著者の "Between Authority and Canon: The Significance of Reworking the Bible for Understanding the Canonical Process," in Esther G. Chazon, Devorah Dimant, and Ruth A. Clements (eds.), *Reworking the Bible: Apocryphal and Related Texts at Qumran* (Leiden: Brill, 2005), 85-104 をも参照．Moshe Bernstein はこれらの用語に内包される諸問題を取り上げ，それらの用法に論評を加えている．Moshe Bernstein, "'Rewritten Bible': A Generic Category Which Has Outlived its Usefulness?" *Textus* 22 (2005): 169-196. また，Campbell, "'Rewritten Bible' and 'Parabiblical Texts'" をも参照．James C. VanderKam は 'Rewritten Scripture(s)' という新しい用語を提案しているが，この方が「聖書」や「聖書的」という用語を使うより中立的で好ましい．James C. VanderKam, "The Wording of Biblical Citations in Some Rewritten Scriptural Works," in Edward D. Herbert and Emanuel Tov (eds.), *The Bible as a Book: The Hebrew Bible and the Judaean Desert Discoveries* (London & New Castle: The British Library & Oak Knoll Press, 2002), 41-56 (p. 43).

(6)　上の注に挙げた文献を参照．

11章 アラム語死海文書『外典創世記』の構造とそこに投影されているモーセ五書本文の特徴について

0．予備的分析

XVIII 全体と XIX, 1-6 は完全に欠損している．XIX の右端は失われているが，左端の残りは部分的に保存されている．以下の 7-10 行の翻訳からは基礎になっている文書が創世記 12 章 8-9 節であることが明らかとなる[7]．

外典創世記 XIX, 7-10
[そして私はそこに祭壇を建て，]そこで［神の名を呼んだ.］そして私は言った，「誠にあなたは私の永［遠の］神，……」．それまで私は聖なる山に到達していなかった．そこで私は［　］へと旅をして，南へと旅を続け，遂にヘブロンに到着した．── [その頃]，ヘブロンは新たに建てられた ── 私は［そこに 2 年間］住んだ．

創世記 12 章 8-9 節
[8] 彼はそこからベテルの東の山へ移り，西にベテル，東にアイを望む所に天幕を張って，そこに主のために祭壇を築き，主の御名を呼んだ．[9] アブラムは更に旅を続け，ネゲブ地方へ移った．

暫定的だが，2 つの本文を詳細に観察し，比較してみると，以下のような特徴と特異性が見えてくる．

(1) 下線部分は相互にほとんど逐語的に照応している．しかしながら，主語が異なり，外典創世記では 1 人称であり，マソラ本文では 3 人称である．

(2) マソラ本文がアブラムの行為を「(彼は) 主の御名を呼んだ」と言及するのに対し，外典創世記はアブラムの嘆願の内容を直接話法で，「誠にあなたは私の永［遠の］神」と報告する．

(3) 外典創世記には，マソラ本文になく，これまで知られていなかった情報や本文の拡張がある．「それまで私は聖なる山に到達していなかった．」(8 行)，「(私は) 遂にヘブロンに到着した．── [その頃]，ヘブロンは新たに建てられた ── 私は［そこに 2 年間］住んだ」(9-

---

[7] アラム語本文は Emanuel Tov (ed.), *Brigham Young University, The Dead Sea Scrolls Electronic Library* (Revised Edition. Leiden: Brill 2006) と Joseph A. Fitzmyer, *The Genesis Apocryphon of Qumran Cave 1 (1Q20): A Commentary* (Third Edition; Roma: Editrice Pontificio Istituto Biblico 2004) から採用した．聖書の翻訳に際しては *The New JPS Translation* (Second Edition; The Philadelphia: Jewish Publication Society 1999) を参照した．

289

10行)などである.
(4) 外典創世記では,アブラムは飢饉が来る前にヘブロンに住んでいたことになっているが,マソラ本文では「アブラムは更に旅を続け,ネゲブ地方へ移った」と書かれている.すなわち,飢饉が来たとき,彼はヘブロンを越えてネゲブに到達していたのである(創12:10).

このような主題や関連する問題が以下で議論される.

1. 人称の変更

1人称の使用は外典創世記では頻繁であり,マソラ本文の3人称が時に1人称に変更されている.1人称の最初の用例は「われわれは縛られている」(0欄,8)にある.この箇所は断片的で文脈が判然としないが,恐らく堕落天使の発言であろう.この発言は「われわれは行く」(0欄,11)と,「われわれの拘禁」(0欄,13)にまで続いているように見える.創世記6章4節には堕落天使への言及はないが,ネフィリム伝説が発展し,いくつかの文学作品の中で,堕落天使の拘禁が2人称や3人称で記述されている.

エチ・エノク10:14「有罪の判決を受け,撲滅される者は一人残らず今より後,全ての世代の終わりまで共に拘禁されたままになるだろう.」(ミカエルの発言)

エチ・エノク14:5「君たちを永遠に地上に縛り付け,拘禁されたままにしておくようにとの命令が発せられている.」(エノクの発言)

エチ・エノク18:16「そして彼は彼らに激怒し,彼らの罪が完全に罰せられる時まで──1万年間──彼らを拘禁した.」(天使の発言)[8]

ヨベル5:6「彼が地上に遣わした彼の天使たちに対して彼は激怒した.彼は彼らが彼らの一切の統治権から根こそぎにされるようにと命令した.そして彼は我々に彼らを地の奈落に拘禁するようにと命じた.見よ,彼らはその只中に拘禁されて,隔絶されている.」(第3人称による報告)

---

[8] エチ・エノク21:10をも参照.エチオピア語エノク書の翻訳に関してはGeorge W. E. Nickelsburg and James C. VanderKam, *1 Enoch: A New Translation* (Minneapolis; Fortress Press, 2004)を基本的に採用し,村岡崇光訳「エチオピア語エノク書」(日本聖書学研究所編『聖書外典偽典4』,旧約偽典II,教文館,1975年)を随時参照した.

11章 アラム語死海文書『外典創世記』の構造とそこに投影されているモーセ五書本文の特徴について

ヨベル10:5「これらの霊の父であるあなたの寝ずの番人たちの誰が，また未だに生きているこれらの霊が，私の時代に，為したことをあなたはご存知です．彼らを閉じ込め，彼らを裁きの座へ連行してください．彼らがあなたの僕らの子たちの中で堕落を生じさせないようにしてください．ああ，神よ，彼らは残虐で，滅ぼすために創られたのですから．」[9] (ノアの祈り)

これらの拘禁された天使たち自身による嘆きは，外典創世記の基層本文にはない．上記の0欄8, 11, 13にある第1人称（複数形）は，基層本文の第2人称，第3人称の物語様式から発展したものであろう．

第二の例はⅡ-Ⅴから取られたものであり，そこではノアの父レメク（創5:28-29）が1人称で語っている．すなわち，マソラではレメクの1人称複数形で語った言葉が直接話法で引用され，彼の息子の名前の由来が説明されている（創5:29）[10]．

> 彼は，「主の呪いを受けた大地で働く我々の手の苦労を，この子は慰めてくれるであろう」と言って，その子をノア（慰め）と名づけた．（新共同訳，創5:29）

レメクは最初の10世代の中でその息子の名前の語源的由来を直接話法で説明した唯一の人間である．しかしながら，マソラにはノアの誕生についての特別の物語がある訳ではない．外典創世記のⅡ-Ⅴでは，物語の中でノアの名前こそどこにも言及されることはないが，ノアの誕生物語が詳細に展開されている[11]．第一エノク書106-107章が，Ⅱ-Ⅴの物語の基層となってい

---

(9) ヨベル書の翻訳に関してはO. S. Wintermute, "Jubilees (Second Century B. C.): A New Translation and Introduction" in James H. Charlesworth (ed.), *The Old Testament Pseudepigrapha*, (vol. 2; New York: Doubleday, 1985), 35-142 を採用し，ここでも村岡崇光訳「ヨベル書」（前掲『聖書外典偽典4』，旧約偽典Ⅱ所収）を随時参照した．

(10) 周知のように，創5:29でノアの名前の語源の説明は語源の説明としては不十分である．例えば，Victor P. Hamilton, *The Book of Genesis Chapters 1-17* (Grand Rapids: Eerdmans, 1990), 258f. にある議論を参照．

(11) ノアと推定される人物は，「この懐妊」（Ⅱ, 1, 15），「この子供」（Ⅱ, 2, Ⅴ, 2-3, 13），「この胤」と「[この]子（「果実」）」（共にⅡ, 15），「彼の容姿」（Ⅴ, 7），更に「彼が彼の顔を私の方にあげた（時），彼の眼は太[陽]のように輝いた……この子は光炎であり……」（Ⅴ, 12-13）のように言及される．最後の引用は，エチ・エノク106章2, 10節の記述を想起させる．すなわち，「彼が眼を開けると，家は太陽のように光り輝き」（2節），「彼の眼は太陽の暈のようで，彼が眼を開けると，家全体が輝いた」（10節）という記述である．もう一つの例は1Q19断片3, 5行からのもので，「家の部屋は太陽光線のよう」である．第一エノク書106章3, 11行のノアの誕生日の出来事（産婆の手を離れて立ち上がり，口を開いて，永遠の主を讃美したこと）は，仏陀が生まれたその日に3歩進んで「天上天下唯我独尊」と唱えたという仏陀の誕

る．第一エノク書106-107章では，エノクが第1人称で語るのに対し，Ⅱ-Ⅴでは，エノクの孫のレメクが第1人称で語り，彼は彼の妻ビテノシ[12]の語り掛けを直接話法で引用する（Ⅱ，9-10，13-18）．彼の父メトシェラと彼の孫エノクとの会話（Ⅱ，24-25）がⅡ-Ⅴにそれぞれ1人称で引用される．それ故，形式的には元来の第一エノク書と二次的な外典創世記 Ⅱ-Ⅴの両方とも，1人称の物語であるが，後者は主語をエノクの物語からレメクの物語へと変換しているのである．

　3番目の例はⅥ-Ⅶにおいて，ノアと彼の家族の物語が扱われる箇所に見出される．直前の欄の最後の行（Ⅴ，29）での「ノアの言葉の書」への言及は，次に続く物語がノア自身の物語[13]で始まることを示唆している．当然のことながら，ノアは彼の演説を第1人称で始める．ノアが語る物語（Ⅵ-Ⅻ）は創世記6-9章で語られる出来事と重複している．外典創世記は，創世記の物語を引用し，言及し，依存し，拡張し，再配列（殊にⅫ）するという関係になっている．また創世記の他に，ヨベル書や第一エノク書にも頻繁に依存している．例えば，Ⅻ，13のルバル山への言及が挙げられる．創世記では「箱舟はアララト山群（「山」の複数形）の上に漂着した．」（創8:4）と記されている[14]．その後，ノアの一家は箱舟の外に出て生活を始める（創8:18；9:18）が，その地理的言及は特別にはなく，「ノアが祭壇を築いた」（創8:20）のも，神と契約関係に入った（創9:9-17）のも，「ノアが農夫となり，ぶどう畑を作った」（創9:20）のも，アララト山の近辺であろうと推測されるのみである．これに対し外典創世記は，

　　私は，息子全員と一緒に大地を耕作し始め，ルバル山に大きなぶどう畑を造った．（Ⅻ，13）

と場所の特定をしている．これに照応するヨベル書7:1を見ると，

　　　生伝説とどこか似ている．
(12) 第一エノク書106章1節にはレメクの妻の名前への言及がないが，ヨベル書4章28節には「ビテノシ」として言及されている．
(13) 29行の直前の28行が空白になっていることは，29行から新しい段落が始まることを示唆している．
(14) 外典創世記 Ⅹ，12は「箱舟はアララト山群の一つの上に漂着した」と多少正確な表現をしている．ヨベル書は，更に一歩進めて，「箱舟はさらに進んで，アララト山群の一つルバル山の頂上に漂着した．」（ヨベル書5:28）と一層正確に記述されている．

第七年週の第一年このヨベル（年）に，ノアは箱舟が漂着した，アララト山群の一つ，ルバルと呼ばれる山の上に，ぶどうを植えた．そして第四年（目）に実がなった．

と，ルバル山への言及が見える．既にヨベル書 5:28（創 8:4 に照応）でルバル山が箱舟の漂着の場所として言及されており，先ほどのヨベル書 7:1 の続きの 17 節では，セム，ハム，ヤフェトのノアの 3 人の息子たちが建てた町が，ルバル山から見て，それぞれ東方，南方，西方に位置づけられている．また，ノアの埋葬地が「アララトの地にあるルバル山」となっている（ヨベル書 10:15）．「ノアが祭壇を築いた」（創 8:20）場所も，外典創世記 X，12 で，ルバル山への直接的言及ではないが，「アララト山群の一つ」としてルバル山であることを暗示するし，文脈上，そのように解釈して問題はないだろう（ヨベル書 6:1, 11 をも参照）．このように，外典創世記はヨベル書に依拠しながら記述を進めていることが判明する[15]．

XII-XV では，ノアが彼の夢幻を 1 人称で語る．

XVI-XVII では，ノアは洪水の後で彼の 3 人の息子たちに大地を分割した（創 10 を参照）．ここにはちょうど創世記 10 章と同様に 1 人称での語りがない．ヨベル書 8:8-9:15 を参照．

XVIII は全て欠落．XIX-XXII では，アブラムは，上述したように，創世記 12-15 章に記述されている出来事を 1 人称で再述する．ノアの場合，「ノアの言葉の書［の写し］」が言及される直後から，3 人称からノアの 1 人称へと人称が交替する．同じ理屈で考えると，XVIII のどこかでアブラム物語が開始される冒頭に，「アブラムの言葉の書の写し」のような語句が存在したと想定することは，理に適っているのではないだろうか．4Q543（4QVisions of Amram[a] ar）には，冒頭（1 行目）に次の句がある．

פרשגן כתב מלי חזות עמרם בר קהת בר לוי
「［レビの子，コハテの］子，アムラムの幻視の言葉の書の写し」

これはアムラムの幻視の冒頭の文言であり，この作品は，4Q537（ヤコブのアポクリュフォン），1Q21（アラム語のレビ），4Q213-214（アラム語のレビ写本[a-c]），3Q7（ユダの遺訓[?]），4Q538（ユダのアポクリュフォン），4Q215（ナフ

---

[15] ルバル山への言及は，4QpsDan[b]（4Q244）8:3; 6Q8 26:1 にもあるが，断片的である．

タリの遺訓），4Q539（ヨセフのアポクリュフォン）および 4Q542（カハトの遺訓）と同様に，「遺訓」と命名される作品群に属する．この「遺訓」文学の特質に関しては，次の記述が参考になる．

> 遺訓は具体的な内容によってではなくその物語の枠組みによって定義される．遺訓の主題には相当の変異があり過ぎて，このような文学ジャンルの存在を確立することができない．遺訓にはしばしば，遺訓を語る話者の生涯の中の出来事や幻視が，彼の子供たちへの勧告が，彼の末裔に関する終末論的予言が含まれている（例えば，レビの遺訓を見よ）．ある場合には，これらの要素の内の1つないし2つだけが現れる（例えば，アセルの遺訓，ヨブの遺訓，モーセの遺訓）．内容とは対照的に，遺訓文学の物語の枠組みは比較的一貫している．遺訓はほとんど常に，遺訓を語る者が死の床で1人称で語る一種の話りかけであり，その話りかけを行なう脈絡の記述によって導入され，その遺訓を語る者の死の物語で締め括られる（コリンズ，1984年）[16]．

「アブラムの言葉の書の写し」が存在するというこの仮定が正しいのならば，外典創世記の文学ジャンルは，「誰それの言葉の書」の写しがいくつか集成されたものだということになる[17]．もしそうだとすれば，ノアとアブラムによる話りかけの3人称から1人称への変換は十分説明が可能となる．勿論，両者とも死の床での話りかけではないので，その内容を「遺訓」と呼ぶことはできない．典型的な「遺訓」に関しては偽典のうち「十二族長の遺訓」を参照すべきだろう[18]．

---

(16) Kugler, Robert A., "Testament," in L. Schiffman and J. VanderKam (eds.), *Encyclopedia of the Dead Sea Scrolls* (Oxford: Oxford University Press, 2000), 933–936 の 933 頁から引用．John Collins, "Testaments," in Michael E. Stone (ed.), *Jewish Writings of the Second Temple Period: Apocrypha, Pseudepigrapha, Qumran Sectarian Writings, Phiol, Josephus* (Philadelphia: Fortress Press, 1984), 325–355 をも参照．

(17) 外典創世記における他の書への言及は XIX，25 に「エノクの言葉の書」がある．

(18) 前掲Collins, "Testaments"の外，R. A. Kugler, *From Patriarch to Priest: The Levi-Priestly Tradition from Aramaic Levi to Testament of Levi* (Atlanta: Scholars Press, 1996) を参照．

11章　アラム語死海文書『外典創世記』の構造とそこに投影されているモーセ五書本文の特徴について

2．引用，拡張，再配列

　第19欄の最初の6行は欠損している．その後でアブラムの物語が始まる．次の対照表は，外典創世記が，形成期の「マソラ」にではなく，ヨベル書に依存していることを明示している．共有部分を列挙してみると次のようになる．すなわち，直接話法形式のアブラムの祈り，「西にベテル，東にアイを望む」所からヘブロンへの地理的記述（マソラはヘブロンへの言及をせずに，最後の目的地をネゲブとする．ヨベル書13章10節は，ヘブロンに2年間住んだ後，ベアロトへ移住したと語る．これはネゲブ地方にある町なのでマソラと共通と見ることができるだろう．）[19]，および，ヘブロンの起源に関する言及である．

　　［そこに私は祭壇を築き，］そこで神［の御］名を唱えて言った，「あなたは誠
　　に［私にとって永遠の］神です．」（外典創世記 XIX，7-8）
　　アブラムは，そこからベテルの東の山へ移り，西にベテル，東にアイを望む
　　所に天幕を張って，そこに主のために祭壇を築き，主の御名を呼んだ．（創
　　12:8）
　　彼は（西の方にベテル，東の方にアイを望む）その山に祭壇を築き，主の御名
　　を唱えた，「あなたは私の神，永遠の神です．」（ヨベル書 13:8）

　　［しか］し，今日に至るまで，私は聖なる山に到達したことがなかった．そこ
　　で私は［　　］へと向かい，南方へと歩みを続け，遂にヘブロンにまで到達し
　　た．そ［の頃］ヘブロンは建て［られた］のである．私はそこに2年間住んだ．
　　（外典創世記 XIX，8-10）
　　マソラにはヘブロンへの言及はない（あるとすれば，創12:8と9との間）
　　彼はそこを発って南へと向かい，ヘブロンに到達した―ヘブロンはその頃建
　　てられた―．彼はそこに2年間住んだ．（ヨベル書 13:10）

　　アブラムは更に旅を続け，ネゲブ地方へ移った．（創12:9）
　　そして彼は南へと進み，ベアロトに至った．（ヨベル書 13:10）

　外典創世記のXIX，10の真中にある欠損部分の後，アブラムは飢饉を逃れるためにエジプトへ避難する．この部分（外典創世記 XIX，10から XX，32

---

(19) *Eerdmans Dictionary of the Bible*, 2000, 157; s. v. 'Bealoth' に拠れば，ヨベル書13章10節の「ベアロト」は，ユダのネゲブ地方にある町（ヨシュ15:24）と同定でき，この「ベアロト」は同じくヨシュ19:8の「バアラト・ベエル」と多分同じ町を指している．

まで)は，創世記12章10-20節の物語に照応している．ヨベル書も創世記の梗概に基本的には従っているが，ヨベル書の元来の関心事である日時や地理的注記を付加している[20]．一方，以下に引用するように，外典創世記は基層にある物語を大幅に拡張して展開している．それらの拡張部分の原資料が何かは残念ながら特定することができない．

> 私がナイル川の支流の1つカルモン川に着いた時，私は言った，「ここまでは我々は我々の領域内にいた．」それから私はこの川の7つの支流である［　　　］を渡河した．［　　　］「さて，我々は我々の領域を通過して，ハムの子らの領域，エジプトの領域に入った．」(外典創世記 XIX, 11-13)

アブラムが自分の領域と考える土地からエジプトへ渡る国境に当たるカルモン川がナイル川の東デルタの一支流であることは間違いないだろうが，外典創世記 XXI, 11 の「エジプトの川」や同 15, 18 行の「ギホン」との同定も，言語学的にはそれほど根拠付けが出来ないのが現状である[21]．

この地理的記述の拡張に続いて，アブラムの夢の記述が拡張された形で出てくる（外典創世記 XIX, 11-13)．この拡張部分には，アブラムが彼の妻サライに「彼は私の兄弟です」と強制的に言わせる要求を正当化するために，レバノン杉と棗椰子(なつめやし)の寓話が導入されている（外典創世記 XIX, 20．創 12:11-13 を参照)．創世記 12 章 13 節ではアブラムの要求に対するサライの応答はないが，外典創世記のXIX, 21 には，アブラムの直接話法に続けて，「サライはその夜，私の言葉の故に泣いた」という付加部分がある．外典創世記 XIX, 22 以下では，エジプトのファラオは，彼の王宮の所在地ツォアンに由来する「ファラオ・ツォアン」として言及されている（外典創世記 XIX, 22, 24, XX, 14)．旧約聖書でツォアンとして言及されるこの地名は，七十人訳聖書ではタニスの名で出てくる（ユディト記 1:10）が，既出のヨベル書 13 章 12 節から由来すると考えられている[22]．

---

(20) ヨベル書 13:11-12「アブラムはその(年)週の第3年にエジプトに行き，エジプトに<u>5年間滞在した後に</u>，彼の妻が彼から奪い取られた．エジプトのタニスはその時，<u>ヘブロンより7年遅れて建てられた．</u>」(下線部は筆者による)

(21) カルモン川をめぐる詳細な議論に関しては，Fitzmyer, *The Genesis Apocryphon*, 3rd ed., 182f. を参照．

(22) タニスの創建とヘブロンの創建は時代的に連関させられている．「ヘブロンはエジプトのツォアンよりも七年前に建てられた町である．」(民 13:22)．イザ 19:11, 13 ; 30:4 ; エゼ 30:14 ; 詩 78:12, 43 でのツォアンへの言及を参照．ツォアンは，エジプト第21, 22王朝の首都で，

11章 アラム語死海文書『外典創世記』の構造とそこに投影されているモーセ五書本文の特徴について

マソラではサライの美しさは散文で以下のように手短に記述されているだけである．すなわち，「アブラムがエジプトに入ると，エジプト人はその女性を見て，大変美しいと思った．ファラオの家臣たちは彼女を見て，ファラオに彼女を称揚した．そこでその女性はファラオの宮廷に召し入れられた．」（創12：14-15）

外典創世記はサライの美しさの記述を，エジプトの貴族出身の3人の男性の口を通して（外典創世記 XIX, 24 ; XX, 8）長々と，また，具体的に拡張する（外典創世記 XX, 2-8行）．この記述の文学ジャンルは，アラビア文学のワツフとしてよく知られている[23]．サライの美しさは後代のラビの文学の中でしばしば引用されるが，実際の記述はそれほど長大なものではない[24]．一方，ヨベル書13：3はサライの美しさについては全然言及せず，それ故，何故サライがファラオによって奪われたかの理由を述べていない．外典創世記はこれに反して，サライの美に関する具体的で，長々と拡張された記述を行なって，エジプトのファラオによって彼女が拉致された確かな理由を提供している（外典創世記 XX, 8-9）．彼女が拉致された後，アブラムと彼の甥ロトは号泣し，アブラムは祈った（外典創世記 XX, 10-12）．彼の長い祈りは続く12-16に彼の直接話法（1人称）で導入されている．至高なる神は彼の祈りに直ちに応え，ファラオに疫病の霊を送り，彼と彼の家を苦悩に沈められた．この箇所は創世記12章17節と並行している．聖書との並行句はこの後，物語枠として散発的に現れる（創12：18がXX, 20, 26に，創12：19-20がXX, 32-33に）．このように，サライの美の記述の後で，外典創世記はヨベル書に依存することなく，新しい物語を付加しながら，サライと彼自身の解放を，創世記の物語に即して継続している．

次にXXIに移ろう．この欄の前半の物語は，殊に8-12と15-19にあるようないくつかの潤色箇所を別にすれば，創世記13：3-18に忠実に従っている．

　　私は（その時），ベテルの山中に住んでいた．私の兄弟の息子ロトが私から離

　　ナイル川の東デルタ地域に位置し，かつてはヒクソスの首都アヴァリス，ラメセス王朝の首都ラメセス（出1：11 ; 12：37）と同定されたが，現在ではツォアンの南方と考えられている．

(23) ワツフ wasf はアラビアの叙情詩や古代エジプトの恋愛詩から知られている．身体各部が自然領域に属するものと比喩的に同定されている．雅歌 4：1-5 ; 5：10-16 ; 7：2-10 が同じ文学ジャンルに属すると考えられている．

(24) 前掲 Fitzmyer, *The Genesis Apocryphon*, 193 を参照．

別して行なったことで私は悲しんだ．（空白）神は夜の幻の中で私に現れ，言われた，「今あなたが住んでいる<u>ベテルの北にあるラマト・ハゾルへ上って行</u>け．（そこで）あなたの目を上げ，東西南北を見よ．」(外典創世記 XXI, 7-9)
主は，ロトが別れて行った後，アブラムに言われた．「さあ，目を上げて，あなたがいる場所から北南東西を見渡しなさい．」(創 13:14)
ロトが彼から別れていったのち，<u>ロトが捕われの身となったその年，その年週の第四年に</u>主はアブラムに言われた，「あなたの眼を上げて，あなたが今住んでいる場所から北南西東を見渡しなさい．」(ヨベル書 13:19)

下線部分は，マソラあるいはヨベル書のいずれかにもない新しい情報である．ここでは最後の部分を例として取り上げよう．アブラムが約束の地の風景を眺望した時，彼がどこに立っていたかは MT では明瞭ではない（創 13:3「ベテルとアイとの間の，以前に彼が天幕を張った場所であるベテルへ」，創 13:12「アブラムはカナンの地に留まり」，創 13:14「さあ，目を上げて，あなたがいる場所から見渡せ」）が，アブラムが登ろうとしていた場所は外典創世記では特定されている．ラマト・ハゾル（8, 10 行．これはサム下 13:23 のバアル・ハゾルと同定されている）はサマリア山系の最高地点であり，そこから四方への最良の視界が可能になった．更に外典創世記はアブラムのその山への登頂を記述し，エジプトの川からユーフラテス川までの地を眺望し（10-14 行），アブラムがその地を実際に探索したことを付け加えている（15-19 行）．直接話法での導入と同じく神の命令の実行の付加のようなこの種の拡張の例は，サマリア五書にもふんだんに見出される．

XXI, 23-34, XXII, 1-26 では，創世記 14:1-24 の物語が，所々で潤色を伴いながらもほぼ忠実にアラム語に翻訳されている．ここでは基層の創世記におけるように第三人称の物語が採用されている．第一人称から第三人称へのこの突然の移行は，現時点では説明不能である．ここで着目すべきは，創 14:20b の主語が誰かという解釈に関する問題である．

彼は彼を祝福して言った．「天地の造り主，いと高き神にアブラムは祝福されますように．敵をあなたの手に渡されたいと高き神がたたえられますように．」彼はすべての物の十分の一を彼に贈った．(創 14:19-20)
彼はアブラムを祝福して言った．「天地の主，いと高き神にアブラムは祝福されますように．あなたの敵をあなたの手に渡された，いと高き神は祝福されますように．」そこで彼は彼に，<u>エラムの王と彼の同盟者の全ての（戦利）品</u>

から十分の一を差し出した．(XXII, 15-17)

創 14:20b では，主語と目的語とも 3 人称男性単数であり，文脈からはアブラムでもメレキゼデクでも主語と目的語になれるので，誰が誰に十分の一を提供したかが謎である．しかし，XXII, 17 の「エラムの王と彼の同盟者の」の句の付加により，外典創世記の著者が，主語の与え主はアブラムであると解釈したことを明瞭に示している．この解釈はヨセフス（古代誌 1.10.2, §181）やヘブル人への手紙 7:2 とも一致している．

最後の構成部分である XX, 27-34 もまた，対応する創 15:1-4 とヨベル書 14:1-3 に沿って第三人称で書かれている．創 15:1 の冒頭の「これらの（出来）事の後で」に倣い，字義通りの翻訳「これらの出来事の後で」が XX, 27 に現れる．創 15:1-12 には時系列に関する言及はないが，これとは対照的に，27-30 には詳細な時系列に関する言及が現れるが，これはヨベル書 13:8-14:3（創 16:3 を参照）にほぼ依拠している．その他の点では外典創世記は，その内容，配列，および第三人称の文体もまた創 15:1-4 に従っている．

3．結　論

外典創世記（1Q20）は，紀元前の最後の世紀から，あるいは紀元後の最初の世紀の初めに構成された作品であり，自筆原稿と考えられている[25]．これまでに行なってきたこの作品の分析から，この作品の著者は，形成段階にある「聖書」の文言，第一エノク書およびヨベル書を無差別に利用しているように見える．彼は，自分の目的に従ってそれらを自由に利用したのである．時に彼は「聖書の」文言を尊重し，時には他の作品の記述に従い，参照すべき作品がない場合には，彼の想像力に依存しながら新しい構想を付け加えた．ヘレニズム時代の書記たちは，受容した作品の本文が気に入らない場合や，彼らが異なる意見を持っている場合には，本文を変更し，配列順を変える自由があったのである[26]．同じ原則が我々の著者にも適用できる．外典創世記の作品としての完成度に関しては，既に指摘したように，アブラム物語で

---

(25) 前掲 Fitzmyer, *The Genesis Apocryphon*, 25ff.
(26) Tov, Emanuel, *Scribal Practices and Approaches Reflected in the Texts Found in the Judean Desert* (Leiden: Brill, 2004).

は，一人称の語り（XIX, 7 ― XXI, 22）から三人称の語り（XXI, 23 ― XXII, 34）への突然の変更のように一貫性がなく，説明が不可能である．従って，この作品は完成途上にあるが，未だ完成には至っていないのだ，と結論づけることが出来るだろう．

第IV部

新約聖書とモーセ五書

Chapter 12

福音書伝承の変遷と七十人訳聖書

佐藤　研

0　序

　この発表を開始する前に前置きをさせて頂きたい．以下の短い論考は，「五書研究」という今回の研究会の主たるテーマにまともに沿ったものでは必ずしもない．もっとも，「ヘレニズム・ローマ期におけるテキスト変遷を特に強調して」というサブタイトルには，関連していないわけでもない．聴衆の寛大なご静聴をお願いしたい．

　七十人訳聖書が初期キリスト教会の「聖書」そのものであったことは一般に承認されている．この論文における私の問題は，「紀元1世紀の初期福音書伝承において，七十人訳聖書はどれほど規範的であったか」，ということである．紀元1世紀とは，アラム語の原語伝承のギリシア語翻訳，およびギリシア語における伝承創作の双方を包括した時期である．これは，誰しもが容易に見て取れるように，大変複雑な過程であり，私はすべての問題を解決できるような聡明な道を提示するなどと主張するつもりは毛頭ない．以下においては，（旧約）聖書の文言を含む福音書伝承のギリシア語における形成において，観察可能と思われる幾つかの特徴的な「型」を略記するにとどめる．それによって，最終的には正典福音書の中に採用されるに至った諸伝承の発生と展開において，七十人訳聖書がどれほどの影響力を発揮したのかを観察できるのではないかと思うからである．私たちの研究会が五書に集中しているので，私は主としてモーセ五書に関わる例を扱いたいと思う．それによって，少なくとも本研究会の重要な主題に敬意だけは表したいと思うからであ

る．

「七十人訳聖書」という語について一点だけ注記したい．私たちは，いわゆる七十人訳聖書というものの形成史ないしはその範囲について，正確にはほとんど知らないということを知っている．ただ私は，ヘブライ語聖書のギリシア語翻訳において，跡付け可能な主たる流れが存在したと方法論的に想定してかかろうと思う．これは，私たちが伝統的に七十人訳聖書と呼んでいるところのものであり，その原書のテキストは，今も継続中のゲッチンゲン七十人訳聖書発刊企画によって最もよく再現されているものとしたい．

1　第一型　七十人訳聖書を使用しない翻訳（マルコ 10：17-22・或る富める男）

10：17 さて，彼が道に出て行くと，一人の男が走り寄って来て彼の前にひざまずき，彼にたずねた，「善い先生，永遠の生命(いのち)を継ぐためには，私は何をすればよいのでしょう．」[18] そこでイエスは彼に言った，「なぜ私を『善い』などと言われるのか．神お一人のほかに善い者なぞいない．[19] 掟ならご存知だろう．『殺すな，姦淫を犯すな，盗むな，偽証するな，だまし取るな，お前の父と母を敬え』」．[20] すると彼はイエスに言った，「先生，それらなら，自分の少年の頃からすべて守って来ました．」[21] そこでイエスは彼を見つめながら，彼を慈しんだ．そして彼に言った，「あなたには一つ，欠けているものがある．行って，自分の持っているものを売り払って，［これらの］貧しい者たちに与えなさい．そうすればあなたは，天に宝を持とう．そうして私に従って来なさい．」[22] すると彼はこの言葉のために陰鬱になり，悲しみのうちに去って行った．なぜなら，たくさんの資産を持っていたからである．

最初の例は，永遠の生命を得る道について尋ねる，或る裕福な男に関するアポフテグマ（あるいはクレイア）である．私見では，この伝承はその特徴的なエートスゆえに，福音書伝承の最古の層に属する．つまり，富に関する厳格な判断と，貧者への共感，およびイエスに信従するために全てを擲つという厳しい要求である．19 節には十戒の後半部分が引用されている．この引用は対話全体の流れに不可欠であるため，原伝承への二次的な挿入物ではない．引用の最後の部分──「お前の父母を敬え」──のみ，編集的付加であ

マルコ 10:19	LXX (出 20:12-16)	LXX (申 5:16-21)	MT (出) 20:12-16	MT (申 5:16-21)
τὰς ἐντολὰς οἶδας·	¹² Τίμα τὸν πατέρα σου καὶ τὴν μητέρα, ………	¹⁶ Τίμα τὸν πατέρα σου καὶ τὴν μητέρα σου, ………	¹² כבד את־אביך ואת־אמך	¹⁶ כבד את־אביך ואת־אמך
μὴ φονεύσῃς, μὴ μοιχεύσῃς, μὴ κλέψῃς, μὴ ψευδομαρτυρήσῃς,	¹³ Οὐ μοιχεύσεις. ¹⁴ οὐ κλέψεις. ¹⁵ οὐ φονεύσεις ¹⁶ οὐ ψευδομαρτυρήσεις κατὰ τοῦ πλησίον σου μαρτυρίαν ψευδῆ.	¹⁷ Οὐ μοιχεύσεις. ¹⁸ οὐ φονεύσεις. ¹⁹ οὐ κλέψεις. ²⁰ οὐ ψευδομαρτυρήσεις κατὰ τοῦ πλησίον σου μαρτυρίαν ψευδῆ.	¹³ לא תרצח ¹⁴ לא תנאף ¹⁵ לא תגנב ¹⁶ לא־תענה ברעך עד שקר	¹⁷ לא תרצח ¹⁸ לא תנאף ¹⁹ לא תגנב ²⁰ לא־תענה ברעך עד שוא
μὴ ἀποστερήσῃς,	¹⁷ οὐκ ἐπιθυμήσεις τὴν γυναῖκα τοῦ πλησίον σου οὐκ ἐπιθυμήσεις τὴν οἰκίαν τοῦ πλησίον σου οὔτε τὸν ἀγρὸν αὐτοῦ οὔτε τὸν παῖδα αὐτοῦ οὔτε τὴν παιδίσκην αὐτοῦ οὔτε τοῦ βοὸς αὐτοῦ οὔτε τοῦ ὑποζυγίου αὐτοῦ οὔτε παντὸς κτήνους αὐτοῦ οὔτε ὅσα τῷ πλησίον σού ἐστιν	²¹ οὐκ ἐπιθυμήσεις τὴν γυναῖκα τοῦ πλησίον σου οὐκ ἐπιθυμήσεις τὴν οἰκίαν τοῦ πλησίον σου οὔτε τὸν ἀγρὸν αὐτοῦ οὔτε τὸν παῖδα αὐτοῦ οὔτε τὴν παιδίσκην αὐτοῦ οὔτε τοῦ βοὸς αὐτοῦ οὔτε τοῦ ὑποζυγίου αὐτοῦ οὔτε παντὸς κτήνους αὐτοῦ οὔτε ὅσα τῷ πλησίον σού ἐστιν	¹⁷ לא תחמד בית רעך לא תחמד אשת רעך ועבדו ואמתו ושורו וחמרו וכל אשר לרעך	²¹ לא תחמד אשת רעך ולא תתאוה בית רעך שדהו ועבדו ואמתו שורו וחמרו וכל אשר לרעך
τίμα τὸν πατέρα σου καὶ τὴν μητέρα.				

　りうる(即ちマルコの挿入).なぜならば,マルコ10:29-30(「私のゆえに,そして福音のゆえに,……母,父,子供たち,または農地を棄てた者で,今のこの時期に,迫害の中に〔あっても〕,百倍の……母たち,子供たち,そして農地を受け,また来たるべき世においては永遠の生命(いのち)を受けない者は一人もいない」)との文脈上のバランスの確保を視野に入れていると思われるからである.

　ということは,この伝承は,今挙げた部分を例外とすれば,おそらくアラム語原文からのギリシア語訳だということである.興味深いことに,ここ

で引用されている十戒のギリシア語文面は，七十人訳聖書の文面と大きく異なっている．七十人訳聖書では，ヘブライ語の לא ＋未完了形（出エジプト，申命記の双方）を文字通り οὐ ＋未来形でギリシア語化しているのに対し，マルコ 10:19 では，明らかにヘブライ語原文の命令的意図を強調しつつ，文法構造自体を変え，一連の純粋に命令的な文章（μή ＋接続法）[1] を形成している．ただし，唯一の肯定命令文であり，上記のごとくおそらく編集的性格の「お前の父母を敬え」という文のみが，出 20:12 の七十人訳聖書と全く同一の形になっている．

　この前マルコ的テキスト[2]の十戒文の順序も，七十人訳聖書のそれと比較してみると，興味深い．マルコの順序は，基本的にマソラテキスト（出エジプトおよび申命記）のそれと同じである[3]．すなわち──

「殺すな」‥‥‥‥‥‥‥‥‥‥マソラテキストの第六戒[4]
「姦淫するな」‥‥‥‥‥‥‥‥マソラテキストの第七戒
「盗むな」‥‥‥‥‥‥‥‥‥‥マソラテキストの第八戒
「偽証するな」‥‥‥‥‥‥‥‥マソラテキストの第九戒
「偽るな」（＝貪るな）‥‥‥‥マソラテキストの第一〇戒

七十人訳聖書がいわゆる第二板において，別の順番を提示していることは周知の事実である．出 20:13 以下の七十人訳聖書は，第七戒，八戒，六戒，九戒，一〇戒，となっており，また申 5:17 以下は第七戒，六戒，八戒，九戒，一〇戒の順を示している[5]．つまり，出エジプト記版でも申命記版でも，「姦淫するな」という戒は，十戒第二板の冒頭に来ている．

　マソラテキストと七十人訳聖書における十戒文の差異の問題に深入りせずとも，マルコのテキストに関して挙げた上記の二つの特徴は，前マルコ的ギリシア語テキストがほぼ間違いなく，私たちの知っている七十人訳聖書には依存していないことを示している[6]．これによって少なくとも，福音書伝

---

(1) マタイ 19:18 は，このマルコの特徴を七十人訳聖書のスタイル（οὐ ＋未来形）に戻している．
(2) つまり，もしマルコがアラム語原形の翻訳者でなかったならば．
(3) 諸タルグムとヨセフス（『古代誌』III, 92）も同じ順序である．
(4) 提示を簡易化するために，私はオーソドックス教会，改革派教会，フィロン（『十戒総論 (De Decalogo)』121 以下），そしてヨセフス（『古代誌』III, 92）の呼び方を踏襲する．
(5) 申 5:17 以下の順序は，フィロン『十戒総論 (De Decalogo)』51.121.132.135.138.142 やロマ 13:9 でも確認される．
(6) ルカ 18:20 はマルコのテキストを調整し，その順序が申 5:17-19 LXX の順序に即応するようにしている（姦淫するな，殺すな，盗むな）．上記註も参照．

承の推移の過程においては，(旧約) 聖書への言及を含むアラム語のテキストが，すでに確立されていた七十人訳聖書のテキストに依存することなく，ギリシア語に訳出された局面があったことが示唆される．

同様の福音書伝承に属するものに，(旧約) 聖書からの引用やそれへの暗示に富んだ受難物語 (マルコ 14—15 章) がある．例えばマルコ 14:27「……なぜならば，〔こう〕書いてあるからだ，『私は羊飼いを打つであろう，そうすると羊らは，ちりぢりにされてしまうであろう』」(<ゼカリヤ 13:7)，マルコ 14:62「私〔がそれ〕だ．そしてあなたたちは，《人の子》が御力の右に座し，天の雲と共にやって来るのを見るだろう」(ダニエル 7:13)，マルコ 15:24「そして彼らは，彼を十字架につける．そして，誰が何を取るか，くじを引きながら彼の衣服を分ける」(詩編 22:19, 詩編 21:19LXX)，マルコ 15:34「わが神，わが神，どうして私をお見棄てになったのか」(詩編 22:19, 21:19 LXX)．

ほぼ間違いなく，これらの章句は，受難物語の全体と同様，初めはアラム語で構成され，やがてギリシア語に翻訳されたものであろう．しかし，現行のギリシア語文言のどれもが，七十人訳聖書に直接的に依存する形跡を見せていない[7]．確かにそれらは聖書の章句を反映している．しかしその文言は，私たちが馴染んでいる七十人訳聖書のテキストからは独立した，自由なギリシア語翻訳を示している[8]．

このようなことはなぜ起こったのか．一つの可能な答は，翻訳者たちが，物理的理由からであれ，他の理由からであれ，七十人訳聖書のテキストを入手できなかったということであろう．他の可能な答は，翻訳者たちは，七十人訳聖書のテキストを確かに知ってはおり，また，そう望めば七十人訳聖書のテキストを正確に引用もできたのだが，そもそも七十人訳聖書によって示唆されたテキストとは異なった風に読んでいるアラム語の原テキストを，そのまま忠実に翻訳する方を選択した，というものであろう．私は第二の可能性の方に傾いているが，いずれにせよ，このことは，七十人訳聖書が，聖書の引用を伴った福音書伝承がギリシア語に訳されるすべてのケースにおいて，常に絶対的な権威を振るえたわけではないことの充分な証拠になるであろう．

---

(7) マルコ 14:62 の ἐρχόμενος μετὰ τῶν νεφελῶν τοῦ οὐρανοῦ は，七十人訳聖書ダニエル 7:13 を反映していない．むしろ，紀元後 2 世紀のテオドティオン訳のダニエル 7:13 に近い．

(8) 他の例としては，マルコ 4:12 (イザヤ 6:10-11 参照)，13:24-25 (イザヤ 13:10, 34:4) 他．

2　第二型　七十人訳聖書を使用した翻訳（マルコ 12:28-31/マタイ 22:35-40/ルカ 10:25-27・最大の誡め）

12:28 すると律法学者たちの一人が近寄って来て，彼らが議論しているのを聞き，イエスが彼らにみごとに答えたのを見て，イエスに尋ねた，「すべての掟の中で，第一のものはどれでしょう。」29 イエスは答えた，「第一のものはこれだ，『聞け，イスラエルよ．我らの神なる主は，一なる主である。30 そこであなたは，あなたの神なる主を，あなたの心を尽くし，あなたの命を尽くし，あなたの想いを尽くし，あなたの力を尽くして愛するであろう。』31 第二のものはこれだ，『あなたは，あなたの隣人をあなた自身として愛するであろう』．これらより大いなる他の掟は存在しない。」

最大の誡めに関するペリコペーは，複雑な伝承状態を提示する．マルコの版が唯一の，そして最古の伝承を提供しているという保証はない[9]．しかし，もし三福音書の下線を引いた箇所を見るならば (309 頁の表参照)，そこに浮かび上がる二本の伝承形態が，七十人訳聖書を前提として使用した，より古いギリシア語の版に由来することは明確であると思える．すなわち，「あなたは，あなたの神なる主を愛するであろう」，および「あなたは，あなたの隣人をあなた自身として愛するであろう」というギリシア語の文言が，七十人訳聖書のそれと全く同一だからである．もしも，福音書の中で，同一伝承の証言が二つあったという事実が，伝承の比較的早い (ことによるとアラム語による) 開始を示唆するならば，七十人訳聖書の明白な知識をもとにギリシア語に翻訳された，より古い伝承の例がここにあると結論づけることが出来よう．

しかしながら，ここで想定される翻訳者は，七十人訳聖書を無条件で受容したのではなかったようである．少なくとも，七十人訳聖書の表現である δυνάμεώς σου は，ἰσχύος σου に変えられているのがわかる．理由としては，δύναμις という語は，イエス派の伝承では一般に奇蹟的行為を意味し，それがこの文脈では不整合であったことが考えられる．同様の例は，マタイ五 21＋27 (＜出 20:13LXX；申 5:17 LXX：Οὐ φονεύσεις ＋ 出 20:14 LXX；申 5:18 LXX：Οὐ μοιχεύσεις)，およびおそらくマルコ 11:15-17 (17 節を伴った神殿粛清

---

(9) ἐν ὅλῃ τῇ ψυχῇ σου κτλ. 対 ἐξ ὅλης τῆς ψυχῆς σου κτλ. (マルコ)．マタイとルカに共通すると思われる版を，Q に帰属させる研究者もいる．

マルコ 12:29-31 (-33)	マタイ 22:37-40	ルカ 10:26-27	LXX（申 6:4-5； レビ 19:18b）	MT（申 Dtn 6:4-5；レビ 19:18b）
²⁹ ἀπεκρίθη ὁ Ἰησοῦς ὅτι πρώτη ἐστίν·	³⁷ ὁ δὲ ἔφη αὐτῷ·	²⁶ ὁ δὲ εἶπεν πρὸς αὐτόν· ἐν τῷ νόμῳ τί γέγραπται; πῶς ἀναγινώσκεις; ²⁷ ὁ δὲ ἀποκριθεὶς εἶπεν·	申　6:4f	申　6:4f
ἄκουε, Ἰσραήλ, κύριος ὁ θεὸς ἡμῶν κύριος εἷς ἐστιν, ³⁰ καὶ ἀγαπήσεις κύριον τὸν θεόν σου ἐξ ὅλης τῆς καρδίας σου καὶ ἐξ ὅλης τῆς ψυχῆς σου καὶ ἐξ ὅλης τῆς διανοίας σου καὶ ἐξ ὅλης τῆς ἰσχύος σου.	ἀγαπήσεις κύριον τὸν θεόν σου ἐν ὅλῃ τῇ καρδίᾳ σου καὶ ἐν ὅλῃ τῇ ψυχῇ σου καὶ ἐν ὅλῃ τῇ διανοίᾳ σου·	ἀγαπήσεις κύριον τὸν θεόν σου ἐξ ὅλης [τῆς] καρδίας σου καὶ ἐν ὅλῃ τῇ ψυχῇ σου καὶ ἐν ὅλῃ τῇ ἰσχύϊ σου· καὶ ἐν ὅλῃ τῇ διανοίᾳ σου,	⁴ ἄκουε Ισραηλ κύριος ὁ θεὸς ἡμῶν κύριος εἷς ἐστιν ⁵ καὶ ἀγαπήσεις κύριον τὸν θεόν σου ἐξ ὅλης τῆς διανοίας σου καὶ ἐξ ὅλης τῆς ψυχῆς σου καὶ ἐξ ὅλης τῆς δυνάμεώς σου	⁴ שמע ישראל יהוה אלהינו יהוה אחד ⁵ ואהבת את יהוה אלהיך בכל-לבבך ובכל-נפשך ובכל-מאדך
³¹ δευτέρα αὕτη· ἀγαπήσεις τὸν πλησίον σου ὡς σεαυτόν. μείζων τούτων ἄλλη ἐντολὴ οὐκ ἔστιν. ……	³⁸ αὕτη ἐστὶν ἡ μεγάλη καὶ πρώτη ἐντολή. ³⁹ δευτέρα δὲ ὁμοία αὐτῇ· ἀγαπήσεις τὸν πλησίον σου ὡς σεαυτόν. ⁴⁰ ἐν ταύταις ταῖς δυσὶν ἐντολαῖς ὅλος ὁ νόμος κρέμαται καὶ οἱ προφῆται.	καὶ τὸν πλησίον σου ὡς σεαυτόν.	Lev 19:18b καὶ ἀγαπήσεις τὸν πλησίον σου ὡς σεαυτόν ἐγώ εἰμι κύριος	Lev 19:18aβ-b ואהבת לרעך כמוך אני יהוה

309

〈イザヤ 56:7 LXX：「私の家は，全ての国民(くにたみ)の祈りの家と呼ばれるであろう」〉などが挙げられる．

　これらの例から判断して，聖書の引用を含むアラム語の伝承をギリシア語に訳する時，七十人訳聖書が意識的に使われた例は確かに存在する．ただし，それでも，個々の伝承を伝えた人々の関心にしたがって，福音書伝承のギリシア語文面に小変更が施されることは充分あり得たと言えるのである．

3　第三型　七十人訳聖書を使った，二次的なギリシア語の拡張 （マルコ 10:2-9・離婚問答）

10:2　すると〔何人かの〕ファリサイ人(びと)たちが近寄って来て，彼にたずねた，「夫が妻を離縁するのは，許されているのですか．」彼を試みようとしたのである．³ そこで彼は彼らに答えて言った，「モーセはあなたたちに何を指示したか．」⁴ 彼らは言った，「モーセは離縁状を書いて離縁することを許しました．」⁵ イエスは彼らに言った，「彼があなたたちにその掟を書いたのは，あなたたちの心が頑なだからだ．⁶ しかし，創造の始めから，『神は彼らを男と女に造られた．』⁷ 『このために人は自分の父と母を棄てるであろう〔．そして自分の女に堅く結びつくであろう〕．⁸ こうしてその二人は，一つの肉となるであろう．』だから，彼らはもはや二つではなく，一つの肉なのだ．⁹ したがって，神が一つ軛に合わせられたものを，人間が離してはならない．」

　これは，ある原初的伝承がギリシア語に翻訳され，── 同時に，あるいは少々遅れて ── 七十人訳聖書の手を借りて二次的に拡大化された例である．元来の伝承は，マルコ 10:2-9 であろうと思われるが，6-8 節を付加することによって拡大された．この拡大は，七十人訳聖書を使用してのみ可能であった．なぜならば，すべての引用が正確に七十人訳聖書のテキストに対応しているだけではない．引用の最後の部分である「こうしてその二人は，一つの肉となるであろう」は，マソラテキストにはなく，七十人訳聖書にしか存在しない二次的説明部分を含んでいる．すなわち，οἱ δύο「その二人」は，私見では意味を明確化するための七十人訳聖書による翻訳的追加である⁽¹⁰⁾．マルコ 10:8a では，イエスはこの七十人訳聖書の句を引用し，そ

---

(10) 当時の五書のアラム語版がすでに「二人」という付加を含んでおり，七十人訳聖書ギリ

マルコ 10:6	LXX（創 1:27）	MT（創 1:27）
ἀπὸ δὲ ἀρχῆς κτίσεως ἄρσεν καὶ θῆλυ ἐποίησεν αὐτούς·	καὶ ἐποίησεν ὁ θεὸς τὸν ἄνθρωπον, κατ' εἰκόνα θεοῦ ἐποίησεν αὐτόν, ἄρσεν καὶ θῆλυ ἐποίησεν αὐτούς.	ויברא אלהים את־האדם בצלמו בצלם אלהים ברא אתו זכר ונקבה ברא אתם

マルコ 10:7・8	LXX（創 2:24）	MT（創 2:24）
⁷ ἕνεκεν τούτου καταλείψει ἄνθρωπος τὸν πατέρα αὐτοῦ καὶ τὴν μητέρα [καὶ προσκολληθήσεται πρὸς τὴν γυναῖκα αὐτοῦ], ⁸ καὶ ἔσονται οἱ δύο εἰς σάρκα μίαν· ὥστε οὐκέτι εἰσὶν δύο ἀλλὰ μία σάρξ.	ἕνεκεν τούτου καταλείψει ἄνθρωπος τὸν πατέρα αὐτοῦ καὶ τὴν μητέρα καὶ προσκολληθήσεται πρὸς τὴν γυναῖκα αὐτοῦ, καὶ ἔσονται οἱ δύο εἰς σάρκα μίαν.	על־כן יעזב־איש את־אביו ואת־אמו ודבק באשתו והיו לבשר אחד

して引用の直後に 8b 節の結論を導く，「したがって，彼らはもはや二人ではなく，一つの肉である」．これは，8b 節がおそらく，七十人訳聖書のテキストによって二次的に拡大された部分に依拠している，ということであろう．

このことは，この伝承のテキストは，ほとんどの人々がギリシア語を日常の言語として話した文化世界において拡大された，という結論に導く．おそらくそこでは，セム語はもはや一般的には使用されていなかったのであろう(11)．

シア語の翻訳者に影響を与えたことも理論的にはあり得なくはない（タルグム・ネオフィティ [תריהו]，タルグム・偽ヨナタン [תרויהון] 参照．タルグム・オンケロスは「二人」に相当する語を持たない）．しかし，逆に七十人訳聖書がアラム語訳に影響を与えた場合も十分に想定できよう．一般的な年代的理解から見て，後者の方がより蓋然が高いと思われる．
(11) 同様の例は，マルコ 7:6b-7（＜イザヤ 29:13 LXX），9:48（＜イザヤ 66:24 LXX），12:10-11（＜詩 117:22-23 LXX），マタイ 18:16（＜申 19:15 LXX），21:16b（＜詩 8:3 LXX）など．

4　第4型　七十人訳聖書に基づいた，ギリシア語を用いた構成

　最後のパターンは，根本的には七十人訳聖書に由来する，元来ギリシア語における構成である．ここで私は，二つの例を引きたい．なぜならば，それはイエス派運動のライバル集団の歴史に関して，貴重なヒントを与えてくれるように思われるからである．

1. マタイ4:1-11/ルカ4:1-13・イエスの誘惑

　この型の最初の例は，Q文書における「誘惑物語」である．Q文書とは，マタイ福音書とルカ福音書にとって，マルコ福音書と並んで第二の資料であったと一般的に認められている仮説上の文書である．このペリコペーは，Q文書への最後の付加の一つであると一般的に見なされている．ここでは，国際Qプロジェクトによって再構成されたテキストに従う．

> さて，イエスは霊によって荒野に導き上げられた．悪魔によって試みられるためである．そして彼は四十日四十夜断食し……飢えた．すると悪魔が彼に言った，「もしお前が神の子なら，これらの石にパンになるよう命じてみよ．」しかし彼は彼に答えた，「〔こう〕書かれている，『人はパンのみで生きるものではない』．」悪魔は彼をエルサレム連れてきた．そして，彼を神殿〔境内〕の屋根の端に据えた．そして彼に言った，「もしお前が神の子なら，下へ身を投げてみよ．なぜなら，〔次のように〕書かれているからだ，『彼はあなたのために，自分の御使いたちに指示を与えるであろう，すると彼らは，あなたを手で受けとめるであろう，あなたがその足を石に打ちつけることのないように』．」イエスは彼に答えて言った，「〔こう〕書かれている，『あなたは，あなたの神，主を〔あえて〕試みることはないであろう』．」すると悪魔は再び彼を極めて高い山に連れて行き，彼にこの世のすべての王国とそれらの〔持つ〕栄華とを見せる．そして彼に言った，「これらすべてをお前に与えよう，もしもお前が跪いて俺を伏し拝むなら」．そのとき，イエスは彼に言う，「〔こう〕書かれている，『あなたは，あなたの神，主を〔こそ〕伏し拝み，彼にのみ仕えるであろう』．」すると悪魔は彼を離れた．

　最初の誘惑の中で，悪魔は「もしお前が神の子ならば，これらの石がパンになるように命じよ」と言う．これに対してイエスは，申命記の言葉を持って答える．「人はパンだけで生きるのではない」．このQのテキストは，逐

表 a

マタイ 4:4a/ ルカ 4:4	LXX（申 8:3b）	MT（申 8:3bα）
Καὶ ἀπεκρίθη αὐτῷ ὁ Ἰησοῦς· γέγραπται ὅτι οὐκ ἐπ' ἄρτῳ μόνῳ ζήσεται ὁ ἄνθρωπος.	…… ἵνα ἀναγγείλῃ σοι ὅτι οὐκ ἐπ' ἄρτῳ μόνῳ ζήσεται ὁ ἄνθρωπος.	לְמַעַן הוֹדִעֲךָ כִּי לֹא עַל־הַלֶּחֶם לְבַדּוֹ יִחְיֶה הָאָדָם

表 b

マタイ 4:6b/ ルカ 4:10・11	LXX（詩 90:11-12）	MT（詩 91:11-12）
γέγραπται γὰρ ὅτι τοῖς ἀγγέλοις αὐτοῦ ἐντελεῖαι περὶ σοῦ καὶ ἐπὶ χειρῶν ἀροῦσίν σε, μήποτε προσκόψῃς πρὸς λίθον τὸ πόδα σου.	¹¹ ὅτι τοῖς ἀγγέλοις αὐτοῦ ἐντελεῖται περὶ σοῦ τοῦ διαφυλάξαι σε ἐν πάσαις ταῖς ὁδοῖς σου· ¹² ἐπὶ χειρῶν ἀροῦσίν σε, μήποτε προσκόψῃς πρὸς λίθον τὸν πόδα σου·	¹¹ כִּי מַלְאָכָיו יְצַוֶּה־לָּךְ לִשְׁמָרְךָ בְּכָל־דְּרָכֶיךָ ¹² עַל־כַּפַּיִם יִשָּׂאוּנְךָ פֶּן־תִּגֹּף בָּאֶבֶן רַגְלֶךָ

表 c

マタイ 4:7/ ルカ 4:12	LXX（申 6:16）	MT（申 6:16）
καὶ ἀπεκριθεὶς εἶπεν αὐτῷ ὁ Ἰησοῦς· γέγραπται· οὐκ ἐκπειράσεις κύριον τὸν θεόν σου.	Οὐκ ἐκπειράσεις κύριον τὸν θεόν σου, ὃν τρόπον ἐξεπειράσασθε ἐν τῷ Πειρασμῷ.	לֹא תְנַסּוּ אֶת־יְהוָה אֱלֹהֵיכֶם כַּאֲשֶׁר נִסִּיתֶם בַּמַּסָּה

語的な対応が示しているように，おそらく七十人訳聖書を使っている（表 a 参照）．

　第二の誘惑では，悪魔はイエスに神殿の頂きから飛び降りるように命ずる．悪魔は今度は詩編を引用しつつ議論を展開する．より正確には，詩編 90:11-12 である．「あなたを全てのあなたの道において」に相当する部分が Q テキストには欠けている（より正確に言えば，「そして」という言葉で置き換えられている）が，この部分は，この特殊な場面に適合するには余りにも一

般的すぎるので省略されたのであろう（表 b 参照）．

　これに対して，イエスは再び申命記からの引用で答える，「あなたはあなたの神なる主を試みることはないであろう」．これは七十人訳聖書の申命記 6:16 の正確な引用である．もっとも，「あなたが彼をパイラスモスで試みたように」という従属節は引用されていない．これはどちらにせよ Q の文脈にはそぐわず，当然ながら省かれたわけである．この時点で，私たちは Q のテキストが七十人訳聖書の引用以外のものではないことが理解できる．なぜならば，マタイ 4:7／ルカ 4:12 の「あなた」という二人称は，七十人訳聖書に正確に対応して単数形であるが，マソラテキストでは主語は二人称複数形だからである(12)（表 c 参照）．

　悪魔の第三の，そして最後の誘惑は，彼の前で「拝する」(προσκυνεῖν) ようにという要求であった．イエスの答は，基本的に申命記 6:13 からの引用である，「あなたの神なる主を拝し，彼にのみ仕えよ」．差異と言えば，該当句の最も決定的な前半が引かれていること，文脈状況に合うように「恐れる」を「拝する」に変えていること，そして強意のための語「……のみ」を加えていることである．そうであっても，Q テキストの資料は七十人訳聖書であること，また全体の構成が七十人訳聖書に依拠していることは容易に見て取ることが出来よう．

マタイ 4:10／ルカ 4:8	LXX（申 6:13）	MT（申 6:13）
καὶ ἀπεκριθεὶς ὁ Ἰησοῦς εἶπεν αὐτῷ· γέγραπται· κύριον τὸν θεόν σου προσκυνήσεις καὶ αὐτῷ μόνῳ λατρεύσεις.	κύριον τὸν θεόν σου φοβηθήσῃ καὶ αὐτῷ λατρεύσεις καὶ πρὸς αὐτὸν κολληθήσῃ καὶ τῷ ὀνόματι αὐτοῦ ὀμῇ.	את־יהוה אלהיך תירא ואתו תעבד ובשמו תשבע

　このことは，このペリコペーがアラム語のオリジナルからの翻訳ではな

---

(12) 同様のことは諸タルグムにおいても見られる（לא תנסון など）．

く，七十人訳聖書を利用してのギリシア語での創作物であるということを証する．したがって，以下のように想定できよう．Q文書は元来はパレスチナに座を持ち，イエスの言葉のアラム語断片を集積したに違いないのであるが，テキスト伝達の或る特定の一時期ないしは数度の時期にギリシア語に翻訳された．しかし，現在のペリコペーが属する最後の編集は，純粋にギリシア語で，ヘレニズム文化の支配する或る地域においてなされた．それは，人々の母語がセム語ではもはやないところ(13)，たとえばシリアかフェニキアのどこかであるかも知れない．

2．マルコ1:2a.3-6〔ヨハネ1:23参照〕・バプテスマのヨハネ

最後の例はマルコ1:2a.3-6である．ここでは，問題になっている七十人訳聖書のテキストはイザヤ書に由来し，もはや五書ではない．加えて，扱われているのも，バプテスマのヨハネであり，イエスではない．しかしながら，この特別な伝承（マルコ1:2-6）は，イエス派に対するライバル集団の歴史に関して興味深い側面を明らかにしているので，この文脈で簡単に扱ってみたい．

> *1:2 預言者イザヤ〔の書に次のよう〕に書いてある ——*
> 「……³ *荒野で呼ばわる者の声 ——『お前たち，主の道を備えよ．彼の小径を直くせよ』*」．
> この〔言葉の〕ように，⁴ 浸礼を施す〔者〕ヨハネが荒野にあらわれ，〔もろもろの〕罪の赦しとなる回心の浸礼を宣べ伝えていた．⁵ そして，ユダヤの全地方とエルサレムの全住民とが彼のもとに出て行き，自らの〔もろもろの〕罪を告白しながら，ヨルダン河の中で彼から浸礼を受けていた．⁶ そしてヨハネはらくだの毛ごろもを着，その腰には皮の帯を締め，いなごと野蜜とを食べていた．

七十人訳聖書のテキストがこの伝承構成の原初形のもとにあることは，引用文に注目すれば容易に理解できる．「荒野で呼ばわる者の声 ——『お前たち，主の道を備えよ……』．」マソラテキストでは，「呼ばわる者の声 ——『お

---

(13) 申6:13の七十人訳聖書のテキストに関して言えば，そこには原初のヘブライ語テキストからの明かな拡大（「そしてお前は彼にしがみつくであろう」）が含まれている．Qの編集はこの部分を「そして彼の名前によってお前は誓うであろう」という部分と共に削除した．なぜならば，「彼にのみ仕えよ」という言葉は，悪魔との対決を終焉させるに十二分な威力を持つと考えられたからであろう．

マルコ 1:3	LXX（イザヤ 40:3）	MT（イザヤ 40:3）	1QIsᵃ（イザヤ 40:3）	1QS Ⅷ, 14
				כאשר כתוב
φωνὴ βοῶντος	φωνὴ βοῶντος	קול קורא	קול קורא	
ἐν τῇ ἐρήμῳ·	ἐν τῇ ἐρήμῳ	במדבר	במדבר	במדבר
ἑτοιμάσατε	Ἑτοιμάσατε	פנו	פנו	פנו
τὴν ὁδὸν	τὴν ὁδὸν	דרך	דרך	דרך
κυρίου,	κυρίου,	יהוה	יהוה	
εὐθείας ποιεῖτε	εὐθείας ποιεῖτε	ישרו	וישרו	ישרו
		בערבה	בערבה	מסלה
τὰς τρίβους	τὰς τρίβους	מסלה	מסלה	לאלוהינו
αὐτοῦ,	τοῦ θεοῦ ἡμῶν·	לאלהינו	לאלוהינו	

前たち，荒野に主の道を備えよ……」．」すなわち，「荒野に」という部分は，七十人訳聖書においては「声」を修飾しているのに対し，マソラテキストでは副詞的に「主の道を備えよ」にかかっている．原初のヘブライ語テキストはマソラテキストが最もよく提供していると思われる．というのも，1QS8:14 も「こう書かれている，即ち，『荒野に主の道を備えよ』」と読んでいるからである．預言者の第二イザヤにとっては，「荒野に主の道を備えよ」とは，バビロンと聖地との間の荒野を通して道を備え，人々が故郷に帰れるようにする，という意味である．しかしこの意味合いは，七十人訳聖書のイザヤ書の翻訳者（ら）にとっては明らかに必然的ではなかった．彼（ら）はむしろ，荒野に —— ということは超越的領域において ——，自ら固有の状況において主の道を備えさす神の声を聞きたかったのである．同じ理由で，彼（ら）はイザヤ 40:3 の後半の引用文を，בערבה（「荒野で」）という語を削除する形で翻訳したのである．

この七十人訳聖書の解釈は，バプテスマのヨハネに関する私たちの伝承に見事に適合する．ヨハネは，ヨルダン峡谷の「荒野」に現れ，審きをもって臨む「来るべき者」に備えるよう人々に呼びかけたのである．このイメージは，伝承の作者 —— おそらくはバプテスマのヨハネの精神的弟子の一人 —— がヘブライ語のイザヤ書の言語世界に留まっていたならば，不可能であったろう．ということは，この伝承はギリシア語の世界で創出され，七十人訳聖書をインスピレーションの資料として使用したということであ

る．後日，同一の七十人訳聖書の引用を伴った同様の浸礼者ヨハネ伝承は，ヨハネ福音書に流れていった．そこではバプテスマのヨハネは自ら次のように宣言する，「私は荒野で呼ばわる者の声である，『主の道を備えよ』と」(ヨハネ 1:23).

このことは，バプテスマのヨハネの弟子たち ── あるいは少なくとも彼らの一部分 ── は，おそらく紀元一世後半の四半世紀以前にパレスチナを去り，別世界で彼らのバプテスマ宣言を継続したということを意味する．それは，大部分の人がギリシア語を話し，七十人訳聖書にも容易に触れることの出来た世界だったに相違ないのである[14]．

5 結　論

この結論は全体として常識的な想定を覆すものではない．つまり，七十人訳聖書は，福音書伝承の後期において，権威的な書物となったように思われるということである．それは，伝承が，明白な聖書への言及を含む形でギリシア語にて創作される場合か，あるいは聖書の引用を含みつつ二次的に拡大される場合である．事実，この段階の伝承形成においては，七十人訳聖書は豊かな霊感の源泉となったようである．

しかし，より古い伝承伝達の段階，すなわち原初のアラム語の伝承がギリシア語に訳された段階では，七十人訳聖書は控えめな，あるいは極めて限定された役割を演じたに過ぎない．人々は，七十人訳聖書以外の翻訳をも容易に採用できたのである[15]．

---

(14) 七十人訳聖書を使用して新たに創作されたギリシア語伝承の他の例としては，マルコ 12:35-37 (＜詩 109:1 LXX)，ルカ 4:16-21 (＜イザヤ 61:1-2)．さらには，七十人訳聖書の引用を伴った全ての編集句がこの範疇に入る (例えばマタイ 9:13)．

(15) クムラン洞窟出自の (ヘブライ語) 聖書のギリシア語版 (4QLXXEx；4QLXXLev[a+b]；4QLXXNum；4QLXXDeut など) を見るに，私は，紀元前 1 世紀および紀元後 1 世紀のあたりでは，ヘブライ語聖書のテキストをギリシア語にするに際し，── 私たちが七十人訳聖書として知っているものと並んで ── かなりの自由があったと結論せざるを得ないと思っている．私見では，無用の混乱を避けるために，上記のクムラン出土のギリシア語聖書テキストを「セプチュアギント」と呼ぶのは控えるべきである．そうでなければ，どんなギリシア語の翻訳も「セプチュアギント」と呼ばれることになろう．

他方，研究会の最終日，T・ラジャック教授は，私の問題は，七十人訳聖書がいくつもの翻訳ヴァリアントを持っていたと想定すれば最善の解決策が与えられる，とコメントした．私はこの提案には不満である．というのも，この様な考えでは，私が示し得たと思っているこれま

いずれにせよ，この小論の始めに言及した常套句 ——「七十人訳聖書は初期キリスト教の聖書そのもの」—— は，福音書伝承の初期においては無条件に主張できるものではない．この発言は，大まかに言えば，二世紀以降にのみ有効な主張と言えるであろう．それは，非ユダヤ人が，キリスト教人口の過半数を占め始めた時期以来ということである．

での事態，すなわち，なぜ福音書のより古い層には（私たちの知る形での）七十人訳聖書の影響がほとんど見られないのか，そして他方，新しい層には明らかに見られるのか，が説明され得ないからである．

Chapter 13

マルコにおけるトーラーの受容
── 最大の戒めに関する問い

アデラ・ヤーブロ・コリンズ

　この発表では，マルコ福音書におけるトーラーの受容を鮮明にする道として，「最大の戒め」に関する質問〔12:28-34〕に焦点を絞ろうと思う．この問題に関する私のアプローチは次のようである．つまり，マルコのトーラー受容が起こったのは，当時のユダヤ教に多種多様な慣習があり，トーラーに関しても種々の，そして相互に競合する理解と使用法があった，そのようなコンテキストの中でのことである，というものである．このコンテキストとは，紀元1世紀のイエスの信従者たちの間に存在した，多種で，相互に競合するトーラー理解を内包するものである．
　この部分の私訳を掲げておく──

　すると律法学者の中の一人がやって来て，彼らが議論しているのを聞き，そして彼が彼らに見事に答えたのを見て彼に問うた，「全ての中で，どの戒めが第一のものでしょうか．」イエスは答えた，「第一のものは，『聞け，イスラエルよ，我らが神なる主は，一なる主である．そしてあなたは，あなたの神なる主をあなたの心を尽くし，かつあなたのいのちを尽くし，かつあなたの理解を尽くし，かつあなたの強さを尽くして，愛せよ』．これが第二のものである，『あなたはあなたの隣人を，あなた自身のように愛せよ．』他のどの戒めも，これらより大いなるものはない．」すると律法学者は彼に言った，「お見事です，先生，（そして）真実にしたがってあなたは言われました，『彼は一つであり，彼の他には誰もいない』と．また『あなたたちの神なる主を（あなたの）心を尽くし，かつ（あなたの）洞察を尽くし，かつ（あなたの）強さを尽くして，愛すること』と『あなたの隣人を，あなた自身のように愛するこ

319

と』は，すべての燔祭や犠牲以上のものです.」そこでイエスは，思慮深く答えた彼を[1]見，彼に言った，「あなたは神の王国から遠くはない.」そして誰もそれ以上彼にあえて質問する者はいなかった.

この部分は，語り手のコメントによって前の部分に結びつけられている. つまり，律法学者が，イエスとサドカイ人らが議論しているのを聞き，イエスが彼らに上手に返答したことに気付いた，ということである. 最大の戒めの部分は，前の幾つかの部分の論争的なトーンを共有してはいない. つまり，11：27-33のイエスの権威に関する質問，12：1-12の小作人の譬話，カエサルに税金を払うことに関する質問，そして復活に関する質問である. 最大の戒めに関する質問は，それが学者的な対話であり，質問者が誉められて終わるという点[2]でも，尋常ではない.

イエスとの関係，独創性，そして文化的コンテキスト

一般に認められていることは，私たちのこの部分において引用されている二つの句，つまり申6：5とレビ19：18は，いかなる古代ユダヤ教のテキストにおいても，連結されて引用されてはいないということである —— ここの場合およびここに影響された部分を例外とすれば[3]. 研究者の中には，こ

---

[1] 幾つかの写本は「彼を」を省いている. 理由は，写字生の幾人かは先取りという修辞法を認識できなかったか，拒絶したことによる. この修辞法は，従属節の主語を，主節における動詞の目的語にすることによって，その従属節の主語を予期することを含む. Herbert Weir Smyth, *Greek Grammar* (Cambridge, MA: Harvard University Press, 1956; 1st edition 1920) §2182 参照.

[2] Rudolf Bultmann, *The History of the Synoptic Tradition* (trans. John Marsh from the 2nd Germ. ed. 1931; New York: Harper & Row, 1963; rev. ed. with additions from the 1962 supplement, 1968) 51. ブルトマンに従うのは，Günther Bornkamm, "Das Doppelgebot der Liebe," in *Neutestamentliche Studien für Rudolf Bultmann* (2nd rev. ed.; BZNW 21; Berlin: Töpelmann, 1957) 85-93, 特に85参照. マタイ（22：34-40）とルカ（10：25-28）は，この学者的対話を論争の対話にする. この点はブルトマン参照（*History*, 51）.

[3] Christoph Burchard, "Das doppelte Liebesgebot in der frühen christlichen Überlieferung," in Eduard Lohse, ed., *Der Ruf Jesu und die Antwort der Gemeinde: Exegetische Untersuchungen Joachim Jeremias zum 70. Geburtstag* (Göttingen: Vandenhoeck & Ruprecht, 1970) 39-62, 特に55; Andreas Nissen, *Gott und der Nächste im antiken Judentum: Untersuchungen zum Doppelgebot der Liebe* (WUNT 15; Tübingen: Mohr Siebeck, 1974) 241, n. 642; John R. Donahue, "A Neglected Factor in the Theology of Mark," *Journal of Biblical Literature* 101 (1982) 563-94, 特に579とn. 55.

| 13章 マルコにおけるトーラーの受容 |

の特徴から，二重の愛の戒めは歴史上のイエスに遡る，と推論する人々がいるかも知れない．そのような結論は正当化されるものではない．というのも，実質と機能においては，ユダヤ教文学の中で，とりわけギリシア語で書かれたテキストにおいて，この二重性は予期されていたからである(4)．文面からすれば，最も近い並行例は「イッサカルの遺訓」5:2と「ダンの遺訓」5:3である(5)．それらの文章は以下のようである——

> そこで神の律法を守れ，わが子らよ，そして単純に，罪のない状態で生きるようにせよ．そして主の命令に関して，あるいはお前の隣人の事柄に関して，あまりに詮索好きになるな．むしろ主とお前の隣人を愛せ，そして貧者と弱者に対して憐れみを示せ．(イッサカルの遺訓 5:1-2)(6)
> 主を愛せ，お前の生涯にわたって［あるいは「お前の全てのいのちをもって」］主を愛せ，また真実の心をもって互いを愛せ．(ダンの遺訓 5:3)(7)

「十二族長の遺訓」はキリスト教徒によって保持されて来，幾つかの明白なキリスト教的挿入を含んでいるので，これらの章句がギリシア語を話すユダヤ人の伝承の独立した証言なのか，それともそれらはマルコの箇所ないしはその並行箇所に依存しているのか，明白ではない(8)．にもかかわらず，他の断片的な証拠が，二重の命令は初期ユダヤ教のテキストにおいて予期されていたという主張を支持する．申6:5の神を愛するようにという命令は，申命記伝承の中ですでに一種の要約定式 (summarizing formula) であった(9)．

---

(4) Burchard, "Das doppelte Liebesgebot," 55. またイッサカルの遺訓7:6; ヨセフの遺訓11:1; ベニヤミンの遺訓3:1-3; 10:3も見よ．議論に関しては，Klaus Berger, *Die Gesetzesauslegung Jesu: Ihr historischer Hin-tergrund im Judentum und im Alten Testament*, Teil I: *Markus und Parallelen* (Wissenschaftliche Monographien zum Alten und Neuen Testament 40; Neukirchen/Vluyn: Neukirchener Verlag, 1972) 160-162参照．

(5) Burchard, "Das doppelte Liebesgebot," 55-56.

(6) Marinus de Jonge in H. F. D. Sparks, ed., *The Apocryphal Old Testament* (Oxford: Clarendon, 1984) 554の翻訳．

(7) De Jonge in Sparks, *AOT*, 564の翻訳．ゼブルンの遺訓5:1; ベニヤミンの遺訓10:3も見よ．これらは，主の戒めを，他の人間との正しい扱い方という観点から要約している様に見える．

(8) Donahue, "Neglected Factor," 579 n. 55; Oscar S. Brooks, "The Function of the Double Love Command in Matthew 22: 34-40," *Andrews University Seminary Studies* 36 (1998) 7-22, 特に15 n. 27; M. de Jonge, "The Two Great Commandments in the Testaments of the Twelve Patriarchs," *Novum Testamentum* 44 (2002) 371-92; idem, "The Testaments of the Twelve Patriarchs: Central Problems and Essential Viewpoints," *Aufstieg und Niedergang der römischen Welt* 2.20.1 (1987) 359-420.

(9) Berger, *Gesetzesauslegung*, 55-63.

ここで要求されているヤハウェへの排他的な忠誠の誓いは，「彼の戒めの綿密な遵守を意味する」[10].「主たる戒め」を要約して提示する傾向は，知恵文学に存在する[11].

「ヨベル書」は紀元前170年から150年の間，ヘブライ語で著作された．クムラン近くの洞窟から発見されたヘブライ語の作品断片，およびギリシア語訳からの引用が残存しているが，作品としては主としてエチオピア語の写本で残っている．これは「創世記1章から出エジプト記12章までを，大幅に編集して再度物語化したもの」[12] である．ノアがその子ら（あるいは孫ら）にする演説の中で，最も大事な戒めが記されている ——

> 彼は自分の子らに証しした，すなわち，彼らは正しいことをなし，彼らの身の恥を被い，彼らを創造した者を祝福し，父母を敬い，互いに愛し合い，また姦淫，不潔，そして全ての不義から己を遠ざけるように，というのであった．（ヨベル7:20）[13]

子孫に対するアブラハムの演説も同じようなリストを含んでいる ——

> 彼は彼らに主の道を守るように命じた．それによって彼らが正しいことを行い，彼らが互いに愛し合うように，また彼らがどの戦争においてもこの様であって，それによって彼らが彼らに敵対する（ところの）誰に対しても向かうことができ，そして地上で義であり正しいことをなすことができるように．（ヨベル20:2）[14]

この章句の直後に来る演説の部分は，割礼の慣習と性的不浄と不潔の回避と〔それらを犯した場合の〕罰を命じている（ヨベル20:3）．したがって，この文脈から明らかとなることであるが，一般的な，重要な戒めを列挙したからといって，それが特殊な戒めを遵守しなくてもよいということを意味するこ

---

(10) Moshe Weinfeld, *Deuteronomy 1–11: A New Translation with Introduction and Commentary* (Anchor Bible 5; New York: Doubleday, 1991) 328.
(11) Berger, *Gesetzesauslegung*, 136–137. 彼は例えばシラ書25:1; 32:23 LXX；知恵の書6:18を引用する．彼はまた，ギリシア語を話すユダヤ人である『偽フォキュリデス』の作品の初めと終わりの言葉が，神の律法を，その本に収められた知恵の言葉の集積と同一視していると注記している（ibid., 47）.
(12) James C. VanderKam, *The Book of Jubilees* (Corpus scriptorum christianorum orientalium 511, Scriptores Aethiopici 88; Lovanii: Peeters, 1989) V-XIX；引用はV頁より．
(13) VanderKam, *Book of Jubilees*, 46–47 の翻訳．
(14) *ibid.*, 115–116 の翻訳．

とはないのである.

　同一作品中のイサクの告別説教は，エサウとヤコブに対してなされているが，イサクもまた主たる戒めをまとめて呈している．言葉を換えれば，彼の息子たちの主たる義務を強調するものである ――

> さて私は，お前たちに大いなる誓いをもって誓わせる ―― なぜなら，これよりも大いなる誓いはないからだ，〔すなわち〕天地と全てとを造り給うたところの，讃むべき，高名な，そして偉大で見事にして驚嘆に値し，力強く，そして偉大な名にかけて ―― すなわち，お前たちがこれからも彼を恐れ，拝するように．ちょうどおのおのがその兄弟を親切に，相応しく愛するように．人は，今も，また永久にも，自分の兄弟にとって悪しきことは望むべきではない．お前の一生を通じて．そうすれば,お前は己のなす全てにおいて繁栄し，破滅させられることがないであろう．（ヨベル 36:7-8）[15]

ここには，二つの主たる義務が表現されている．神に対しての恐れと礼拝と,己の兄弟（すなわち自分の民族の構成員）への愛である．この二重の強調は，マルコ 12:28-34 の二重の愛の命令と類似のものである[16]．

　十戒は，五書が形成されていた期間中，拡大され，再解釈されていった[17]．ギリシア語を話すユダヤ人たち，とりわけ，アレクサンドリアのユダヤ人哲学者フィロンは，このプロセスをより推し進めた．律法の特徴をまとめ上げるフィロンの方法にとって決定的なのは，徳に関するギリシア的伝統の影響である．ギリシア文学，特に修辞的なテキストは，人間の義務を二つの範疇にまとめ上げるのを典型とした．一方では「聖なるもの」ないしは「敬虔なるもの」という範疇，他方では「義しいもの」というそれである．したがって，「敬虔さ」と「義」は，二つの主たる徳であった[18]．フィロンはシナゴーグのことを，七日ごとに徳を教える学校として語っている（『律法詳

---

[15] *ibid.*, 238 の翻訳（少々修正あり）．
[16] Berger, *Gesetzesauslegung*, 163; Reginald H. Fuller, "The Double Commandment of Love: A Test Case for the Criteria of Authenticity," in Luise Schottroff et al., *Essays on the Love Commandment* (Philadelphia: Fortress, 1978) 41–56, 特に 55 n. 22 を比較せよ．
[17] Berger, *Gesetzesauslegung*, 138; Weinfeld, *Deuteronomy 1–11*, 241–243.
[18] Berger, *Gesetzesauslegung*, 143-51. ヨセフスは，エッセネ派を扱った議論の中で，彼らが神性への敬虔（εὐσέβεια）と人間への正義（τὰ δίκαια）を実行すると誓うと言う（*Jewish War* 2.139）．この一対の徳の使い方に関しては（φιλανθρωπία が時々 τὰ δίκαια の代わりになっている），Steve Mason, *Commentary on the Jewish War Book 2* (Flavius Josephus, Translation and Commentary 1b; Leiden: Brill, 近刊) 2.139 の註釈 参照．

論』2:15　§62)．彼は更に，そこで学ばれる全ての特別な諺や勅令は，二つの主たる〈頭〉(heads) のもとに纏められる，と考えている——

> しかし，そこで学ばれた膨大な個別真実や原理の間で，いわば他を凌駕して抜きんでているのは，二つの主たる〈頭〉である．一つは，敬虔さと聖性によって示されている，神への義務のそれと，親切心 (φιλανθρωπία) と正義によって示されている，人間への義務である．そのどちらも，数多くの形の枝に分かれており，そのどれもが極めて賞讃すべきものである．(『律法詳論』2:15　§63)[19]

申命記5章の成立以来，十戒そのものは明らかに，フィロンがそれに関して初めて論文を著してそれを「再発見」するまで，ユダヤ教文書においては何の特別な役割をも果たすことがなかった[20]．フィロンは，出エジプト記とは異なって申命記に従うことによって[21]，十戒を神が「自ら個人的に，また自らの口のみによって」(『十戒総論』5　§19)[22] 与えた唯一の法として提示している．彼はさらに，十戒は「個別の律法をまとめる〈頭〉」(同上) でもある諸律法によって作られていると言っている．後になって，彼は10の戒めが五つごと二つの組に別たれたと主張している．それらの二組は二枚の板に刻みつけられ，最初の板には最初の五つが，二枚目の板には次の五つが記されている (『十戒総論』12　§50)．五つの律法を記した二つの組に関して，彼は次のように書いている——

> このように，法令の一つの組は，父にしてあらゆるものの創造主である神のことで始まり，特定の個人を生むことによって神の性を複写する両親のことで終わる．他の五つの法令を示す組は，すべての禁令を含んでいる．つまり，姦淫，殺人，窃盗，偽証，貪欲ないしは欲望である．(『十戒総論』12　§51)[23]

---

(19)「敬虔」という語 (εὐσέβεια) のフィロンにおける使い方と，ヘレニズム哲学との彼の関係に関しては，Gregory E. Sterling, "The Queen of the Virtues: Εὐσέβεια in Philo of Alexandria," *Studia Philonica Annual* 18 (2006) 参照．

(20) Berger, *Gesetzesauslegung*, 138. 十戒はナッシュ・パピルスで引用されているが，その実像は決定が困難である．Paul Foster, "Why Did Matthew Get the *Shema* Wrong? A Study of Matthew 22: 37," *Journal of Biblical Literature* 122 (2003) 309–333, 特に 327–328 参照．

(21) Weinfeld, *Deuteronomy 1–11*, 241.

(22) Francis H. Colson and George H. Whitaker, *Philo* (10 vols.; LCL; London: Heinemann; Cambridge: Harvard University Press, 1934) 7 : 15 の翻訳．

(23) Colson and Whitaker, *Philo*, 7 : 33 の翻訳．

フィロンは最初の五つを論じた後，一つの組の五つの戒めには注意深く従うが，他の組の五つは無視する人々について言及している．最初の組のみに排他的に従うのは，「敬虔さを渇望する」者たちと特徴づけられている．他方，第二の組のみに献身する者たちは，唯一の善とは人間に対して正義を行うことでしかないと考えている（『十戒総論』22 §108-9）[24]．前者は「神を愛する者たち」と呼ばれ，後者は「人間を愛する者たち」と呼ばれる．双方とも，徳の点では中途半端である（同上 §110）．フィロンは最初の五つの律法の組を「最も聖なる諸事」を命ずるものとみなし，二つ目の組を「人間にとって義なる諸事」を含むものと特徴付けている（同 §106）[25]．

ある箇所でフィロンは，代表的な徳は「敬虔」と「聖性」であると言っている（『十戒総論』23 §119）．十戒の第一の板をこのように強調することは，ユダヤ教伝統における，神への敬愛と服従の重要性を反映している．他の箇所では，ギリシアの民衆哲学に従いつつ，代表的な徳とは「敬虔」と「親切」（φιλανθρωπία）であると言っている（『徳』18 §95）[26]．ギリシアのテキストの典型的な対概念は，「敬虔と正義」であり，あるいは時には「敬虔と親切」（φιλανθρωπία）である．フィロンは，ユダヤ人は（他の）人間への憎悪（μισανθρωπία）を特徴としているという批判に向き合うために，「正義」や「義」よりも「親切」を選んだのかも知れない[27]．

上述したように，フィロンはその『律法詳論』において，十戒は全ての戒めの「表題」（headings）ないしは要約だと述べる[28]．彼はこの点をその『十戒総論』において詳論し，それを『律法詳論』において組織原理（an organizing principle）として使用した．しかしながら，フィロンが要約的表題というアイディアを，幾つかの律法のみが遵守さるべきで，他の律法は遵守

---

[24] Colson and Whitaker, *Philo*, 7:61, 63 の翻訳の修正版．
[25] 『十戒総論』24 §121 も見よ．ここでフィロンは，最初の組を神的なものとより関わりの深いものとして描いている．Dale C. Allison, Jr., "Mark 12.28-31 and the Decalogue," in Craig A. Evans and W. Richard Stegner, eds., *The Gospels and the Scriptures of Israel* (Journal for the Study of the New Testament Supplements 104: Studies in Scripture in Early Judaism and Christianity 3; Sheffield: Sheffield Academic Press, 1994) 270-278. 特に 272 参照．
[26] 『徳』9 §51;『アブラハム』37 §208;『モーセの生涯』2:31 §163 をも見よ．最後の部分で，θεοφιλής はおそらく，Colson が翻訳しているような，「彼に対する神の愛」という意味ではなく，「神を愛する」と訳すべきであろう．
[27] Berger, *Gesetzesauslegung*, 137, 140, 143-60, 168. また，Mason, *Commentary on the Jewish War Book 2*, on 2:139 も参照．
[28] 『律法詳論』2:15 §63.

されずとも良い，と主張するために使用しているのではないことは明白である．このことは，例えば割礼を，十戒とは別の特別な律法として，『律法詳論』の一種の前書きの中で，それのみで扱っていることからも明瞭となる(29)．さらに彼は，同一の作品の中で，幾つかの律法は十戒のどの戒めの表題にも収まらないことを認めている(30)．彼は，この問題を扱うに際し，新しいシェーマ (scheme) を使用しているのである．つまり，〔もろもろの〕戒めを正義や勇気などの徳にしたがって組織し，これらの命令が十戒の10の戒めに内包されていることを主張しているのである(31)．

私たちが見たように，「十二族長の遺訓」は神と隣人の双方を愛することを同一の文脈で語っている．しかし，この文書がキリスト教徒によって伝達されたという事実が，それを，二重の愛の命令が福音書からは独立して存在したことの確実な証拠として使うことを困難にしている．「ヨベル書」は時々，「互いに愛する」とか「自分の兄弟を愛する」とか語りはするが，そのような命令を，神を愛せよという命令と結合させることはない．フィロンは「神の愛人（あるいは友人）」($\varphi\iota\lambda\acute{o}\theta\varepsilon o\iota$) や「人間の愛人（あるいは友人）」($\varphi\iota\lambda\acute{a}\nu\theta\rho\omega\pi o\iota$) について語るが，この用法は，彼が行う戒めの要約的解釈にとっては典型的ではない．したがって，愛という観点からの二つの最も重要な，あるいは要約的な戒めというマルコに見られる構成は，たとえ独創的とは言えなくとも，少なくとも極めて特徴的なものである．

戒めを要約するか，あるいは最も重要なものを選択するというアイディアおよびその行いは，何よりもギリシア的・ヘレニズム的修辞学への応答として，つまり全ての人間の義務を二つの主たる徳のうちに要約しようというその修辞学の試みへの応答として，ユダヤ教のサークルの中に生じたものである．

タンナイーム〔1-2世紀のユダヤ教学者の総称〕とそれ以後のラビたちはそのような活動にいそしんだのであるが，果たして，関連するテキストがイエスの時代にまで遡る伝承を表しているか否かは不確実である(32)．した

---

(29) 『律法詳論』1：1-2 §§1-11.
(30) 『律法詳論』4：25 §§132-35.
(31) Colson and Whitaker, *Philo*, 7:xi の議論を見よ．
(32) Philip S. Alexander, "Jesus and the Golden Rule," in James H. Charlesworth and Loren L. Johns, eds., *Hillel and Jesus: Comparative Studies of Two Major Religious Leaders* (Minneapolis, MN: Fortress, 1997) 363-388, 特に 375, 382-388; なお George Foot Moore, *Judaism in the First Centuries of the Christian Era: The Age of the Tannaim* (2 vols.; New York: Schocken Books, 1958)

がって，私たちがマルコに見るような二重の愛の命令は，ギリシア語を話し，ギリシアの民衆倫理かそのような倫理のユダヤ教側の翻案を知っていたユダヤ人によって造られたものと思われる．この伝承がパレスチナの外で形成されたという必要性は必ずしもない[33]．パレスチナでは，ユダヤ人たちはもはや何世紀にもわたってヘレニズム的文化と接触して来ていたからである[34]．パレスチナ，とりわけエルサレムには，ギリシア語を話すユダヤ人たちが住んでいた[35]．彼らのうちの何人かは，デイアスポラからのユダヤ人巡礼者と接触があったし，また何人かはディアスポラのユダヤ人共同体を訪れたか，そこに住んでいたことがあり，また何人かは幾つかのそうした共同体に生まれ育ったユダヤ人であった[36]．エルサレムで1913年か1914年に発見されたギリシア語の碑文は，紀元1世紀にはギリシア語を話すユダヤ人たちのシナゴーグが存在したことを証明している[37]．エルサレムにおいては，ディアスポラから戻ってきた，ギリシア語を話すユダヤ人たちのために，一定の数のシナゴーグが設立されたものと思われる[38]．

　上記のように，マルコにおける二重の愛の命令のもっとも特徴的な側面は，申6:4-5とレビ6:4-5を結合した引用にある．実質的には，これらの二つの章句を連結する理由は，典型的にユダヤ的（キリスト教的）方法によって，二つの主たる徳，つまり敬虔（εὐσέβεια）と正義（δικαιοσύνη）あるいは親切（φιλανθρωπία）を表現することにあった．様式的には，この二句を結びあわすことの正当化は，ヒレルに帰されている第二の解釈的規範あるいは解釈学的原則であるかも知れない．すなわち「同一の宣言」ないしは「類似の法則」のそれである．そこから，二つの部分で同じ表現――「愛する」という動詞（ヘブライ語のאהב，ギリシア語のἀγαπεῖν）――を使うことが，二つのテ

2.83-88 参照.
(33) 反対意見は Bornkamm, "Doppelgebot," 87-88; Burchard, "Das doppelte Liebesgebot," 55.
(34) Martin Hengel, *Judaism and Hellenism: Studies in their Encounter in Palestine during the Early Hellenistic Period* (2 vols; Philadelphia: Fortress; London: SCM, 1974) 1.58-106.
(35) Martin Hengel, *The 'Hellenization' of Judaea in the First Century after Christ* (London: SCM; Philadelphia: Trinity Press International, 1989) 9-11. なお，Mark A. Chancey, *Greco-Roman Culture and the Galilee of Jesus* (Society of New Testament Studies Monograph Series 134; Cambridge, UK/New York: Cambridge University Press, 2005) 特に chapters 1-3 参照.
(36) Hengel, *'Hellenization' of Judaea*, 13-14.
(37) この碑文の英訳は，Eric M. Meyers, "Synagogue," *Anchor Bible Dictionary* 6 (1992), 251-260, 特に252参照．議論に関しては，Hengel, *'Hellenization' of Judaea*, 11, 13, 21, 70 n. 60 参照.
(38) Hengel, *'Hellenization' of Judaea*, 13.

キストを結合させるための理論的根拠を提供したのであろう[39]。

　ギリシアの倫理への興味と聖書の原ラビ的釈義との結合は，ギリシア語を話すイエス信奉者たちが，主にアラム語を話すイエス信奉者たちや，ギリシア語かアラム語（あるいはその双方）を話しつつもイエスに従わないユダヤ人らと対話し，あるいはおそらく一定程度彼らと対立し合っていたコンテキストには，よく適合するであろう．したがって，マルコに保存されている表現形式の起源は，元来エルサレムに位置し，使徒言行録の作者によって「ヘレニスタイ（ギリシア語を話すユダヤ人）」(6:1-6) と名付けられたキリスト教徒らのグループのコンテキスト[40]に合致するであろう．

　もし，マルコが保存した二重の愛の命令の表現形式がイエスに遡らないとしても，それは彼の教えと活動の中に重要なルーツを持つことは明確である[41]．例えば，己の敵を愛せよという教えは，歴史的イエスに遡源するものとされてよいであろう[42]．

マルコ 12:28-34 のトーラー

　律法学者はイエスに問う，「どの戒めが全ての中で第一の (πρώτη) ものか」．ここでは πρώτη（「第一の」）という語は，重要さや卓越性に関して「筆頭の」という意味であり，順序（シークェンス）の次元の「最初」という意味ではない[43]．マタイは質問者をして，「どの戒めが律法の中で最大のもの (μεγάλη) か」(22:36)）と問わしめているが，これはマルコにおける箇所の質問と同じ意である[44]．ルカは質問者に，永遠の命を嗣ぐには何をしなければならないか (10:

---

(39) Asher Finkel, *The Pharisees and the Teacher of Nazareth* (Arbeiten zur Geschichte des Spätjudentums und Urchristentums 4; Leiden: Brill, 1964) 174; Victor Paul Furnish, *The Love Command in the New Testament* (Nashville, TN: Abingdon, 1972; London: SCM, 1973; 後者の版で引用) 28; Berger, *Gesetzesauslegung*, 170.
(40) 「ヘレニスタイ」とイエスを受け入れなかったギリシア語を話すユダヤ人の対立に関しては，使徒言行録 6:8-10 参照．また 9:29 も見よ．
(41) Bultmann, *History*, 54-55; Burchard, "Das doppelte Liebesgebot," 61-62.
(42) Bultmann, *History*, 105; Furnish, *Love Command*, 65-66.
(43) Walter Bauer, *A Greek-English Lexicon of the New Testament and Other Early Christian Literature* (ed. William F. Arndt, F. Wilbur Gingrich; 3rd ed. rev. by Frederick W. Danker; Chicago: University of Chicago Press, 2000) s. v. πρῶτος.
(44) マルコのイエスは，31b 節の同じ形容詞に比較級を使っている

25），と問わしめているが，これは戒めや律法の解釈に，マルコやマタイの版と同じように明確な焦点を当てるものではない．

　マタイにおける当の質問の表現形式は，三者のうちではラビたちの術語に最も近い．ラビ文学では戒めを数え，613 の数に達した．これらのうち，248 は肯定的な戒めであり，365 が禁止の戒めである[45]．これらの数字は，「見事な発想のうちに」，肯定的戒めの数が人体の 248 の肢体と器官の数と結びつけられ，禁止的戒めが太陽暦の 365 日と連結させられることによって，事柄にふさわしいことが示されたのであった[46]．613 の戒めはまた，「軽い戒め」と「重い戒め」に分けられた．この区別の意義は多様であった．時には，「軽い戒め」は人の力や財産などをほとんど要求しないものと定義された．その反対に，「重い戒め」は，多額の金の支出を要求するか，あるいは命に関わる脅威を含むものとされた[47]．また他の時には，「重い戒め」は「重要な」戒めと定義された．この場合は，「軽い戒め」は「重要ではない」戒めを意味する．「重要な」戒めは，マタイ 22:36 のように，「大いなる戒め」とも言われることもあった[48]．「重い」あるいは「重要な」戒めは，あるテキストによると，聖絶（神的行為により，民から「切り取られる」こと）ないしは死罪宣告が規定に入っているものと定義された．そして「軽い」あるいは「重要ではない」戒めは，その違反が代贖可能ということを含意する，と理解された[49]．最も一般的には，「重要な」あるいは「重い」戒めは，偶像崇拝，姦淫，流血，神名冒瀆，己の隣人への悪口中傷を禁止するもの，また，安息日を聖く保ち，トーラーを学び，囚われ人たちの身請けをするように命ずるもの[50]と定義づけられていた．バビロニア・タルムードの一テキストには次のようにある——

> さて，どの戒めが他の一切の戒めと同じほどに重みがあるか．もちろん（逐語的には「言え」），それは偶像に関するものだ．……では，どの戒めが聖なる方——おん方に誉れあるように——の言葉において，また同じくモーセの

---

(45) [Hermann L. Strack and] Paul Billerbeck, *Kommentar zum Neuen Testament aus Talmud und Midrasch* (6 vols.; Munich: Beck, 1926-61) 1: 900.
(46) Moore, *Judaism*, 2: 83.
(47) Billerbeck, *Kommentar*, 1: 901.
(48) Ibid.「軽い」戒めとは，「小さい」戒めとしても言及され得た（同，901-2）．マタイ 5:19 参照
(49) Billerbeck, *Kommentar*, 902.
(50) Ibid.

手によって与えられたものか．もちろん（逐語的には「言え」），それは偶像のそれだ．というのも，ラビ・イシュマエルは朗読したからだ．「『私』（「私は主である，等」の最初の戒めの最初の言葉，出 20:2）と『お前は持たない』（第二の戒めの最初の言葉，出 20:3）という言葉が全能者の口から聞かれた（逐語的には「私たちは聞いた」）からだ．」（バビロニア・タルムード「ホラヨート・教示」8a §f）[(51)]．

「他の一切の戒めと同じほどに重みがある」戒めとは，マタイ 22:36 の「（最）大なる戒め」や，マルコ 12:28 の「第一の戒め」に等しい．

マルコ 12:30 に引かれた申 6:5 の「お前の神なる主を愛せ」という命令は，ホラヨート 8a に引用された最初の二つの戒めに等しい．全ての場合において，問題は最も重要な戒めである[(52)]．しかし，三福音書のどれにおいても，この文脈の中で生ずる申 6:5 とレビ 19:18 との結合は，内容的にみて，律法全体の要約である[(53)]．類似的であるのは，既に見たように，律法は敬虔と親切という二つの主たる徳において要約されるとフィロンが示唆していることである．

マルコにおいては，律法学者はイエスから学ぼうという純粋な願いから彼に接近したと描かれている．それは，マタイ 22:35 やルカ 10:25 のように彼を試みるためではない．イエスの答えにおいて，申 6:4 の引用は，ただ一人の神しかいないというユダヤ教の主張を強調している．ヘブライ語のテキストは曖昧で，「聞け，イスラエルよ，主はわれらが神であり，主のみである」とも訳しうる．しかし，マルコが従っている七十人訳聖書の写本は，「のみ」あるいは「一人」を意味するヘブライ語テキストの言葉（אחד）が述語として理解さるべきことを明示している――

> 聞け，イスラエルよ，われらが神なる主は一人の主である（あるいは「われらが神なる主，主は一人である」あるいは「主はわれらが神，主は一人」である）[(54)]．

---

(51) Israel W. Slotki in Isidore Epstein, ed., *The Babylonian Talmud: Seder Nezikin, Horayoth* (London: Soncino Press, 1935-52) の翻訳．
(52) アリスティアスの手紙 228 参照（「なぜなら，神の大変大きな戒めは，両親への敬いに関するものだからです」, translation from R. J. H. Shutt in James H. Charlesworth, ed., *The Old Testament Pseudepigrapha* (2 vols.; Garden City, NY: Doubleday, 1983-85) 2: 28.
(53) この点はマタイ 22:40 で明らかにされている．
(54) Bornkamm, "Doppelgebot," 87 および n. 8 における議論参照．

13章　マルコにおけるトーラーの受容

マルコのイエスは，律法学者に対する返答の前半（「お前は愛するであろう，等」）において，続けて申 6:5 を引用する．しかしここでは，マルコ福音書の文言は七十人訳聖書とは違って，命じられたように神を愛する方法を描写するのに，三つではなく四つの句を提示している[55]．七十人訳聖書には次の様に書いてある．

> そしてお前はお前の神なる主を愛すべし，
> お前の心を尽くして，そして
> お前の命をつくして，そして
> お前の全ての力を尽くして．（申 6:5 LXX）．

コーデックス・ヴァティカヌスを含む幾つかの写本は，「心」（καρδίας）の代わりに「理解」（διανοίας）と読んでいる[56]．この読みが，ゲッチンゲン版の七十人訳聖書の申命記では優先されている[57]．Καρδίας（「心」）という読みの方がヘブライ語のלבבのより逐語的な翻訳であり，διανοίας（「理解」）というのはより比喩的な訳である[58]．

マルコのテキストは，先に引用したように，第三の行まで七十人訳聖書と一致する．そこに「あなたの思いを尽くして」が付加されている．ギュンター・ボルンカムの主張によれば，マルコにおけるこの句の付加部分は，この対話版が，ヘブライ語のテキストを語彙的かつ文化的にギリシア語形態に変貌させる七十人訳聖書の傾向を一層継続し，かつ強めるものであることを示している[59]．

上記に引用した七十人訳聖書のテキストの最後の行に対応する行において，マルコは「力」（δυνάμεως）ではなく「強さ」（ἰσχύρος）と読んでいる．

---

[55] 1QS5:8-9において，おそらく申 6:5 に言及していると思われる箇所は，ヘブライ語のテキストにある3つの句の中二つのみを呈している（「彼の心を尽くして，そして彼の命を尽くして」この（少し修正した）翻訳は，Florentino García Martínez and Eibert J. C. Tigchelaar, eds., *The Dead Sea Scrolls Study Edition* (2 vols.; Leiden: Brill, 1997-1998) 1.81 に由来．

[56] Bornkamm, "Doppelgebot," 88．なお，διάνοια（「思考」）はלבないしはלבב（「こころ」）の頻繁に使われる訳語であるため，ボルンカムはこの変形には余り重要性を附与しなかった（同参照）．

[57] *Septuaginta: Vetus Testamentum Graecum/auctoritate Academiae Scientiarum Gottingensis editum*, vol. 3.2: John William Wevers, ed., *Deuteronomium* (Göttingen: Vandenhoeck & Ruprecht, 1977) ad loc.

[58] Foster, "Why Did Matthew Get the *Shema* Wrong?" 320.

[59] Bornkamm, "Doppelgebot," 88-89.

七十人訳聖書の全て現存する写本は，ヘブライ語のמְאֹד（「力」［power］あるいは「力強さ」［strength］）を δύναμις（「力」［power］）と翻訳することで一致している．マタイはこの ἰσχύς（「強さ」［strength］）という語を削除しているが，これはこの語がこの文脈ではあまりなじみのある語ではないためかも知れない[60]．

律法学者は，どの戒めが全ての中で「第一」のものかを尋ねたのであるが，マルコのイエスは更に続けて，どの戒めが重要さの位階から見て「第二」のものであるかを説明している．すなわち，レビ 19:18aβ に見いだされる「あなたはあなたの隣人をあなた自身のように愛すべし」という命令である．ここで意味されていることは，これらの二つが共に最も重要な律法であること，あるいはそれらが一体となって，律法そのものを要約しているということである[61]．

レビ記のこの命令の文脈が，「隣人」（רֵעַ）とは自分の同朋イスラエル人のことであることを明確にしている（レビ 19:17.18a）[62]．「ヨベル書」においても，族長たちは同様に兄弟たち，すなわち同朋イスラエル人たちを愛するように説いている（7:20, 20:2, 36:7-8）．しかし「アリスティアスの手紙」168 では，「私たちの律法は，私たちが言葉においても行いにおいても，誰をも害しないことを命じている」と語り，律法の命ずる正義はすべての者（πάντες ἄνθρωποι）に及ぶ，と述べている[63]．フィロンも，人間に対しての義務に関する戒め〔複数〕を，普遍的な次元で解釈している[64]．

パウロは，あなたの隣人をあなた自身のように愛せよという戒めを，第一義的にはそれぞれの土地のキリスト教共同体の成員に適用している（ガラ 5:14，ロマ 13:8-10，なおロマ 12:9-10 参照）[65]．この対話のマルコの版でもマタイの版でも，隣人を愛するようにという命令が全ての人間に適用されていると示唆するものは何もない．ルカ福音書の著者は，この物語を善きサマリ

---

(60) Foster, "Why Did Matthew Get the *Shema* Wrong?" 320-21. 七十人訳聖書において，この部分が三重の構造になっている（四重になっているマルコの構造と区別されて）ことがもう一つの理由かも知れない．

(61) Furnish, *Love Command*, 26-27.

(62) Jacob Milgrom, *Leviticus 17-22* (AB 3A; New York: Doubleday, 2000) 1646-56, 特に 1654.

(63) ギリシア語のテキストは Henry Barclay Swete, *An Introduction to the Old Testament in Greek* (Cambridge: Cambridge University Press, 1914) 580; 翻訳は私訳．

(64) フィロンの議論を見よ，特に『十戒総論』22 §§106, 108-10 参照（上記の「イエスとの関係，独創性，そして文化的コンテキスト」の中）．

(65) Furnish, *Love Command*, 99-106 参照．

13章　マルコにおけるトーラーの受容

ア人の例話と結ぶことによって，己の敵はまた己の隣人であることを暗示している（ルカ 10:25-37）[66]．マタイとルカの注意深い読者ないしは聴者なら，隣人愛というものを，これら福音書の他の箇所に記されている，己の敵を愛せよというイエスの教えの光りの許で理解するであろう（マタイ 5:43-48，ルカ 6:27-36）[67]．

「ヨベル書」やフィロンとは異なって，パウロは明らかに，隣人愛という形の律法の要約は，どの特定の戒めに拘束力があり，どれにはないかを決定する基準となるべきであることを示唆している[68]．この立場が，クラウス・ベルガーが主張するように，パウロ以前のギリシア語を話すユダヤ人によって既に採用されていたということは，疑わしい．彼らがそのような立場を，少なくとも完全な改宗者との関係で，とったとは考えにくい．彼らは，律法がいかに要約されうるかという問題には興味があったが，しかしラビたちは全ての戒めが一様に拘束力があると見なしていた[69]．フィリップ・アレクサンダーによれば，特殊な律法条項こそが一般的原理を評価するための基準を構成したのであり，その逆ではないのである[70]．

マルコ 12:31b——「他のどの戒めも，これらより大いなるものはない」——の発言自体は，幾つかの戒めには拘束力がないということを示唆してはいない[71]．しかし，マルコの聴衆は全体として，この対話をそのように読む基盤を第7章に見いだすかも知れない．その文脈では，イエスの言葉が引用されている——「人間の外にあって，彼の中に入ることにより，彼を穢すことができるものは何もない．むしろ，人間の中から出ていくものこそ，彼を穢すのだ」（7:15）．この言葉の解釈が弟子たちに秘かに与えられたことを報告するとき，福音書記者は，この言葉の意味するところは全ての食物が清いということだ，と述べている（7:19）．

---

(66) パウロはロマ 12-13 では，はっきりとは愛敵のことを語りはしないが，敵を親切に扱うことは勧めている．Furnish, *Love Command*, 106-10 参照．

(67) Furnish, *Love Command*, 45-59.

(68) 「ヨベル書」とフィロンに関する上記の議論参照（「イエスとの関係，独創性，そして文化的コンテキスト」の中）．パウロに関しては，Furnish, *Love Command*, 95-98; Berger, *Gesetzesauslegung*, 50-51 参照．

(69) Israel Abrahams, *Studies in Pharisaism and the Gospels* (2 vols.; Cambridge: Cambridge University Press, 1917-1924; reprinted 2 vols. in 1; Library of Biblical Studies; New York: Ktav, 1967) 1: 25. 元来の二巻がここに引用されている．Bornkamm, "Doppelgebot," 86 をも見よ．

(70) Alexander, "Jesus and the Golden Rule," 387-88.

(71) Contra Bornkamm, "Doppelgebot," 86.

律法学者はイエスが「見事に」あるいは「よく」(καλῶς) 答えたと宣言する (12:32). この発言は，イエスがサドカイ人らに「見事に」答えたのをこの律法学者が見て取ったという，28 節における語り手のコメントを取り上げている. この律法学者も，「先生」(διδάσκαλε) とイエスに呼びかけることによって，イエスの権威を認めている. 律法学者は，イエスが「真実にしたがって」(ἐπ' ἀληθείας) 答えたと言うことによって，さらなる賛同を表している.

律法学者の質問に対するイエスの答えを扱った律法学者の発言は，二つの部分から形成されているが，これらの二つの部分は，神を愛し，自分の隣人を愛するという二つの命令にそのまま対応しているものではない. むしろ，最初の部分 (32 節) は，申 6:4 (七十人訳聖書) の唯一神の観念を表現する部分を強調する[72]. 律法学者はその句をもとに，神は一なる者 (εἷς ἐστιν) であることを主張し，更にはイザヤ 45:21 か申 4:35 か，あるいはそれらの結合したものを加える ——「そして彼の他には誰もいない」(καὶ οὐκ ἔστιν ἄλλος πλὴν αὐτοῦ)[73]. この唯一神の強調は，この挿話が異邦人への伝道を見込んで形成されたことを暗示している[74]. この伝道はパレスチナにおいても，ディアスポラにおいてと同様に，重要事であった[75].

律法学者の返事の第二の部分 (33 節) において，彼は，彼の当初の質問に対するイエスの返答中の二重の愛の命令を再表現する. 彼はまず申 6:5 の，神を愛せよという命令を再述する. イエスの返事における申 6:5 への間接言及では，神が愛さるべき四つの方法が述べられていたが，これとは異なり，律法学者の再述には，七十人訳聖書の該当箇所と同様，ただの三つのみが現れる ——

    そして彼を愛すること
    (あなたの) 心を尽くし，かつ
    (あなたの) 理解を尽くし，かつ
    (あなたの) 強さを尽くして.

---

(72) Bornkamm, "Doppelgebot," 86-87.
(73) イザヤ 45:21 LXX にはこうある：「私は神である，私をおいて他にはいない」(Ἐγὼ ὁ θεός, καὶ οὐκ ἔστιν ἄλλος πλὴν ἐμοῦ.)；申 4:35 LXX は：「彼は神である，そして更には，彼をおいて他にはいない」(οὗτος θεός ἐστιν, καὶ οὐκ ἔστιν ἔτι πλὴν αὐτοῦ.) と読んでいる.
(74) Bornkamm, "Doppelgebot," 87.
(75)「イエスとの関係，独創性，そして文化的コンテキスト」の中の議論参照.

13章　マルコにおけるトーラーの受容

律法学者は，イエスの答えにはあったところの，神を愛すべき第二の道を削除する．すなわち，「あたなのいのちを尽くして」である．その結果は，30節の余分な句である「あなたの思いを尽くして」(ἐξ ὅλης τῆς διανοίας σου) が保持され，かつ σύνεσις (「知性」あるいは「洞察」) が διάνοια (「理解」) と入れ替わることでパラフレーズされることになる．心の活動をこのように強調することは，ギリシアの民衆哲学において理性に与えられた高い価値の影響を明らかにしている．これはまた，異邦人伝道のコンテキストに合致する強調であろう[76]．

33節における第二の愛の命令を律法学者がパラフレーズした際の新しい要素は，二重の愛の命令が「すべての燔祭や犠牲以上のもの」であるという主張である．この発言は，ホセア6:6あるいはサムエル上15:22への間接的言及である．七十人訳聖書のホセア6:6は，「というのも，私は憐れみを欲し，犠牲を欲しない．また燔祭よりも神の全き知識を欲する」とある．サムエル上15:22 (1Kingdom15:22 LXX) は次のようである，「そしてサムエルは言った，『燔祭と犠牲とは，主の声を聞くことよりも，主によって望まれているだろうか』」．

ボルンカムは，この間接的な〔旧約への〕言及を祭儀的犠牲の批判として理解した[77]．この句はそうした読み方にも開かれてはいるものの，必然的なものでは全くない．先ほど引用した古い聖書の該当二箇所は，憐れみないしは親切，神の知識，そして主の声を聞き，それに従うことが燔祭や犠牲よりも重要であることを示唆している．それはしかし，祭儀的な犠牲が全くなされる必要はないということを意味しない．またそれらが廃止さるべきであるとの意味には決してならない．同じことは，マルコ7:15の何が人を穢すかというイエスに帰されている言葉にも言える．この言葉は，それ自体としては，食物律法が遵守されずとも良い，ということを意味していない．その考えは，7:19の最後の部分を考慮したときにのみ出てくるものである[78]．

イエスは律法学者が思慮深く (νουνεχῶς) 答えたことを見たという34節における語り手の言葉は，この律法学者が，サドカイ人らに見事に答えたイエスを見たという28節の表現に対応している．Νουνεχῶς という言葉 (「思慮深

---

(76) Bornkamm, "Doppelgebot," 86-87 参照
(77) Ibid., 85, 89-90.
(78) マルコ12:33の節に関しては，Abrahams, *Studies in Pharisaism*, 2:197-199 参照．

く」)は，新約聖書中，ここにしか使用されていない．旧約外典も含め，旧約聖書のどのギリシア語版にも使用されてはいない[79]．この言葉は，διάνοια (「理解」) および σύνεσις (「知性」「洞察」) と共に，このテキストが，おそらくギリシア語を話すユダヤ人の仲介を経て，ギリシアの民衆哲学との近似性を持っていることを示している[80]．

イエスは律法学者を誉め，次のように言う，「あなたは神の王国から遠くはない」．この発言は，緩叙法 (λιτότης) と呼ばれる修辞法の一例である[81]．この語の基本的な意味は，「素朴なこと，単純なこと」である．修辞法としては，それは「強烈にするために控えめに言うこと，否定形による逆の事態の肯定」[82]を意味する．

このことは，イエスの発言は否定的でなく，肯定的にとられねばならないということである．控えめに表現されて逆に強調されているのは，律法学者が神の王国に近いということであり，彼がまだ王国に属していないということではない[83]．ポイントは，マルコのイエスによって表現された二重の愛の命令が，律法の純粋にユダヤ教的理解であること，また，この理解に賛同できるユダヤ人なら誰でも，神の王国の近くにいるということである．イエスの発言の力は，護教と伝道 —— この場合はユダヤ人に関して —— のコンテキストにおいて，意味を持つ[84]．

語り手の締めの言葉は，「そして誰もそれ以上彼にあえて質問しなかった」とある．これは，イエスと律法学者の肯定的なやりとりの後としてはいささか驚かせる．これはおそらく福音書記者の編集句であり，三つの対話に適用され，それらを締めくくる意図を持つものであろう．カエサルへの納税問題 (12:13-17)，復活問題 (12:18-27)，そして「第一の」戒めに関する質問 (12:

---

(79) *Moulton and Geden: Concordance to the Greek New Testament* (6th rev. ed.; ed. I. Howard Marshall; London/New York: T & T Clark/Continuum, 2002) s. v. そして p. xvii. Νουνεχῶς という単語はアリストテレス以降，νουνεχόντος (感受性のある) と同じ意味の言葉として共通の語である．James Hope Moulton and George Milligan, *The Vocabulary of the Greek Testament Illustrated from the Papyri and Other Non-Literary Sources* (Grand Rapids, MI: Eerdmans, 1930) s. v. νουνεχῶς 参照．
(80) Bornkamm, "Doppelgebot," 88-89 参照．
(81) Ibid., 90.
(82) Smyth, *Greek Grammar* §3032.
(83) ファーニッシュは，この修辞法が「律法学者は王国に属していると言われている」との意を含んでいると結論づけることで，勇み足を犯している (*Love Command*, 28-29 n. 12)．
(84) Bornkamm, "Doppelgebot," 91 参照．

28-34) である(85).

　マルコにおける申 6:4-5 とレビ 19:18 の受容のこの分析は，福音書記者のトーラーに関する視野が，ヘブライ語の聖書の実体の変容によって深い影響を受けて来ていることを示した．つまり，その聖書がギリシア語に翻訳され，ディアスポラのユダヤ人によって，ギリシア文化と複数的な社会のコンテキストにおいて読まれるときに生じる実体の変容なのである．これらの章句が受容されたことは，律法を要約する申命記的伝承の傾向に多くを負っている．その受容状態はまた，律法を，徳に関するギリシアの民衆哲学的な教説と，とりわけ二つの主たる徳の修辞学的トポスの次元で要約しようとするヘレニズムユダヤ教の試みに，なお一層負っている．この章句は，要約を超えて，原則に基づきつつ特定の律法の妥当性が受入らるべきか拒絶さるべきかという思考へと動いていくことはまだない．この章句は，原則は個別律法の光のもとで評価されねばならない，という伝統的ユダヤ教の観念を明白に超えることはない．しかし，聴衆の中で，主たる戒めを個別律法の適用妥当性の基準として使う伝承に親しんでいた者たちは，この対話をそのように理解することも出来たのである．

　　　　　　　　　　　　　　　　　　　　　　　　　　　（佐藤研訳）

---

(85) Burchard, "Das doppelte Liebesgebot," 43.

Chapter 14

創造と聖なる空間 ── フィロン,第四福音書,ヘブライ人への手紙によるモーセ五書の重要主題の再使用

ハロルド・W・アトリッジ

　第二神殿時代のユダヤ教の巻物とより広い世界でのモーセ五書の使用について議論するこの国際研究集会に招かれたことを大いなる喜びとし,わたしをここに招待してくれた秦剛平教授ならびにこの研究集会を可能にされた関係者一同に感謝の意を表明したいと思います.

　わたしはこのペーパーで二つの単純な申し立てを行います.

　ひとつはモーセ五書のギリシア語訳が,ギリシア語を話すユダヤ人たちや,彼らの兄弟たちで競争相手ともなったキリスト教徒たちに,彼らが宗教的実存を生き,活動し,そして体験した「聖なる空間」を提供したことであり,他のひとつは,彼らがその空間で生きたのは,ギリシア語訳のモーセ五書をつくりだした言葉を創造的に探求することによってであったということです.

　最初に第二の申し立てからはじめ,七十人訳の読者たちがテキストを探求して,そこに内在する新しい意味を見出そうとした道筋を説明しようと思います.ここでは,彼らの探求を,便宜上,「ミドラシュ」と呼んでおきます.その用語にどんな問題が含まれていようと,ここではそれを無視いたします.

● 第Ⅳ部　新約聖書とモーセ五書 ●

七十人訳的ミドラシュの一例

　ヘブライ人への手紙[(1)]からはじめます．これはわたしの好きなテキストです．

　これは励ましと支えを必要としたイエスに従う者たちのグループに宛てて，紀元後1世紀の後半のある時期に書かれた説教です．これを書いた説教者は，メシアの死と高挙の意味を大胆に再解釈いたします．すなわち彼は，聖書テキストの釈義[(2)]を介しての再解釈で，説教の課題に取り組んだのです．彼が使用する聖書は明らかにギリシア語訳であり，彼はそのギリシア語訳聖書をギリシア語のレトリックとラビ的ミドラシュを併用して解釈するのです．

　二つの文節がとくに，この説教者の構想にとって，七十人訳の重要性を浮き彫りにいたします．ひとつは，モーセ五書のテキストを特色づけるもので，それはまたわたしが取り組もうとしているより大きな事柄を示唆するものとなります．

　説教のはじめの方で，パレネシスのようなそれ自体で独立し得る一節において，この説教者は聞き手に向かって，聖書の言葉，なかでも詩編95:7-11の言葉を，彼らに直接語りかけたものとして耳を傾けるよう促します．彼は声を轟かせて言います．「今日，あなたたちが神の声を聞くなら，神に反逆したときのように，あなたたちの心を頑なにしてはならない」と．「生き，働き，どんな両刃の剣よりも鋭い」神の言葉は，今，耳を傾ける者たちの信仰心が篤ければ，その心の思いや考えの中に入り込みます．そして彼らが耳

---

(1) Harold W. Attridge, *Hebrew: A Commentary on the Epistle to the Hebrew* (Hermeneia; Philadelphia: Fortress, 1989) 参照．さらに最近の注解書では，Craig Koester, Hebrews: *A New Translation with Introduction and Commentary* (Anchor Bible 36; New York: Doubleday, 2001); Luke Timothy Johnson, *Hebrews: A Commentary* (NTL; Lousville: Westminster John Knox, 2006): amd Alan C. Mitchell, *Hebrews* (Sacra Pagaina; Collegeville, MN: Liturgical Press, 2007).

(2) 説教の釈義的技法と解釈学的方法についての最近の論文は，Herbert W. Batemen, *Early Jewish Hermeneutics and Hebrews 1: 5-15* (New York: Peter Lang, 1997); Pamela Michelle Eisenbaum, *The Jewish Heroes of Christian History: Hebrews 11 in Literary Context* (SBLDS 156; Atlanta, GA: Scholars, 1997); C. A. Gieschen, "The Different Functions of a Similar Melchizedek Tradition in *2 Enoch* and the Epistle to the Hebrews," in Craig A. Evans and James A. Sanders, eds., *Early Christian Interpretation of the Scriptures of Israel: Investigations and Proposals* (JSNTSup, 148; Sheffield: Sheffield Academic Press, 1997), 364-379, および Harold W. Attridge, "Psalms in Hebrew," in Steve Moyise and Maarten Menken, eds, *The Psalms in the New Testament* (London/New York: T&T Clark, 2004) , 197-212 参照．

を傾けるとき，新しい世界が開かれるのです．それはこの世のことだけに目を向けている者たちには分からない世界なのです．

この啓示の内容を伝える手段は言葉遊びです．それはラビ的な *gezera shawa* に似ており，詩編を創世記と関係づけます．説教者はヘブライ人への手紙4:3-4でその関係づけを行います．彼は申し立てます．彷徨える神の民のため神が約束された「安息」は，今日までまだかなえられずにいる，と．神は，荒れ野で反逆した世代に向かって，彼らが神の「安息」に入ることはないと誓われたが，その方は，カナンの土地を示唆したのではなくて，より壮大でより永遠的な何か，その方ご自身が創造の業を完成したあとに入られたあの安息を示唆していたのです．説教者は，この点を強調するために，その後すぐに詩編からそれに関連する一節「わたしは怒りの中で誓ったので，彼らは決してわたしの安息に入らない」を引き，ついで創世記2:2の「神は七日目にすべての業を終えて休まれた」を引きます．この二つ文節が共鳴し合っていることは，ギリシア語訳においてそうであるように ── ギリシア語では「わたしの安息 *katapausin mou*」と「(神は) ……休まれた *katapausen*」は共鳴し合っております ──，英訳でも明々白々です．しかし，その共鳴の響きはヘブライ語では聞こえてきません．ヘブライ語テキストに見られる二つの文節では，*shabat* が「安息」に，*menucha* が「安息の場所」の意で使われているからです．ギリシア語訳こそが，二つの文節の創造的な結びつきを可能にさせ，ついで語りかけている相手の幻に永遠のシャバトの安息の世界を開いているのです．それは後の時代の神学者たちが求めつづけようとしているものです[3]．この小さなミドラシュはギリシア語訳においてはじめて可能なもので，ギリシア語訳モーセ五書は紀元後一世紀の詩編理解への鍵を与えるものです．古代のカナンの「安息の場所」とはまったく異なる聖なる場所ないしは安息の状態が，今，信仰ある者を待っているのです．

第4章の例はユニークなものではありません．ヘブライ人への手紙には他にもいくつかの例があるからです．創世記から聖書の別のテキストへのつながりをつけるミドラシュ的手法の例は，もし探求するのであれば，それは実

---

(3) Jon Laansma, *"I Will Give Your Rest": The Rest Motif in the New Testament, with Special Reference to Matthew 11 and Hebrews 3–4* (WUNT 2/98; Tubingen: Mohr-Siebeck, 1997); Judith HochWray, *Rest as a Theological Metaphor in the Epistle to the Hebrew and the Gospel of Truth: Early Chrisitan Homiletics of Rest* (SBLDS 166; Atlanta: Scholars, 1998) 参照．

り多い探求となるはずです．しかしここでは，これらの文節の詳細な釈義を追いもとめることはせず，重要な関係づけを行っている文脈に注意するにとどめましょう．

　ヘブライ人への手紙の中心的な章（8章から10章）は，贖罪の日の犠牲とキリストの死の間にある類比を展開させます．その3章はまた，エレミヤ書31：31-34（七十人訳では38：31-34）の約束にもとづく，新しい契約の主題の中で編まれております．ギリシア語訳モーセ五書とこの預言者の間のつながりは，議論全体を支配するものですが，特定の文節の中に，議論を補強してくれるものを見出すことができます．ヘブライ人への手紙9：20は出エジプト記24：8を引きますが，それは第一の契約のはじまりに言及するものです．聞き手に，契約という形式における「血」の重要さを想起させるためです．エレミヤ書と出エジプト記の間の言葉のつながりは，二つのテキストに見られる「契約」を意味するディアテーケという言葉だけです．

　ヘブライ人への手紙を離れる前に，七十人訳のテクストが，マソラ・テキストにたいして，それよりも大きな神学上の原則を支えている最後の例を引いておくことは有益でしょう．それは第10章における詩編40：7-9の引用です．

　説教者は，この部分（ペリコーペ）に先立って，天にある新しい贖いのための完全ないけにえのリアリティーと，それまでの地上にあった古い幕屋のいけにえの間にある一連の対比を際立った仕方で展開させております．プラトン的なこの対比を，「天的なリアリティーそれ自体」を清めねばならぬと述べることで（9：23），愚かしいまでの極端に議論を押し進めた後，説教者は今や自分が立てた枠組みの期待を一気に退け，霊妙な空間にではなくて，神の意志に合致した体の中に，新しい契約のまことのいけにえを置くのです．

　この手続きの中では，詩編40篇がきわめて重要な役割を演じております．ヘブライ語詩編の作者は，神はいけにえや供え物をもとめないと述べた後，神は「わたしのために耳を開いてくださいました」，すなわち，神はまことの信仰のメッセージを聞いてくれましたと脇台詞を口にするのです．ところが，ギリシア語訳はそう読むのではなく，「体を，あなたはわたしに備えてくださいました」（soma de katertiso moi）と読むのです．このヘブライ語詩編の作者は次に，「ご覧ください．おお神よ，わたしはあなたのみ心を行うために来ております」と述べて，そのメッセージを自分が理解したことを指し

示します.

　説教者はこの詩編を,「この世 (*kosmos*) に来られた」(5節) イエスの言葉として引きます. 神の意思へのみ子の従順は, 天の領域においてではなく体において, 体の活動として起こり, それが永続的な意味をもつのです. 解釈的なコメントがこの引用につづき, 主要な点を補強します. 説教者は言います.「そのみ心により」わたしたちは「ただ一度のイエス・キリストの体の献げ物により」聖なる者とされた, と. そしてあのみ心を授けられた体こそが, この章のはじめの部分(ペリコーペ)のイメージにおいて (10:1), ヨーム・キップールにあったリアリティーを素描するとき, その影を投げかけているのです. 新しい契約の共同体の成員はみな, その献げられた体で実現された意志に倣うよう招かれているのです.

　10章での詩編の引用は, 贖罪の日の類比の展開で重要な役割を演じます. イエスが神のまことの幕屋に「入る」仕方の実存的な解釈を提供することによって, 血を流したことが, 9章で強調されておりますが, それは父の意志への服従と内的にひとつになっております[4]. 「ミドラシュ的な」推進力や七十人訳の使用なしには, ヘブライ人への手紙の神学は成り立たなかったでしょう.

第四福音書に見られるギリシア語訳モーセ五書の世界

　ヨハネ福音書は, ギリシア語訳のモーセ五書によって創出された世界に生きる初期のユダヤ的・キリスト教的生活の第二の例を提供します.

　この福音書とヘブライ語聖書との関係という主題は, 多くの研究者が考察してきたものです[5]. 祭の暦からの表象がテキストを貫いておりま

---

(4) ヘブライ人へ手紙の中心的な事柄についての議論は, Harold W. Attridge, "The Uses of Antithesis in Hebrews 8–10," *Harvard Theological Review* 76 (1986) 1–9 [= G. W. E. Nickelsburg and George W. MacRae, S. J., eds., *Christians Among Jews and Gentiles* (Philadelphia: Fortress, 1986)– 6], and "God in Hebrews: Urging Children to Heavenly Glory," in A. Andrew Das and Frank J. Matera, *The Forgotten God: Perspectives in Biblical Theology* (Lousville: Westminster John Knox, 2002), 197–210 参照.

(5) Jaime Clark-Soles, *Scripture cannot be broken: the social function of the use of Scripture in the Fourth Gospel* (Boston: Brill, 2003); Margaret Daly-Denton, *David in the Fourth Gospel: The Johannine Reception of the Psalms* (AGJU 47; Leiden/Boston/Cologne: Brill, 2000); Craig Evans, and W. Richard Stegner, *The Goospels and the Scriptures of Israel* (JSNTS 104; Sheffield: Sheffield

す(6). イエス自身は,その暦とそれに付随する光と水のイメージが由来する所,すなわち神が住む新しい神殿として描かれております(ヨハネ 2:20-21). モーセの予型論がこの福音書のキリスト論的言語の多くに満ちております(7). そしてもちろん,過ぎ越しの祭の表象がイエスの死の描写の枠組みをつくっております(ヨハネ 1:29, 19:36). ギリシア語訳モーセ五書は,第四福音書の中でおびただしく使用されております.

ギリシア語訳モーセ五書を使用する文節の小部分は,ヘブライ人への手紙ですでに出会った聖書の「ミドラシュ的な」探求に似ております. 正典の異なる部分から持ってきた聖句やモチーフを並列させることで,新しい意味を引き出すやり方です. これらのヨハネの例は,ヘブライ人への手紙と同様に,少なくとも形式的には,ギリシア語訳モーセ五書をその課題遂行のために決定的に重要なテキストにするのです. その関連性はヘブライ人への手紙よりも暗示的ですが,その解釈的効果は明らかです.

最初にヨハネ 1:51 を考察しましょう.

第1章においてイエスに適用されたキリスト論的称号の長いリストがここで頂点に達します. この文節は,「人の子」の称号を創世記 28:12 にあるイメージと並置し,ヤコブの夢の話を「天が開け,神の天使たちが人の子の上に登り降りする」幻の話とします. この並置は伝統的な「人の子」についての言明,マルコ 13:26 や 14:62,すなわちダニエル書 7:13 を呼び出して,

---

Academic Press, 1994); D. Freed, *Old Testament Quotations in the Gospel of John* (NovTSupp 11; Leiden: Brill, 1965); T. F. Glasson, *Moses in the Fourth Gospel* (SBT 40; London: SCM, 1963); Aileen Guilding, *The Fourth Gospel and Jewish Worship: A Study of the Relation of St. John's Gospel to the Ancient Jewish Lectionary System* (Oxford: Oxford University Press, 1960); Anthony Tyrrell Hanson, *The Prophetic Gospel: A Study of John and the Old Testament* (Edinburgh: Clalrk, 1991); Edmund Little, *Echoes of the Old Testament in the Wine of Cana in Galilee (John 2: 1-11) and the Multiplication of the Loaves and Fish (John 6: 1-5): Towards an Appreciation* (CahRB 41; Paris: Gabalda, 1998); Maarten J. J. Menken, *Old Testament Quotations in the Fourth Gospel: Studies in Textual Form* (CBET 15; Kampen: Kok Pharos, 1996); Bruce G. Schuchard, *Scripture within Scripture: The Interrelationship of Form and Function in the Explicit Old Testament Citations in the Gospel of John* (SBLDS 133; Atlanta: Scholars, 1992); Claus Westermann, *The Gospel of John in the Light of the Old Testament* (Siegfried S. Schatzmann, trans.; Peabody, MA; Hendrickson, 1999) 参照.

(6) とくに Mary Coloe, *God Dwells with us: Temple Symbolism in the Fourth Gospel* (Collegeville, MN: Liturgical, 2001), and Craig Koester, *Symbolism in the Fourth Gospel: Meaning, Mystery, Community* (Minneapolis: Fortress, 1995; 2nd ed.; 2003) 参照.

(7) Wayne Meeks, *The Prophet-King: Moses Traditions and the Johannine Christology* (NovTSup 14; Leiden: Brill, 1967).

天の「人の子」が天使たちと共に「やって来る」ことを再解釈いたします．創世記とそれに対応する預言者とつなげるキーワードは「天使たち」です．この並置は次に，イエスに授けられた称号を再解釈します．「人の子」は，ヤコブの梯子として見られ，天と地の間の道であり，来るべき終末論的な審判者ではありません[8]．この複雑な相互テクスト的遊びは，この福音書に特徴的な緊張に満ちた仕方で，聖書的要素と初期キリスト教的要素を絡み合わせております[9]．経験を積んだ読者ならば，どのようにして「人の子」とヤコブの梯子が一緒になるのかがお分かりになるでしょう．とはいえ，そのつながりとの最初の遭遇は耳障りなものです．天使はダニエル的な「人の子」の上を登り降りできないのではないか．それは何を意味するのか．パルーシアの否定ないしは批判がないだろうか．この福音書は，この点については，何も言っておりません．この混乱させるものは，同時に気をもませるものでもあるのです．

　同様のミドラシュ的な遊びの第2の例は，ヨハネ福音書の人の子について，次にくる言説で，彼が「（天に）上げられること」に焦点が合わせられていることです．これはヨハネ3:14に見られます．この言説は，マルコ8:31にあるような，イエスの受難を予告する伝統的な「人の子」についての言説の名残りであり，書き改めであるかもしれません[10]．ヨハネ第3章では，「人の子」の受難，すなわち彼が「（天に）上げられること」の予告は，民数記21:8を暗示することで解釈されております．そこでの民数記の言葉は「そして主はモーセに向かって言った．『おまえ自身のために蛇をつくり，それを旗

---

(8) 第四福音書における「人の子」の称号は多くの学問的関心を引いている．Francis J. Moloney, "The Johannine Son of Man," *BTB* 6 (1976) 177–89; idem, *The Johannine Son of Man* (BSRel 14; 2d ed.; Rome: LAS, 1978); Delbert Burkett, *The Son of Man in the Gospel of John* (JSNTSup 56; Sheffield: Sheffield Academic Press, 1991), and idem, *The Son of Man Debate: A History and Evaluation* (SNTSMS 107; Cambridge: Cambridge University Press, 2000) 参照．

(9) わたしはいくつかの論文で，それらの緊張を意図的な文学的方策として探究しようとしてきた．Harold W. Attridge, "Genre Bending in the Fourth Gospel," *JBL* 121 (2002): 3–21; idem, "The Cubist Principle in Johannine Imagery: John and the Reading of Images in Contemporary Platonism," in Jörg Frey, Jan G. van der Watt, and Ruben Zimmermann, eds., with the collaboration of Gabi Kern, *Imagery in the Gospel of John. Terms, Forms, Themes and Theology of Figurative Language* (WUNT 200; Tübingen: Mohr-Siebeck, 2006), 47–60 参照．

(10) この言説の根底にある伝統の他の脈絡を認識するには，Peder Borgen, "Some Jewish Exegetical Traditions as Background for Son of Man Sayings in John's Gospel (Jn 3: 13–14 and Context)," in Marinus de Jonge, ed., *L'Évangile de Jean: Sources, redaction, théologie* (BETL 44; Leuven: Leuven University Press, 1977), 243–258 参照．

竿 (semeion)[11] の上に置くのだ．そうすれば，蛇が人を咬んでも，咬まれた者はみな，それを見上げれば助かる』」です．ヨハネ3:14 はこの一節を引いておりませんが，その挿話を述べております．「モーセが荒れ野で蛇を上げたように，人の子も上げられねばならない．それは，彼を信じる者が『永遠の命を得るためである』」と．「人の子」は梯子であったが，見られることによって，すなわち，ヨハネ的な意味で[12]，信仰の目で見られることによって癒すのです．

この解釈的課題の遂行のヨハネ版においては，こうして二つの段階があります．結びつける作業は，他の初期のイエスに従う者たちの間で特別の仕方で理解されていたテキストと，ギリシア語訳モーセ五書のテキストの間で進められております．再解釈された要素のつながりの結果は，第一のテキストに与えられた意味の新しい層です．天の雲に乗った「人の子」は，ヤコブの梯子のようであるので，もはや終末論的な審判者ではありません．木にかけられた「人の子」は，モーセの蛇のようであるので，もはや死体にとどまるものではないのです．

ヘブライ人への手紙と第四福音書はいずれも，ギリシア語訳モーセ五書と，その説教の文脈におけるアイデンティティ形成と共同体の導きの視点をもつミドラシュ的解釈の生のひとつの重要な現象を例示します．いずれの場合も疑いなく，テキストの接線にひそむ論争がありますが，今はこれを探求することはできません．ただし確実に言えることは，ギリシア語訳モーセ五書がユダヤ・キリスト教的解釈者たちの手の中で生き生きとして存在したことです．

フィロンにおけるギリシア語訳モーセ五書のミドラシュ

ヘブライ人への手紙と第四福音書において例示された現象は，ギリシア語訳聖書が，より大きな文化的文脈の中で，神に近づくための霊感を受けた媒体として理解され，読まれ，探求され，心と知性を形成するのに用いられた

---

(11) この述語の用法は，第四福音書ではイエスが行った「しるし」を言うが，おもしろい．ただ，述語についてのどの遊びも民数記を示唆する中で暗示的に行なわれるのみである．
(12) 言葉のあやはとくに9章と20章で展開されている．

14章　創造と聖なる空間

ことです.

　この現象の最大の証人はアレクサンドリアのユダヤ人哲学者で釈義家であったフィロンです. フィロンの浩瀚な著作の大半はギリシア語訳モーセ五書の探求に捧げられ, それがギリシア的知の最善のものと両立し得ることを確証し, 同時に彼の読者たちの生への関わりの適切性を示しました[13]. それゆえフィロンは, わたしたちがここまでで学んできたキリスト教側の著作家たちとは異なる焦点を持ち合わせております. 彼らにとってギリシア語訳モーセ五書は, どんなに複雑な仕方であれ, 稼がねばならぬ得点のための権威ある資料ですが, フィロンにとっては, ギリシア語訳モーセ五書は解釈的課題遂行の対象なのです. しかし, その解釈を有効にする方法は, 初期のキリスト教徒たちによって用いられた方法に似ております. その方法とは, フィロンをして, ギリシア語訳モーセ五書から新しい意味を抽出させることを可能にしました. 言葉の連想で結び付けられた聖書の他のテキストに訴えることによってです. フィロンの著作の脈絡を調べると, 七十人訳の翻訳者たちによる単純な判断が, 人への神の関係についての神学的対話の長い伝統のために諸要因を設定していることが分かります.

　わたしはこの領域を, もうひとつの文脈において, ロゴスについてのフィロンの論述が寓意的な論文を通して展開している道筋を辿ることで探求しようと試みました[14]. フィロンの議論の中で, ロゴスの哲学的基盤に人間関係の領域から引き出された一連のメタファーを付け加えた発展を見ることは可能です. すなわちそれは花婿としてのロゴス, 子としてのロゴス, 父としてロゴスで[15], これらのメタファーは, 読者の側に神の霊への人格的応答をもとめるのです[16]. この神の霊はすべての人間の中に現臨し, そしてと

---

[13] この研究集会のグレゴリー・スターリング教授のペーパーを参照.

[14] Harold W. Attridge, "Philo and John: Two Riffs on one Logos," *Studia Philonica Anuual* 17 (2005), 103–117 参照.

[15] 「たぶん, そういうわけで, 立法者はわれわれの霊の父の称号を正しい理性に与え, 長老の称号を正しい理性の随伴者および友人に与える. これらは徳の境界を定める最初のものであった. これらの人びとの学校については, 行くことを勧める. それらの教えに学ぶことは, 本質的なことである」『(カインの) 末裔』91. フィロンの翻訳はすべて, the Loeb Classical Library edition から (訳者註:本翻訳においては, 引用されたロエブ古典叢書による英訳テクストを日本語に翻訳した.)

[16] 「わが心よ. 二つのケルビムの混ぜ物のない金属の像を認めよ. 原因の主権と恵みについてその明らかな教訓を学んで, おまえは幸運の実りを収穫することができよう. まっすぐにおまえは理解せねばならない. いかにしてこれらの混合されていない力が, 混ぜられ, 統一されているか. いかにして, 神が善である所でなお彼の主権の栄光が恵みのただ中に見られるの

くにギリシア語訳モーセ五書の中に現臨するのです．いくつかの鍵となる文節は，認識されている釈義的，また概念的な，両方の現象を描いております．

ひとつのよい例は，創世記11：1-3で述べられているバベルの塔の物語についてのフィロンの論文『言語の混乱について』(*De confusione linguarum*) です．この論文でのロゴスの扱いは，「子らであること」の言語をもっぱら展開させます．フィロンは，通常，補足的なテキストの助けで関係性をつくりだします．彼は，『混乱』41 で，創世記42：11 の「わたしどもはみなひとりの人 (*henos anthropou*) の子らです．わたしどもは友好的です」に訴えます．第一のテキストにおける言葉の留め金は，創世記11：1 の塔の建設前に支配していたのが言語の一致であったことへの言及です．「全地はひとつの言語 (*cheilos hen*) だった．そしてすべて（の人間）にはひとつの言葉 (*phone mia*) しかなかった．」フィロンは，「ひとりの人」の相互テキストの言語の中に，ロゴス，「神の人」への示唆を見出しております[17]．家族の言語が重要です．その含意するものは，フィロンにおいてはつねにそうであるように，最終的には倫理的であるにしても，「われわれ」は「人の子ら」であって，神の永遠の言葉，良識，知識，平和の価値を守るのです．

同じようなミドラシュ的な展開をもつ，ロゴスについての同じような扱いは，他の二つの箇所（『混乱』62 と 146）で論文を区切りあるものとします．これらは，相互テキスト的共鳴により，牧会的プログラムと概念的プログラムの複雑な織り合わせを示しております．『混乱』46 における特別な相互テキストはゼカリヤ書6：12 の「見よ，これが『昇る』という名の人である」(*idou aner, Anatole onoma autou*) で，これは創世記11：1 の「東から (*apo anatolon*)」の者たちの移動への言及と結び付けられております．これに続くのは宇宙的な長子についての思索で，この長子とは，プラトンの『ファイドロス』にお

か．いかにして，彼が主権者である所で，主権を通して恵みがなお現れるのか．こうしておまえは，これらの力から生まれた徳を獲得しよう．快活な勇気と神の対する畏敬を……」(『ケルビム』29)．

(17)「われらを逃れさせよ，後ろを振り返ることなく，罪の連合であるところの連合から．ただ急げ，よく分別と知識 (*epistemes*) の同志とのわれらの同盟へと．それゆえ『われわれは皆ひとりの人の子らであって，われわれは平和である』と誰かが言うのを聞いたら，わたしは彼らの言葉を表わす調和した一致への賞賛に満たされて言う．『ああ，わが友よ．いかにしておまえたちは戦争を憎んで平和を愛するようにしないのか．死ぬことのない不死の同じひとりの父の子として登録した神の人，だれが永遠の言葉としてぜひとも不滅でなければならないのか』と」(『混乱』40-41)．

14章　創造と聖なる空間

ける戦車の御者のように,「原型的類型」を見たのであり,『ティマイオス』のデミウルゴスのように,彼らの写しを形づくったのです[18]. ここでもひとつの言葉のつながりが,手の込んだ解釈的運動の基盤として働いております.

　この論文の最後の一文(『混乱』146)は,「子らであること」についての言語を展開しつづけますが,その焦点は,今度は,他の子らとあの唯一の「子」(Son)の関係に向けられております. ここでもまた,相互テキストが議論の展開にとって欠かせぬものとなっております. フィロンは,表面的には,「人の子らが建てた」ものへ言及する創世記11:4にコメントしているのですが,ここで決定的に重要な相互テキストは申命記14:1, 32:18, そして32:16で,これらの箇所はすべて神が「生むこと」と神の「子であること」と関係しております[19]. その一文は宇宙的原理に付けられた名の注目すべきリストを提供します.「初め」「名」「言葉」「その方の似姿による人」「イスラエル」などなどです.

---

[18] 「わたしはモーセの弟子のひとりの口から託宣をも聞いた. 次のように言っている.『見よその名を昇るという人』は称号としてはまことに奇妙である. たしかに,霊と肉体によって構成される存在が思い描かれていると考えるなら. しかしもし非物質的なものを考えるなら,彼は神の姿と毫も異ならず,『昇る』という名は,まったく真実に彼を思い描いていることに同意されるだろう. というのは,この人は長子であり,すべてのものの父はこれを起こし,ほかの所では,彼の初子と呼び,実際このように生まれた (gennethesis) 子は,彼の父の道に従ったのであり,かの父が示した原型とは異なる種,外形を形づくったのである」(『混乱』62-63).

[19] 「しかし彼ら,すなわち唯一者の知恵に生きる者たちは,まさに『神の子ら』と呼ばれる. モーセも次のように言って認めるとおりである.『おまえたちは主なる神の子らである』(申14:1),また『おまえを産んだ神』(申32:18), そして『彼自身がおまえの父ではないのか』(同6節). 実際,その霊がこのように置かれている者たちに伴ってくることは,彼らが道徳的美,すなわち唯一の善であり続けることであり,これは百戦錬磨の兵が築いた防塁として,喜びを終わらせる原因と戦い,これを転覆させ,廃するのである. しかしもし,なお神の子と呼ばれるにふさわしくない誰かがあるならば,強いて神の初子,すなわち神の言葉のもとにその位置をとらせよ. 彼は天使たちの間で長子権を保ち,本来そうあるように彼らの支配者である. そして多くの名が彼のものである. なぜなら彼は『初め』,神の名,彼の言葉,彼の像に従った人,そして『見る者』,すなわちイスラエルと呼ばれる. それゆえわたしはこれまでの数頁で,『われらはひとりの人のすべての子らである』(創42:11)と言う人びとの徳をたたえずにいられなかった. なぜならもしわれわれが,まだ神の子らと考えられるにふさわしくなっていないなら,われわれはまだ神の見えない像,もっとも聖なる言葉の子らでありうるのである. なぜなら言葉は,神の像のもっとも先に生まれたものであり,実際しばしば律法の書において,他の句を見出すからである.『イスラエルの子ら』,聞く者たち,すなわち見る者の子,というのは聞くことは,尊重されることにおいては二番目であり,見ることの下位にある. 真実が彼と共にあって,それらの形が彼の目に明らかであり,教えの媒介によるのではない人にたいして,教えを受ける者は,つねに二番目なのである」(『混乱』146-148).

この文節に見られる名のリストの論理は，少しばかり考えてみる価値があります．というのは，ここに反映しているのは，ロゴスについてのフィロンの一連の論理の全体であり，初めは七十人訳の中で蒔かれた生産的な言葉の種の要点だからです．「ロゴス」という宇宙論的範疇は，普遍的含蓄をもつものですが，フィロンは巧みにその言葉を寓意的な家族的言語とだけでなく，民族的同一性証明の言語とも結びつけております．神の言葉は，最終的には神ばかりか，イスラエルとも等しいものとされております．範疇の不安定性は，フィロンの修辞的枠組みに特徴的なものです．その普遍的な適用可能性のおかげで，正しい理性に与る者はだれでも「神の子」(あるいは少なくとも神の言葉の子) であるが，「子であること」は何よりも神の言葉によって生きる者たちのうちに存在することであり，それはギリシア語訳モーセ五書の中に啓示されているのです．

　フィロンのロゴスとの関わりは，創世記16：6-12 の註解である *De fuga* (『ハガルの逃亡について』) の二つの文節において新しい水準の集中度に達しております．二つの文節はどちらも，親テキストの中で鍵語を共鳴させる相互テキストに依存しております．『逃亡』108-18 において，逃れの町の法（出エジプト記21：12-14）についての考察が見られます．その文節は，族長物語に究極的に引き金を引かれた逃亡の主題をめぐる長大な議論（53-118）の最高潮の結論に達するのです．フィロンのミドラシュは，回り道の中で展開します．フィロンはハガルの彷徨を，それを支配する規則と結びつけ，そして最後には，神の言葉の調停によって，勝利の霊的な彷徨についての思索に導きます[20]．

　この部分の鍵になる寓意的な着想は，ロゴスを大祭司と同一視することにあり，大祭司の死は，故意でなく殺人を犯した者に逃れの町から戻ることを許すのです．この複雑な寓意は，『混乱』62-63 を想起させる家族的イメージが見られる『逃亡』108 ではじまります．

---

[20]「そこでわれわれは言う．大祭司は人ではなくて神の言葉であって，意図的であれそうでないものであれ，あらゆる不義を免れている．モーセが言ったように，彼は自身を汚すことができない．父である意志の故にも，母である知覚の故にも（レビ21：11 ── 死体の汚れと大祭司に関する規定による行動）．なぜなら，思うに，彼は腐敗することなく，決して錆びることのない両親の子であり，その父は神であって，同時にすべてのものの父であり，彼の母は知恵であって，これを通して世界は存在するようになったのである．さらに，彼の頭は油注がれたのであり，これによって，つまり，彼の支配権は輝く光によって照らされている．こうして彼は『衣を着せる』にふさわしいと考えられている」(『逃亡』108-110).

| 14章　創造と聖なる空間 |

　ロゴスは神を父として，知恵を母としてもちます．それゆえ，ロゴスはいずれかの親との接触によって汚されることはありえないのですが，この世の大祭司は，父あるいは母の死体との接触によって汚されます．この創造的なロゴスは世界に広がる力であり，祭司服で身を包んだ大祭司の姿でイメージされます[21]．このロゴスは，真にストア派的な仕方で，「すべての存在のつなぎであり，そしてすべての部分を保ち，また編み合わせ，それらが解消され分離されることから守ります」(『逃亡』112)．

　フィロンが大祭司の結婚についての規定(レビ記 21:13-14)を扱うとき，その考察は予期せぬ転換を見ます．大祭司は「神聖な人びとの，清く，汚されていない，犯されることなど絶対になかった処女」と結婚しなければならないとする法の中に，フィロンは自分と神との関係のしるしを見るのです．彼はその関係に，矛盾しているように見える二つの仕方で言及することができます．一見したところ，大祭司たるロゴスが結婚できる処女の霊は，全権者なる[22]神の娘でもあり妻でもあります．しかしその霊は御言葉(Word)の配偶者でもあるのです！[23]　そうすると，その霊は一夫多妻なのでしょうか，それとも神との「結婚」と神の言葉との「結婚」は同じひとつのことなのでしょうか？

　フィロンのレトリックは一貫した合理的読解を生み出します．神の言葉はトーラーですが，もしそれが「神を見る」者たちの心の中に宿るならば，彼らは罪を犯しません．しかし，媒体はメッセージです．神の言葉との関係は，親密な，心からのものでなければなりません．ロゴスのこの「合理的神

---

[21]「さて，彼の至高の言葉が衣装としてまとう衣は世界である．というのは彼は自らを，地，空気，水，火，またそれらから派生するすべてのものによって装うのである．肉体は霊の衣であり，霊は肉体の生の原理であり，賢人の理解の徳だからである」(『逃亡』110)．
[22]「彼(大祭司すなわちロゴス)が見向きもしない遊女，養女とされた彼女を，彼女のひとりの夫，そして父，全権の神として愛するようになって」(『逃亡』114)．
[23]「わたしがしてきた観察は的外れではなく，逃亡者の帰還の期限としての大祭司の死の確定が，事柄の自然な適合性との完全な一致の内にあるということを示そうとしたのである(民 35:25)．というのは，この至聖の言葉が生きており，なお霊において現在しているかぎり，意図しない犯罪が，その中に回帰すると言うことは問題外だからである．この聖なる言葉は何であれ，本性上，いかなる罪にも与らず，自らにこれを許すことが不可能だからである．しかしもし言葉が死に，それが自らを破壊したのではなく，われわれの霊から引き揚げたのなら，道は，意図的でない過ちからの回帰に一斉に開かれる．というのは，もしそれがわれわれの中に生きて，適切に宿っているなら，彼らが遠くにいるときも，それが離れていてどこかよそに行ってしまっていても確実に，彼らは復帰するであろう．なぜなら監視者，すなわち汚されることのない大祭司は，彼自身の中に審判のいかなる不確実をも許さない特権を，その本性の結実として享受するからである」(『逃亡』117-118)．

秘主義」への情緒的な関わりは,『逃亡』の最後の章を閉じる祈りに明らかです.

> それゆえ,大祭司でもあり王でもある方が,裁きの座につく監視者として,われわれの魂の中で生きるように (*zen en psyche*) 祈ることは適切なことである.そうすればその者は,自分の領域にわれわれの理解の全法廷を受け入れたが,そこでの裁きに引き出されたすべての人びとに,戸惑うことなく向かい合う.(『逃亡』118)

わたしたちは,フィロンの似たようなテキストの例をさらに増やすことができます.それらはギリシア語訳モーセ五書の枠組みの中で,複雑な連想の網を編み出しております.その網は神との関係の世界を表します.その関係は,神のロゴスの理性的な力によって想像され,あるいは広がったものに根ざしております.個々の理性的秩序と理性的秩序の世界の間のつながりは可能になっております.ロゴスは個々のわれわれの中に,そして誰もの中にあるからです.フィロンはその確信を,彼の同時代人であるユダヤ人やギリシア人の大半と共有しているのです.とはいえ彼は,自然の関係が,神との関係を確実にするに十分ではないと信じております.すべてに広がり,すべてを支える御言葉 (Word) は,モーセの律法のその受肉に従う者たちの中へ,特殊な仕方で入り込んでいきます[24].彼らの中に,合理性や,徳,善性がその最高の形で宿るのです.

ヘレニズムユダヤ教における普遍と特殊

フィロンをめぐるわれわれの旅は,宇宙的,そして個人的ロゴスの間の関係の主題がハイライトとなりました.それは彼のミドラシュ的連想の過程で現れ出てきたものです.

言葉の特殊性に由来する曖昧さとその究極的強調による関係性は,ヘレニズムユダヤ教の他の文書,とくに「ソロモンの知恵」の中に見られます.神

---

[24] フィロンの宗教世界は,何人かの初期のキリスト者によって素描された世界に構造的に並ぶ.たぶんヘブライ人への手紙,そしてとくに第四福音書.フィロンとヨハネの間の概念的類似についての洗練された最近の研究は,Gitte Buch-Hansen, "It is the Spirit that Makes Alive (6: 63): A Stoic Understanding of pneuma in John" (Diss. Copenhagen, 2007) 参照.

14章 創造と聖なる空間

の知恵への讃歌は第7章に見られます．それは知恵への伝統的な讃歌に霊感を受けているとはいえ，著しくストア的な趣きのある，ギリシア的とでも言うべき特色をもつものです．ここでの知恵は人格化されたヤハウェの侍女ではありません．そうではなく，ストア的 *pneuma* に類比する存在論的な原理として，すべてのものに満ち，それらを一緒に保っているのです．

「ソロモンの知恵」は次のように言っております．

　　知恵の中に聡明な，聖なる霊がある
　　唯一の，多様な，繊細な
　　活発な，明解な，汚されていない
　　明瞭な，害することのない，善を愛する，鋭敏な
　　あらがい難い，善を行い，人間的な
　　堅固な，確かな，不安のない
　　すべて力に満ち，すべてを見渡し
　　すべての霊を貫いている
　　聡明な，純粋な，何より繊細な霊たちを（22-23節）

ストア的理論は，すでにフィロンの中で見出されますが，宇宙的・霊的な力が個々の人間の内に現在しつつ，広く行き渡った合理的な知識を可能にしていることを断言しておりました[25]．「ソロモンの知恵」は，フィロンと同様，このような自然主義では満足しません．「知恵を具体化するプネウマ *pneuma* は ── こうこの詩人は言います ──，あらゆる世代において，人びとの魂のうちに入り込み，彼らを神の友とし，預言者とする」（知恵7: 27）．プネウマは普遍的で自然的ですが，同時にそれは神の特別な啓示の運び手でもあるのです．

フィロンと「ソロモンの知恵」は，その概念的・文学的構造の複雑さにおいて著しく異なるものですが，どちらもこの基本的な言葉のあや，すなわちギリシア的合理性に属する哲学的原理に訴えつつ，神の力は，特別な仕方でイスラエルの経典の中で働いていることを断言するより糸を共有しているのです．

フィロンと「知恵」による，そして後にはまた第四福音書によるこの運動

---

[25] フィロンの心情は，すでにストア的敬虔の表現にセネカのような並行例を見出している．セネカ『書簡』41.1 に「神はおまえの近くにあり，おまえとともにあり，おまえの中にある（*prope est a te dues; tecum est, intus est*）」とある．

はすべて，七十人訳の翻訳者たちによってなされた選択の含みに依存しており，またそれを展開させております．創世記 1:2 の二つの文節が問題になります．そこでは ruach elohim を pneuma theon と翻訳しております．このヘブライ語は「神の力ある風」と訳すことができます．もちろん，ギリシア語の単語 pneuma は単純に風を意味しうるし，全体としては適切な訳なのです．しかし，ギリシア語では，もっと多くのことを意味しうるし，しばしばもっと多くのことを意味します．実際，神が世界に関わる仕方を探求するときのユダヤの釈義家の手のうちではそうだったのです．「知恵」の中に見出される明白なストア派的言語の採用と，フィロンによるロゴスについての精巧な概念的構成において，創世記の「プネウマ」はすべてのものを支える霊的な力となり，すべてのものに合理的一貫性をもたせているのです．

もうひとつの翻訳上の決断が第二の創造（物語）の中にあり，わたしが描こうとした構成的な緊張を可能にしました．創世記 2:7（「そして神は地の塵から人間を形づくり，命の息（pnoen zoes）をその顔に吹きかけた．すると人は生ける霊になった」）で，翻訳者たちは「命の息」（ヘブライ語で nishmat chayim）を pnoen zoes と訳しました．これはヘブライ語の意味をくみ取ろうとしたもうひとつの穏当で実直な努力です．しかもなおその翻訳は，単純な言葉遊びを介して，第一の創造（物語）の説明と神の存在についての暗示とのつながりを可能にしております．言い方を換えれば，語源論的に関係づけられた pneuma と pnoe が示唆するのは，ヘブライ語聖書にとって可能であったのは違う仕方で示される，神と人の間の関係の緊密さなのです．語源論的な遊びというものは，わたしたちが探求してきた他の多くのもののように，創世記に哲学的な存在論と人間論を見出す可能性を切り開いたのです．フィロンのような釈義家や「ソロモンの知恵」の著者のような弁証的説教者たちは，そうした可能性について，すでに有利な立場にあったのです．

同時に，創世記の物語は概念的な枠組みの中に介入的な要素を残しております．すなわち，円滑に機能している存在論的な機械の中の万能スパナのようなものです．pnoe は不活性の粘土の塊の顔に吹き入れられますが，それは浸透的 pneuma と関係づけられます．しかしそれは，神の恵みの業としてくるのです．ギリシア語訳モーセ五書を読むわたしたち読者はだれでも，個々のテクストの関係が何であれ，その原理にしたがうでしょう．「ソロモンの知恵」は知恵の精神をあらゆる世代の預言者たちの霊の中に見出します．

フィロンはすべてのものを満たす霊的なロゴスを見出しますが，トーラーの中にすべての例示をもとめております．第四福音書の記者はロゴスが創造全体に現在するが，イエスの中で完全に受肉したことを知っているのです．

結　論

　わたしたちはギリシア語訳モーセ五書を読んできたさまざまな共同体を特徴づけた推力を追ってきました．それはテキストから新しい意味を，テキストのより大きな環境においてテキストを操ることでつくりだそうとする推力です．言葉の連想の過程が，鍵になる解釈の運動で，聖書のテキストの単純な意味をはるかに越えた説教的な，また概念的な構造を可能にし，また基礎付けるのです．聖書テキストとのこの格闘の多くにおける重要な脈絡は，普遍的なものを特殊なものに結びつける試みです．理性の普遍性と啓示の特殊性に，共有された人間の価値の普遍性と，民族的あるいは信条的アイデンティティの特殊性を結びつけることです．これらの問題と格闘するための素材は，創世記のギリシア語訳の言語的な織物の中に織り込まれていたのです．

（大住雄一訳，秦剛平校閲）

特別寄稿

Chapter 15

地理学的視点から見たモーセ五書の本文伝承
── 東西文化のさらなる接点を求めて

池田　裕

伝承と翻訳

　モーセ五書の伝承史をめぐる国際会議がこの日本で開催されるこの機会にあらためて気づかされるのは，日本文化が，漢字や仮名など文字の受容と発展から万葉，古今その他の文学の伝承に至るまで，豊かな遺産の長い伝承の歴史の上に築かれているという事実である．アジア西端のシリア・パレスティナ地方という日本とは地理的にも歴史的にも遠く離れた場所で生まれた聖書テキストと日本文化との対話の重要な接点の一つはそこにあり，本国際会議が，聖書研究の長い歴史と伝統をもつアレクサンドリアやエルサレムではなく，またロンドンやパリやライデンでもなくこの東京で催されることの意義は大きい．この機会を通し，東西文化の対話に新たな光が当られることを期待したい．
　さて，モーセ五書のテキスト伝承に関わる最初の大きな問題は，ヘブライ語で書かれたものが他の言語に置き換えられる「翻訳」の問題である．そして，いかなる翻訳作業も，不完全という運命から逃れることはできない．シラ書のギリシア語翻訳者は，それを素直に認めて言う──

　そこで読者にお願いする．素直な心でこの書物を精読してほしい．我々は，懸命に努力したのであるが，上手に翻訳されていない語句もあると思われるので，そのような箇所についてはどうかお許し願いたい．というのは，元来ヘブライ語で書かれているものを他の言語に翻訳すると，それは同じ意

● 特別寄稿 ●

味合いを持たなくなってしまうからである．この書物だけではなく，律法の書それ自体と預言者の書および他の書物でさえも，いったん翻訳されると，原著に表現されているものと少なからず相違してくるのである[1]．

　しかし，たとえ完全性は期待できずとも，翻訳があるお陰で，一般読者は言語の壁を越えて広くさまざまな文化に触れ楽しむことができるのも事実であり，読者の地理的・精神的地平の拡大こそが，翻訳という作業のもたらす最大の貢献だとも言える．たとえば，二十一歳のイギリスの詩人ジョン・キーツ（1795-1821年）がホメロスの叙事詩と真の出会いを体験したのは，ジョージ・チャップマンの英訳を通してであった．キーツはそのときの感動を，有名なソネット『チャップマンのホメロス訳に出会ったとき』（On First Looking into Chapman's Homer）で詠っている ——

　　　黄金に輝く世界で，私は旅を重ねてきた．
　　　大国や王国をいくつも見知って，
　　　いまも詩神アポロに忠誠な詩人たちの領土たる
　　　西方の島々も，とりわけ詳しくめぐった．
　　　また，英明なホメロスが治める果てしない大地のことも，
　　　噂には聞いていた．
　　　しかし，その澄んだ悠遠な空気を吸い込んだことはなかった ——
　　　朗々と語るチャップマンの偉業にふれるまでは．—— 出会ったとき，それは
　　　例えば天体観測をずっと続けてきた者の視界に
　　　新しい惑星が躍り出たときのような心境．
　　　あるいは太平洋を初めて眺めたコルテスに似た思いか．
　　　逞しく眼光鋭い彼が，憶測に満ちた視線を部下と交わし，
　　　ダリエンの山の上で驚きのあまり，
　　　みな沈黙した[2]．

　まさに，すぐれた翻訳がもつ創造の力である．「山のあなたの空遠く」で始まるカール・ブッセの詩にわたしたちの素朴な心が動かされるのは，詩人上田敏の名訳があるからであり[3]，今日わたしたち日本の読者がホメロス

---

(1) シラ書，序言15-26（新共同訳）．
(2) アーサー・ビナード訳（『図書』2006年7月号50頁）．
(3) 「山のあなた」という表現に対し日本人が古来いだく感情について，高橋睦郎「つづいて

とギリシア神話の世界を豊かに楽しむことができるのは、西洋古典と日本古典の双方の世界に通暁したわが国の古典学者たちの優れた訳業のおかげである。

1887年に初の日本語旧新約聖書 —— 明治訳聖書が完成したときもそうであった。それまで聖書というものを見たことも読んだこともなかった多くの日本人は、チャップマン訳ホメロスと出合ったときのキーツと同じ思いを抱いた。日本の思想史・文化史上の金字塔といわれる明治訳聖書は、欽定訳英語聖書と同じく格調高い訳文のゆえに今日に至るまで広く人々に愛用されている。特に詩編の「澄んだ悠遠な空気」を伝えるに明治訳に優るものはない。

とはいえ、戦後になると教科書における仮名遣いの変更もあり、日本聖書協会訳（1954年）が完成し、さらにその後、新改訳（1970年）、新共同訳（1987年）、関根正雄訳旧約聖書（1995年）、フランシスコ会訳（2002年）、旧約聖書翻訳委員会訳（2005年）などさまざまな口語訳が誕生した。それだけではない。ギリシア語七十人訳のモーセ五書までが、ヨセフス全集の訳者としても知られる秦剛平氏により邦訳された[4]。こうして、わたしたちの視野はさらに広がった。いま、日本の読者は、聖書の世界に対し、ヘブライ語テキストからの訳とギリシア語テキストからの訳との二本の異なる道を通って近づくことができるのである。

ある基本的な問い

秦剛平氏の貢献はヨセフス全集や七十人訳の邦訳だけに止まらない。秦氏がその訳書等に付した解説や注を通して語る日本文化や社会についての批判はときとして厳しいが刺激に富み、そこにも氏の日本の学問に対する少なからぬ貢献を見る。いま、そのなかでも特に本国際会議のテーマとの関わりで注目したいのは、ヘブライズムとヘレニズムについての短くも非常に重要なコメントである。秦氏によれば、日本人はヘブライズム世界の「縁なき衆生」である。

「われわれ日本人はヘブライズムの世界の縁なき衆生であろう。もしそう

持続」『図書』2008年10月号、44頁参照。
(4)『七十人訳ギリシア語聖書』I-V、河出書房新社、2002-2003年。

● 特別寄稿 ●

であるなら，われわれが聖書に入っていくには砂漠経由でなく，ヘレニズム世界経由で行くしかないかもしれない．ヘレニズム世界に向かって書かれたヨセフス著作とヘレニズム世界でつくられた『七十人訳聖書』は，わたしたち日本人を聖書の世界へ近づける大きな役割をはたすだろう」[5]．

「縁なき衆生」といっても，若い世代にはすでに理解しにくい言葉になっているかもしれないが，「縁なき衆生は度し難し」(「いかに仏でも仏縁のないものは救済しにくいように，人の言を聞き入れないものは救いようがない」──広辞苑) の縁なき衆生である．秦氏は，ヘブライズムつまりヘブライ語聖書の世界およびそこでの思考形態は日本人には理解し難しく，そのままではとうてい救いの書とはならないというのだ．これは，言い換えれば，わたしたちは，ただ単に聖書テキストの伝承の問題を論じて満足するのではなく，聖書の世界とはおよそ異なる地理的歴史的環境で生まれ育った者として聖書そのものをどこまで深く理解できるのかというより根本的な問題にまで突き進まなければならない，ということである．

そこで，わたしたちは，「ヘレニズム世界経由」がわたしたちの聖書理解にどのような形で役立っているかを見ていきたい．しかし，他方，ひょっとして，ヘレニズム世界を経ずに直接ヘブライ的表現に直接触れた方がわたしたち日本人の感性や感覚により明確に伝わってくるという場合もあるかもしれない．もしあるとすれば，それはたとえば，どういうところに見られるか．果たしてわたしたちは，ヘブライズム世界に対しまったく度し難いほどの縁なき衆生なのかどうか，見てみたい．さらに，この海外から多くの研究者を迎えての絶好の機会に，トーラー（モーセ五書）という共通の枠の中でさてどのような東西文化の接点が見出せるかについても考えてみたいと思う．

ヘレニズム期のギリシア語文献にみる聖書世界の地理学的発展

まず，聖書をヘレニズム世界にむけて広く紹介するのに大いに貢献のあったヨセフスは，『アピオーンへの反論』において，論敵のエジプト人アピオー

---

(5) L・H・フェルトマン，秦剛平共編『ヨセフス・ヘレニズム・ヘブライズム II』山本書店，1986年) 374頁．

ンの議論に見るパレスティナの地理に関する誤りを厳しく指摘している⁽⁶⁾．これは，『揶揄書簡』(パピルス・アナスタシ1)の名で知られる古代エジプト文学(前13世紀末)の著者が，同僚の役人から提出されたカナン(シリア・パレスティナ地方)への出張報告に見出される地理的記述の誤り等を指摘しながら，報告書そのものがいかにいい加減なものか皮肉たっぷりに語っているのを思いださせる⁽⁷⁾．ヨセフスはこの文学を読んでいたかもしれないし，その文学形式を『アピオーンへの反論』に援用したかもしれない．

注目したいのは，ヨセフスが聖書の地理的記述に関し，たとえば，エデンの園を流れる川の支流の一つピション(創世記2:11)をインドのガンジス川と同定している点である(古代誌I, 1:3)．ヘレニズム期は，インドが聖書の地の人々にとって一気に近くなった時代である．ピションの同定に関しては，ナイルの源流⁽⁸⁾，アラビア半島あるいはイラン高原を流れる川などさまざまな見解があり，ヨセフスの見解もあくまでもその一つであって決定的なものではない．しかしながら，少なくともわたしたち日本の読者の視点からすれば，インドのガンジス川は，メソポタミアのティグリスやユーフラテスに比べ，地理的文化史的にずっと身近に感じられるのは事実である．ヨセフスは，意図せずして，聖書の世界をわたしたちの方に一歩近づけてくれたことになる⁽⁹⁾．

それとの関連で言及すべきは，シラ書のギリシア語翻訳者が，トーラー(律法)の喩えとしてエデンの園の川から流れ出る四本の支流を用いているだけでなく，さらに聖書の記述にないヨルダン川を付け加えていることであろう．

> 律法は，ピション川のように，
> 初物の季節はティグリス川のように，
> 　知恵であふれている．

---

(6) II 115-116(秦剛平訳『アピオーンへの反論』山本書店，1977年，191頁)．Z・サフライ，「ヨセフスとパレスティナ」L・H・フェルトマン，秦剛平編『ヨセフス・ヘレニズム・ヘブライズムII』(山本書店 1986年) 248頁参照．
(7) J. B. Pritchard (ed.) *Ancient Near Eastern Texts Relating to the Old Testament*, Princeton 1969, pp. 475-479.
(8) たとえば，ピションを青ナイルと，ギホンを白ナイルと同定．
(9) ヨセフスによると，ヘブライ人の先祖，ヘベルの息子の一人ヨクタンは，インダス川の支流の一つコーフェーン川の流れる地域に住んでいた．ここにも聖書の地理的地平を東方に向けて拡大しようとするヨセフスの努力の跡を見ることができる(『古代誌』I, 147)．

● 特別寄稿 ●

> 律法は，ユーフラテス川のように，
> 　収穫の季節のヨルダン川のように，
> 　　　理解力をあふれ出させる．
> 律法は，光のように，
> 　ぶどうを収穫する季節のギホン川のように，
> 　　　教訓を輝かせる．
>
> 　　　　　　　　　　　　　　（シラ書24：25-27）

　これは明らかに，ヨルダン川に触れずに遠くの地の川に触れるだけでは不十分で片手落ちだと感じるパレスティナのユダヤ人読者の気持ちを意識した，作者による創造的表現である[10]．実際，「収穫の季節のヨルダン川」が加わったおかげで，パレスティナの読者にとりトーラーはぐんと身近な親しみのあるものとして受け止められたはずだ．

　トーラーの地理的水平の東方に向けての拡大は，クムラン出土の外典創世記にも見られる．聖書の創世記十三章によると，アブラムは甥のロトと別れた後，神から東西南北，見渡す地のすべてをアブラムとその子孫に与えようと約束した．外典創世記はそれをさらに敷衍し，アブラムは夢で神から示された土地を実際に確かめるため長い旅に出る．ギホン川（ナイル川の一部[11]）から出発し，地中海沿岸を北上，「牡牛山」（タウロス山脈）に到達すると，向きを東に変えてユーフラテス川沿岸に至り，そこから川沿いに南下し，「赤い海」（インド洋）に出，アラビア半島を一周して再びギホン川に戻った．ユーフラテス川からペルシャ湾を通りインド洋の風に吹かれる大いなる東方遠征である[12]．

　トーラーの記述によれば，人類の新たな歴史は大洪水を生き延びたノアとその家族と共に始まる．地上のすべての民族や種族はノアの三人の息子を先祖とし，言語的にセム族，ハム族，ヤフェト（印欧）族に分かれるが（創世記10章），そこには地上の他の民族，たとえば東アジアの人々が自分たちの場所を探そうとしてもないため，一瞬，「縁なき衆生」としての感覚に襲われ

---

(10) 三浦望「ユダヤ教知恵文学における『人格化された知恵』の系譜 ―― ヨハネ福音書序文，ロゴス概念の背景として ―― 」『聖書学論集』39（2007年），124頁参照．

(11) ヨセフス『古代誌』I 39（秦剛平訳，山本書店 1982年，42-43頁）；日本聖書学研究所編『聖書外典偽典』2（旧約外典 II），教文館，1977年，427頁注 25（村岡崇光）参照．

(12) N. Avigad and Y. Yadin, *A Genesis Apocryphon. A Scroll from the Wilderness of Judaea* Jerusalem 1956, pp. 27-35, 45-46 (Column XXI); J. A. Fitzmyer, *The Genesis Apocryphon of Qumran Cave I A (1Q20): A Commentary* (Third Edition), Rome 2004.

るかもしれない[13].

　しかしながら，ヨセフスは，紀元前1世紀のダマスコス人ニコラオスによって伝えられたもう一つの洪水伝承に言及している．それによると，「あの洪水のとき」ノアの家族だけでなく，その他大勢の者がアルメニアのミニュアス（ヴァン湖とウルミア湖の間の地方）の北のバリスという大きな山に逃れて助かった（古代誌I 94）．こうしてヨセフスはニコラオスと共に，聖書の洪水伝承に，ギルガメシュ叙事詩における洪水物語のように，セム・ハム・ヤフェト系だけでなくすべての民が同じレベルで関心を抱ける普遍性をもたせたのである．

　非ヘブライ文化に対する幅広い理解は七十人訳ギリシア語聖書にも暗示されている．事実，七十人訳は，ヘブライ語テキスト出エジプト記22:27のエロヒームをヘブライの神ヤハウェではなく多神教の神々の意にとり，「おまえは神々を罵ってはならないし，おまえはおまえの民の指導者たちを悪しざまに言ってもならない」と訳している（七十人訳では22:28）．それは，秦剛平氏によれば，ギリシア語聖書訳者の不注意によるものではなく，さまざまな神々をもつギリシア人がアレクサンドリアの社会の支配層を占めている現実と妥協した結果であり，同時に，「アレクサンドリアの異教徒たちとの共生を訴える同胞のユダヤ人たちへの積極的なメッセージでもあった」[14]．申命記32:43に関して，「国民よ」で始まるヘブライ語テキストよりも汎神論的「諸天よ」で始まる七十人訳および死海文書のテキストの方が元来のものを反映していると思われる[15]．

トーラーと自然

　ヘブライ的一神教と多神教あるいは汎神論との共生は，言い換えれば，トーラーと「自然」との共生の問題である．そして，日本文化は基本的に，何千

---

(13) Y. Ikeda, "It's Always Challenging — Biblical Studies in Japan" in *Near Eastern Studies in Japan: Past and Present (Orient XXXVI)*, Tokyo 2001, 87–88.
(14) 秦剛平訳『七十人訳ギリシア語聖書II出エジプト記』，215頁．
(15) 旧約聖書翻訳委員会訳『旧約聖書I　律法』，岩波書店，2004年，758–759頁；秦剛平訳『七十人訳ギリシア語聖書V申命記』172–173頁；エマニュエル・トーヴ「死海文書に関する近年の学問上の諸問題」日本聖書協会編『国際聖書フォーラム2006講義録』日本聖書協会，2006年，22–23頁；M. Abegg, Jr., P. Flint and E. Ulrich, *Dead Sea Scrolls Bible*, New York 1999, 192–193.

● 特別寄稿 ●

年にもわたる自然との深い関わりの中で生きてきた文化である．その文化を担う人々の感性や感受性は，地理的景観や植物など自然を栄養にして育まれ磨かれてきた．人々の姓の大半が自然に関連していることもこの文化の特徴を語っている．

したがって，自然 —— その中でも特に植物は，日本の「縁なき衆生」と聖書の世界を結ぶ非常に重要な接点である．実際，鎖国の江戸時代の日本に長崎のオランダ商館付医師としてやって来たドイツ人エンゲルベルト・ケンペル（1651-1716年），スウェーデン人で生物分類学の父リンネの高弟であったペーター・ツュンベリー（1743-1828年），さらにドイツ人フランツ・フォン・シーボルト（1796-1866年）などの博物学者たちが，日常の行動範囲を極端に制限されていたにも関わらず多くの武士や町人と豊かな交流を築くことに成功したのは，彼らがもたらした最新の医学上の知識や技術のゆえだけでなく，博物学者として日本の樹木や花に対し示した強い関心や愛情が多くの日本人の琴線に触れたからである．事実，植物は，鎖国状況の日本に単なる舶来品の到来以上の，西からの豊かな知的人的空気が流れ込む「窓」としての重要な役割を，長い間果たし続けたのである．ケンペルはアジサイを含む数多くの日本の植物をヨーロッパに紹介し，ツュンベリーやシーボルトもそれぞれの『日本植物誌』を著し，自然を愛する東西文化の交流に貢献した[16]．彼らは，宗教的主義主張がしばしば文化的政治的摩擦を引き起こすとき，植物と植物を愛する心には歴史や言語の壁を乗り越えて異なる人々の心を繋ぐ力が存在することを知っていた．シーボルトは出島に植物園を開き，日本や外国の植物を植えた．日本の植物研究の発展に貢献した先達たちを記念する碑を建て，ラテン語でこう記した ——

 ケンペル
 ツュンベリー
 見たまえ，あなたがたの植えた木はここに
  緑に栄え毎年花を咲かせています．
 育てた人を忘れずに
  そしてまごころをこめた花環をささげるのです．

---

(16) E. ケンペル（斉藤信訳）『江戸参府旅行日記』平凡社，1977年；C. P. ツュンベリー（高橋文訳）『江戸参府随行記』平凡社，1994年；フォン・ジーボルト（斉藤信訳）『江戸参府紀行』平凡社，1972年．

15章 地理学的視点から見たモーセ五書の本文伝承

フォン・シーボルト博士[17]

　美しい自然についての描写は，聖書の雅歌や詩編あるいは預言書だけでなくトーラーにも見出される．事実，長い間荒野の放浪を続けたイスラエルの民がいつかそこに住むことを夢見たカナンの地は，水に恵まれ，小麦，大麦，葡萄，無花果，石榴，オリーブ油[18]，蜜を産する良き地として描かれている（申命記 8:7-8）．ヘブライ語の良き地は「美しい地」とも訳すことができる．ユダヤ教では，伝統的に，これらカナンの代表的産物の中から選んで神に捧げる「初物」（ビクリーム）[19]とした．

　興味深いのは，『ミシュナ』では，それらの植物（「蜜」はナツメヤシの意にとる）が定冠詞付で「七種」（シヴアト・ハミンニーム）と呼ばれ[20]，以来，人々から「イスラエルの七種（ななくさ）」としてとりわけ愛されて今日に至っていることである．いうまでもなく，「七種」は古来日本人にとり身近な言葉として親しまれてきた．それも春の七種（せり，なずな，ごぎょう，はこべら，ほとけのざ，すずな，すずしろ）と秋の七種（萩の花，尾花，葛花，なでしこの花，女郎花，藤袴，あさがほの花）と二つもある贅沢さであるが，自分たちの周囲の自然を愛で，そのうちの七種をもって全体を代表させる感覚は「イスラエルの七種」のそれと通じるものがある．加えて，日本の春の七種のうち，すずなとすずしろ，すなわち蕪と大根はもともと聖書の生まれた東地中海地方原産であり，日本と聖書の舞台を結ぶ重要な媒体の役目を果していることにも触れておきたい[21]．

　ヨセフスは，天地創造第 4 日における太陽，月，星，季節，日，年の誕生の記述（創世記 1:14-19）を要約し「神は，太陽と月とその他の星辰で天を飾り，その運行と軌道によって四季の変化が示されるようにされた」としている（古代誌 I 14）．ヘブライ語テキストには「季節」（モーエード）が複数形で登場するが，ヨセフスは「四季の変化」という表現を用いることで，聖書物語

---

(17) 呉茂一訳（木村陽二郎「シーボルトと植物学」フォン・シーボルト『日本植物誌』八坂書房，1992 年，115 頁）．
(18) ヘブライ語：ゼート・シェメン．秦剛平訳『七十人訳ギリシア語聖書 V』は「オリーブの木と，オリーブの油」，関根正雄訳は「オリーブと油」と，二つの独立した単語の意に訳している．
(19) 申命記 26:1-4
(20) ミシュナ・ビクリーム 1:3.
(21) Y. Ikeda, "Because their Shade Is Good— Asherah in the Early Israelite Religion", E. Matsushima (ed.), *Official Cult and Popular Religion in the Ancient Near East*, Heidelberg 1993, 56-80.

を日本人の感性に近づきやすいものにしている．四季の変化 ──「縁なき衆生」にとって一期一会的意味をもつ一語である．

しかしながら，もし古代日本の詩人が，創世記の星辰や季節の誕生に関する記述に共感を覚えることがあったとしたら，多分それは，ヨセフスによるヘレニズム的ダイジェスト版を通してではなく，ヘブライ語テキストとそのヘブライ的感覚を通してであろう．万葉の詩人は天，雲，月，星をそれぞれ海，波，船，森にたとえて詠う──

　　天の海に
　　雲の波立ち
　　月の船
　　星の林に
　　漕ぎ隠る見ゆ[22]

これに応えて，創世記1章の「澄んだ悠遠な空気」を十分に汲んだ古代イスラエルの詩人が詠う──

　　もろもろの天は神の栄光をあらわし
　　大空はそのみ手のわざを示す．
　　この日ことばをかの日につたえ
　　この夜知識をかの夜につげる．
　　語らずいわず，その声聞こえざるに
　　その響きは全地にあまねく
　　その言葉は地の果てにまでおよぶ[23]．

実際，トーラーは聖書の全作品にとっての基本であり出発点であるだけでなく，自然のあらゆる面に言及しながら異教世界との豊かな接点の役割を果している．あるラビ曰く，「たとえモーセが神からトーラー（律法）の教えを授からなかったとしても，それでも古代ヘブライ人はトーラーの教えにかなった生き方ができたであろう．どのようにしてか？　同じことを自然から素直に学んだはずだからだ」[24]．これは自然と「啓示」が出会い互いに創造

---

[22] 万葉集巻七 1068．たしかに万葉の時代は，現在想像する以上に日本という国が大陸にむかって開かれ多くの渡来人が活躍した時代であったようだ（中西進編『山上憶良　人と作品』［桜楓社 1991 年］22-26 頁参照）．
[23] 詩編 19：1-4（口語訳）．
[24] M. M. Cohen,"The greening of Zionism", *The International Jerusalem Post* (Feb. 22, 2002), 13.

的に作用し合うことを語るラビ的ユダヤ的表現にほかならない．

風の足跡

　6日間にわたる神の創造活動についての記述はそれぞれ「夕となり，朝となった」という定型句で結ばれている．心安らぐ夕方，それは，イスラエル人にとっては新たな一日の始まりの時であり，古代日本人にとってはとりわけ詩や歌の生まれる時であった．

  わたつみの
  豊旗雲に入日さし
  今夜(こよい)の月夜
  清明(まさやか)にこそ(25)

　雲の柱が荒野を行くイスラエルの民を導いたように（出エジプト記 14:19-20），夕の海にたなびく豊旗雲は，あのエデンの園における情景を思い起こさせる．ヘブライ語テキストの創世記 3:8 によれば，アダムとエバは，「その日の風の吹くころ，神ヤハウェの足音を聞いた」．その日の風の吹くころ（レルーアッハ・ハイヨーム l'ruakh hayyom）とは，パレスティナでは日中とうって変わって涼しい風の吹く夕方をいう（口語訳「日の涼しい風の吹くころ」）．すなわち，アダムとエバはその涼しい風に触れるとき，園を歩く神の存在を感じたのである．

　七十人訳聖書は「その日の風の吹くころ」をどう訳しているか見てみると，「夕方」（δειλινόν）の一語をもって表現し，風には触れていない．七十人訳の翻訳者は，聴き手あるいは読み手にとって午後のさわやかな風を思い感じるのに「夕方」というだけで十分と思ったか．あるいは翻訳者はエデンの園の風などに関心はまるでなく，神とアダムが出会った時間帯に言及するだけでよしと考えたか．一方，ヨセフスはというと，風についてはもちろん，神の出会いの時間帯にも関心はなく，「神が園に入ってこられると」と言うだけ

　　池田裕「詩と自然と旧約聖書」『聖書学論集』38（2006年），28頁．
(25) 万葉集巻一 15．伊藤博『万葉集全注』巻一（有斐閣，1985年），75-77頁参照．

● 特別寄稿 ●

で記述を先に進めている[26].

　しかしながら，ヘブライ的感覚からすれば，七十人訳やヨセフスによりエデンの園に吹くそよ風（ルーアッハ）のことが訳されなかったのは，はなはだ残念というべきであろう．ヘブライ語のルーアッハは風とともに息，霊，思いなどの意も含む重要な語である．人は風（ルーアッハ）に神の霊や息を感じその足音を聞く．目に見えない神の遍在と活動を表現するルーアッハ．ときにそれは熱風となって大地の上を通り過ぎる……．

　　草は枯れ，花はしほむ，
　　ヤハウェの霊風(いき)がその上に吹くならば.
　　この民はまさに草である[27]

　トム・ストッパードの戯曲『インヴェンション・オブ・ラブ』[28] の中で，主人公のアルフレッド・エドワード・ハウスマンが，人は詩人と古典学者の両方になることはできないのかという若いハウスマン（実は若き日のハウスマン自身）にむかって，「学問に詩的気分は禁物なのだ．間違いだらけのテキストを取り上げこのうえなく素晴らしいなどと言う詩的人間がいつもいるものだ」と語る場面があるが，しかし，ヘブライ語聖書を読み味わい理解する上で，詩的感性や感覚は必ずしも障害にならないばかりかときに必要なことがある[29].

　　秋来ぬと目にはさやかに見えねども
　　風の音にぞおどろかれぬる

　これは『古今集』秋歌にある有名な歌だが，いま冒頭の「秋」を「主（神）」に置き換えれば，たちまちヘブライ詩に変わる．目に見えないある存在を感知するのに，一神教か多神教かといったことは問題にならない．風を感じるか感じないかの問題だからだ[30]．目に見えない神的存在をうたった歌としておそらく上の古今集の歌よりも重要なのは，平安末期の『梁塵秘抄』にあ

---

(26) 『古代誌』1・45.
(27) イザヤ書 40:7-8（旧約聖書翻訳委員会訳）.
(28) T. Stoppard, *The Invention of Love*, New York 1998 (2nd ed).
(29) 拙論「詩と自然と旧約聖書」（上注24），2-7頁.
(30) たとえば，「君待つとわが恋ひをればわが屋戸のすだれ動かし秋の風吹く」（万葉集巻四488）にも人の来る予兆としての風をみることができる．中西進『万葉集全訳注原文付』（一）講談社，2004年，275頁.

370

る歌謡であろう ——

> 仏は常に在（いま）せども
> 現（うつつ）ならぬぞあはれなる
> 人の音せぬ暁に
> ほのかに夢に見え給ふ[31]

また，季節は秋でないが，さわやかな風に神的存在を感知する感性に宗教や文化の壁はないことを，東西交易路の中間に位置するイランの詩人，オマル・ハイヤームの『ルバイヤート』も教えてくれる ——

> 春めぐり来て　世界に幸福あり
> 生きとし生けるものなべて沙漠を慕う
> すべての枝　これモーゼの手
> すべての風にキリストの息あり[32]

以上，トーラー（モーセ五書）の伝承との関わりで，ヘレニズム世界経由の道とヘブライ的道の両方から東西の文化の接点を探ってきたが，文脈を聖書全体にまで広げるなら，さらに多くの接点が見えてくるはずだ．箴言の知者は，この世における不思議なこと，不可解なこととして，空の鷲の道，岩の上の蛇の道，若い女と男の出会いの道に加え，「海の真ん中の船の道」を挙げる[33]．それをうけて，前1世紀のヘレニズム化されたユダヤ人の手になる「知恵の書」は，跡なき船の道はこの世の栄華権力の姿そのものという——

> 高慢は我々にとって何の役に立ち，
> 富とおごりは何をもたらしてくれたか．
> すべては影のように過ぎ，
> うわさ話のように消え去ってしまった．
> 波を切って進む船のように，
> 通り過ぎるとその跡は見えず，

---

(31) 小林芳規・武石彰夫他校注『梁塵秘抄　閑吟集　狂言歌謡』（新日本古典文学体系 56）岩波書店，1993年，13頁．古代の人々は石に刻まれた足跡からも目に見えない神的存在を感知し畏敬の念を抱いたことについて，池田裕「風の足跡 —— 北シリア，アイン・ダラ神殿によせて」『筑波大学　地域研究』20 (2002)，1-17頁；同「知恵の足跡」『三笠宮殿下米寿記念論集』（刀水社　2004年），59-68頁参照．
(32) 陳舜臣訳（集，英社　2004年）．
(33) 箴言 30:18-19．

● 特別寄稿 ●

竜骨で分けられた波間はその跡形も残さない[34].

そしてさらに，ヘレニズム化されたヘブライの知者の言葉はそのまま，夜明けの船出に思う万葉詩人のこころに通じるのを確認しながら，ひとまず筆を擱こう[35]——

世間（よのなか）を何に譬へむ朝びらき
漕ぎ去にし船の跡なきがごと[36]

---

(34) 知恵の書 5:9-10（新共同訳）．
(35) 聖書時代からヘレニズム時代におけるユダヤ人のアイデンティティについての最近の議論について，池田裕「『ヘブライ』と『イスラエル』—— 聖書のアイデンティティ」，手島勲矢「ユダヤ教と政治アイデンティティ——『第二神殿時代』研究の基礎的問題群から——」，佐藤研「『キリスト教』というアイデンティティ —— その形成過程と隠れた問題性 —— 」市川裕・臼杵陽・大塚和夫・手島勲矢編『ユダヤ人と国民国家―政教分離を再考する』岩波書店　2008 年，43-137 頁を参照．
(36) 万葉集巻三 351（沙弥満誓（さみまんせい））．

Chapter 16

パウロとパロディ — アブラハム物語再話 (ガラテヤ3〜4章)に見るパウロの意図

浅野　淳博

導　入

　モーセ五書の影響史を新約聖書の文脈において議論しようとする場合，われわれがまず最初に注目するのは福音書である．モーセ五書が語るイスラエルの歴史はイエス物語の内に深く組み込まれており，イスラエルの父祖たちあるいは彼らが関与する出来事が予型また対比すべきモチーフとして福音書に登場し，「イエスとは誰か」，「教会とは何か」等の神学的命題を物語として描きだすからである．したがって本書においても，アトリッジ，コリンズ，佐藤研がモーセ五書影響史の分析対象として福音書に注目している．

　一方で本章は，パウロ書簡をその対象とする．パウロ書簡におけるモーセ五書再話の分析 —— そしてより一般的なパウロ書簡における物語批評 —— は，パウロ研究において比較的新しい試みである．その理由として，書簡という文書形態はその性格上，神学的命題に焦点を置くのだ，という認識が最近まで一般的であったことが挙げられよう．J・C・ベカーがパウロ神学に関する代表作の結論部において，「パウロは命題，議論，問答の人であり，喩えや物語の人ではない．じつに喩えや物語はイエスが用いた道具である」[1]と述べていることからも，この傾向をうかがうことができる．しかし近年

---

(1) J. Christian Beker, *Paul the Apostle: The Triumph of God in Life and Thought* (Philadelphia: Fortress Press, 1980), 353. ベカーは，パウロが比喩を用いることがあっても，それを発展させすぎて失敗していると述べ (ローマ 11:17-24)，また本章が扱うペリコーペ (ガラテヤ 4:21-31) を例にとり，これがアレゴリーへと劣化してしまうと評する．

● 特別寄稿 ●

にあっては，意識の根本的構成要素として物語に注目する認知科学あるいは知識社会学の影響を受け，新約聖書批評学はパウロ書簡をも積極的に物語批評の中心部へと引き込むようになったのである[2]．物語と神学の関係性を示し，パウロ書簡の物語批評を一般化したのはR・B・ヘイズであるが[3]，彼は議論の手がかりとして，相互テクスト性——「テクストの内に暗示的に反響する物語 (Echoes of Scripture)」——を前提とする修辞法によって，著者の意図と聴衆の理解を結びつけている．すなわち，パウロの書簡自体が「物語」というジャンルではないにせよ，書簡内に暗示される (旧約) 聖書物語とその背景にある広い文脈を汲みとることによって，第一義的聴衆はパウロの議論を深く理解するのである[4]．本章が「パウロによる物語再話」という表現を用いる場合も，パウロが「物語」を叙述しているというのではなく，旧約聖書物語をある程度において前提としながら，そこに新たな世界観を構築していることを意味する．異邦人が大部分を占めるであろうガラテヤ地方の信仰共同体において，どの程度の聖書知識が前提とされるべきか，もちろんこの疑問を回避することはできない[5]．そしてこの疑問こそが，本章後半部においてパウロの独特なナラティヴ・ストラテジー (物語叙述意図) を評価し，その物語再話をパウロによるパロディ (マックリー) として位置づける際に重要な示唆を与えることとなる．

　物語批評の視点からガラテヤ書を読むならば，3-4章においては「神の救済計画」という象徴世界 (あるいは世界観) がアブラハム物語，とくに「アブラハムの相続」という主題でテクスト上に現れている．そしてここにみられるアブラハム物語再話の独自性こそが，パウロの神学的命題を説明し，あるいはむしろ神学的命題を生成する[6]．したがって本章は，まず一般的に神

---

[2] Peter L. Berger & Thomas Luckmann, *The Social Construction of Reality: A Treatise in the Sociology of Knowledge* (New York: Penguin, 1966). 邦訳は，バーガー＆ルックマン『現実の社会的構造：知識社会学論考』山口節郎訳，新曜社，2003年．

[3] Richard B. Hays, *The Faith of Jesus Christ: An Investigation of the Narrative Structure of Galatians 3: 1-4: 11* (SBLDS 56; Chino: Scholars Press, 1983), 28.

[4] R. B. Hays, *Echoes of Scripture in the Letters of Paul* (New Have: Yale University Press, 1989).

[5] Christopher Tuckett, 'Paul, Scripture and Ethics: Some Reflections', *NTS* 46.3 (2000), 403-424 を参照．

[6] N. T. Wright, *The New Testament and the People of God* (London: SPCK, 1992), 38; *The Climax of the Covenant: Christ and the Law in Pauline Theology* (Minneapolis: Fortress Press, 1992), chp. 7: Curse and the Covenant (Gal. 3.10-14) を参照．

学議論部として区分されがちなガラテヤ3-4章を，パウロによる世界観の再構築としてとらえ直すことから始めよう．つづいてこの世界観の中にあってパウロの創造性が突出する —— それゆえ様々な解釈が試みられる —— アブラハム（あるいはサラ・ハガル）物語の再話（ガラテヤ4:21-31）に注目することにしよう[7]．

「世界観再構築」という概念を導入して本章の議論を進めるにあたっては，ヴィクター・タナーが提唱する「境界性」[8]という社会人類学の理論が有用となる．社会体制の推移過程における過渡的段階，すなわち現行の体制が新たな体制へと移行する際に体験する一時的な反体制状態を指して「境界性」と呼ぶ．宗教共同体に関しては，伝統的宗教から新興宗教共同体（新宗派）が発生する場合において，後者が体制的な共同体として確立されるまでの過渡的状態を「境界性」という言葉で表現する．この意味において初期の異邦人宣教は境界性的過渡期であり[9]，類例的には第一世代のフランチェスコ会も，カトリック教会との関係において境界性的共同体と言えよう[10]．ここで言う境界性の反体制的特徴とは，平等（体制的格差等への応答），単純性（体制的複雑性への応答），流動性（体制的硬直性への応答），斬新性（体制的伝統への応答）などであり[11]，たとえばガラテヤ3:28に見られる平等宣言はその好例と言えよう．境界性は一般に過渡的段階として説明されるが，特に宗教共同体においては境界性の状態を持続させようとする力が働く場合がある（ターナーはこれを恒久的境界性と呼ぶが，実際には体制化へと少しずつ移行することから「半恒久的」というべきであろう）．このような境界性的新興集団は外部からの体制的圧力に抗するため，新たな世界観を構築することによってそのアイデンティティを守ろうとする．またその際，この世界観を具現化する

---

(7) 一般に本ペリコーペは，パウロが世界観再構築を試みるガラテヤ3:1-4:31の一部としてとらえるのが普通である．例外としては，Philip F. Esler, *Galatians* (NTR; London & New York: Routledge, 1994), 204を参照．ガラテヤ書簡3，4章の構成に関しては後述．

(8) Victor Turner, *The Ritual Process: Structure and Anti-Structure* (New York: Cornell University Press, 1969). 邦訳は，ターナー『儀礼の過程』冨倉光雄訳，新思索社，1996年．

(9) シュトレカーはガラテヤ書のみならずパウロ書簡全体への境界性理論適用を試みている．Christian Strecker, *Die liminale Theologie des Paulus: Zugänge zu paulinischen Theologie aus kulturanthropologischen Perspektive* (FRLANT, 185; Göttingen: Vandenhoeck & Ruprecht, 1999).

(10) Paul Sabatier, *Life of St. Francis of Assisi* (trans. Louise S. Houghton; London: Hodder and Stoughton, 1894), 253を参照．

(11) Turner, *The Ritual Process*, 106-07を参照．シュトレカーはパウロを「境界的人物（Swellen-person）」としてとらえ，その思想を境界性神学として理解する．Strecker, *Die liminale Theologie des Paulus*, 111.

● 特別寄稿 ●

儀礼が繰り返される（例えば洗礼）．パウロの宣教を，ユダヤ教一般すなわち因習的体制である宗教母体から発生した新興集団と考えるならば，ガラテヤ書簡の中でパウロが提示する福音は，ガラテヤの信仰共同体のために再構築された新たな世界観と理解することが出来よう．そしてこの新たな世界観は，無割礼の異邦人信者を亜流で二義的な存在として正当な信者（割礼に代表される民族アイデンティティの顕現要素によって裏打ちされた存在）から区別する割礼奨励者による外的圧力からガラテヤの信者を守るためのものである．世界観再構築は，新たな価値観の創出による周縁者の保護が目的なので，このような共同体においては地位転換（地位高揚）をとおして彼らの存在が正当化される．パウロはこの世界観によって，境界性共同体に属するガラテヤ人たちへ肯定的なアイデンティティを提供し，それによって共同体内の連帯感を高めようとしているのである[12]．したがって本章でのガラテヤ書理解においては，世界観再構築とそれに伴う地位転換という概念が解釈の鍵となる．

I．世界観再構築の枠組み

A．アブラハム物語再話（ガラテヤ 3-4 章）

上で述べたように，本章が注目するペリコーペ（ガラテヤ 4:21-31）はアブラハム物語再話をとおして世界観再構築を試みるガラテヤ書 3〜4 章という広い文脈の中に位置づけられている．D. ベッツの修辞的構成上の分析によると，ガラテヤ 4:21-31 は 3-4 章に見られる六つの議論（あるいは証明）の第六番目にあたる．この議論部分には，議論の要約部分（ガラテヤ 2:15-21）が先行し，また奨励部分（ガラテヤ 5:1-6:10）が後続する[13]．直前の短いペリコーペ（4:12-20）が「アブラハムの相続」主題から一時的に離れ，全体の

---

[12] ワトソンは，ガラテヤ書簡におけるパウロの律法解釈を，社会科学的批評の枠の中でセクトの反動的解釈（告発-反定立-再定義）としてとらえている．Francis Watson, *Paul, Judaism and the Gentiles: A Sociological Approach* (NSTSMS, 56; Cambridge: Cambridge University Press, 1986), 61-72.

[13] Hans Dieter Betz, *Galatians: A Commentary on Paul's Letter to the Churches in Galatia* (Hermeneia; Philadelphia: Fortress, 1979), 128. ブルースやダンも同様の構成をガラテヤ書簡に見出す．F. F. Bruce, *Commentary on Galatians* (NIGTC; Grand Rapids: Eerdmans, 1982), 214; James D. G. Dunn, *The Epistle to the Galatians* (BNTC; Peabody: Hendrickson, 1993), 243. また John M. G. Barclay, *Obeying the Truth: A Study of Paul's Ethics in Galatians* (Edinburgh: T. & T. Clark, 1988), 86-96 をも参照．

流れに逸脱感を与えている．したがって研究者によっては，さらにその直前の4:11がこの主題の終了を知らせており，4:12から奨励部分が始まると考える(14)．しかしそうなると，ガラテヤ4:21-31が奨励部分においてどのような役割を担っているかが不明瞭である．さらに，本ペリコーペの直前部分(4:12-20)をパウロの激高による本論からの一時的逸脱と理解することは適切であろうか(15)．むしろ，パウロが意識的に聴衆のパトスに訴え，一連の議論とその背後にある主題の正当性を強調していると考えるべきではなかろうか(16)．

それではここで，ガラテヤ3，4章を概観しよう．この二章に一貫した主題は，「誰がアブラハムの正統な相続者であるか」という問いに集約できよう(17)．この両章には「相続」に関する用語が多く見られる（κληρονόμος, κληρονομία, κληρονομέω ガラテヤ3:18, 29, 4:1, 7, 30；σπέρμα 3:14, 19, 29；υἱοθεσία 4:5, υἱός 3:7, 26, 4:6, 7, 22．またἐπαγγελία, ἐπαγγέλλω 3:14, 16, 17, 18, 19, 21, 22, 29, 4:23をも参照）．

ことにガラテヤ3:6-14においては，この相続問題がユダヤ人と異邦人の両方に関わることを教えている．アブラハムと異邦人とは，神に対する信仰をとおして結びついており，したがってアブラハムに神が与えた祝福は，アブラハムと同じ信仰を共有する異邦人によって受け継がれるのである（3:6-9）．ガラテヤ3:8によると，これがアブラハムへ前もって伝えられた福音（προευηγγελίσατο）である．異邦人の場合とは異なり，ユダヤ人の相続に関しては否定的な表現がめだつ（「律法の行いに頼る者たち」，3:10, 3:10-12を参照）．この箇所においては，アブラハムの神に対する個人的な信仰に焦点が置かれている．したがってパウロは，トーラー遵守を狭義的にとらえて

---

(14) Richard N. Longenecker, *Galatians* (WBC, 41; Dallas: Word Book Press, 1990), 186. エスラーはガラテヤ4:21-5:1と5:2-6:10とのあいだの主題の関連性から，前者を奨励部分としてとらえる．Esler, *Galatians*, 243.

(15) E. De Witt Burton, *A Critical and Exegetical Commentary on the Epistle to the Galatians* (ICC; Edinburgh: T. & T. Clark, 1921), 235. イーストマンは書簡全体の主題との関連で，ガラテヤ4.12-20に見られる「母親」主題の重要性を指摘し，このペリコーペの逸脱性を否定する．Susan Eastman, *Recovering Paul's Mother Tongue: Language and Theology in Galatians* (Grand Rapids: Eerdmans, 2007).

(16) Betz, *Galatians*, 220-221.

(17) Franz Mußner, *Der Galaterbrief* (HTKNT, 9; Freiburg: Herder, 1974), 216; Watson, *Paul*, 70; Bernard H. Brinsmead, *Galatians: Dialogical Response to Opponents* (SBLDS, 65; Chico: Scholars, 1982), 83-84.

その遵守不可能性を強調している[18]．たとえばガラテヤ 3:11 で，パウロはハバクク 2:4 から引用する．マソラ・テクスト ──「וצדיק באמונתו יחיה（義なる者は彼の信仰〈あるいは誠実さ〉によって生きる）」── では，誰の信仰（誠実）かが不明瞭である．これに対してギリシア語（七十人）訳は，二つの解釈の可能性を示している．すなわち，「ὁ δίκαιος ἐκ πίστεώς μου ζήσεται（義なる者は私〈神〉の誠実さゆえに生きる［七十人訳B］）」と，「ὁ δίκαιος μου ἐκ πίστεως ζήσεται（私〈神〉の義なる者は，信仰〈誠実さ〉によって生きる［七十人訳A，C］）」である．いずれの場合でもハバクク書の文脈から分かることは，敵の抑圧の下で神の報いが訪れる時を待つ辛抱強い信頼感が問われている，ということである．したがって，神に信頼を置く者はその報いにあずかる．一方パウロの議論には，「義とされる（δικαιοῦται）」(11節) ためのトーラー遵守に対して個人の信仰を強調する意図がうかがえる．それゆえ，「ὁ δίκαιος ἐκ πίστεως ζήσεται（義なる者は信仰のゆえに生きる）」である．そしてパウロは，申命記 27:26（28:58 をも参照）に編集を加え，トーラーの下にあるユダヤ人たちの結末に聴衆の注意を向けている．マソラ・テクストが「דברי התורה הזאת（この律法の言葉〈おそらく十戒を指す〉）」と記すところを，七十人訳は「πᾶσιν τοῖς λόγοις τοῦ νόμου τούτου（この律法の言葉すべて）」とし，「すべて」という強調的表現が付加されている．パウロにいたってはトーラー遵守の厳格性をより強調し，「πᾶσιν τοῖς γεγραμμένοις ἐν τῷ βιβλίῳ τοῦ νόμου（律法の書に書かれているすべてのこと）」と表現し直している．そして，トーラー遵守という義務の下にあるユダヤ人は，すなわち呪いの下に置かれているのである．

　パウロはまた，イスラエルの民に対する神の契約という文脈を無視し，単数形の「種（σπέρμα）」をキリストと特定することによって（ὅς ἐστιν Χριστός），キリストこそがアブラハムの唯一で直接的な相続者であると説明する（3:16）[19]．キリストを唯一の σπέρμα とすることによって（3:16），パウロは救

---

(18) ユダヤ教における律法制度に関する一般的な学術的理解は過去100年のあいだに徐々に変化してきた．サンダースは「契約法規範主義（covenantal nomism）」とう概念でユダヤ教の律法を理解する．すなわち，トーラーは契約共同体における構成員の立場維持のための規定であり，トーラーはまた違反者に対して公正と共同体への復権のための規定をも含む．E. P. Sanders, *Paul and the Palestinian Judaism* (Minneapolis: Fortress, 1977), 422. 過去30年のあいだに多少の修正は加えられてきたが，これこそがパウロに馴染みの深い律法体制であった，という理解が学者のあいだでは一般である．したがってガラテヤ書簡においてパウロが紹介して批判する律法制度は，この契約体制とキリストへの信仰をとおした異邦人の編入体制を対比する目的で，あえて狭義的に誇張した描写である．Esler, *Galatians*, 55-56 を参照．

(19) 創 13:15-16 では σπέρμα が不可算名詞として用いられている（創 17:8 を参照）．パウロは

済史におけるトーラーの期間を一時的措置として二義的な位置に据える（3:17-22）．その結果，トーラー遵守ではなくキリストへの信仰をとおした「信仰者（異邦人とユダヤ人）」がアブラハムと直結するのである．したがってパウロは，キリストを信じる者すべてがアブラハムの相続者であることを再確認する（3:29）．この「アブラハムの相続」という主題における世界観再構築をとおして，パウロはトーラー遵守による道を意図的に排除する．ここではトーラー授与の間接性が強調され，アブラハムの約束の直接性と対比される（3:19-20）[20]．パウロはトーラーが神の約束に反するのではないと断るものの，すかさずトーラーが義をもたらしえない点に読者の注意を向ける（3:21）．さらにトーラーは，回避すべき「世を支配する諸霊（τὰ στοιχεῖα τοῦ κόσμου）」（4:3, 4:9 をも参照）と同等に扱われる[21]．

　一般に神学議論部としてとらえられるガラテヤ 3-4 章において，パウロは神によるイスラエル救済史を語り直している．この救済史においてトーラーは二義的な扱いを受け，トーラー規定の遵守によらず，神への信仰によって異邦人とその父祖であるアブラハムが直接結びつく．この関係性が成立するために，創世記 15 章にみられるアブラハムの信仰は強調されるが，その過程で創世記 17 章の契約条項が看過されなければならない．このあまりにも予想外で不自然な救済史の読み直しこそが，割礼奨励者によって二義的な扱いを受けるパウロの異邦人宣教と，その結果であるガラテヤの信徒に対して正当性を与えようとする世界観の再構築である．そしてこの新たな世界観をとおして，律法の下にある者とそうでない者の立場が逆転する（地位転換）．

　本章が注目するペリコペがこの世界観再構築の一部であることは，その表面的な内容からでも明らかである．パウロによる「サラ・ハガル物語」解釈（4:21-31）の特異性に関しては，実際に多くの註解者が指摘しており，「奇

のちに，この特異な σπέρμα 解釈から，より慣例的な解釈へと移行する（ローマ 4:16-17 を参照）．G. Quell & S. Schulz, 'σπέρμα', in Gerhard Friedrich (ed.), *Theological Dictionary of the New Testament* (trans. Geoffrey W. Bromiley; Grand Rapids: Eerdmans, 1971), 7. 536-538 を参照．
(20) Betz, *Galatians*, 170-72; Wright, *The Climax of the Covenant*, 169-170.
(21) フェルツケラーはガラテヤ 4:1-7 において，異邦人は諸霊から，ユダヤ人はトーラーから離れるようにパウロが教えていると理解する．Andreas Feldtkeller, *Identitätssuche des syrischen Urchristentum: Mission, Inkulturation und Pluralität im älten Heidenchristentum* (NTOA, 25; Freiburg: Universitätsverlag/Göttingen: Vandenhoeck u. Ruprecht, 1993), 46.

異で一貫性のない解釈」[22]，あるいは「無理に歪められたために説得性に欠けるが，非常にラビ的な解釈」[23] 等と評される．ハガルを著しく否定的に描き出す点ではユダヤ伝統に倣っているが，パウロはその慣例から逸脱してハガルをシナイ山と結びつけ，結果としてトーラー批判に徹する（ガラテヤ 4:26, 30）．これは創世記 16-17 章におけるサラとハガルの関係性からはほど遠く，アブラハム継承問題のもっとも自然な理解とはおおよそ考えられない．アブラハム物語に関するパウロの独創的な釈義は，トーラーの下にある者とそうでない者との立場を逆転させている．したがって，ガラテヤ 4:21-31 においても，パウロによる世界観再構築という主題は続いている．この特異なアブラハム物語再話と「トーラーの下にある者を排除せよ」との命令（ガラテヤ 4:30）は，じつにパウロの主題である世界観再構築のクライマックスとして理解できよう．

B. 鏡映解釈法とパウロの意図

パウロによるアブラハム物語の再話が常識的な解釈から逸脱しているようにみうけられることから，その特異な解釈は，創世記物語をもとにした割礼奨励者たちの教えに対する，パウロによる苦肉の応答としてしばしば理解される．パウロの記述のうちに割礼奨励者の議論を見出す場合，「鏡映解釈法（Mirror-Reading）」と称する釈義のアプローチが用いられる[24]．パウロがガラテヤ共同体における割礼奨励者の影響を受けて書簡を執筆していることは明白である（ガラテヤ 3:1-5, 4:21 を参照）．したがって，テクスト解釈に鏡映解釈法を注意深く適用することが必要となる場合もある．しかし鏡映解釈法の不用意な適用は，パウロの共同体形成という意図を不明瞭にしてしまいがちである．したがって，この項では鏡映解釈法の典型的な例を三つ挙げて分析する．その結果として，パウロの解釈には，割礼奨励者の教えに対する

---

(22) Barclay, *Obeying the Truth*, 91.
(23) R. P. C. Hanson, *Allegory and Event: A Study of the Sources and Significance of Origen's Interpretation of Scripture* (London: SCM, 1959), 82.
(24) J. Louis Martyn, *Galatians* (AB 33a; New York: Doubleday, 1997), 302-06; Barclay, *Obeying the Truth*, 89; Longenecker, *Galatians*, lxxxix. ブリムスミードはパウロの特徴的な解釈を，反対者による「アブラハム弁証」に対する反論と理解する．Brimsmead, *Galatians*, 107. C. K. Barrett, 'The Allegory of Abraham, Sarah, and Hagar in the Argument of Galatians', in J. Friedrich, *et al.* (eds.), *Rechtfertigung* (Festschrift E. Käsemann; Tübigen: Mohr, 1979), 1-16; G. W. Hansen, *Abraham in Galatians: Epistolary and Rhetorical Contexts* (JSNTSup, 29; Sheffield: JSOT Press, 1989), 171 をも参照．

16章　パウロとパロディ

応答以上の，共同体形成というより能動的で明確な意図があることを確認しよう．

　J. L. マーティンはガラテヤ書註解書の中で，割礼奨励者の契約強調への応答として，パウロがやむなく二つの契約（ガラテヤ4:24）に言及していると説明する．もともとパウロが一つの契約しか想定していないという理解からこのような推論が生じる[25]．しかし，パウロは唯一の福音を強調しながらも（ガラテヤ1:6-7），無割礼者の福音と割礼者の福音に言及することもできる（ガラテヤ2:7）．したがってパウロは，むしろ二つの契約を紹介することによって，二通りの異邦人宣教を明確に区別しようと意図したのではなかろうか．じつにパウロは，ガラテヤ2:1-10の回顧的記述において，この対比をすでに始めているのである．

　マーティンはまた，アブラハムの継承問題が割礼奨励者の関心事であり，パウロ自身はこの問題に関心をよせていない，と論ずる[26]．実際に本ペリコーペのアブラハム物語再話は，アブラハムに一度しか言及しない．ガラテヤ1:13-14においては，パウロが父祖の伝承から距離を置いている様子さえうかがえる．したがって，キリストへの信仰をとおした神の救済計画において，アブラハムの祝福は二次的な意義しか持ちえないとも論じられよう[27]．しかしパウロは，ガラテヤ書簡全六章中少なくとも二章にわたってアブラハムの継承問題に関して語っている．割礼奨励者の議論に乗じたというだけで，はたしてパウロは関心のない主題に書簡三分の一を費やすだろうか．むしろ，パウロは意図的にガラテヤの異邦人信徒に対して，アブラハムを父祖として提供したと理解すべきであろう．彼らはガラテヤの一般社会の中心から，新たな宗教的帰属のゆえに距離を置く結果となった[28]．古い結びつきがある意味で断たれた共同体構成員には，新たな帰属意識の強化が必要となる．民族集団の帰属意識においては，「先祖の共有」が重要な役割を果たす[29]．パウロは異邦人の信仰共同体にアブラハムという父祖を提供し，

---

(25) Martyn, *Galatians*, 454-56.
(26) Martyn, *Galatians*, 435.
(27) Martyn, *Galatians*, 306. これに対してライトは，パウロが「普遍的アブラハム共同体」形成を救済史の枠組みとしていると提唱する．Wright, *The Climax of the Covenant*, chp. 7.
(28) ガラテヤ（ガラティ）人たちの元来の宗教に他の神々を受け入れる余地があったとしても，パウロの宗教にはそれがなかった（ガラテヤ4:8-11）．
(29) Anthony D. Smith, 'Chosen People: Why Ethnic Groups Survive', *Ethnicity and Racial Studies* 15.3 (1992), 440-449. この概念に関しては，ガラテヤ4:22-23の釈義部分で詳述する．

この信仰共同体に歴史性を与えて共同体の存続を図ったと考えられる（第Ⅱ部で詳述）．

　鏡映解釈法のもう一つの例を考察しよう．それは，パウロによるサラとハガルの独特な解釈の背景に関するものである．割礼奨励者はガラテヤ信徒へトーラー遵守を促し，イサクと同様に割礼を受けてアブラハムの歴とした子孫になるよう勧めた．パウロのサラ・ハガル物語再話は，この割礼奨励者の議論への応答だ，という理解である[30]．しかしこの論理は，ガラテヤ信徒に対する説得性もなければ，割礼奨励者にとっても都合のよいものではない．なぜなら，異邦人へ割礼を奨励するにあたって，イサクとイシュマエルとの対比が論理の破綻を来すからである．イシュマエルはアブラハムの子であっても嫡出ではない．いくら割礼を受けようとも，その出生事情のゆえにアブラハムの祝福の外に置かれる．つまり非正統な相続者である．ユダヤ伝統においては，出生が割礼以上に尊重される（たとえば『古代誌』14・403）[31]．イサクとイシュマエルの相続権物語に関しては，パウロは「割礼を受けながら不適合な（二義的）イシュマエル」を，割礼奨励者に対して不利な証拠として提示することができるのである．ユダヤ伝統によると，割礼に関して受動的なイサクと比較して一三歳の時に自らの意志で割礼に服したイシュマエルは，自分の義がイサクの義に勝ると主張する．もちろんイシュマエルの主張は，その出生事情のゆえに退けられる（『バビロニア・タルムード』サンヘドリン89bと『タルグム・偽ヨナタン』の創世記22:1註解）．したがってイサクとイシュマエルの継承物語は，ガラテヤ信徒に対して割礼の動機づけとなるどころか，異邦人信徒がその出生のゆえに二義的な存在であることを印象づけかねないのである．結論として鏡映解釈法は，生活の視座を読みとるという点において一般に有効ではあるが，パウロが本ペリコーペにおいてアブラハム

　エスラーは近年，社会心理学の「プロトタイプ」理論を用いて，肯定的で優勢な共同体アイデンティティ創出を意図するパウロが，ロマ書におけるアブラハムへ言及していると主張している．Philip. F. Esler, *Conflict and Identity in Romans: The Social Setting of Paul's Letter* (Minneapolis: Fortress Press, 2003), 171-194. 明治期の日本において，「万世一系」という概念が国家主義的イデオロギーを強化したことも，同様の父祖共有と言えよう．

(30) Longenecker, *Galatians*, 207-08. マーティンはガラテヤ書から推測できる割礼奨励者の仮想説教を記している．Martyn, *Galatians*, 303-306.

(31) Cf. Martin D. Goodman, *Mission and Conversion: Proselytising in the Religious History of the Roman Empire* (Oxford: Clarendon, 1994), 85-86; Gary G. Porton, *The Stranger within Your Gates: Converts and Conversion in Rabbinic Literature* (Chicago & London: University of Chicago Press, 1994), 7, 19-22.

の相続物語に対する特徴的な解釈を試みようとする，明確な意志があることを否定するものではない．

Ⅱ．アブラハムの正当な相続者（ガラテヤ 4:2-31）

　ガラテヤ書の神学議論部（3-4章），そしてとくに 4:2-31 を解釈するために，世界観の再構築という解釈の枠組みを，境界性的共同体のアイデンティティ確立という文脈の中で概観した．世界観の再構築とは，新たな秩序の提供であり，これによって新興の信仰集団は帰属意識を高め，また存続の意味を獲得する[32]．ガラテヤ 4:2-31 は構成上独立したペリコーペではあるが，先行するガラテヤ 3-4 章の議論を前提としている．第一にパウロは，具体的な聴衆に対して語りかけ（ガラテヤ 4:21），それに続いて世界観の再構築を提供する（4:22-27）．これはアブラハム物語に関する既存の理解に準ずる形で始まりはするが（4:22-23），予期せぬ諷喩的予型論によって価値転換／地位転換をもたらす（4:24-27）．そして最後に，この予期せぬ予型論の適用が示される．新たな世界秩序が読者の目前に提示されると，彼らはこの世界観に従って生きるように促される．それでは，ガラテヤ 4:21 から順番に解釈してゆこう．

A．聴衆分析（ガラテヤ 4:21）

> Λέγετέ μοι, οἱ ὑπὸ νόμον θέλοντες εἶναι, τὸν νόμον οὐκ ἀκούετε; (律法のもとにあることを望む者たちよ，私は教えてもらいたいのですが，あなたがたは律法に耳を傾けないのですか．)

　パウロはここで具体的な聴衆に語りかける．それは，「οἱ ὑπὸ νόμον θέλοντες εἶναι（律法の下にあることを望む者たち）」(4:21)，すなわち割礼奨励者の説得に促されたガラテヤの信徒である．これ以前にもパウロは，割礼奨励者の影響を受けた共同体メンバーに心を砕き，苛立ちさえ覚えている（ガラテヤ 4:9-11）．パウロの一義的な目的は，割礼奨励者の圧力に屈する信徒

---

[32] Watson, *Paul*, 61-72; Esler, *Galatians*, 185 を参照．

を説得し直すことであろうが[33]，パウロがすべての共同体メンバーを対象として語っていることは，28節のより一般的な呼びかけ「Ὑμεῖς δέ, ἀδελφοί（しかし兄弟たちよあなた方は）」や，30節の命令「ἔκβαλε（追放せよ）」が示唆する関係性から十分うかがい知ることが出来る[34]．21節の修辞疑問文，「τὸν νόμον οὐκ ἀκούετε; （あなたがたは律法に耳を傾けないのですか）」から，ユダヤ人会堂でトーラーの教えを受ける者を想定することもできよう[35]．もしそうだとすれば，聴衆の聖書内容精通を前提とすることができよう[36]．そしてこの前提に立つならば，聴衆は相互テクスト的にユダヤ教文書の世界を容易に行間から聞き分けることができた，という想定が可能となる[37]．しかしこの修辞疑問文は，聴衆がどれほどトーラーに精通しているかを示すものではない．したがってこの疑問文は，「もし彼らが正しくトーラーを理解するならば，トーラーの下にある割礼奨励者の教えに惑わされはしない」という，皮肉に満ちた表現であるとも考えられる[38]．ここではおそらく，ユダヤ教文書に精通している者（ユダヤ人信徒の存在も想定可能である），パウロの思想世界をある程度理解できる者，そしてパウロの物語を表面的にしか理解できない者をすべて想定すべきであろう[39]．パウロは，当初の語りかけによって，割礼奨励者の影響を受けている信徒の注意をひきながらも，ユダヤ教聖典に関して異なる理解度を示す聴衆すべてに対して，この物語再話を行うのである．

---

[33] Wilhelm Lütgart, *Gesetz und Geist: Eine Untersuchung zur Vorgeschichte des Galater-briefes* (Gütersloh: C. Bertelsmann, 1919), 11, 88.

[34] Longenecker, *Galatians*, 206.

[35] 小アジアにおけるユダヤ人の存在は十分に立証されている．ヴァン・ダー・ホーストは，ときおり迫害を受けながらも，ユダヤ人人口は小アジアで着実に増えたと説明する．P. W. Van der Horst, 'Juden und Christen in Aphrodisias im Licht ihrer Beziehungen in anderen Städten Kleinasiens', in J. van Amersfoort and J. van Oort (eds.), *Juden & Christen in der Antike* (Kampe: Kok, 1990), pp. 141-42. Marcel Simon, *Verus Israel: Étude sur les relations entre Chrétiens et Juifs dans l'Empire Romain (135-425)* (Paris: E. de Boccard, 1948), 126-177 を参照．

[36] Dunn, *Galatians*, 245.

[37] したがってダンは，ガラテヤ4:27に引用されているイザヤ54:1に関して以下のように述べる．「イザヤが待望したユダヤ人／シオンの復興が，異邦人宣教をも含む教会宣教の驚くべき成功のうちに終末的な意味で成就した，とパウロは宣言しているのである．」Dunn, *Galatians*, 255. この解釈の正当性に関しては後述する．

[38] Betz, *Galatians*, 241.

[39] M. McNamara, '"To de (Hagar) Sina oros estin en te Arabia" (Gal. 4.25a): Paul and Petra', *Milltown Studies* 2 (1978), 24-41 を参照．

B. 父祖の獲得（ガラテヤ 4：22-23）

γέγραπται γὰρ ὅτι Ἀβραὰμ δύο υἱοὺς ἔσχεν, ἕνα ἐκ τῆς παιδίσκης καὶ ἕνα τῆς ἐλευθέρας. ἀλλ' ὁ μὲν ἐκ τῆς παιδίσκης κατὰ σάρκα γεγέννηται, ὁ δὲ ἐκ τῆς ἐλευθέρας δι' ἐπαγγελίας. (〈律法には〉こう書いてあるではないか。アブラハムには二人の息子があり，一人は奴隷女，もう一人は自由の女による〈息子です〉．しかし奴隷女による息子が肉から生まれたのに対し，自由の女による息子は約束をとおして〈生まれました〉．)

ガラテヤ3～4章に一貫して流れる主題は，誰がアブラハムの正統な相続者かという問題である．この主題提示のクライマックスにあたって（4：21-31），トーラーの下にない者こそがアブラハムの正統な後継者であることが再度確認され，その結果としてガラテヤ共同体の信徒たちには共有すべき父祖が与えられたのである．

ガラテヤの信仰共同体において，アブラハムを父祖として共有することにはどのような意味があるだろうか．ヘレニズム・ローマ社会にあって，新興宗教は古代性を有しないという理由で正統と見なされないことは周知の通りである（タキトゥス『同時代史』5：5を参照）．したがって古代性の獲得は宗教共同体の正当性あるいは存在価値を高めることとなり，その方法は古代正典（アルカイオロギア）やそれを継承した先祖の所有等が考えられる（ユスティノス『ユダヤ人トリュフォンのとの対話』29を参照）．人類学者はまた，仮想父祖の共有が肯定的な共同体アイデンティティを確立し，その集団の帰属意識を高めることを指摘する．M. ナッシュの研究は，祭儀（宗教），共同会食，そして血縁関係（すなわち歴史的関係性）の共有を，共同体アイデンティティ形成のための重要な要素として挙げる[40]．新興共同体の形成には，古いつながりからの断絶をともなう場合があり，それに変わる新たな父祖の提供は帰属意識を高める役割を果たす．

ガラテヤの信徒にとって，共同体へ所属することは中心社会からの周縁化，場合によっては追放を意味し，古くからの繋がりが断たれることになりかねない．アナトリアのグレコ・オリエント諸宗教が他の宗教に寛容であっ

---

[40] Manning Nash, *The Cauldron of Ethnicity in the Modern World* (Chicago & London: University of Chicago Press, 1980), 10-15. 例えばレーマンは，近代日本のアイデンティティ形成における天皇神話の役割に注目している．Jean-Pierre Lehmann, *The Roots of Modern Japan* (London: Macmillan, 1982), 6-10.

たにしても，パウロは既存の宗教伝統やその他の生活習慣を「罪」(1:4) あるいは「隷属」状態 (4:8) として，それらから信仰者が離れるよう求めたからである．このような状況にあって，ガラテヤの信仰者が古いつながりに後戻りしたり，ある種の「宗教融合（適合）」を模索することはごく一般的なことであろう (4:8-10)．しかしこれらの適合をとおして既存の伝統に頼ることが許されない共同体に対しては，新たな父祖の提供が共同体内の帰属意識を高める結果となろう．パウロ自身はアブラハムに関する議論に関心がなく，割礼奨励者の議論に応答しているだけである(41)，という理解が不適切であることは前述のとおりである．そのような結論は，ガラテヤの新興共同体の生活の視座を看過しているからである．パウロはこの共同体のアイデンティティ形成のために，共同体メンバーが共有できる父祖とそれにまつわる物語を提供しているのである．

C. 諷喩的予型論による地位転換（ガラテヤ 4:24）

> ἅτινά ἐστιν ἀλληγορούμενα· αὗται γάρ εἰσιν δύο διαθῆκαι, μία μὲν ἀπὸ ὄρους Σινᾶ εἰς δουλείαν γεννῶσα, ἥτις ἐστὶν Ἁγάρ,（このことはアレゴリーとして理解されるべきです．すなわち女たちは二つの契約です．一方〈の契約〉はシナイ山から出ており，隷属状態へと子を産み落とすのです．これがハガルです．）

22，23 節では，二通りの相続ラインが紹介された．すなわち，「アブラハム→女奴隷→その息子」そして「アブラハム→自由の女→その息子」である．前者の誕生状況に関しては「κατὰ σάρκα（肉によって）」，後者に関しては「δι᾽ ἐπαγγελίας（約束によって）」と表現される (4:23)．パウロが救済史を説明する際の鍵となる語は「約束（ἐπαγγελία/ἐπαγγέλλω）」（ガラテヤ 3:14，3:18，29 をも参照）である．したがって，「ἐκ τῆς ἐλευθέρας（自由の女から）」という誕生状況は，救済史と肯定的に結びつく（創世記 15:1-5 参照）．一方で「肉」は本書簡において，とくに「霊」との対比において (3:3, 4:29, 5:16-21 をも参照)，否定的な意味を含んでいる．「κατὰ σάρκα（肉によって）」は自然の出産—— すなわち，神の介入を要しない出産 ——を示唆するという理解も可能であるが(42)，ここで，「約束」という神の意志と「肉による」人の思惑が対

---

(41) Martyn, *Galatians*, 424.
(42) Bruce, *Galatians*, 217.

比されており，とくに後者の思惑は神の意志に逆らうものであることが示唆されているのであろう（創世記 16:1-3 を参照）．ここまでは，トーラーの規定を遵守する者が一般的に受け入れることのできる「アブラハムの相続」に関する叙述である．

ここでパウロは，「アレゴリー（として理解されるべき）である（ἅτινά ἐστιν ἀλληγορούμενα）」(4:24) と説明し，この解釈方法によって地位転換を始める．厳密には，アレゴリー（諷喩）がテクスト本来の意味から離れてより深い哲学的あるいは神学的原則を見出すのに対して，予型論は聖書中の人物や場所を現在の人物や場所の予型と定める．この区分をもとに，パウロの解釈はむしろ予型論であると主張する研究者もいる[43]．しかしここでは，パウロの解釈をアレゴリーと予型論の混合として理解しよう[44]．なぜなら，パウロはその解釈においてアブラハム物語中の対となる人物や場所をパウロと同時代の人物や場所と並列に置いてはいるが，その過程では予想外の対比がアレゴリーによって展開するからである．この「諷喩的予型論」によって，パウロは価値と地位の転換を図っているのである．以下においては，この諷喩的予型論によって，パウロがガラテヤの信仰共同体にとっての肯定的なアイデンティティを形成する様子を考察しよう．

D. 二つのエルサレム（ガラテヤ 4:25-26）

> τὸ δὲ Ἁγὰρ Σινᾶ ὄρος ἐστὶν ἐν τῇ Ἀραβίᾳ συστοιχεῖ δὲ τῇ νῦν Ἰερουσαλήμ, δουλεύει γὰρ μετὰ τῶν τέκνων αὐτῆς. ἡ δὲ ἄνω Ἰερουσαλὴμ ἐλευθέρα ἐστίν, ἥτις ἐστὶν μήτηρ ἡμῶν·（ハガルすなわちシナイ山はアラビアにあり，今のエルサレムに相当します．〈エルサレムは〉その子らとともに奴隷状態にあるからです．一方，天のエルサレムは自由の女であり，これが我らの母なのです．）

パウロはここで二つの契約に言及する (4:24)[45]．一方はハガルとその子

---

[43] Hansen, *Allegory and Event*, 80. ロンゲネッカーは，フィロンとの比較においてパウロの解釈をより予型論的に理解する．一方でローゼは，パウロとフィロンの解釈スタイルに類似点を見出し過ぎていると思われる．Longenecker, *Galatians*, 208-11; Eduard Lorse, *Umwelt des Neuen Testaments* (GNT, 1; Göttingen: Vandenhoeck & Ruprecht, 1971), 98.

[44] Betz, *Galatians*, 239.

[45] 2つの契約は相反するものとして対比されているのであり，ダンが述べるようにどちらがより良いかという，程度の問題としては理解しがたい．Dunn, *Galatians*, 249. しかしダンは他所で，συστοιχέω (4:25) の意味を，相反するものを並列に対比することと説明している (p. 252).

孫であり，奴隷を介したこの相続は正統でない．しかしこのハガルがシナイ山と結びつけられることによって，明らかな地位転換が生じている．なぜならこの関連性は，「アブラハム→サラ→イサク→モーセ（シナイ山でのトーラー授与）→『今のエルサレム』」とつながる伝統的な救済史理解を翻しているからである．そしてこの予想外の関連性は，ガラテヤ 3-4 章において展開する大きなアブラハム物語再話の一部としてのみ理解可能である．

　H. ゲーゼはこの予想外の関連性を，タルグムの伝統に依拠すると説明する[46]．その伝統とは，シナイ山がハガルの居住地であった，またトーラー授与の場所がアラビア語で「ハグラ／ハガル」と呼ばれた，というものである．タルグム伝統をもとにしてハガルとシナイ山を結びつけることは，パウロのトーラー教育とナバテヤ王国滞在（ガラテヤ 1:17）に鑑みるならば不可能ではない．しかしこのようなパウロの思想世界が一義的聴衆であるガラテヤの信徒たちにとって，どれほど理解されるだろうか．あるいは M. マクナマラが述べるように，パウロは自らのアレゴリーに陶酔して，聴衆の理解度を考慮していなかっただろうか[47]．あるいは，ロンゲネッカーが述べるように，割礼奨励者（の再教育）をとおして聴衆は十分な知識を得ていたであろうか[48]．はたして高度に専門的で地域限定的な背景知識に頼って，ガラテヤの信徒たちにこの不自然な関連性を理解させる必要があろうか．われわれはむしろ，3〜4 章でパウロが展開するアブラハム物語の当然の帰結として，聴衆はハガルとシナイ山（トーラー）とを結びつけることができる，というもっとも自然な論理を見逃してはならない．このペリコーペにおいて，シナイ山（トーラー）とハガルは「奴隷／隷属」という概念によって深く結びついている．パウロは，トーラーの規定遵守者をすでに「奴隷」状態にあると述べており（ガラテヤ 4:3 の δεδουλωμένοι，4:9 の δουλεύειν や 3:23 の συγκλείομενοι をも参照），つづいて本ペリコーペにおいてハガルを女奴隷として紹介しているからである（4:24）．この一見意外な予型論とこれに続く相続物語の解釈は，世界観再構築という本書簡における大きなムーブメントの一部として理解され，そのクライマックスとしてこのムーブメントに見られる

---

(46) Hartmut Gese, *Vom Sinai zum Zion: Alttestamentliche Beiträge zur biblischen Theologie* (BEvT, 64; München: C. Kaiser Verlag, 1984), 59-60. McNamara, "To de Hagar", 34-37 をも参照．
(47) McNamara, "To de Hagar", 36; Burton, *Galatians*, 259.
(48) Longenecker, *Galatians*, 212 を参照．

象徴世界を強化している.

　不適切な相続ラインの最後には「νῦν Ἰερουσαλήμ（現在のエルサレム）」が置かれている.「エルサレム」はユダヤ教の中心地であり,一般にユダヤ教全体の象徴として理解されよう[49].しかしマーティンが指摘するように,エルサレムはガラテヤ書簡においてエルサレム教会の所在地として登場し（1:17, 18, 2:1）,ガラテヤの信徒たちにとって「エルサレム」という語からは何よりもまずエルサレム教会が連想されることであろう[50].パウロはガラテヤ二章において,割礼奨励者の問題を,異邦人宣教のユダヤ的アプローチ——すなわちトーラーの規定遵守に代表されるユダヤ人の民族意識に依拠した宣教——の問題の一部としてとらえている（2:1-14）.パウロはこのユダヤ的アプローチを,パウロの異邦人宣教とその結果である異邦人教会とを二義的な地位におとしめ,ガラテヤの信徒たちに割礼を強要するという点で問題視した.そしてこのアプローチに対するパウロの厳しい批判が,本ペリコーペにおいては,奴隷女,トーラー,そして現在のエルサレムの関係性に反映され,具体的には割礼奨励者が抑圧者として糾弾されているのである.したがって「今のエルサレム」はエルサレム教会であり,ガラテヤ教会の問題を視野に入れたパウロにとっては,エルサレムに所属する,あるいは異邦人宣教に関してエルサレム教会と同様の立場にある割礼奨励者を指すのである.もっとも,「今のエルサレム」をこのように理解したとしても,シナイ山とエルサレムに対する否定的な描写は,ユダヤ教一般に対する視点をも含まずにはいられない.これは,パウロ自身がユダヤ教（ガラテヤ1:14の Ἰουδαισμός）から距離を置くような発言をしていることと無関係ではなかろう[51].

　一方で,自由の女（ἐλευθέρα）は正統な契約のアレゴリーである.ガラテヤ共同体のメンバーは,「われわれの母」（ガラテヤ4:26 の μήτηρ ἡμῶν）が示すようにこの自由の女とつながっており,したがって正統な契約の継承者であ

---

(49) Betz, *Galatians*, 246.
(50) Martyn, *Galatians*, 457-466.
(51) マーティンがユダヤ教という文脈の中でパウロを理解する試みには賛同するが,パウロから反ユダヤ的ニュアンスを完全に否定する試みには無理があると思われる.Martyn, *Galatians*, 458-459.パウロの宣教観,エルサレム教会の宣教観,そして「偽兄弟」の宣教観の対比に関しては,A. Asano, *Community-Identity Construction in Galatians: Exegetical, Social-Anthropological and SocioHistorical Studies* (JSNTS 285; T. & T. Clark Continuum, 2005), chp. 5 を参照.

る．そしてこの契約は，「天のエルサレム」(ἄνω Ἰερουσαλήμ) と「今のエルサレム」(νῦν Ἰερουσαλήμ) の対比によって示されるように，もう一つの契約 (4: 24) との対比が強調されている．「天／今」という二元論的な対比は，二つの契約の対立を明らかにする[52]．同時にこの二元論的対比は，ガラテヤ信徒たちの不調和体験，すなわち「われわれが正統な相続者であるなら，なぜ正統に取り扱われないか」を説明する．すなわち現在すでに始まっている「邪悪な世」（ガラテヤ 1:4) においては，正しい者が不公正な扱いを受ける場合がある，のである[53]．当然パウロの思想世界にはユダヤの黙示的伝統があり，天的なエルサレムが地上のエルサレムの運命を嘆く者たちへ希望を与えるというシナリオを想定しているとも考えられるであろうが[54]，ユダヤ人の民族意識を象徴するトーラーを否定的に描くパウロの二元論は独特である．彼が提示する二元論においては，二つのエルサレムが対立的な位置に置かれているため，一方が他方を改善したり（イザヤ 60-66，エゼキエル 40-48，トビト 13:9-18，ヨベル 4:26)，あるいはたんに取って替わる（一エノク 9:28-29，四エズラ 7:26，10:40-44) だけでは済まされない．従来のユダヤ的黙示思想に精通する聴衆がいるとすれば，この「天／今」という対比も予期せぬ論理の展開であろうが，この新たな二元論は正統と非正統を逆転させる新たな世界観を反映するものである．ちなみに，新興の共同体がその境界性的価値観を持続させるために，終末的思想あるいは「迫り来る危機」を強調する傾向は，一般に観察されるところである[55]．この意味で，現在のエルサレムと天のエルサレムの二元論的終末論は，混乱した共同体の結束力を保つ試みとも考えられる．予型論の予想外な転換によって強化された新たな世界観においては，正統と非正統の入れ替えが印象的である．抑圧され周縁化され

---

(52)「天／今」という対比はやや奇異であり，一般には「天／地」や「今／未来」等が期待されるところである（コロサイ 3:1-2；フィリピ 3:14 [ἄνω／ἐπὶ τῆς γῆς] を参照)．ここではこれら両方の対比が示唆されているのだろうか．

(53) Andrew Lincoln, *Paradise Now and Not Yet: Studies in the Role of the Heavenly Dimension in Paul's Thought with Special Reference to his Eschatology* (SNTSMS, 43; Cambridge: Cambridge University Press, 1981), 18-22. リンカーンは，パウロによる「天のエルサレム」という主題を，とくにイザヤ 49:16 をもとにした広義のユダヤ伝統の内に位置づけているが，パウロが「実現した終末論」を強調するために二つのエルサレムを相対するよう位置づけている点を独創的であると評する．

(54) 終末におけるエルサレムの再構築に関しては，イザヤ 54:10-12，60-66，エゼキエル 40-48，トビト 13:9-18，14:7，ヨベル 4:26 を見よ．終末における新たなエルサレムによる交代に関しては，黙示録 3:12，21:2-8 を見よ．

(55) Turner, *The Ritual Process*, 153-154.

た共同体メンバーは，正統な相続者という地位が与えられ，抑圧者はかえって非正統な相続者として退けられるのである．

E. イザヤ書と地位高揚（ガラテヤ 4:27）

　ガラテヤ 4:27 の解釈に関しては，七十人訳聖書との相互テクスト性を考慮に入れた分析がもっとも一般である．すなわち「自由の女」と「天のエルサレム」(4:26) の関係性の根拠を，引用文（イザヤ 54 章）の背景にある広い文脈から導き出すというものである．この場合，聴衆は引用されているイザヤ書に精通していることが前提となる．したがってこの節の解釈にあたっては，相互テクスト性に依拠した解釈が適切であるかを評価し，世界観再構築という解釈の枠組みによる理解が可能であるかを考察する．

　ガラテヤ 4:24-26 では幾つかのモチーフが予型論的に紹介されたが，27 節でパウロは「ἐλευθέρα（自由の女［おそらくサラ］）」と「στεῖρα（不妊の女）」を結びつける．これはガラテヤ共同体において創世記の概要は周知のことである，という前提によるのであろう．以下はもっとも一般的な 27 節の解釈である．26 節でパウロは，この「自由の女」を「天のエルサレム」と結びつけ，さらに「μήτηρ ἡμῶν（わたしたちの母）」と呼んだ．「天のエルサレム」と「わたしたちの母（サラ）」がなぜ同一かを説明するため，パウロは七十人訳イザヤ 54:1 を「γέγραπται γάρ……（なぜなら～書いてある）」という導入によって引用する．イザヤ 54:1 は，イスラエルの契約更新の希望という大きな文脈（イザヤ 40-66）の中に位置し，この文脈（イザヤ 54:1 自体ではなく）の中でエルサレムは不妊の女にたとえられる．すなわち，「不妊の女＝エルサレム（イザヤ書）/ サラ＝不妊の女（創世記）」という連結から，エルサレムと不妊のサラとの関連性が確立する．それだけでなく，聴衆はイザヤ 54:1 の背後（イザヤ 40-66 を参照）にある回復主題あるいは諸国を巻き込んだ契約成就 —— すなわち異邦人の救い —— という主題（イザヤ 54:2-3．創世記 17:16 をも参照）をもはっきりと理解する[56]．

　ここで七十人訳イザヤ 54:1 の扱いに関する二つの重要な疑問を挙げよう．第一の疑問は，相互テクスト性の適用がどの程度妥当かという点である．一義的聴衆にとって聖書知識がどれほど入手可能で身近なものであった

---

(56) Longenecker, *Galatians*, 215 を参照．

かは不確かであり，引用文を内包する広い文脈まで易々と連想できたという前提には疑問が残る[57]．はたしてガラテヤの信徒たちに，「不妊の女の屈辱と祝福」という主題からエルサレム復興主題を汲みとることができたであろうか[58]．もし読者に引用箇所を含む広範囲の文脈の主題に関する予備知識があったとすれば，この文脈に関して今一つの疑問が生じる．この文脈における重要な主題はエルサレム復興であるが，これはエルサレムによる異邦人諸国の支配を意味し（イザヤ 54：30），さらにエルサレムは汚れた無割礼者を拒む（οὐκέτι προστεθήσεται διελθεῖν διὰ σοῦ ('Ιερουσαλὴμ) ἀπερίτμητος καὶ ἀκάθαρτος, イザヤ 52：1）．すなわちガラテヤの信徒たちは，引用されたイザヤ 54：1 の文脈から，「契約授与の約束」よりも「民族意識に依拠する抑圧」という主題を汲みとることにはなるまいか．ユダヤ人の強い民族意識に裏打ちされた復興期待を提供することは，民族的特徴を除いた共同体形成を画するパウロにとって自己矛盾とはならないだろうか．したがって，27 節に関する相互テクスト性を前提とする上の解釈が決定的とは言い難い．

むしろ 26 節にみられる「天のエルサレム」と「自由の女」の関連性については，二つの契約の違いを強調するために導入された一連の対立モチーフ（ガラテヤ 4：25-26）の延長上にあり，パウロがその関連性をさらに証拠立てようとしているとは考えがたい．「自由の女」と「奴隷女（ハガル）」が対立的な位置関係にあることは 22 節で説明済みである．したがって，「奴隷女」が「今のエルサレム」を指すならば，当然の帰結として「自由女」が「天のエルサレム」を指すのである．そこに必ずしも馴染みが深いとは思われず，また文脈に問題を含むイザヤ書自体をアレゴリーとして引き合いにだす必要はない．それでは，もし 26 節の関係性がイザヤ書 54：1 によって証明される必要がなければ，27 節の役割は何であろうか．この引用箇所の役割を理解するために，境界性とも深く関わりがある地位転換／地位高揚のメカニズムを確認にしておこう．

「地位高揚」は任職儀礼に見られる人類学的な概念である．指導的役割を担う人物は共同体における任職にあたって，しばしば恥の儀礼（屈辱体験）

---

[57] 新約聖書解釈における相互テクスト性適用に関する批判については，Tuckett, 'Paul, Schripture and Ethics', 403-424 を参照．
[58] たとえばリンカーンは，ユダヤ伝統に関するこのような予備知識をガラテヤの信徒たちが有していたと主張する．Lincoln, *Paradise*, 18.

とそれに続く誉れの儀礼（栄化体験）をとおして ── つまり地位の転換から高揚を体験して ── その地位を確立する．たとえば死んだ神の復活は，信仰共同体においてその神の正当性と権威を高め，結果的にその宗教共同体自体の有効性を確立する[59]．「苦難のメシア／イスラエル」とそれに続く報い（詩編22を参照），あるいはケノーシス賛歌（フィリピ2:6-11）にも同様の概念を当てはめることができよう[60]．地位高揚の過程における恥（屈辱体験）は，のちの誉れ（栄化体験）に必要欠くべからざる前段階であり，したがってそれ自体が正当性の証しである．それゆえ，恥（スティグマ）自体が肯定的な価値を有するという地位（価値）転換がおこる．パウロも自分の使徒性に関して，「τὰ στίγματα τοῦ Ἰησοῦ ἐν τῷ σώματί μου βαστάζω（わたしはイエスの傷跡〔スティグマ〕を負っている）」（ガラテヤ6:17を参照）と語り，ここでも恥が正当性の証しとなっている．

それではこの概念は，ガラテヤ4:27の引用文（イザヤ54:1）の理解にどのような示唆を与えるだろうか．この引用文は，エルサレムとサラとの関係に聖書的根拠を与えるためのものではなく，むしろサラの地位高揚体験をとおしてその契約が正統であることを強調しているのである．議論を明確にするため，ガラテヤ4:26と27節の必要部分をここに記そう．

(1) ἡ δὲ ἄνω Ἰερουσαλὴμ ἐλευθέρα ἐστίν, ἥτις ἐστὶν μήτηρ ἡμῶν（上のエルサレムは自由の女であり，彼女はわたしたちの母なのです．）

γέγραπται γάρ（後述）

(2) εὐφράνθητι, στεῖρα ἡ οὐ τίκτουσα, ῥῆξον καὶ βόησον, ἡ οὐκ ὠδίνουσα「喜べ，子を宿さぬ不生女（うまずめ）よ／声上げよ，産みの苦しみなき者……」

接続詞（γάρ）は，(1)の議論の証拠として(2)を加えているのではない ──「なぜなら，こう書かれてあるからです．」むしろ，(1)の議論の当然の帰結として(2)を説明的に加えている ──「したがって，こう書かれてあるのです」[61]．一義的聴衆は，二七節の不妊の女とサラを結びつけること

---

[59] Turner, *The Ritual Process*, 170-172.
[60] メドリッツァは，恥を誉れへと転換するためのいわゆる「自己恥辱化（Ekstase）」によって，新約聖書に見られる地位高揚を理解する．Helmut Mödritzer, *Stigma und Charisma in Neuen Testament und seiner Umwelt: Zur Soziologie des Urchristentums* (NTOA, 28; Freiburg: Univer-sitätsverlag/Göttingen: Vandenhoeck & Ruprecht, 1994), 24-25, 267.
[61] すなわち γάρ の語義としては，もっとも一般的な因果関係を示すものではなく，むしろ

ができたであろうか．ヘイズは相互テクスト性適用に関わる条件を列挙するが，そのうちの「入手可能性」という条件に照らし合わせるならば[62]，アブラハムの息子たちに関する一般的知識（サラの不妊性）の方が，イザヤ書引用文の背景が示唆する暗喩（不妊の女＝エルサレム）を読みとることよりもより自然であり，相互テクスト性の適用に適っていると言わざるをえない．引用文においては，「不妊の女の地位高揚は明確である．「不妊ゆえの辱め」に「多産ゆえの誉れ」が続くからである．多産による母としての誉れをとおして，その子孫はアブラハムの正統な相続者としての地位を喜ぶのである．このようにしてイザヤ 54：1 の引用文は，トーラーではなく，「わたしたちの母」であるサラとアブラハムとの子孫であるガラテヤの信徒たちこそが正統な相続者であることを示すのである．

F. 正当な相続者のしるし（ガラテヤ 4:28-31）

> ὑμεῖς δέ, ἀδελφοί, κατὰ Ἰσαὰκ ἐπαγγελίας τέκνα ἐστέ. ἀλλ᾽ ὥσπερ τότε ὁ κατὰ σάρκα γεννηθεὶς ἐδίωκεν τὸν κατὰ πνεῦμα, οὕτως καὶ νῦν. ἀλλὰ τί λέγει ἡ γραφή; Ἔκβαλε τὴν παιδίσκην καὶ τὸν υἱὸν αὐτῆς……（しかし兄弟たちよ，あなたたちはイサクに倣って約束の子なのです．それにもかかわらず，ちょうど肉によって生まれた者が霊による者を迫害したように，今も〈それと〉同じような状態なのです．しかし，聖書は何と言っているでしょう．「奴隷女とその息子を追い出せ……」．）

ガラテヤの信徒たちは，イサクとの関連性をとおして（ガラテヤ四・二八），いま一度正統なアブラハムの相続者であることが強調される．イサクへの言及は，地位高揚の例をもう一つ挙げることでもある．なぜなら，「ὁ κατὰ σάρκα（肉によって生まれた者）」（イシュマエル）によって「ὁ κατὰ πνεῦμα（霊によって生まれた者）」（イサク）が迫害されるからである．イサクとイシュマエルの関係性について，パウロは創世記 21:9 に依拠するユダヤ伝統を前提とし，イシュマエルがイサクを「ἐδίωκεν（迫害した）」と記している[63]．一方，

説明的ニュアンスであり，パウロ書簡の場合はロマ書 7:2 がその好例として挙げられよう．
(62) Hays, *Echoes*, 29-32.
(63) John Skinner, *Critical and Exegetical Commentary on Genesis* (ICC; Edinburgh: T. & T. Clark, 1912), 322; H. L. Strack and P. Billerbeck, *Kommentar zum Neuen Testament aus Talmud und Midrash* (3rd of 6 vols; München: Beck, 1926), 575-576. 特有の解釈に関しては，『創世記ラッバー』53，『プスィクタ・ラッバティ』48：2，『ピルケ・デ-ラビ・エリエゼル』30 を参照．

16章　パウロとパロディ

マソラ・テクストによると，イシュマエルはたんに「מצחק（笑う/遊ぶ）」に過ぎず，七十人訳もこれに倣いながら「παίζοντα μετὰ Ἰσαακ」と遊戯描写をより具体化している．ここには迫害というニュアンスは見あたらない．イシュマエルに対するサラの厳しい態度──「גרש האמה הזאת ואת־בנה（この女奴隷とその子を追い出せ）」──を説明する目的で，「虐待（迫害）」という要素がのちの伝統に加わえられたと考えられる[64]．そしてパウロは，サラの要請を根拠にして，ガラテヤ共同体への適用を導き出している．すなわち，相続者としてのイサクの正統性は，彼を虐待する非正統な相続者の排斥をとおして確かなものとなる（屈辱から栄化）．パウロは地位逆転による相続者の正統化を，そのままガラテヤ共同体の現在（οὕτως καὶ νῦν）に当てはめる．換言するならば，パウロはガラテヤの信徒たちが割礼奨励者から受けた抑圧的体験を，イサクが相続者として確立される前段階の「屈辱」体験に重ね合わせている．割礼が正統な相続者のしるしではなく，彼らの屈辱（割礼の強要）自体が正統性の証しとなる傷跡（スティグマ）であることを，パウロはガラテヤの信徒たちへ示している．したがってこの教えは，割礼奨励者を非正統な相続者として告発し，「ἔκβαλε（追い出せ）」（30節）という適用によって結ばれている．

世界観の再構築をとおして，周縁に追いやられた共同体はその逆境にあっても求心力を保ち続ける．屈辱体験さえも，共同体の正当性と存在意義を高める体験として解釈される．

結　論

パウロはその異邦人宣教の結果として発生したガラテヤの信仰共同体へ手紙を書き送ったが，それは異なる救済観・宣教観をもつ割礼奨励者たちが異邦人の改宗者たちを混乱させているとの報告を受けたからである．パウロはその手紙をとおして，彼が創設しガラテヤの信徒たちが集う共同体を正統であると主張するが，その際，非常に興味深い象徴世界を構築することによって，ガラテヤ信徒たちに確固としたアイデンティティを提供している．この象徴世界あるいは世界観の提供にあたって，パウロはユダヤ教伝統の根底に

---

[64] Claus Westermann, *Genesis 12−36: A Commentary* (trans. John J. Scullion; Minneapolis: Augsburg, 1985), 339.

あるモーセ五書，特にアブラハム物語の読み直しをおこなう．このアブラハム物語再話はガラテヤ書3，4章において顕著であり，とくに本章が注目したペリコーペは，この再話あるいは読み直し作業の内に位置するのみならず，その作業の典型的な例である．

　ガラテヤ書3，4章は一般に神学議論部として理解され，これまで多くの研究者が有用な神学議論を続けてきた．しかし，書簡が示す物語としての性格を看過した神学的命題抽出という釈義上の関心に限界があることは否めない．したがって，イザヤ書引用（ガラテヤ4:27）からおおよそパウロやガラテヤ信徒の体験とは異質な拡大する異邦人宣教をよみとることは[65]，聴衆の聖書知識に関する注意深い議論を欠いているのみならず，イザヤ書自体の文脈への吟味も不十分である．そして神学的命題の抽出が困難になると，無理なアレゴリーによる議論の崩壊，自己陶酔による非論理的議論，あるいは他者から押しつけられた議論に対する苦肉の応答[66]などと，パウロに対する批判や弁護が試みられるが，本章はこれらを，パウロのナラティヴ・ストラテジーを看過した不適切な評価であることを示した．じつにパウロは，「アブラハムに関心がない」[67]どころか，ガラテヤの信徒たちのためにアブラハム物語再話を試み，この読み直された物語世界あるいは世界観をガラテヤ共同体のアイデンティティとして提供しているのである．

　ガラテヤの信仰共同体のメンバーはおそらく異邦人がその大半を占めたであろうが，前述のとおりユダヤ教と何らかの関わりが以前からあった者 —— ユダヤ人，あるいは「神を恐れる異邦人」—— も皆無ではなかったであろう．したがって共同体アイデンティティを確立しようとするパウロのメッセージは，異なる背景をもつ聴衆に対して同時に発せられていた．すなわち，全メンバーがあたかもトーラー教育を長年受けてきたかのような相互テクスト性の適用は非現実的である[68]．本章ではパウロの物語再話に「予想外の展開」という表現を用いたが，ガラテヤの信徒の中にはなんらかの「予想」をする術をほとんどもたない者もいたことであろうし，豊富な聖書知識からパウロの物語再話を吟味することができた者もいたであろう．一方でパ

---

(65) Dunn, *Galatians*, 255; F. F. Bruce, *The Epistle to the Galatians* (NIGTC; Grand Rapids: Eerdmans, 1982), 222.
(66) Beker, *Paul the Apostle*, 353; Martyn, *Galatians*, 302–306 をも参照．
(67) Martyn, *Galatians*, 435.
(68) Longenecker, *Galatians*, 212.

ウロが提供する物語の直接的で表面上の意味を聞き，そこに説得性を見出し容易に受け入れる者もいたであろうし，彼の奇抜な物語再話を奇異で説得性に欠け受け入れがたいと感じる者もいたことであろう[69]．

　ユダヤ教伝統に精通したパウロはなぜこれほどまでに「奇異」で「不自然」な物語再話を試みたであろうか．それはパウロに新興共同体のアイデンティティを確立するという目的があったからである．この奇異な物語再話よって創出される世界観あるいは価値観は，とうぜん割礼奨励者と同様の価値観をもつ者を寄せつけないが，一方でユダヤ伝統に精通している者がこの奇異で説得性に欠ける新たな世界観を自らのアイデンティティとして受け止めようとするならば，それはパウロの宣教とその大義に対して著しく強い共感を抱くからであろう．共同体，とくに境界性的共同体アイデンティティには，構成員の正当な存在意義を保証して守ること，構成員の帰属意識を高めること，そして部外者の影響を押しとどめる役割がある．パウロにとって，割礼奨励者たちは彼の宣教とその結果である異邦人教会の存在意義を否定しないまでも，矮小化する外部圧力であり，パウロがそれに抵抗する必要を強く感じたのは当然である．したがってパウロのアブラハム物語再話は抵抗の手段でもある．それならば，割礼奨励者たちが受け入れ難い物語の読み直しであるからこそ，その抵抗の効果は著しいといえよう．この物語の読み直しは同時に，パウロの宣教に賛同するユダヤ人──あるいはユダヤ教伝統に精通する者──にとって，その賛同がどのような結果が伴うか，その結果をパウロと共に負う心づもりがあるか，再度吟味する機会をも与える．したがって，抵抗の力学というポスト・コロニアル批評学の視点から眺めるならば[70]，パウロのアブラハム物語再話は，抑圧者と周縁者のあいだに横たわる抵抗者による「マックリー」，すなわちある種の「パロディ」として理解することが可能であろう．

　境界性的共同体は，それが半恒久的であれ，時とともに体制化してゆく．パウロの共同体も異邦人とユダヤ人の共生という現実を目の当たりにして，

---

(69) Barclay, *Obeying the Truth*, 91.
(70) James C. Scott, *Domination and the Arts of Resistance: Hidden Transcript* (New Haven & London: Yale University Press, 1990), 136-137 を参照．「マックリー（不適切な模倣）」は，トーラー解釈という同じ土俵上にありながらも割礼奨励者の正当性に対して疑念を生じさせるレトリックであり，それは嘲笑や茶番といった混乱をもたらす効果があるという意味において「パロディ」なのである．

ガラテヤ書に見られるようなユダヤ教伝統の極端な解釈は徐々に姿を消してゆく[71]．その意味で本章が扱ったペリコーペ（ガラテヤ 4:21-31）とその文脈であるガラテヤ書 3, 4 章は，シュトレカーがいうところの境界性神学（die liminale Theologie）の典型的な例であり，新約聖書においてもっとも独創性に満ちた―しかし外部の視点からはもっとも「奇異で手前勝手な」―アブラハム物語再話なのである．

---

[71] たとえばロマ書 2:29 における割礼の霊的解釈を見よ（コロサイ 2:11, 『バルナバ書』9: 7 をも参照）．

編者あとがき

　東京でヨセフスの国際シンポジウムのようなものを開催したいというのがわたしの長年の漠とした願いであったが，本論集の共同編集者の守屋彰夫氏は死海文書研究の成果を取り入れた聖書のテクスト研究の国際シンポジウムのようなものを開催したいという．確か，2人が期せずして国際シンポジウムのことを口にしたのは，2006年にアメリカのボストンで開催された聖書文学協会（SBL）での学術大会のときであった．記憶の糸を少しばかりたぐり寄せれば，それはイスラエルの聖書学者イマニュエル・トーヴ教授が彼の宿泊先のホテルでわれわれ2人を昼食に招いてくれたときのことである．トーヴ教授は，われわれの提案にたいして「そりゃ結構な企画だ」と即座に同意し，「レハイム」と乾杯の音頭を取られた．ワインと素敵な昼食の代価が東京でのシンポジウム開催となった．
　海外から誰を招こうか？
　もちろんヨセフス研究者でモーセ五書に関心をもつトップクラスの者たち（秦の関心），そしてモーセ五書のテクスト伝承史に関心をもつトップクラスの者たち（守屋の関心）である．韓国やアジアの学者にも呼びかけるというのがわれわれの最初の方針であったが，それは諸般の事情によりかなわなかった．人選の最終段階ではトーヴ教授やイェール大学の新約学者ハロルド・アトリッジ教授の知恵を借りた．日本側の人選では守屋氏に負うところ大である．わたし自身は日本の聖書学者との交わりはほとんどないからである．
　本論集は海外の学者9名と日本の学者7名の寄稿論文からなるが，1篇を除いてはいずれも2007年の盛夏に東京の国際文化会館で開催されたシンポジウムで読み上げられたペーパーにもとづくものである．すなわちそれらは，読み上げられた後の共同討議にもとづき数か月以内に修正したり，補筆したりしたものである．この過程では，一部のペーパーは，口頭で発表されたときの語り口調は消え去り，少々堅苦しいものになっている．シンポジウム経由のペーパーはしばしばこのようになる運命のもとに置かれているが，それでも本論集の読者は，いくつかのペーパーないしは論文から，シンポジウムのアトモスフィアを感じとることができよう．なお，字数制限を設けたものの，論文により長短の差が明確に出てしまったが，それはわれわれが最終的

● 編者あとがき ●

にはすべてを受け入れたからである．厳格にすべきであったか，これでよかったのか，今もって悩むところである．

　本論集がヨセフスや聖書学に関心を示す日本の若手研究者を刺激するものであってほしい．わたしは彼らが積極的に聖書文学協会の学術大会などに出席し，海外でのヨセフス研究の動向や聖書学の動向を確実に把握してほしいと願っている．こう苦言めいたものを書き記すのは，SBLに出席する日本の研究者の数が恥ずかしくなるほど少ないからである．わたしなどは，毎年，「これじゃお先真っ暗だ」と暗澹たる気持ちで呻き声を上げている．アメリカには足を踏み入れない，イスラエルには行かない，ことなどを誇りにしている了見が狭い聖書学者がいると仄聞する．対外戦略（ストラテジー）にはさまざまなものがあろうが，これから大きく羽ばたこうとしている若手の研究者が早い時期からそのような者たちの影響下に置かれないことを願う．われわれ2人の編者は，いつの日か若手の研究者たちが仕切るもっと大きな規模のシンポジウムが東京や京都などで開催されるのを望んでいる．われわれはそのためのひな型となるようなものを提供したにすぎない．

　本論集の編集作業では秦と守屋がほぼ等分に仕事を分担した．海外からの論文の翻訳では何人かの若手の研究者の応援があったが，提出されたその訳文には相当手を入れざるを得なかった場合もあり，予期しなかった労力と予想以上の時間が要求された．翻訳原稿の最終責任はすべてわれわれ2人の編者が負うが，若手の聖書学者たちの一層の発憤と奮起を期待する．

　本論集は独立行政法人日本学術振興会の平成22年度科学研究費補助金（研究成果公開促進費）学術図書による出版助成金により出版される．われわれは本論集が京都大学学術出版会から出版されることを誇りに思っており，そのためにご尽力下さった國方栄二氏には心から感謝の意を表明したい．
（秦　剛平記）

*

　2007年8月28日から月末にかけて東京で開催された国際研究集会から3年以上が経過してしまった．予定を大幅に遅れたが，ここにその時読み上げられたペーパーを集めた『古代世界におけるモーセ五書の伝承』として刊行

● 編者あとがき ●

することが出来ることを内外の発表者と共に多くの関係者に感謝したい．

　本論集の冒頭に付した「国際研究集会開会の辞」で言及したように，日英両文での刊行が最初からの予定であった．英文は当日の発表原稿に基づき，集会での質疑応答を踏まえて加筆・修正を加えたものであるから比較的問題は少なかったが，邦訳に関してはいろいろな問題が発生した．日本人発表者が自分の論文を翻訳すると同時に，海外からの研究者の論文で自分の領域に一番近い方のものの翻訳を引き受けるというのが当初の方針であった．しかし諸般の事情で自分の論文の翻訳だけでそれ以上の貢献は出来ないという方もあり，急遽，日本聖書学研究所の若手研究者たちに翻訳依頼をした．そのような事情で，日本人研究者の論文はそれぞれ本人の翻訳であるが，海外からの招聘者の論文翻訳は次の（　）内の方々の手を煩わすこととなった．

　第3章　ユージン・ウーリック「第二神殿時代におけるモーセ五書の発展的展開」（守屋彰夫），第4章　エマニュエル・トーヴ「聖性という観点から分析したモーセ五書の筆写・本文伝達」（田中健三），第6章　テッサ・レイジャック「ヘレニズム的ユダヤ教と七十人訳聖書」（秦　剛平），第7章　グレゴリー・スターリング「フィロンはどのギリシア語訳聖書を読んでいたのか？」（高橋優子），第8章　スティーブ・メイソン「ヨセフス『ユダヤ古代誌』の後半部──ローマの聴衆にとってのその重要性」（浅野淳博），第9章　ジョン・コリンズ「死海文書における創世記解釈」（三浦　望），第10章　ジェイムズ・ヴァンダーカム「クムラン出土のヨベル書関連文書のモーセ五書律法の釈義」（守屋彰夫），第13章　アデラ・ヤーブロ・コリンズ「マルコにおけるトーラーの受容」（佐藤　研），第15章　ハロルド・W・アトリッジ「創造と聖なる空間──ヘブライ人への手紙，第四福音書，フィロンによるギリシア語モーセ五書の重要主題の再使用」（大住雄一）

　翻訳を依頼された方々は極めて限られた時間の中での翻訳作業であり，内容的にも多岐に亘り，日本の学会では議論されることが少ない分野の研究であったので大変な苦労をされたことを想起しここに深甚の感謝を申し上げる．翻訳原稿が揃った段階で，全体の統一を図るために編集者が監訳を行なった．主として第7章，第8章，第15章を秦剛平が，第4章，第9章を守屋彰夫が担当した．ヘブライ語やギリシア語などの表記が原著者ごとに相違していたので，原著者の意図を生かしながら日本の読者に最良の形で提示することを心掛けたつもりである．

● 編者あとがき ●

　次に本書の構成は基本的には国際研究集会での発表に即しているが，一部例外があるのでお断りを記す．第16章の池田裕論文「地理学的視点から見たモーセ五書の本文伝承―東西文化のさらなる接点を求めて―」は，当日の研究集会では第4章のトーヴ論文の次に発表された．この池田教授の研究発表を聴き，海外からの研究者の多くがこの国際研究集会を日本で開催する意義を理解できるようになったと言い，日本文化の深さに対する大きな感動を与えた内容であった．しかし本書の構成上，第一部の4篇の論文内容との緊密性が薄いことから，第四部の次に特別寄稿として最終章に移すことにした．この編者の判断を池田教授と読者に納得していただけるものと確信している．浅野淳博論文「パウロとパロディ ―― アブラハム物語再話（ガラテヤ三～四章）に見るパウロの意図 ―― 」は国際研究集会で読まれたものではなく，国際研究集会後にご本人からの提案があり，編者が協議して本論文集に収載することとした．浅野氏は国際研究集会では裏方に徹し，そのため研究発表をする機会がなかったが，国際研究集会の趣旨をよく理解し，論文でも貢献したいというご本人の強い希望を生かすこととして，特別寄稿として収載した．従ってこの論文は本論文集の英語版には掲載されない．逆に，秦剛平氏の基調講演は国際研究集会後，英文の論文という形式に改めて海外の学会誌に既に発表されたので，内容の重複を避けて本論文集の英語版には掲載しないことにした．第7章のスターリング論文「フィロンはどのギリシア語訳聖書を読んでいたのか？」は本文だけでも長大なものだが，これに更に2つの大きなギリシア語資料集がついている．後者は英語版には収載するが，編集者の判断で本論文集では割愛することとした．ギリシア語資料での検証を行ないたい方は英語版を参照されたい．

　最後に，この論集の出版は，独立行政法人日本学術振興会の平成22年度科学研究費補助金（研究成果公開促進費）学術図書（課題番号：225022）の交付を受けて可能となったものであり，関係各位に著作代表者として御礼を申し上げます．また本書に収載された論文が最初に読まれた国際研究集会も独立行政法人日本学術振興会の平成19年度国際研究集会「ヘレニズム時代における五書本文伝承史」が採択された結果可能にされたものであることを付記してあらためて御礼を申し述べる次第です．京都大学学術出版会編集室の國方栄二氏には，出版計画の段階から細かな指示やご配慮を戴いた．殊にギリシア語とヘブライ語の引用が頻出する本書の特殊な事情にも拘らず，印刷所

● 編者あとがき ●

との間に立って緻密で的確な編集作業に取り組んでいただいた．衷心よりの御礼を申しあげます．死海文書の発見によってヘブライ語聖書本文研究が全く新しい段階に入り，ヨセフス，フィロン研究にも大きな影響を及ぼすこととなった．その学問的潮流が本書に反映され，日本の聖書学を担う次の世代への橋渡しとなることを願いながら編者あとがきを閉じることにする．

(守屋彰夫記)

人名索引

【古代】

アウグスティヌス　48, 49
アウグストゥス　218, 219, 226
アクィラ　163, 169
アグリッパ　219
アセナテ　159
アセル　294
アダム　96, 139, 178〜180, 183, 185, 194, 235〜239, 242〜246, 248〜251, 254, 256, 269〜272, 274, 369
アナノス　204
アビメレク　213, 216
アビヤ　214
アブラハム　77, 95, 231, 232, 260〜262, 274, 276, 322, 325, 376〜383, 385〜388, 394, 396, 397
アブラム　289, 294〜298
アムラム　293
アリウス・ディデュモス　208
アリステイデス　212
アリストテレス　206
アリストブロス　221, 224
アルケラオス　201, 211, 222, 226
アレクサンドロス　224
アンティオコス・エピファネス　17, 19, 29
アンティゴノス　221
アンティパトロス　223
アントニヌス　219
イエスス　204
イサク　77, 261, 264, 267, 276, 323, 382, 388, 394, 395
イザテス　232
イシュマエル　382, 395
イスラエル　263〜265
イレナエウス（エイレナイオス）　34
ウィテリオス　219
ウィテルリオス　219
ウェスパシアノス（ウェスパシアヌス）　9, 21, 27, 219, 220
エウセビオス　7, 95, 129, 130, 146
エサウ　323
エズラ　220
エゼキエル　237
エヌマ・エリシュ　39
エノク　292, 294
エノシュ　248〜250, 287
エバ　235〜238

エパフロディトス　203, 205
エフォロス　130
エリ　213, 214
エリオガバルス　130
エレアザル　205, 209, 212
エレミヤ　35
オソルコン2世　22
オニアス　10, 12〜21, 23, 24, 26〜29
オニアス3世　11, 19
オニアス4世　9〜13, 16, 19, 21, 24, 26, 27
ガイウス（ガイオス）　227, 229, 231
ガイウス・カリグラ　201, 218, 225, 226
ガイウス・ユリウス　227
カイレアス　228
カエサル　229
カッシウス（『ローマ史』の）　220
カッシウス　227, 229
カリグラ　219
ガルバ　218, 219
ガルビニウス　221
キケロ　212, 217, 218
ギデオン　213
クセノフォン　130, 206
グナイウス・センティウス・サトゥルニヌス　227
クラウディウス　218, 219, 227, 230
グラフュラ　201
クルウィウス・ルフス　201
クレオパトラ　24
コハテ　293
サウル　216, 217, 220, 243
サルスティウス　231
サムエル　214, 215, 229, 287
サラ　375, 379, 380, 382, 388, 391, 393〜395
サライ　296, 297
シェト　249
シケム　263
シュンマコス　163, 169, 181, 190
スキピオ　217
ストラボン　208
セト　248〜250
セネカ　212
セム　293
センティウス　229
タキトゥス　206, 218, 219, 231
ダビデ　216, 266
タルクイニウス　218

405

• 索引 •

タルクイニウス・スペルブス　217
タルビス　16
ディオドロス　208
ディオニュシオス　208
ティトゥス　29, 204, 219
ディナ　263
ティベリウス（ティベリオス）　25, 218, 219, 225, 226
ティベリウス・ネロ　219
テオドティオン　163, 169, 181, 190
テティ　25
トゥキュディデス　130, 228
ドミティアヌス　205, 219, 229, 232
ニムロデ　209
ネブカデネザル王　201
ネロ　218, 230
ノア　209, 260, 291, 292, 293, 294
パウリノス　18
パウロ　74, 262, 333, 373～384, 386～397
ハガル　350, 375, 379, 380, 382, 387, 388, 392
ハム　293, 296
バラム　249
ヒエロニムス　49, 95
ビテノシ　292
ピネハス　213
ヒュルカノス　221, 223
ビルハ　262, 268, 276, 285
フィロン　7, 8, 48, 105, 145, 151, 152, 154, 158, 161～196, 208, 251, 256, 262, 281, 306, 323～325, 333, 339, 347, 348, 350～355, 387
プトレマイオス1世　16
プトレマイオス2世　16, 205, 209
プトレマイオス4世　17
プトレマイオス6世　17～19, 24, 27, 28
プラトン　47, 48, 55, 154, 206, 208, 220, 348
プリニウス　212
ブルートゥス　227, 229
ベニヤミン　263, 264
ペピ1世　22, 25
ヘルヴィディウス・プリスクス　220
ヘロデ　27, 197, 199～201, 204, 211, 222～225, 227
ベロソス　129, 130
ヘロドトス　14, 22, 25, 130, 206, 217
ベン・シラ　253
ホスティリアヌス　219
ポティファル　263
ホフニ　213
ポリュビオス　206, 207, 212
マステマ　276, 277
マタイ　308

マネトーン　129, 130, 132
マルクス・ウァルロ　130
マルケッルス　219
マルコ　308
マルドゥク　42
ムキアヌス　219
メトシェラ　292
モーセ　16, 77, 83～90, 94, 97, 103, 115, 116, 122, 132, 136, 140, 142, 151, 152, 207, 210, 212～214, 216, 221, 229, 231, 238, 251, 260, 262, 265, 269, 280～284, 286, 287, 294, 310, 325, 339, 346, 347, 349, 350, 368, 388
ヤコブ　345
ヤフェト　293
ヤム　42
ユダ　264, 293
ユダ，R.　113, 264, 293
ユリウス・アフリカヌス　130
ユリウス・カエサル　218, 231
ユリウス・クラウディウス　219
ヨエル　214
ヨシュア　210, 212～214, 216, 287
ヨセフ　159, 263, 265, 294
ヨセフス　7～12, 14～21, 24～27, 95, 97, 123, 129, 131～133, 139, 140, 142, 145, 146, 151～154, 156, 158, 173, 197, 199～232, 281, 299, 306, 323, 361～365, 367～370
ヨハネ（バプテスマの）　315～317
ヨハネ・ヒュルカノス　221
ヨブ　294
ラケル　264
ラビ・アハ　251, 252
ラビ・ティフダイ　251, 252
ラムセス2世　22
リキニアヌス・ピソ　218
リュクールゴス　217
ルカ　308
ルプス　18
ルベン　262～268, 276, 285
レビ　264, 293
レメク　291, 292
ロームルス　217, 218
ロト　297, 298, 364

【近現代】
Aaron, D. H.　63
Abegg, M. Jr.　365
Abrahams, I.　333, 335
Aejmelaeus, A.　98, 99
Albeck, Ch.　262, 282
Albright, W. F.　79

索 引

Alexander, L. 157
Alexander, P. S. 145, 326, 333
Allegro, J. M. 100, 240
Allison, D. C. Jr. 325
Amaru, B. H. 263, 266, 283
Anderson, B. W. 38
Anderson, G. 39, 237, 241, 275
Andreas, R. 74
Andrew, M. E. 61, 65
Argall, R. A. 155
Arnaldez, R. 157
Arndt, W. F. 328
Asano, A. 389
Attridge, H. W. 7, 8, 100, 197, 198, 202, 203, 211, 339, 340, 343, 345, 373
Aucher, P. J. B. 167
Avigad, N. 364
Axel, G. 67
Baltzer, K. 47
Barbour, I. 36
Barclay, J. M. G. 144, 153, 376, 380, 397
Barr, J. 111, 148, 235
Barrera, J. T. 109
Barrett, C. K. 380
Barth, K. 37, 38
Barthelemy, D. 99, 148
Bartlett, J. R. 127
Batemen, H. W. 340
Bauer, W. 328
Baumgartner, W. 37
Bedenbender, A. 238
Begg, C. T. 197, 198
Beker, J. Ch. 373, 396
Benjamin, W. 148
Berger, K. 321~323, 325, 328, 333
Berger, P. L. 374
Bernstein, M. J. 123, 146, 255, 288
Betz, H. D. 376, 377, 379, 384, 387, 389
Bickerman, E. 154
Biddle, M. E. 127
Bilde, P. 198
Billerbeck, P. 329
Bohak, G. 147
Bonting, S. L. 37
Borgen, P. 345
Bornkamm, G. 320, 327, 330, 331, 333~336
Bow, B. A. 155
Bright, J. 52
Brinsmead, B. H. 377
Bromiley, G. W. 379
Brook, G. J. 288
Brooke, G. J. 107

Brooks, O. S. 321
Bruce, F. F. 376, 386, 396
Bruns, G. L. 256
Buch-Hansen, G. 352
Bultmann, R. 320, 328
Burchard, Ch. 320, 321, 327, 328, 336
Burkett, D. 345
Burton, E. De W. 377
Bury, R. G. 48
Campbell, J. G. 287, 288
Capponi, L. 30
Carson, D. A. 145
Chancey, M. A. 327
Charles, R. H. 47, 259, 262, 282
Charlesworth, J. H. 127, 153, 326, 330
Chazon, E. G. 155, 244, 245, 288
Childs, B. S. 38
Clark-Soles, J. 343
Clements, R. A. 155, 288
Cohen, A. 113
Cohen, M. M. 112, 368
Cohn, L. 163~165, 170, 178, 193
Collins, J. J. 8, 146, 153, 235, 236, 238, 239, 246, 247, 253, 294, 373
Coloe, M. 344
Colson, F. H. 324~326
Conbeare, F. C. 167
Cook, J. 172, 175
Cribiore, R. 157
Cross, F. M. 88, 98, 109
Crown, A. D. 114
Crüsemann, F. 61, 72
Dalley, S. 40
Daly-Denton, M. 343
Danby, H. 262
Daniels, D. K. 173
Danker, F. W. 328
Das, A. A. 343
Daube, D. 163
Davies, W. D. 163
Davidson, D. 256
Day, J. 42
de Jonge, M. 321, 345
Dillmann, A. 95
Dimant D. 288
Dines, J. M. 127, 148
Dodd, C. H. 163
Donahue, J. R. 320, 321
Doran, R. 146
Dozeman, T. B. 237
Drower, M. S. 10
Duncan, G. 17

407

• 索引 •

Dunn, J. D. G.　376, 384, 387, 396
Eastman, S.　377
Edward, D.　288
Eisenbaum, P. M.　340
Eisenstein, J. D.　112
Elgvin, T.　245, 251
Endres, J.　263
Esler, P. F.　375, 377, 382
Evans, C. A.　276, 325, 340, 343
Fabry, H.-J.　107
Fassberg, S. E.　112
Feldman, L. H.　197, 198, 211, 362, 363
Feldtkeller, A.　379
Field, F.　169
Finkel, A.　328
Fishbane, M. A.　52, 143, 159
Fitzmyer, J. A.　289, 297, 299, 364
Fletcher-Louis, C. H. T.　247
Flint, P. W.　146
Foster, P.　324, 331, 332
Fox, N.　118
Fraade, S. D.　143, 147, 248, 250
Franxman, T. W.　197
Freed, D.　344
Freedman, D. N.　267
Freedman, H.　252
Frey, J.　248〜250, 345
Friedman, J. T.　112
Friedrich, J.　380
Frishman, J.　244
Furnish, V. P.　328, 332, 333
Gager, J. G.　151
Gamaliel, R. S. b.　113
Ganzfried, S.　112
Geden　336
Geiger, A.　92
Gese, H.　388
Gibson, J. C. L.　58
Gieschen, C. A.　340
Gingrich, F. W.　328
Glasson, T. F.　344
Goff, M. J.　245, 247
Goodenough, E. R.　165
Goodhart, H. L.　165
Gooding, D. W.　98, 99
Goodman, M. D.　153, 165, 382
Gordis, R.　112
Gottwald, N. K.　127
Gresmer, V.　173
Guilding, A.　344
Gunkel, H.　39, 40, 60, 265
Gunton, C.　33, 34, 48

Habachi, L.　11, 21, 23, 25
Hadas, M.　127
Halbertal, M.　144, 159
Hamilton, V. P.　291
Hansen, G. W.　380, 387
Hanson, A. T.　344
Hanson, R. P. C.　380
Harrington, D. J.　240, 246, 247
秦剛平（Hata, G.）　9, 15, 196, 339, 361〜365, 367
Hays, R. B.　374, 394
Hempel, C.　248
Hendel, R. S.　95〜97, 118
Hengel, M.　327
Herbert, E.　260
Higger, M.　113
HochWray, J.　341
Holladay, C. R.　147
Honigman, S.　145
Hossfeld, F.-L.　62, 66〜69, 76
Howard, G. E.　163, 171, 173
Hultgård, A.　253
Hurvitz, A.　267
市川裕（Ichikawa, H.）　372
池田裕（Ikeda, Y.）　365, 367, 369, 371, 372
Irwin, W. H.　51
Isaiah, A. B.　281
伊藤博（Ito, H.）　369
Jacobsen, T.　41
Jacobson, H.　152
Jaeger, W.　206
Jastram, N.　89
Jellicoe, S.　127
Jobes, K. H.　127
Johns, L. L.　326
Johnson, L. T.　340
Jones, H. S.　47
Justin Martyr　188
Kahle, P.　163
Katz, P.　162, 163, 173, 175
Kim, A.　121
Klein, R. W.　95
Kloppenborg, J. S.　154
小林芳規（Kobayashi, Y.）　371
Koehler, L. & W. Baumgartner　37
Koehler, L.　37, 76
Koester, C.　340, 344
Kraemer, R. S.　147
Kratz, R. G.　76
Kugel, J. L.　143, 235, 241, 257, 267, 268
Kugler, R. A.　294
Kuntzmann, R.　157

408

・索 引・

Kyung-Rae Kim, 118
Laansma, J. 341
Lambert, B. W. 41
Lange, A. 248, 249, 255
Laqueur, R. 199, 223
Lehmann, J.-P. 385
Lembi, G. 202
Leon, H. J. 151
Levine, B. 283
Levison, J. R. 240
Lichtenberger, H. 248
Liddell, H. G. 47
Lim, T. H. 245
Lincoln 392
Lions, W. J. 287
Little, E. 344
Loader, W. 263
Lohfink, N. 69
Longenecker, R. N. 377, 382, 384, 387, 388, 391, 396
Lorse, E. 387
Louth, A. 48
Luckmann, T. 374
Lutgart, W. 384
Luttikhuizen, G. P. 239
MacRae, S. J. G. W. 343
Maher, M. 282
Mangey, T. 162, 163
Manoah, H. 76
Marcos, N. F. 127
Marshall, I. H. 336
Martinez, F. G. 36, 255, 331
Martyn, J. L. 380, 381, 386, 389, 396
Mason, S. 7, 198, 202, 204, 323, 325
Matera, F. J. 343
May, G. 33～35
McKay, H. A. 156
McKenzie, R. 47
McNamara, M. 384, 388
Meeks, W. 344
Meir, W. 72
Melammed, E. Z. 62, 76
Meleze-Modrzejewski, J. 154
Melklein, H. 107
Mendelson, A. 158
Menken, J. J. M. 344
Meyers, E. M. 236, 327
Milgrom, J. 73, 92, 266, 332
Millar, F. 153, 165
Milligan, G. 336
Mitchell, A. C. 340
Modritzer, H. 393

Moloney, F. J. 345
Montaner, L. V. 109
Moore, G. F. 244, 326, 329
Morgan, T 157
守屋彰夫（Moriya, A.） 8
Morris, J. 165
Moulton, J. H. 336
Mulder, M. J. 147, 152, 156, 162
村岡崇光（Muraoka, T.） 290, 291
Mußner, F. 377
Najman, H. 146, 238
Nash, M. 385
Naville, E. 11, 17, 21～23, 25
Nestle, E. 162, 163
Newman, J. H. 146, 155, 238
Nickelsburg, G. W. E. 47, 238, 288, 290, 343
Nissen, A. 320
Noss, P. A. 127
Oden, T. C. 34
岡崎勝世（Okazaki, K.） 130
Olsson, B. 110
O'Neill, J. C. 35
大住雄一（Osumi, Y.） 61, 77
大塚和夫（Otsuka, K.） 372
Pardee, D. 50
Parry, D. W. 247, 287
Pearce, S. J. K. 151
Perrot, C. 156
Petit, F. 167
Philonenko, M. 253
Pietersen, L. K. 287
Pinnick, A. 155
Porten, B. 28
Porton, G. G. 382
Pritchard, J. B. 363
Quell, G. 379
Rajak, T. 8, 143, 152, 317
Roger, R. Le D. 157
Rosel, M. 172, 173, 175, 185
Rothstein, D. 263
Runia, D 48
Rutgers, L. V. 155, 159
Ruwe, A. 74
Sabatier, P. 375
Sanders, E. P. 378
Sanders, J. A. 340
Sanderson, J. E. 87, 94, 122
佐藤研（Sato, M.） 372, 373
Saulnier, S. 283, 284
Schäfer, P. 248
Scharfman, B. 281
Schenker, A. 122

Schiffman, L. H.　100, 155, 255, 288, 294
Schlosser, J.　157
Schmid, K.　237
Schottroff, L.　323
Schottroff, W.　77
Schröder, A.　163
Schuchard, B. G.　344
Schulz, S.　379
Schürer, E.　153, 165
Schwartz, D. R.　211
Scott, J. C.　397
Scott, R.　47
Segal, M.　100, 101, 239, 266, 275
関根正雄（Sekine, M.）　39, 44, 45, 57, 59, 361, 367
Semechenko, L.　198
Shalom, M. P.　155
Shemesh, A.　275
Sherwood, Y.　236
Shutt, R. J. H.　127, 330
Siegfried, C.　162
Sievers, J. J.　202
Silva, M.　127
Simon, M.　252, 384
Skehan, P. W.　87
Skinner, J.　394
Slotki, I. W.　330
Smith, A. D.　381
Smyth, H. W.　336
Sparks, H. F. D.　321
Spilsbury, P.　198, 201
Stamm, J. J.　67
Starr, R. J.　202
Stegemann, H.　109
Stegner, W. R.　325, 343
Sterling, G. E.　8, 198, 324, 347
Stone, M. E.　198, 288, 294
Stoppard, T.　370
Strack, H. L.　329
Strecker, Ch.　375
Stroumsa, G. A. G.　143, 159
Strugnell, J.　240, 246, 247
Stuart, G. H. C.　244
周藤芳幸（Suto, Y.）　23, 25
Swete, H. B.　127, 162, 332
Sysling, H.　152, 156
高橋睦郎（Takahashi, M.）　360
武石彰夫（Takeishi, A）　371
Talmon, S.　276
Taylor, J. E.　152
手島勲矢（Teshima, I）　372
Thackeray, H. St J.　156, 200, 202, 222, 228

Tigchelaar, E. J. C.　36, 246, 331
Tobin, T. H.　172, 177, 251
Tov, E.（エマニュエル・トーヴ）　7, 55, 64, 91, 100, 101, 107, 112, 118, 121, 147, 148, 155, 162, 169, 245, 260, 287〜289, 365
Treu, K.　160
Tsumura, D. T.　40, 42〜44, 49, 50, 52, 56, 58
Tuckett, Ch.　374, 392
Turner, V.　375, 390, 393
Ulrich, E.　8, 90, 93, 98, 100, 101, 104, 168, 247
Urbach, E. E.　64, 244
臼杵陽　372
van Amersfoort, J.　384
van der Horst, P. W.　147, 152〜155, 384
van der Kooij, A.　157
van der Toorn, K.　157
van der Watt, J. G.　345
van Henten, J. W.　156
van Oort, J.　384
von Rad, G.　38
van Rampay, L.　244
Van Ruiten, J. T. A. G. M.　237〜239
VanderKam, J. C.　8, 11, 100, 101, 121, 146, 155, 255, 260, 262, 266, 276, 288, 290 , 294, 322
Venuti, L.　148
Vermes, G.　145, 153, 165, 287
Wacholder, B. Z.　147
Watson, F.　376, 377, 383
Watson, R. A.　43, 44
Watson, W. G. E.　127
Webers, J. W.　163
Weinfeld, M.　322, 324
Weir, H.　320
Wendland, P.　162〜164
Werline, R. A.　155
Wernberg-Moeller, P.　253, 254
Westermann, C.　37, 49〜51, 54, 261, 265, 344, 395
Wevers, J. W.　49, 195, 169, 175, 177, 184, 185, 189, 331
Whitaker, G. H.　324〜326
White, S.　100, 101, 121
Widengren, G.　253
Willi, S.　63
Williamson, H. G. M.　145
Wintermute, O. S.　291
Wiseman, T. P.　198
Wright, D. P.　267
Wright, N. T.　374, 379, 381
Yadin, Y.　113, 284, 364

索 引

山口節郎 374
Yisrael, O. 112
Young, I. 109
Zah, M. 259
Zetterholm, M. 110
Zimmermann, R. 345
Zuurmond, R. 267
＊
アーサー・ビナード 360
アルフレッド・エドワード・ハウスマン 370
ウィリアム・F・オールブライト 79
ヴェルンベルク＝メーラー 254
ヴェントラント 163, 178, 193
エンゲルベルト・ケンペル 366
オットー・フォン・フライジング 130
カッツ 194
カール・ホラデイ 146
キーツ 361
クフ 22
グリフィス 22
ゲオルグ・フォーラー 72
ゴダード 22
コーン・ヴェントラント 167
シュタム／アンドリュウ 61, 70
シュタム 65
シュトレカー 398
ジェイコブ・ベルネイズ 154
ジェイムス・アッシャー 130
ジョン・キーツ 360
スカリゲル 130
スティーブン・フラーデ 248
ダルスト伯爵 22
チャップマン 361
テレンス・E・フレットハイム 77
トブー 145
トーマス・マンジェイ 162
バアル 43
バーガー 374
ピーター・ウォルターズ 163
フランツ・フォン・シーボルト 366, 367
フリンダーズ・ペトリ 10
ペア・ビルデ 198
ペーター・カッツ 163
ペーター・ツュンベリー 366
ペトリ 10, 17〜21, 23〜26
ペピ1世 23
ベン・シラ 239〜244, 246, 247, 254〜256
マイケル・シーガル 239
マックグレーガー 22
マリエ 21
ヨセフ・ユストス・スカリゲル 130
ヨハン・クリストフ・ガッテラー 130
ラールフス 133
ルイス・フェルトマン 211

• 索　引 •

本文中の資料索引

I　聖書関係

(1)　旧約聖書

(以下の章節表記で，たとえば創世記 1:1 とあれば，それはマソラ本文の第 1 章 1 節を示し，アステリクを付されて創世記 1:1* とあれば，それは七十訳の第 1 章 1 節を示す。)

創世記（創）

  1　　38, 42, 236, 241, 251, 260
  1-2　　269
  1:1-2　　56, 57
  1:1-2:4a　　52
  1:1-3　　57
  1:1　　171, 177
  1:2　　37-39, 50, 52, 53, 55, 57-60, 354
  1:7　　171, 177
  1:9-10　　57
  1-11　　171, 237
  1:11-12　　58
  1:12　　174, 194
  1:14-19　　367
  1:14　　52
  1:16　　171, 177
  1:21　　171, 177
  1:24-26　　58
  1:25　　171, 177
  1:26　　171, 177, 253
  1:27　　171, 177, 250, 269, 270, 311
  1:28　　77
  1:31　　169, 171, 177
  2-3　　236, 240, 241, 243, 250, 251, 256
  2　　166
  2:1-3:19　　166, 167
  2:1-3:1a　　165
  2:1-17　　165, 166
  2:1　　166, 169, 193
  2:2-3　　62, 260
  2:2　　166, 168, 170, 171, 177, 192, 193
  2:2*　　168, 170
  2:3　　171, 177
  2:3*　　171
  2:4-3:19　　173
  2:4　　166, 171, 174, 177
  2:5　　58, 174
  2:6　　166

2:7-9　　177
2:7-8　　269, 273
2:7　　59, 166, 177, 195, 250, 253, 270, 272
2:7*　　272
2:8　　166, 270, 173, 174, 177, 194, 195
2:8*　　173
2:9　　166, 174, 194, 246
2:9*　　174
2:10　　166
2:11-14　　177
2:11　　166, 363
2:12　　166
2:13　　166, 175, 193
2:13*　　175
2:14　　166, 176, 193
2:14*　　176
2:15　　174, 176, 198, 273
2:15*　　176
2:16　　166, 174, 186, 187, 190, 194
2:16*　　186
2:17　　166, 186
2:18　　171, 174
2:19　　174, 177, 178, 193, 270
2:19*　　178
2:20　　165
2:21-22　　270
2:21　　174, 178, 192
2:21*　　179
2:22　　174, 179, 194
2:22*　　179
2:23　　180, 181
2:23*　　180
2:24　　181, 193, 260, 311
2:24*　　181
3:1-3　　189
3:1　　174, 183, 189
3:1*　　183
3:1b-8a　　165
3:3　　166, 189
3:6　　246
3:8b-19　　165
3:8　　174, 185, 194
3:9　　174, 182, 184, 194
3:9*　　182
3:10　　183, 184, 194
3:10*　　183, 184
3:11　　183, 189, 190, 194

• 索 引 •

3:11*　184, 189
3:13　174, 182, 184, 195
3:13*　182
3:14　174, 185, 187, 193, 194
3:14*　185
3:15　187, 192, 194
3:15*　187
3:17　182, 184, 188～190, 194, 195
3:17*　183, 188, 190
3:18　185, 187, 191, 193, 194
3:18*　186, 191
3:19　186, 187, 191, 193, 194
3:19*　186, 191
3:20–23　165
3:22　236
3:23　270
4:6　137, 140
4:15　137
4:26　248
5　95, 100, 103
5:6–7　248
5:28–29　291
5:29　137, 291
5:9–11　248
5:29　137, 190
6–9　292
6:3　137, 245
6:4　290
6:5　137, 243, 245
6:6　137
6:7　137
6:12　137
6:15　139
6:16　139
6:22　137
7:1　137
7:5　137
7:16　137
7:20　139
8:4　292, 293
8:15　137
8:18　292
8:20　137, 292, 293
8:21　137, 245
9:9–17　292
9:18　292
9:20　292
10　293
11　95, 100, 103, 134
11:1–3　348
11:1　348
11:4　349

11:9　138
12:5　137
12:8–9　288, 289, 295
12:9　295
12:10–20　296
12:11–13　296
12:13　296
12:14–15　297
12:17　137, 297
12:18　297
12:19–20　297
13:3-18　297
13:3　298
13:12　298
13:13　137
13:14　137, 298
14:1–24　298
14:1　138
14:6　138
14:9　138
14:19–20　298
14:19　137
14:20　137
14:20b　298, 299
14:22　137
15　379
15:1–12　299
15:1–5　386
15:1–4　299
15:1　299
15:4　137
15:6　137
15:7　137
16:1–3　387
16:3　299
16:5　137
16:6–12　350
16:7　137
16:13　137
16:14　138
17　379
17:1　137
17:8　378
18:1　137
18:6　139
18:14　137
18:17–19　261, 263
19:9　137
20:1　137
20:14　139
20:16　139
21:9　394

413

● 索　引 ●

21:14　137
21:31　137
21:33　137
22　276
22:2　137
23:9　137
23:15　139
23:16　139
23:17　137
23:19　137
24:62　138
25:9　137
25:11　138
26:5　261, 263
26:20　138
26:23　137
26:33　137
27:28　140
28:10　137
28:11　137
28:12　344
28:19　138
28:20　137
30:4　266
31:13　138
33:10　266
33:12　266
33:15　266, 267
33:20　137
35:8　138
35:11　137
35:16-20　264
35:18　138
35:21　264, 265
35:22　263
35:22a　264, 267
35:22b-26　264
35:27　267
37:2　266
41:45　146
42:11　348, 349
43:14　137
46:1　137
46:5　137
49　135
49:3-4　265
49:25　137
49:30　137
50:13　137

出エジプト記（出）

1:1-15:21　78

1:7　77
1:11　297
1:22　77
2:1-10　77
2:24　78
3:15　77, 78
4:6　140
5:15　79
6:5　78
7:8-11:10　77
7:17-19　82
7:18　87
10:21　94, 104
12-13　63
12　275〜277, 280, 284, 285, 322
12:1-2　276
12:3-13　277
12:6-7　284
12:6　277, 280, 281, 285
12:8　278
12:8a　280
12:9　278
12:10　280
12:10b　278
12:11　280
12:13　279, 284
12:14-20　277
12:14　78
12:21-28　277
12:22-23　284
12:27　284
12:29-32　277
12:29-30　277
12:29　280
12:33-42　277
12:37　285, 297
12:43-51　277
12:46　284
13:3　78
13:8-10　63
13:9　63, 78
13:16　63
14:19-20　369
15:18　77
15:22-18:27　78
15:25　76
16:30　78
19:1-24:18　78
19-24　65
19:4-6　77
19:6　264
20　64, 66, 68, 70, 71, 79, 97

414

● 索 引 ●

20*　70, 71
20:1-17　69
20:2-17　61, 64, 65
20:2-6　66
20:2　330
20:4　68
20:5　68
20:6　67, 68
20:7　77
20:8-11　62
20:8　62, 77〜79
20:8-11　74
20:11　56, 67, 79
20:12-16　305
20:12-16*　305
20:13* 以下　306
20:13-17　68
20:13-17*　69, 70
20: 13-15*　70
20:13*　308
20:14*　308
20:16　153
20:17　66, 67, 97, 98, 100
20:22-23:33　76
20:23　78
20:24　76, 77
21:12-14　350
21:32　139
22:27　365
22:28*　365
23:12　78
23:13　76〜78
24-32　284
24　259, 260
24:8　342
25-40　77
25:1-31:18　78
26:35　101
27:28　140
28:2　89
28:4　89
30:1-10　101
30:12-16　285
30:14　285
31:13　78
31:14　78
31:16　78
32:1-34:35　78
32:10-11　84, 88
32:10b　90
32:13　77
33:3　77

34:1　69
34:10-26　63
34:21　79
34:28　63
34:28-29　69
35:1-40:38　79
35-39　99, 100, 102
35:1　79
38:26　285
39:21　85, 88
40:2　283
44:34　77

レビ記（レビ）

3:8　274
3:10　274
3:13　274
11　269
12　273, 274
12:1-2a　269
12:2-5　272, 273
12:2　269, 271, 273〜275
12:3　274
12:4-5　269, 271, 274, 275
12:4　271, 273
12:4b　272
12:5　271, 273
12:6-8　274
12:7b　272
13　269
15:11-22　274
15:18　273
15:23-34　274
17:4　91〜93, 103
18:6-8　262
18:6　266
18:29　266
19　73, 74
19:3-4　73
19:17.18a　332
19:18　320, 330, 337
19:18aβ　332
19:18b　74
20:11　262, 265, 266
21:13-14　351
22:30　266
23:5　280
23:6　280

民数記（民）

1:1　283
1:2　285

415

● 索引 ●

1:32　285
9:1-2　280
9:1　283
9:2-3　277, 278, 281
9:2　278
9:3　279, 280
9:5　280
9:6-12　282
9:12　278
9:13　278, 279
13:22　296
20:13b　90
21:8　345
21:11b　90
21:12b　90
21:20b　90
24:17　249
27:23a-28:1　86
27:23　89
27:23b　90
28:16　280
28:17　280
35:25　351

申命記（申）

2:9　90
2:18-19　90
2:24-25　90
3:21-22　90
3:24-28　90
4:13　69
4:35　334
4:35*　334
5　66-68, 70, 71
5*　70, 71
5:1-6:5　63, 64
5:1-6:9　63
5:2-21　61
5:6-21　64, 65, 68, 69
5:8　68
5:10　67
5:12-15　62, 74
5:12　62, 76, 77
5:14　67, 76
5:15　67
5:16-21　305
5:17 以下　306
5:17-21　68, 69
5:17-21*　69, 70
5:17　308
5:18-21　68
5:18　308

5:21　66-68, 70, 97, 98, 100
5:22　69
6:4-5　64, 309, 337
6:4　330, 334
6:5　320, 321, 330, 331
6:5*　331
6:6-9　63
6:6　64
6:13　314, 315
6:16　313
8:3b　313
8:7-8　367
9:20　90
10:1　69
10:3　69
10:4　69
10:12-11:21　63
11:18-21　63
12:10-11　279
14:1　349
16:2　284
16:3　280
16:5-6　279, 284
16:6　279, 280, 281
16:7　284
17-18　212
18:18-22　97
19:15*　311
22:25-27　268
23:1　262, 266
26:1-4　367
27:2-3　98
27:2-7　97
27:4　97, 98, 100
27:15-26　266
27:20　262, 266
31:19　63
32　63
32:16　349
32:18　349

ヨシュア記

15:24　295
19:8　295

士師記（士）

17:2　112

サムエル記上（サム上）（第一サムエル記）

2:3　36
7:14　212
12:21　53, 55

15:22　335
16-17　99
19:9　243
32:10　49

サムエル記下（サム下）（第二サムエル記）

1:19　94
7:14　212
13:23　298
20:3　266

列王記上（王上）

8:29　93
8:43　93
22:49　112

歴代誌上（代上）

5:1　265
29:18　243

ネヘミヤ記（ネヘ）

10:34*　103
10:35　103

ヨブ記

6:18　49
12:24-25　53
12:24　49
12:25　94, 104
26:7　50, 51

詩編

18　43
8:3*　311
19:1-4　368
21:19*　307
22　393
22:19　307
24　43
29　43
33:6　59
33:20*　150
34:19　150
40　342
40:7-9　342
68　43
74　43
77　43
78:12　296
78:43　296
79:2-3　93
89　43

90:11-12*　313
104:30　59
107:40　49, 50
109:1*　317
114　43
117:22-23*　311
146:6　56
148　56

箴言

3:18　150
3:19　56
7　240
21:28　153
30:18-19　371

雅歌

4:1-5　297
5:10-16　297
7:2-10　297

イザヤ書

6:10-11　307
13:10　307
14:12　237
19:11　296
19:13　296
19:18-19　19
24　50
24:10　50
26:3　243
29:13*　311
29:21　53
30:4　296
34:4　307
34:11　50, 54
40ff.　34
40-66　391
40:3　316
40:3*　316
40:7-8　370
40:17　53, 55
40:23　50, 53
41:29　53
43:2　150
44:9　53
44:24　34
44:29　53
45:18　50, 51
45:19　50, 51, 53
45:21　334
45:21*　334

417

49:4　53
49:16　390
52:1　392
54　391
54:1　384, 391〜393
54:2-3　391
54:10-12　390
54:30　392
56:7*　310
59:4　53
60-66　390
61:1-2　317
66:24*　311

エレミヤ書（エレ）

4:23-26　52
4:23-28　52, 53
4:23　50, 52, 53-56
4:28　53
6:4　281
7:9　71
7:9*　71
10:16　35
31:31-34　342
38:31-34*　342
51:19　35

エゼキエル書（エゼ）

28:13-16　237
30;14　296
40-48　390

ダニエル書

7:13　307, 344

ホセア書

4:2　71
4:2*　71
6:6　335

ミカ書

1:6　56

ハバクク書

2:4　378

ハガイ書

2:6　56

ゼカリヤ書

6:12　348
13:7　307

14:4　56

(2)　旧約聖書外典・偽典（アイウエオ順）

アリステアスの手紙（書簡）

パラグラフ 168　332
パラグラフ 189-294　127

第一エノク書（あるいはエチオピア語エノク書）

1-36　238
9:28-29　390
10:14　290
14:5　290
18:16　290
21:10　290
25:3-6　238
106-107　291, 292
106:1　292
106:2　291
106:3　292
106:10　291
106:11　292

十二族長の遺訓

ルベンの遺訓
1:7-8　268
1:9-10　268
3:13-14　268
イッサカルの遺訓
5:1-2　321
5:2　321
ゼブルンの遺訓
5:1　321
ダンの遺訓
5:3　321
ベニヤミンの遺訓
10:3　321

シラ書

序言 15-26　360
15　243
15:14　244
15-26　360
15:11-20　243
17　241, 244
17:1-12　241
24:25-27　364
25:1　322
25:24　240
32:23　322
33:10-13　243

索引

33:12　255
33:15　255
39:27　247
41:4　242
49:14　242
49:16　248

知恵の書（あるいはソロモンの知恵）

2:24　236
5:9-10　372
6:18　322
7　353
7:22-23　353
7:27　353

トビト記

13:9-18　390
14:7　390

第二バルク書（シリア語バルク黙示録）

48:42　256

ユディト記（ユディ）

1:10　296

マカバイ記一（一マカ）

1:56　29
7:17　93
7:37　93
9:21　94

マカバイ記二（二マカ）

3　12
6　12
7:28　35, 37
13:14　208

第四エズラ書＝エズラ記（ラテン語3—14章）

3:21　244
7:26　390
10:40-44　390

ヨベル書

2　271
2:7　270
2:14　270
2:17-21　239
3　274, 276
3:1-8　271
3:1　270
3:8-14　269, 271, 275
3:8-14　271, 272

3:9　271
3:10　271, 273
3:12　271
3:13　273
4:26　271, 390
4:28　292
5:6　290
5:28　292, 293
6:1　293
6:11　293
6:22　282
6:31-37　282
7:1　292, 293
7:17　293
7:20　322, 332
8:8-9:15　293
8:19　271
9:2-3　282
9:6-12　282
10:5　291
10:7-11　239
10:15　293
13:3　297
13:8-14:3　299
13:8　293, 295
13:10　295
13:11-12　296
13:12　296
13:19　298
14:1-3　299
15:11-22　274
16:5-9　261
17:9　284
17:15-18:19　276
17:15　276
18:3　276
18:18-19　276
20:2　322, 332
20:3　322
24:11　262
28:20　266
30　263
30:1-20　269
31-32　264
33:1-20　263
33:10　266
33:12　262, 266, 267
33:15　266
33:16　262
33:17　266
33:20　264
36:7-8　323, 332

• 索　引 •

48:5　277
48:7　277
48:15　277
48:18　277
49　275, 276
49:1-15　280
49:1　280, 281
49:2-6　277
49:7-23　277-280
49:7　277
49:9-14　278
49:10　280, 281
49:14　282
49:15-21　279
49:16-21　284
49:16　284, 285
49:17　285
49:20　284
49:21　284
49:22-23　280

(3)　新約聖書

マタイによる福音書（マタ）

4:1-11　312
4:4a　313
4:6b　313
4:7　313, 314
4:10　314
5:21＋27　308
5:43-48　333
9:13　317
18:16　311
19:18　306
21:16b　311
22:37-40　309
22:35-40　308
22:34-40　320
22:36　329, 330
22:35　330

マルコによる福音書（マコ）

1:2a.3-6　315
1:3　316
7:6b-7　311
7:15　333, 335
7:19　333, 335
9:48　311
10:2-9　310
10:2-5　310
10:6　311
10:7-8　311

10:9　305, 310
10:17-22　304
10:29-30　305
11:15-17　308
11:27-33　320
12:1-12　320
12:10-11　311
12:13-17　336
12:18-27　336
12:28-31　308
12:28-34　319, 323, 328, 336
12:28　330
12:30　330
12:31b　333
12:32　334
12:33　335
12:35-37　317
12:29-31 (-33)　309
13:24-25　307
13:26　344
14-15　307
14:12　307
14:27　307
14:62　307, 344
15:24　307
15:34　307

ルカによる福音書（ルカ）

4:1-13　312
4:4　313
4:8　314
4:10-11　313
4:12　313, 314
4:16-21　317
6:27-36　333
10:25-28　320
10:25-27　308
10:25　330
10:26-27　309
18:20　306

ヨハネによる福音書（第四福音書．ヨハ）

1:23　315
1:29　344
1:51　344
2:20-21　344
3　345
3:14　345, 346
19:36　344

使徒言行録

6:1-6　328

● 索 引 ●

6:8-10　328
9:29　328

ローマの信徒への手紙（ロマ）

2:29　398
4:15　262
4:16-17　379
4:17　35, 37
7:2　394
11:17-24　373
12-13　333
12:9-10　332
13:8-10　332
13:9　70, 72〜74, 306

ガラテヤの信徒への手紙（ガラ）

1:4　390
1:6-7　381
1:13-14　381
1:17　388
2:1-10　381
2:7　381
2:15-21　376
3-4　373〜376, 379
3:1-5　380
3:1-4:31　375
3:6-14　377
3:6-9　377
3:7　377
3:8　377
3:10-12　377
3:10　377
3:11　378
3:14　377
3:16　377, 378
3:17　377
3:17-22　379
3:18　377
3:19　377
3:19-20　379
3:21　377, 379
3:22　377
3:26　377
3:28　375
3:29　377, 379
4:1　377
4:1-7　379
4:2-31　383
4:3　379, 388
4:5　377
4:6　377
4:7　377

4:8-11　381
4:9　379
4:9-11　383
4:11　377
4:12-20　376, 377
4:12　377
4:21-31　375〜377, 379, 380
4:21-5:1　377
4:21　380, 383
4:22-27　383
4:22-23　381, 385
4:22　377
4:23　377, 386
4:24-26　391
4:24　381, 386〜389
4:25-26　387, 392
4:26　380, 389
4:27　391, 393, 396
4:28-31　394
4:30　377, 380
5:1-6:10　376
5:2-6:10　377
5:14　332
6:17　393

エフェソの信徒への手紙（エペソ人への手紙，エフェ）

3:9　34

コロサイの信徒への手紙（コロ）

1:16b　34
2:11　398
3:1-2　390

テモテへの手紙第一

2:13-14　240

ヘブライ人への手紙（ヘブル人への手紙，ヘブ）

3　342
4:3-4　341
7:2　299
8-10　342
9:20　342
9:23　342
10　342, 343
11:3　35, 37, 59

ヤコブの手紙（ヤコ）

2:11　70

ヨハネの黙示録（黙）

  3:12　390
  4:11　34
  12:9　236
  21:2-8　390

Ⅱ　死海文書関係

CD7:21　249
CD10:6　247
CD13:2　247
CD20: 10　109
CD20: 13　109
1QDeut^a　119
1QDeut^b　118
1QIsa^a　93, 113, 117〜119, 316
1QSa
  I, 6-8　247
1Q13　63
1Q17-18　287
1Q19　291
1Q20, 1QapGen ar（外典創世記）
  0欄, 8　290
  0欄, 11　290
  0欄, 13　290
  II-V　291, 292
  II, 1　291
  II, 2　291
  II, 9-10　292
  II, 13-18　292
  II, 15　291
  II, 24-25　292
  V, 2-3　291
  V, 7　291
  V, 12-13　291
  V, 13　291
  V, 29　292
  VI-IX　292
  VI-VII　292
  X, 12　292
  XII, 13　292
  XIX, 7-XXI, 22　300
  XIX, 7-10　288, 289
  XIX, 7-8　295
  XIX, 10-XX, 32　295
  XIX, 10　295
  XIX, 11-13　296
  XIX, 20　296
  XIX, 21　296
  XIX, 22以下　296
  XIX, 22　296
  XIX, 24　297
  XX, 2-8　297
  XX, 8-9　297
  XX, 10-12　297
  XX, 12-16　297
  XX, 14　296
  XX, 32　295
  XXI, 8-12　297
  XXI, 8　298
  XXI, 10-14　298
  XXI, 10　298
  XXI, 11　296
  XXI, 15-19　297, 298
  XXI, 23-XXII, 34　300
  XXI, 23-34　298
  XXII, 1-26　298
  XXII, 15-17　299
1Q21　293
1Q22　287
1Q22, II, 4-5　150
1QS『共同体の規則』
  III, 15　36
  III, 15-21　252
  III, 15-16　36
  IV, 5　253
  V, 5　253
  V, 8-9　331
  VIII, 3　253
  VIII, 14　316
1Q29　287
1QM
  XI, 6　249
1QH^a
  IV, 25　250
  V, 19-20　250
  IX, 25　248
2QExod^b　119
2QNum^a　115
2QNum^b　119
2QDeut^c　119
2Q19-20　287
3Q5　287
3Q7　293
4Q2 (4QGen^b)　176
4QpaleoGen-Exod^l　115, 118
4QExod^c　115
4QExod^d　122
4QExod^j　119
4QExod-Lev^f　85, 88, 89, 120
4QExposition　123
4QpaleoExod^m　82, 84, 88〜90, 94, 101, 102,
  115, 116, 118, 120

• 索 引 •

4QPentatuech　103
4QLev^d　91, 92
4QLev^e　118
4QNum^b　82, 89, 90, 102, 119, 120
4QDeut^g　11, 115
4QDeut^j　112
4QDeut^j V–XII　119
4QDeut^{k1}　115, 119
4QDeut^{k2}　119
4QDeut^m　118, 119
4QDeut^n　122
4QDeut^q　114, 122
4QpaleoDeut^r　118
4Q[Gen]Exod^b　119
4QJosh^a　97, 98
4QJosh^b　118
4QJudg^b　118
4QRP　120, 121
4QRP^c　103
4QSam^a　114, 118
4QSam^b　88
4QGen^b　115
4QIsa^a　118
4QJer^a　118
4QJer^b　118
4QJer^d　118
4QXII^c　118
4QXII^e　118
4QPs^a　118
4QCant^b　118
4QQoh^a　118
4QapcrPent. A　287
4QpsJub^{a-c}　287
4Q128–155　63
4Q134–136Phyl G–I　64
4Q149MezA　64
4Q148　240
4Q158　121, 287
4Q160　287
4Q175.13　249
4Q184　240
4Q213–214　293
4Q215　293
4Q216–224　287
4Q259 8.1　283
4Q265　275
4Q303　245
4Q320 4　iii. 4, 14　283
4Q320 4　iv. 9　283
4Q320 4　v. 3, 12　283
4Q320 4　vi. 8　283
4Q321 4　v. 5, 9　283

4Q321 4–5　vi. 8　283
4Q364–367　100, 121, 287
4Q365　103, 121
4Q365a　287
4Q369　287
4Q375–376　287
4Q378–379　287
4Q385　287
4Q385b　287
4Q386　287
4Q388　287
4Q391　287
4Q408　287
4Q416 1.10–13　250
4Q416 1ii15–16　247
4Q417　247
4Q417 1i11　247
4Q417 1i16–18　247
4Q418 43–35 6　249
4Q418 81 1–2　249, 250
4Q422 (＝4QParaGen-Exod)　123, 245
4Q504　244
4Q522　287
4Q524　287
4Q537　293
4Q538　293
4Q539　294
4Q542　294
4Q543　293
4QLXXEx　317
4QLXXLeva＋b　317
4QLXXNum　317
4QLXXDeut　317
5QDeut　118
5Q8　63
5Q9　287
8Q3　63
11QpaleoLev^a　92, 118
11QPs^a　118
11QT^{a}23:3–25:1　103
11QT^{a}51–66　123
11Q12＋XQ5a　287
11Q19（神殿卷物）
　XVII, 7　281
　XVII, 8　285
　XVII, 9　284
11Q19–21（神殿卷物）　287
MurGen1　115
MurNum6　115
MurXII　118
Mur4　63
Mur5　63

423

MasLev^a 116
MasLev^b 116
MasDeut.30 115
XHev/SeNum^b 115
5/6HevPs 116, 118
34SeNum 115

Ⅲ　ユダヤ側文書（旧約聖書，旧約聖書外典・偽典を除く）

エルサレム・タルムード

 サンヘドリン 2.20c　110
 タアニート 4.68a　112
 メギッラー 1.71d　113, 116
 ソーフェリーム 1.8　113
 ソーフェリーム 1.15　117
 ソーフェリーム 2.5　113
 ソーフェリーム 3.8　113
 ソーフェリーム 3.14　113
 ソーフェリーム 3.17　113
 ソーフェリーム 4　113
 ソーフェリーム 5　113

創世記ラッバー

 14　251
 14:3　252
 14:4　244
 23:6　250
 53　394

バビロニア・タルムード

 ケトゥボート 106a　110
 サンヘドリン 89b　382
 バヴァ・バトラ 14b　110
 バヴァ・バトラ 14b-15a　116
 ホラヨート 8a　330
 メギラー 18b
 メナホート 30a　113
 ヨーマ 69a-b　110

ピルケ・デーラビ・エリエゼル 30　394

フィロン（アイウエオ順）

 『悪は善を襲う』（『劣者の奸計』）
  6　208
  121　190
  122　190
 『アブラハム』
  37　325
 『アブラハムの移住』（あるいは『移住』）
  89　208

『カインの末裔』
 91　347
『ケルビム』
 29　348
『言語の混乱について』（あるいは『混乱』）
 2　208
 40-41　348
 41　348
 46　348
 62　348
 62-63　349, 350
 108　208
 146-148　349
 146　348
『十戒総論』
 5　324
 12　324
 22　325, 332
 23　325
 51　306
 121　306
 132　306
 135　306
 138　306
 142　306
『世界の創造について』（『世界の創造』）
 134
 134-5　251
 143　208
『創世記問答』（『創世記質疑応答』）
 1.1-57　167
 1.8　251
 1.19　175
 1.24　165
 1.28　181
 1.31-44　165
 1.42　185
 1.52-57　165
 1.57　192
『徳』
 9　325
 18　325
『ハガルの逃亡について』（『逃亡』，『逃亡と発見』）
 53-118　350
 108　350
 108-18　350
 108-10　350
 110　351
 112　351
 114　351
 117-118

118　352
『酩酊について』
　　　92　208
　　　109　208
『モーセの生涯』
　　　2.31　325
　　　2.37-38
　　　2.49　208
『ヨセフ』
　　　29　208
『律法詳論』
　　　1.1-11　326
　　　2.63　324
　　　4.132-35　326
『律法の寓意的解釈』
　　　1　164～167, 170, 193, 196
　　　1-2　165, 195
　　　1-3　166, 196
　　　1.31　251
　　　1.88-89　177
　　　2　164, 170, 193, 195
　　　2.11-13　175
　　　3　164, 165, 170, 193, 195
　　　3.200　190
　　　3.246　189

プスィクタ・ラッバティ
　　　48:2　394

ミシュナ
　　　トホロート・ケリーム　15.6　110
　　　ハミンニーム　1:3　367
　　　ペサヒーム　5.1　282
　　　ペサヒーム 10:9　282
　　　ベラホート　1.1　282
　　　メギッラー　2.2　116

モエード・カタン 3.4　110

ヨセフス（アイウエオ順）
　『アピオーンへの反論』（または『反論』）
　　　1・1　129
　　　1・10　129
　　　1・54　200
　　　2・49　17, 19
　　　2・115-116　363
　　　2・287　209
　　　2・287-95　207
　『自伝』
　　　1・54
　　　13 以下　15
　　　363　204

『ユダヤ古代誌』（または『古代誌』）
　　　1-11　197, 200
　　　1・1-3　363
　　　1・1-7　203
　　　1・3-4　206
　　　1・6　205
　　　1・6-7　204
　　　1・8-9　205
　　　1・10　205, 208, 209
　　　1・13　129, 205, 209
　　　1・14-15　205
　　　1・14　367
　　　1・20　205
　　　1・39　364
　　　1・45　370
　　　1・90-92　204
　　　1・94　365
　　　1・114　209
　　　1・128-29　303
　　　1・203　206
　　　2・243 以下　16
　　　2・252-253　16
　　　3・84　210
　　　3・92　306
　　　3・213　208, 210
　　　3・300-65　204
　　　3・317　203
　　　3・322　210
　　　4・3　210
　　　4・16　210
　　　4・45　208, 210
　　　4・146　210
　　　4・149　210
　　　4・184　208
　　　4・184-86　213
　　　4・186　212
　　　4・193-94　208, 210
　　　4・198　210
　　　4・218　212
　　　4・220　212
　　　4・222　212
　　　4・223　208, 213
　　　4・230　208
　　　4・255-56　212
　　　4・292　208, 210
　　　4・302　208, 210
　　　4・312　208, 310
　　　5-8　202
　　　5・15　212
　　　5・20　97
　　　5・23　213
　　　5・55　213

• 索 引 •

5・57　213
5・80　213
5・103　213
5・115　213
5・132　108
5・186　108
5・179　229
5・234　213
5・338-39　214
6・33-36　214
6・40-44　215
6・83-85　216
6・262-68　217
6・264-68　216
10・210　201
10・218　201
10・275　208
11-13　201
11・111
11・140　140, 220
12-20　197, 200
12・225　12, 16
12・237以下　12, 16
12・239-240　221
12・240　208
13・62以下　12, 16
13・64　19
13・65　24
13・65-68　18
13・66-67　14
13・70-71　18
13・70　24
13・171　203
13・173　206
13・297　203
13・298　206
13・301　221
14・1-3　203
14・91　222
14・127-139　17
14・165　223
14・186-87　203
14・186-89　201
14・403　382
16・1-4　224
16・27-65　201
16・160-78　201
16・175　203
16・395-403　224
16・402　224
17・150　224
17・168　224

17・168-81　224
17・191-92　224
17・200-355　226
17・237　226
17・254　203
17・304-310　225
17・307
17・339-401　226
17・354-55　201
18・11　206
18・169　226
18・259　206
18・226　225
18・306　227
19・1-273　197
19・2　225
19・15　227
19・15-16　201, 227
19・75　225
19・132　225
19・136　225
19・167-84　228
19・172　228
19・172-73　229
19・175　229
19・178　229
19・187　229
20・17-96　231, 232
20・24-26　204
20・224-51　201
20・229　211
20・251　211
20・259-68　203
20・261　211
20・267　205

『ユダヤ戦記』（または『戦記』）

1・1-2　206
1・6-8　206
1・10　215
1・17-18　200
1・33　16
2・212-13　225
2・577-82　15
3・64-106　15
4・596　219
7・420-436　16, 17
7・421　27
7・436　26

Ⅳ　ギリシア・ローマの著作家と文書（アイウエオ順）

アウグスティヌス『神の国』18　130
アウグスティヌス『告白』12.7　33
アリウス・ディデュモス Philos.
　　76・1　208
　　80・2　208
　　99・2　208
アリストテレス『政治学』
　　3.4.102.1279a　206
　『イソクラテス論』
　　16　208
カッシウス『ローマ史』
　　66・12・1　220
キケロ『国家について』
　　1・40・62　217
　　2・9・15　218
　　2・12・23　218
　　2・30・52　218
クセノフォン『政府の財源』
　　1.1　206
ストラボン『地誌』
　　1・1・18　208
セネカ『書簡』
　　41.1　353
タキトゥス『同時代史』
　　1・15-16　219
　　2・77　219
　　5・5　385
タキトゥス『年代記』
ディオドロス
　　1・74・1　208
　　13・34・6　208
　　34/35・25・1　208
　　37・2・2　208
ディオニュシオス『ローマ古代誌』
　　2・26・2　208
　　5・45・2　208
　　7・20・4　208
　　10・57・1　208
　　11・58・2　208
プラトン『ファイドロス』　348

プラトン『国家』
　　8.544d-591　206
プラトン『ティマイオス』　55, 349
　　50-51　47
プラトン『法律』
　　769c　220
ヘロドトス『歴史』
　　2・59　14
　　2・60　25
　　2・138　25
　　2・158　25
　　3・80　206
　　3・80, 3-4　217
ポリュビオス『歴史』
　　1・13・12　206
　　2・39・6　208
　　3・2・6　208
　　3・3・3　206
　　3・6・1　208
　　3・7・1　206
　　4・1・1-8　206
　　4・25・8　208
　　4・53・5　206
　　4・81・12　208
　　5・106　206
　　6・4-9　206
　　6・43-47　206
　　6・47・4　208
　　6・50・2　208
　　39・5・3　208
　『ポンペイウスへの書簡』
　　1・8　208
ユスティノス『ユダヤ人トリュフォンとの対話』29　385

Ⅴ　古代の文献

ウガリト
　　KTU 1:2:IV:4-30　42
　　KTU 1.23　43
エヌマ・エリシュ　39～41, 43
マルドゥクによる世界の創造　39, 42

編者・寄稿者紹介

【編 者】
秦　剛平
多摩美術大学教授，同大学図書館長．著訳書は 80 冊あまり，そのうち西洋古典の翻訳として，ヨセフス『ユダヤ古代誌』『ユダヤ戦記』（ちくま学芸文庫），『七十人訳ギリシア語聖書』（河出書房新社），フィロン『フラックスへの反論＋ガイウスへの使節』，エウセビオス『コンスタンティヌスの生涯』，ピロストラトス『テュアナのアポロニオス伝』（以上京都大学学術出版会），エウセビオス『教会史』（講談社学術文庫）がある．

守屋彰夫
東京女子大学教授．旧約聖書学，アラム語学専攻．『聖書の中の聖書解釈──第二神殿時代の聖書思想──』（日本聖書協会），「死海文書アラム語『外典創世記』翻訳と註解」（聖書学論集 42），「ペルシア時代の大祭司の系譜── 初期ユダヤ教の一側面 ──」（聖書学論集 37），「歴代誌上下註解」（『新共同訳　旧約聖書略解』，日本キリスト教団出版局），「原サマリア・テクストからサマリア五書へ」（日本旧約学会『旧約学研究』）ほか．

【寄稿者紹介】（アイウエオ順）
浅野淳博
関西学院大学神学部准教授．専門は新約学．著者に *Community-Identity Construction in Galatians* (T & T Clark, 2005)，論文多数，訳書にスティーブ・メイソン『ヨセフスと新約聖書』（リトン，2007）ほか．

アトリッジ，ハロルド・W (Harold W. Attridge)
イェール大学神学部学部長．専門はヨセフス，新約聖書，死海文書．最新の学術書は *Essays on John and Hebrews* (Mohr Siebeck, 2009)．秦剛平と『エウセビオス論集』を共編（リトン，ブリル社）．

池田　裕
筑波大学名誉教授．著書に『古代オリエントからの手紙── わが名はベン・オニ ──』（リトン，1996）ほか，訳書にダヴィド・フルッサー『ユダヤ人イエス』（教文館，2001），マッカーター・ジュニア他『最新・古代イスラエル史』（ミルトス，1993）ほか著訳書，論文多数．

ウーリック，ユージン (Eugene Ulrich)
ノートルダム大学神学部教授．共著 *The Dead Sea Scrolls Bible: The Oldest Known Bible Translated for the First Time into English* (Harper San Francisco, 1999)，共編著 *The Community of the Renewed Covenant: The Notre Dame Symposium on the Dead Sea*

Scrolls (University of Notre Dame Press, 1994) ほか．死海文書公刊に尽力．

大住雄一
東京神学大学教授．専門は旧約学．論文「民の選びの歴史性──『旧約聖書と教会』の主題に向けて」(『神学 66 号』，2004) ほか多数．訳書に W・H・シュミット『十戒──旧約倫理の枠組みの中で』(教文館，2005) ほか．

コリンズ，アデラ・ヤーブロ (Adela Yarbro Collins)
イェール大学神学部教授．専門は新約学．著書に *Cosmology and Eschatology in Jewish and Christian Apocalypticism* (Brill, 2000)，*The Beginning of the Gospel: Probings of Mark in Context* (Fortress Press, 1992) ほか，著書論文多数．

コリンズ，ジョン・J (John J. Collins)
イェール大学神学部教授．著書に *Jewish Wisdom in the Hellenistic Age* (Westminster John Knox Press, 1997)，*The Bible after Babel: Historical Criticism in a Postmodern Age* (Eerdmans, 2005)，最近の編著 *The Eerdmans Dictionary of Early Judaism* (Eerdmans, 2010) ほか，著書論文多数．

佐藤　研
立教大学文学部教授．専門は新約学．『聖書時代史「新約篇」』(岩波書店，2003)，『禅キリスト教の誕生』(岩波書店，2007)，『悲劇と福音──原始キリスト教における悲劇的なるもの』(清水書院，2001) ほか，著書論文多数．

スターリング，グレゴリー・E (Gregory E. Starling)
ノートルダム大学神学部教授．専門は新約聖書，フィロン，ヨセフス．著書に *Historiography and Self-Definition* (1992) ほか．*The Studia Philonica Annual* の共同編集者．「フィロン註解シリーズ」の総編集者．

津村俊夫
聖書神学舎教師．旧約聖書学，ウガリト学専攻．*The First Book of Samuel* (Eerdmans, 2007)，*The Earth and Waters in Genesis 1 and 2* (Sheffield Academic Press, 1989)，*Creation and Destruction : A Reappraisal of the* Chaoskampt *Theory in the Old Testament* (Eisenbrauns, 2005)．ほかに日英の論文，翻訳など多数．

トーヴ，エマニュエル (Emanuel Tov)
ヘブライ大学名誉教授．Discoveries in the Judaean Desert (Oxford University Press) シリーズの編集者として死海文書の公刊に尽力．著書に *Textual Criticism of the Hebrew Bible* (Fortress Press/Van Gorcum, 1992)，*The Greek & Hebrew Bible: Collected Essays on the Septuagint* (Brill, 1999) ほか多数．

メイソン，スティーブ（Steve Mason）
ヨーク大学教授．専門はヘレニズム・ユダヤ教で，とくにヨセフス．ブリル社「フラウィウス・ヨセフス――翻訳と註解」シリーズの総編集者．著書に *Flavius Josephus: An Introduction* (Hendrickson, 2008) ほか多数．

レイジャック，テッサ（Tessa Rajak）
オックスフォード大学教授．専門はヘレニズム・ユダヤ教で，とくに七十人訳ギリシア語聖書とヨセフス．著書に *The Jewish Dialogue with Greece and Rome* (Brill, 2002) ほか多数．

ヴァンダーカム，ジェイムズ・C（James C. VanderKam）
ノートルダム大学神学部教授．著書に，*From Revelation to Canon: Studies in the Hebrew Bible& Second Temple Literature* (Brill, 2000), *From Joshua to Caiaphas: High Priests after the Exile* (Fortress Press/Van Gorcum, 2004) ほか多数．

古代世界におけるモーセ五書の伝承

2011年2月28日　初版第一刷発行

編　者　秦　　　剛　平
　　　　守　屋　彰　夫
発行者　檜　山　爲次郎
発行所　京都大学学術出版会

京都市左京区吉田近衛町69番地
京都大学吉田南構内 (606-8315)
電　話　075-761-6182
Ｆ Ａ Ｘ　075-761-6190
振　替　01000-8-64677
http://www.kyoto-up.or.jp/

印刷・製本　㈱クイックス

ISBN978-4-87698-976-8　　Ⓒ Gohei Hata & Akio Moriya 2011
Printed in Japan　　　　　定価はカバーに表示してあります